文化保守主義
「五四」反傳統主義

VS.

新儒家眼中的胡適

翟志成　著

商務印書館

新儒家眼中的胡適

作　　者：翟志成

責任編輯：毛永波

封面設計：黃鑫浩

出　　版：商務印書館 (香港) 有限公司

　　　　　香港筲箕灣耀興道 3 號東匯廣場 8 樓

　　　　　http://www.commercialpress.com.hk

發　　行：香港聯合書刊物流有限公司

　　　　　香港新界大埔汀麗路 36 號中華商務印刷大廈 3 字樓

印　　刷：美雅印刷製本有限公司

　　　　　九龍觀塘榮業街 6 號海濱工業大廈 4 樓 A 室

版　　次：2020 年 6 月第 1 版第 1 次印刷

　　　　　© 2020 商務印書館 (香港) 有限公司

　　　　　ISBN 978 962 07 4605 5

　　　　　Printed in Hong Kong

目　錄

自序

　　二〇〇七年秋，我把曾在不同的學術期刊發表過的四篇論文，經過調整和修改，再加寫了一篇〈導言〉，編成了一本專書，以《胡適與新儒家》為書名，送交臺北中央研究院的出版機構審查。當時該出版機構已採用了作者和審查人的雙向匿名的審查制度，大約二個月後，我收到了第一份匿名的審查報告，對拙書稿幾乎是完全肯定，認為只需略作修改便可以出版。但到了二〇〇八年一月初，我收到了另一份匿名的審查報告，對拙書稿完全予以否定。該報告寫得相當的長，其中的核心論述，端在於舉出胡適曾在其著述中，尤其是在英文著述中，對孔子和中國文化有所肯定，而拙書稿竟把胡適視為「全盤性」的反傳統主義者，究其實是大錯特錯。本來，按照學界行之有年的慣例，若出現了一正一負的審查意見，還需再送第三位匿名審查人決審。但我細讀了負面報告之後，認為確實打中了要害。於是，我便主動向出版機構提出撤稿，不需再送第三審了。

　　本來，在撤稿之前，我已在全力撰寫另一本《五論馮友蘭》的專書，在撤稿之後，我便把書稿丟到抽屜中，先把新書撰成再說。誰料新書付梓不久，我便接受了香港理工大學的聘書，離開工作了二十年的中研院近史所。來到香港的前四年，身為參與創建中國文化學系的資深教授，「開荒牛」的負重角色，我被日常繁忙雜多的學術行政工作擠壓得難於喘氣；從未曾在大學專任教職而欠缺教書經驗，又迫使我必須用數倍於別人的時間來準備教案，這不啻是百上加斤。四年過後，新學系的行政教學工作終於走上了正軌，我才從箱底翻出塵封已久的書稿，深入自省昔日失察的緣由。

　　我在徹底反傳統的社會中生活了將近二十年。二十三歲的那一年，我有幸負笈於當時尚未退出香港中文大學的新亞研究所，在徐復觀先生、唐君毅先生、牟宗三先生的教誨薰陶之下，開始從一個徹底的唯物主義者，逐漸變成了當代新儒學的信仰者。我皈依新儒學的經驗，和異教徒轉奉 (convert to) 基督教的體驗頗有相類之處。由於「聞道」比常人艱難得多，「見道」之後也就把握得比常人更加堅定。愈堅定的信仰，便愈容易形成《莊子・齊物論》中的「成心」，而有「成心」又必有「成見」。我正是囿於成見，沒有深入省察到「五四」反傳統運動本身的矛盾性和複雜性，沒有把胡適和「五四」運動的其他主要領袖如陳獨秀、魯迅、錢玄同等人作適當的區分；同時，我也沒有覺察到胡適的思想和言行之中的矛盾和複雜性，對胡適某些肯定中國文化的言論視而不見。

　　由於長期在大學和研究機構學習和工作，過眼的聰明人可謂多矣，而徐復觀先生、唐君毅先生和牟宗三先生，又是我這輩子見過最聰明的三個人。但在他們三人和錢穆先生等港臺新儒學大師的大量著述中，也同樣把胡適和陳獨秀、魯迅、錢玄同等人，不加區分地並列為鼓吹「打倒孔家店，廢止漢字，一切重估價值，打倒二千年來的學術思想而全盤西化」(錢穆語) 的「禍首罪魁」。此一當代學術文化思想史上的重要公案，似乎又不能完全以「成心」加以解釋。是否因為胡適肯定中國文化的某些微弱聲音，相較於他猛烈攻訐中國文化的大量「過火」兼「過頭」放言高論，無論在「質」和量的兩個方面都渺小得不成比例，因而在摧陷廓清中國文化方面的客觀效果，把他「融會中西」和「充分世界化」的初心遮蔽了？若果真如此，胡適是否也應為錢、唐、牟、徐等人「成心」的形成，負有相當一部分的責任？

　　反省過後，我便從失足之地站立起來再出發。我的書寫和論述方向，已改為呈現當代新儒學大師馮友蘭、錢穆、熊十力、唐君毅、牟宗三和徐復觀等人，是如何在「觀看」五四反傳統運動，尤其是如何在「觀看」胡適，藉以為當前研究五四運動的眾聲喧嘩，加入另一種新的

聲響。我把書名由《胡適與新儒家》，改為《新儒家眼中的胡適》，正是為了與此一改變相適應。除了把原來的四個舊章大幅度調整、刪節和改寫之外，我還另外加寫了四個新的篇章；此一舉措，在壞的方面，讓書中的字數增加了一倍；但在好的方面，也使得書中的「名」和「實」，變得更為相副。此外，在呈現新儒學諸大師的「觀看」「五四」和胡適之時，我也會在適當的地方，加入一些扼要的疏釋，藉以說明胡適的某些引起誤會的言行及其原因。至於昔日囿於「成心」而在行文中針對胡適的一些「失敬」的言詞，凡能被我覺察到的，也都已刪除了。

　　和十二年前的舊稿相較，本書可以說算是一本新著。此書之所以能撰成及付梓，首先得感謝舊稿的兩位匿名審查人。肯定的審查意見，是我能在摔跤後再站起來的精神支柱。否定的審查意見，對我是一記當頭棒喝。它提醒我治學須突破「成心」的束縛，看問題切忌簡單化和片面化，而只有那些能夠充分地展現其研究對象的矛盾性和複雜性的著述，才更值得我們以一輩子努力去探索和追求。由於必須遵守學術的紀律，我不可能知悉兩位審查人姓名並當面叩謝，但我由衷地希望，希望他(她)們有機會讀到這篇小序，並領受我誠摯的敬意和感謝。

　　所謂「千虛不如一實」。能夠向自己的研究對象當面請益，相信是任何研究者莫大的福報。我一九八二年七月曾有幸在檀香山和舊金山二次訪問過馮友蘭先生，於一九八四年八月在臺北內雙溪素書樓上有幸拜謁了錢穆先生。至於在負笈九龍農圃道新亞研究所之時，常侍隨於徐復觀先生、唐君毅先生、牟宗三先生講席杖履之後，過蒙三位恩師耳提面命，覺悟開迷，更是沒齒難忘。

　　本書前後八章，常從不同的對象、不同的視角，處理相似或相近的課題，故在內容上或文字上難免有重複之處；儘管已大力加以刪節，容或仍有「漏網之魚」，隱身於此章或彼章之字裏行間。先師唐先生被問及著書何以重複難免之時，嘗慨乎言：「重複何傷乎？倘真理不重複，則錯誤必重複！」旨哉旨哉！聊以自解。

　　感謝香港商務印書館毛永波先生的一再優容。本書自二〇一四年

簽約之後，因自覺還需更多的時間改寫，我竟再三再四在交稿期限中「食言而肥」，最後還藉退休而自行「失聯」；如果不是毛先生過人的耐性、不斷的溫馨提醒，以及他的多次寬容和永不放棄，本書早已胎死腹中。感謝我在中研院時的研究助理吳燕秋小姐、陳依婷小姐、吳景傑博士、任立瑜先生，尤其是張繼瑩博士和嵇國鳳小姐，如果沒有他們幫忙蒐集、抄錄、查對各種研究資料、輸入電腦文稿以及借書還書等繁雜事務，本書是不可能寫出來的。感謝香港理工大學的導師胡光明博士，全憑他在擔任我的研究助理時，以其精密和嚴謹的校對，讓本書可能出現的錯誤減至最低。感謝陳永發教授、白先勇教授、張洪年教授、何漢威教授、洪長泰教授、馮耀明教授、羅志田教授、葉其忠教授、余敏玲教授、楊翠華教授、羅久蓉教授、楊貞德教授、呂妙芬教授、賴惠敏教授、胡曉真教授、林月惠教授、何冠環教授、陳曉平教授、黎漢基教授、賀照田教授、楊祖漢教授、李瑞全教授、楊君實博士、徐均琴博士、李啟文博士、陸鍵東先生、曹永洋先生以及陳文華先生，感謝他們賜讀全部或部分書稿並惠予寶貴意見。當然，最該感謝的還是內子華瑋和小女君宜，有了她們的一路陪伴，任何荒涼貧脊的文化沙漠，都會變成萬紫千紅的人文樂園。

先慈陳芷君女士和先嚴翟超先生，以九三與百歲之高齡，兩年多前先後在美國三藩市棄養。人子頓失怙恃之哀思，卻未因父母之福壽全歸而稍減。憶及每有成書之日，先父母恆挑燈夜讀，相與講評，引為至樂；而此書出版之稽遲十有二年，竟使先父母未及生前展讀，孤兒心中抱憾，奚可勝言！唯願把本書化作一瓣心香，呈獻給先父母在天之靈。

二〇一九年元宵之夜東邑翟志成自序於
香港中文大學崇基學院教職員宿舍我樂山房

導言

　　自「五四」以降，激烈的反傳統思潮席捲了整個中國的學術文化思想界，並長期在中國近代思想史上佔據了統治地位；但在此一主流思潮的直接挑激之下，文化保守主義思潮亦應聲而起。和反傳統思潮相較，文化保守主義思潮無論在聲勢方面以及影響力方面，都處於絕對的劣勢，但它卻有能力逆流而進，愈挫愈奮，以永不屈服的反抗意志，和反傳統思潮纏鬥了差不多一個世紀；並且，愈是到了二十世紀末，便愈來愈在學術文化思想界中獲得更多的認同和支持。

　　活躍在二十世紀的文化保守主義者，其成分毋寧是相當複雜的。他們當中，有被稱之為「新儒家」者，也有不願被貼上「新儒家」的標籤而自處於任何文化集團或門戶之外者。即使在「新儒家」當中，也有以馬一浮、梁漱溟、熊十力及其門人弟子組成的「正統派」，以及被「正統派」拒絕承認的馮友蘭，或者是不願被「正統派」承認的錢穆。他們的世界觀、政治立場，以及他們對許許多多具體學術問題的看法，都不免存在着深刻的歧異。他們之間的駁詰辯難、甚至是攻訐謾罵，其程度之激烈，有時也不稍遜於他們對反傳統主義者的攻擊（例如「正統派」對馮友蘭長期的謾罵和攻訐）。但無論如何，他們之間確實存在着一個最基本的共同點。這共同點就是：他們一致地反對反傳統主義者把中國的歷史文化，視之為「救亡圖存」的主要障礙，反對反傳統主義者「打倒孔家店，廢止漢字，一切重估價值，打倒二千年來的學術思想而全盤西化」[1]的「過激」主張。

1　錢穆，《中國歷史精神》（臺北：東大圖書有限公司，1976 修訂版），頁 10。

　　反傳統主義者認為：中國近現代知識分子的終極關懷，應該是國族的救亡圖存；為了救亡圖存，中國必須現代化；為了中國的現代化，中國又必須摧毀業已成了實現中國現代化主要障礙的中國歷史文化。和反傳統主義者一樣，文化保守主義者也認為要救亡圖存中國必須現代化，但他們卻堅決反對為了現代化中國便必須「全盤西化」。儘管他們也承認，中國歷史文化中確實有某些與現代化積不相容的因子而必須予以揚棄，但他們絕不承認中國歷史文化就整體而言已變成了中國現代化的主要障礙。恰恰相反，他們斷言中國歷史文化正為中國的現代化提供了不可或缺的精神資源和道德資源。換句話說，如果沒有中國歷史文化與西方文化接軌，中國的現代化是絕不可能得以實現的。正因如此，文化保守主義者斷言「全盤西化」不僅既不可能、亦不可欲，而且還只會生心害事。針對反傳統主義者「全盤性反傳統主義」(totalistic anti-traditionalism) 的論述，[2] 文化保守主義者則以「守故開新」回應。所謂「守故」，便是保存和發揚中國歷史文化中各種能與西方文化接軌的精神資源和道德資源；所謂「開新」，便是引進西方的科學與民主精神。「守故」正是為了「開新」，而「開新」亦必憑「守故」。對「守故開新」理念的信守和秉持，構成了當代各種千差萬別的文化保守主義者的最大共性，也構成了文化保守主義營壘的理論基石。

　　出於對「守故開新」的堅持，文化保守主義者的主要職責，便是在「全盤性反傳統主義」大潮沖刷過後的文化廢墟之上，重建中國文化的道統和學統。在文化保守主義的營壘中，唯一能形成一個堅強學派並和反傳統主義作了近一個世紀抗衡的，便只有當代新儒學。當代新儒學究其實是為對抗「五四」反傳統主義應運而生，新儒學大師的著述大都可視為對反傳統主義論述的直接或間接的批駁。馮友蘭的《中國哲學史》和錢穆的《國史大綱》，便是其中的顯例。由於反傳統主義在五四運動之後，便已壟斷了文化界和思想界的話語權，並在學界建立

2　Yu-Sheng Lin, *The Crisis of Chinese Consciousness: Radical Antitraditionalism in the May Fourth Era* (Madison: University of Wisconsin Press, 1979) , p. 10.

了相當牢固的學術霸權，在反傳統主義的強勢壓抑之下，當代新儒學的論述，除了少數的例外，大都被消音或被邊緣化。本書將用濃墨重彩的書寫 (thick description)，把當代新儒學大師熊十力、馮友蘭、熊十力、唐君毅、牟宗三和徐復觀等人，究竟是如何在「觀看」五四反傳統運動，尤其是如何在「觀看」胡適，如實地呈現出來，藉以在五四運動研究中的眾聲喧嘩，加入另一種新的聲響。

　　和文化保守保守主義營壘一樣，「五四」反傳統主義陣營的內部，也是充滿了矛盾和紛爭，絕非鐵板一塊。在反傳統主義的主要領袖當中，胡適在批判和清算中國文化時，曾說過許多過火、過激或過分的話，這是他和陳獨秀等激烈反傳統戰友的相同之處；但由於深受「文化惰性論」的影響，又使得胡適不敢相信中國文化會被徹底清除、不敢相信「全盤西化」有可能在中國實現，[3] 這是他和陳獨秀等人的不同之點。胡適雖曾在口頭上「極贊成」過錢玄同為根除中國文化必先廢漢字的論說，[4] 公開支持過陳序經「全盤西化」的規劃。[5] 但胡適這些話，究其實這只是一種制式的表態反應，一種為鼓吹和推行新文化革命的口號或策略運用；在他的心目中，無論遭受了多麼暴烈的攻訐、多麼凶猛的批判、多麼徹底的清算，中國文化都會繼續存在，而未來的新文化或世界文化，必將是中西文化的有機融會和結合。[6] 並且，在胡適的內心深處，仍然認同中國傳統文化的某些價值；在他的某些文章尤其是英文著作中，也留下了一些稱許中國文化的言論；而他在待人接物和處事做人等方面，又要比熊十力、牟宗三等當代新儒學大師，還更像一個傳統的儒者。基於上述的因素，胡適並不應被歸類為「全盤性反傳統主義」者。

　　只不過，由於深信中國文化沒有被「連根拔除」之虞，又一再驚

3　胡適，〈試評所謂「中國本位的文化建設」〉，氏著，《胡適文存》（臺北：遠東圖書公司，1953），冊 4，頁 537–538。

4　胡適「極贊成」的表態，見錢玄同，〈中國今後之文字問題〉，《新青年》，卷 4 號 4（1918 年 4 月 15 日），頁 356–357。

5　胡適，〈試評所謂「中國本位的文化建設」〉，頁 539–540。

6　胡適，〈充分世界化與全盤西化〉，氏著，《胡適文存》，冊 4，頁 541。

呼「中國的舊文化的惰性實在大得可怕」，[7] 胡適從「矯枉必須過正，不過正不能矯枉」的思考角度，認為在「矯枉過正」的時期，批判中國歷史文化不妨「拼命走極端」，[8] 亦即可用最激烈的手段、最決絕的心態去批判和清算中國歷史文化；而禮讚中國文化，或肯定中國文化的普世價值和現代意義的言論，便很有可能被胡適指斥為違反了「文明進化之公理」，[9] 為反動勢力「作有力的辯護」，[10] 滿足「東方民族的誇大狂」，或助長「東方舊勢力」的凶焰。……[11] 胡適偶爾說過的某些肯定中國文化的悄悄話，和他經常高調批判中國文化的大量激烈言詞相較，無論在「量」和「質」的兩個方面，都完全不成比例。他藉批判中國文化而達至中西融合以鑄造世界新文化的良苦用心，便不幸地被遮蔽了。正因如此，在絕大多數國人的眼中，胡適和陳獨秀、魯迅、錢玄同等人，在鼓動「全盤性反傳統主義」的波濤方面，並無甚區別。而幸運地、或不幸地變成了「五四」領袖中僅存的「碩果」，[12] 又使得胡適理所當然地，或責無旁貸地，成為了當代新儒家在批判「五四」反傳統主義之時，點名或不點名攻訐的首要目標。

　　本書處理當代新儒學諸位大師對胡適的「觀看」，實際上是把他們和胡適，互相設置為參照座標。透過他們和胡適對中國傳統文化整體看法的根本分歧，便可深入剖析當代新儒學與「五四」反傳統主義，是如何在一方面互相對立、互相批駁和互相鬥爭，而在另一方面又互相依存、互相滲透和互相轉化；透過對立面的反襯和照明，當代新儒學和「五四」反傳統主義彼此的睿智及其理論上的盲點，都變得更為凸顯和更為脈絡分明。

7　胡適，〈試評所謂「中國本位的文化建設」〉，頁 539。

8　胡適，〈編輯後記〉，《獨立評論》，號 142（1935 年 3 月 17 日），頁 24。

9　胡適，〈文學改良芻議〉，歐陽哲生編，《胡適文集》（北京：北京大學出版社，1998），冊 2，頁 7。

10　胡適，〈試評所謂「中國本位的文化建設」〉，頁 449–450。

11　胡適，〈我們對於西洋近代文明的態度〉，歐陽哲生編，《胡適文集》，冊 4，頁 3。

12　胡適歿於一九六二年二月二十四日，而其他五四領袖在共和成立之時皆早已棄世：李大釗歿於一九二七年四月二十八日，魯迅歿於一九三六年十月十九日，錢玄同歿於一九三九年一月十七日，而陳獨秀歿於一九四二年五月七日。

　　由於當代新儒學諸位大師對胡適的「觀看」，牽涉到許多錯綜複雜課題，筆者必須同時面對並通盤處理中國近代史上各種政治、社會、學術和文化思想的相關問題，因而在研究方法上，便不能不採用多學科整合的模式 (multidisciplinary approach)。但由於筆者的專業是史學，對史學之外所知有限，故雖勉力參照了政治學、社會學和文化哲學等一些理論，但其論述的策略和分析的架構，仍然以歷史學為其宗主。

一

　　本書的第一章〈救亡思潮和胡適的《中國哲學史大綱》卷上〉，是以「宏觀歷史」和「微觀歷史」這兩種書寫策略的交替使用為主要論述方式。該章論證了中國近代反傳統的激進主義的興起，以及胡適的《中國哲學史大綱 (卷上)》所取得的空前成功，究其實和當時壓倒一切的救亡運動，有着密不可分的關係。本章的第一部分「救亡思潮」，正是要從歷史的宏觀角度，以近代中國四個世代的救亡志士對傳統「體用論」認識的變遷，作為思想史的主要線索，首先探究中國近代知識人是如何企圖從傳統中尋找到科學和民主思想作為救亡的資源，以及在遍尋不獲時衍生出的各種附會；其次探究中國近代的救亡思潮是如何地從「洋務運動」的第一代，逐步演變和發展為「變法維新」的第二代和「共和革命」的第三代，最後發展演變為「全盤性反傳統」的第四代，亦即以胡適和陳獨秀、魯迅、胡適等人為代表的「五四」文化激進主義世代。本章特別指出中國文化經過前三代救亡者的手術刀斧砍伐之後，已變成「失根解體」的釜底遊魂，到了「五四」時代又被反傳統主義者徹底地妖魔化，被視為救亡的最大障礙而必須徹底加以摧毀。本章的第二部分「胡適和他的《中國哲學史大綱》(卷上)」，則從歷史的宏觀轉入微觀，剖析了文化激進主義代表人物胡適的思想中的杜威實驗主義淵源，以及胡適想思與杜威思想不同的三個基本面向，進而探究胡適是如何把杜威的實驗主義經過高度化約之後，變為救亡的「科學方

法」，並以此一「科學方法」為武器，在中國大眾文化和學術思想這兩個層面同時開展其猛烈的批判和徹底的清算，在一心把「中國杜威化」的同時又在無意中把「杜威中國化」。本章着重指出：《中國哲學史大綱 (卷上)》是胡適把中國學術杜威化的最重要的一次實驗，並因此完成了中國學術史上第一次用西方現代學術思想對傳統學術進行系統性的改造和清算，建立了中國現代學術的典範。本章分析胡適是如何用「科學方法」改寫中國的哲學史，並探究當時救亡的時代精神，是如何地幫助胡適在北大講授他那反傳統的「中國哲學史」課程之時，一舉突破了傳統學術的核心陣地，逐步贏得了學生的接受和擁戴。本章也剖析了當時的救亡思潮如何為胡書的空前成功，提供了客觀的憑藉。

和時代精神的合拍，固然造成了胡適的《中國哲學史大綱 (卷上)》的空前成功。但是，時代精神卻是隨時隨地在改變。到了「九一八」事變的前夕，整個中國在日本侵略者的步步壓逼之下，已經危若累卵。此時此刻，中國的歷史文化，便不能再被視為救亡圖存的主要障礙。它事實上已變成了提昇國人愛國情操和民族自尊心的源頭活水，成了國家動員和族羣動員不可或缺的精神資源。國家、種族和歷史文化三方面的緊密結合，已成了新的時代精神的迫切要求。職是之故，「五四」反傳統主義者為了救國保種必先摧毀中國歷史文化的論述，已明顯變得不合時宜。由於違逆了時代精神，胡適那本曾一度在學術界獨領風騷的《中國哲學史大綱 (卷上)》，便迅速失去了昔日的光芒和影響力。馮友蘭那本宣揚「守故開新」的《中國哲學史》，便得以乘機脫穎而出，取代了胡適的《中國哲學史大綱 (卷上)》的地位，並使得胡書過時兼失效而從此走入了歷史。

二

本書的第二章〈胡適的馮友蘭情結〉，藉由探究胡適與馮友蘭兩師徒由合而分的這一段當代學術史上的著名公案，追蹤馮友蘭在當初是

如何在胡適的影響之下，加入反中國傳統文化的營壘，後來又如何幡然悔悟向中國傳統文化回歸。該章剖析馮友蘭通過困學與反思，通過「正—反—合」的辯證的歷程，如何在撰寫《中國哲學史》之時入室操戈，拔趙幟、易漢幟，以「釋古」的典範取代了胡適在《中國哲學史大綱 (卷上)》中樹立的「疑古」的典範，從而在學術上既繼承了胡適，又批判和超越了胡適。該章剖析了馮書何以能推翻並取代胡適的《中國哲學史大綱 (卷上)》的各種思想的和社會的內外因緣，以及胡書被馮書全面取代之後，胡適是以何種手段對馮友蘭加以打壓，而馮友蘭又是以何種方式對胡適展開反制。

在胡適的一生中，有過眾多的朋友和學生，但也有一些政治上和文化上的敵人。但無論是對政敵和學敵，胡適大都放不下「正人君子」的身分和「縉紳階級」(gentleman) 的架子，而總會顯示出其寬厚、持平、講理、公道、彬彬有禮和不為已甚的良好態度和修養。如果說，胡適對魯迅、梁漱溟、郭沫若等政敵或學敵，確實秉持了「惡而知其美」的持平態度，但當他一面對自己的老學生馮友蘭，便好像變成了另外一個人。胡適長時期對馮友蘭的種種苛責，與他一貫待人接物的溫良恭儉讓，構成了如許巨大的反差，這不僅使胡適的研究者深感困惑，恐怕就連胡適自己一時間亦難以說清楚講明白。本章系統性對比和剖析了胡適大量的日記、書信、文稿以及其它相關資料，勾勒了胡適的「馮友蘭情結」的萌芽、形成和發展的曲折過程。本章最後還指出，胡適的馮友蘭情結，乃係緣於自己的《中國哲學史大綱 (卷上)》，被馮友蘭的《中國哲學史》超越和取代之後，卻又無力扳回一城而挑激起來的不情願、不甘心，再加上不服氣，以及隨之而來的痛楚、失落和懊惱。

三

本書的第三章〈錢穆與胡適的交涉〉，首先利用中研院及胡適紀念館的檔案、相關人士的回憶錄、日記、已刊和未刊的書信，以及對當

事人的訪談，還原了錢穆在中研院第三屆院士遴選中失利的歷史現場，剖析其失利的原因，並以此為鋪墊，引入錢穆在「觀看」胡適時的三種變化。

胡適慣常用居高臨下的眼光俯視錢穆，而錢穆觀看胡適的目光，卻先後經歷了「三變」。本章以史學大師錢穆對胡適的「觀看」為個案，勾勒出錢穆對胡適的看法，存在着早期的「仰望」、中期的「平視」和後期「鄙視」的三種轉變；並通過「三變」軌跡的重構，藉以呈現出錢穆是如何秉持着「守故開新」的理念，在《國史大綱‧引論》中和其他相關論著中，全面、系統而深入地批駁了以胡適為代表的「五四」反傳統主義的主要論點。本章還通過「三變」軌跡的重構，藉以呈現出錢穆是如何與唐君毅、牟宗三和徐復觀等港臺新儒學大師合作，通過著述、講學、辦雜誌、辦學報等活動，長期與「五四」反傳統主義抗衡，並使新儒學逐步從邊緣回到學術的中心。

四

胡適對馮友蘭的「背叛」和反戈一擊，究其實非常認真地予以對付。但他對另一個論敵熊十力，卻毫不在意，以為完全沒有予以對付的必要。若以世俗的眼光來看，熊十力在當時只不過是北大的一個專任講師，他既無留洋的學位，也不受學生的歡迎，所寫的書也沒有幾個人有興趣看，即使看了也多半看不懂，這樣一個學術界的邊緣人，對胡適的反傳統志業似乎完全不會構成威脅。不過，這樣的看法卻被後來的事實證明是大錯而特錯。因為，這個看起來毫無威脅的熊十力，卻是當代中國最有原創性的哲學家之一。他那和會儒、道、釋三家，平章空、有兩宗，最後歸宗於大易的新唯識論，不僅可與馮友蘭以新實在論為基礎所建立的「新理學」系統分庭抗禮，而他那「棒喝」和「獅子吼」的傳道方式，雖嚇跑了絕大部分聽眾，卻牢牢地吸引着一小撮被感悟的學生。這些人大都能相當堅定地團聚在他的身邊，成了終生弘

揚和傳授熊門學說的使徒。就當代新儒家的學術系譜而言，熊十力和
馮友蘭一道，分別開創了當代新儒學的「新心學」派和「新理學」派。
但「新理學」派只有馮友蘭一個人在唱獨腳戲，而「新心學」派卻通過
了熊十力的三大傳燈弟子唐君毅、牟宗三和徐復觀在海外開枝散葉，
一傳、再傳、三傳、四傳弟子綿綿不絕，而他們對胡適等反傳統主義
者的不斷批判和攻擊，愈到後來便愈令反傳統主義者難以招架。

　　本書的第四章〈胡適與熊十力的分歧〉，以熊十力和胡適兩人的
思想互為參照座標，透過熊、胡二氏對中國傳統文化整體看法的根本
分歧，剖析了當代新儒學與反傳統主義既對立又依存的複雜關係。該
章還指出了反傳統思想對毛澤東的深刻影響，以及「文化大革命」的
「五四」思想淵源。

五

　　一九四九年共和國成立，新儒家第一代的代表人物馮友蘭、熊十
力、梁漱溟、馬一浮等人，全部選擇留在中國大陸，只有熊十力的三
大傳燈弟子唐君毅、牟宗三和徐復觀流亡到香港或臺灣，成了海外新
儒家的三大重鎮。他們以香港的新亞書院、臺中的東海大學，以及在
港臺兩地出版的雜誌《民主評論》作為活動的大本營，繼續在海外宏揚
儒學和中國的歷史文化，並把批判的炮口對準了以胡適為首的反傳統
主義者。新儒家與胡適一系在力量上的此長彼消，由是發生了微妙的
變化。

　　胡適自一九四八年十二月十五日飛離北平之後，曾對亡國、亡校、
亡家的大悲大痛進行了深切的懺悔與反省。胡適認為自己不該只顧一
頭鑽進故紙堆裏，去擺弄那些與國計民生無關的小考據，完全忘記了
對政治思想文化陣地的佔據，任由赤色的洪流吞沒整個中國，因而自
己對國民政府在大陸的「亡國」，實負有不可推卸的責任。無獨有偶，
唐君毅、牟宗三和徐復觀等第二代新儒家的代表人物，在痛定思痛之

中，也對中共何以能「赤化」整個大陸，有系統地進行了反省。他們強調，中共的入主大陸，對一切反共的知識分子而言，已不僅僅是「亡國」，而且還是「亡天下」。他們把顧炎武關於「亡天下」的論述加以引申發揮，把「天下」定義為中國的歷史文化，以及由此一歷史文化所規範的道德、思想和社會制度。第二代新儒家都不約而同地把當時中共的文化政策，看成是對「五四」反傳統主義的直接繼承，把中共政體在大陸的建立，視為五四運動的邏輯發展，而胡適身為五四運動「碩果僅存」的領袖，便不僅應負起「亡國」，而且還要負起「亡天下」的罪責。第二代新儒家和他們的弟子及再傳弟子，大都自覺地把對「五四」的反駁與批判，視為他們「救國」和救天下的重要工作；而身居海外的胡適，便理所當然地成為他們集矢的鵠的。

關於胡適與第一代新儒家代表人物馮友蘭、錢穆和熊十力等人的主要分歧和論爭，以及他們在一九四九年前的筆墨官司，筆者已在許多篇文章中處理過了。但是，關於胡適離開大陸之後，他與港臺新儒家的分歧及其筆墨官司，卻還未曾來得及予以處理。為了填補此一空白，本書的第五章〈胡適與港臺新儒家〉，便大量地引用了港臺新儒家的許多已刊和未刊信件，輔以各種文章、書信、日記及其它相關資料，重建港臺新儒家和以胡適為代表的反傳統主義多次抗衡的歷史場景。該章縷述了逃離大陸的第二代新儒家在港臺的集結和再出發，並指出對以胡適為首的「五四」反傳統主義的批判與反制，正是維繫港臺新儒家內部團結的主要向心力。該章的第四節着重介紹了牟宗三、徐復觀、張君勱和唐君毅四人在一九五八年元月一日聯名發表的文化宣言，指出該宣言的根本宗旨，端在對胡適等人的「五四」論述，作出全面而有系統的駁詰與批判，並分析了該宣言替中國文化辯誣和洗冤的論述策略。本章的結語部分，剖析了胡適的反傳統主義與新儒家文化保守主義在今時今日力量對比上的此消彼長，並試圖從此一消長之中，看出時代精神業已轉移的訊息。

六

　　在港臺新儒學三大宗師之中，只有牟宗三曾在北大修讀過胡適的課，但牟宗三對胡適的入骨憎惡，既形諸筆墨，更流於口舌，遠非唐君毅和徐復觀所能企及。雖然牟宗三比起胡門為數眾多的「私淑」弟子，更有資格被稱為胡適的學生，但牟宗三對此一「殊榮」，即使當着胡適的面也拒絕承認。牟宗三把自己在北大畢業後數年間因工作無着而流離顛沛，受盡人所難堪的屈辱與辛酸，都歸咎於胡適的打壓和封殺。當然，牟氏對胡適的憎惡，最主要還是緣於「學風士習為其所斲喪」，[13] 緣於文脈、道脈和國運等「大是大非」和「公是公非」的原因。本書第六章〈牟宗三眼中的胡適〉，主要是透過牟宗三對胡適的「觀看」，呈現出港臺新儒家對胡適的共同憎惡。牟宗三認定胡適既是一個排除異己、窒塞聰明、敗壞士風的文化罪人，又是一個背離新文化運動和北大的「原初動機」的北大罪人，更是一個只知討好學生、敗壞校風和學風的教育罪人。

　　筆者依據所掌握的資料和合理的推論，也嘗試為牟宗三對胡適的某些指控，作出適當的疏解和釐清。例如，牟宗三認定自己確曾被胡適所打壓和所封殺是一回事，胡適是否真的打壓和封殺過牟宗三又是另一回事。牟宗三申請北大教職失敗，極可能與胡適毫無關係。又例如，胡適等人在北大「討好學生」，乃是傳承自美國「以表揚為主」的教學法，無論如何都要比為牟宗三所稱許的熊十力的教學法，亦即動輒以斥罵、棒喝和打耳光的教學法相較，恐怕還是會更合符人情和人性一些，更有可普性和效用性一些，因而也更高明一些。此外，筆者還引用一封熊十力致徐復觀的書函，確鑿無疑地證明了熊十力的「失陷」在「竹幕」，是他自己在深思熟慮之後所作的抉擇，因而並非如牟宗三所謂，乃緣於胡適的大弟子傅斯年和臺大「沒有盡責任」。

13　牟宗三，《五十自述》（臺北：鵝湖出版社，2000），頁93。

七

誠如余英時所言:「胡適學術的起點和終點都是中國的考證學。」[14]
天生的「考據癖」加「狹義的」歷史家的訓練,使胡適即使在研究中國
哲學史或中國思想史的時候,也常常不知不覺地把哲學史或思想史最
核心的義理和價值問題,轉換成了外緣性的考據問題,然後再用外緣
的考據企圖解決——但其實是掩蓋——核心的義理和價值問題。並且,
從其極狹隘的泛科學主義信仰出發,胡適對一切形上學不僅毫無會心,
毫無興趣,而且避之還唯恐不及。在胡適的大弟子傅斯年的直接領導
下,奉胡適為精神領袖的中研院史語所,高舉着「以科學方法整理國
故」的大纛,崇尚排除義理和價值的「窄而深」的考證,因而被錢穆批
評為「震於科學方法之美名,往往割裂史實為局部窄狹之追究。以活的
人事,換為死的材料。治史譬如治岩礦,治電力,既無以見前人整段
之活動,亦於先民文化精神,漠然無所用其情。彼惟尚實證,夸創獲,
號客觀,既無意於成體之全史,亦不論自己民族國家之文化成績也。」[15]
儘管胡適及其追隨者的考據,在錢穆看來有如此致命的缺憾和錯誤,
但卻成了當時主流學界的「硬道理」。不諳考據的新儒家,由於欠缺「硬
道理」,在主流學術界眼中,咸被認為是「非科學的」或「反科學的」,
或不懂學問為何物的胡說八道者,他們的著作,大都成了無人理睬的
野狐禪。

徐復觀年輕時,曾在湖北國學院跟隨黃侃等國學大師苦學三年,
打下了紮實過硬的國學根基,不僅通詞章和義理,也懂得考據的門徑。
除了錢穆之外,他是港臺新儒家中唯一有能力從事考據工作的人。本
書的第七章〈徐復觀在方法學上的挑戰〉,追蹤了徐復觀為了替新儒家
奪取在主流學界的發言權,如何一頭紮進考據中去,以他獨創的訓詁
加義理的新考據,變成了手中的「硬道理」,用以挑戰主流學界藉考證

14　余英時,《中國近代思想史上的胡適》(臺北:聯經出版事業有限公司,1984),頁72。
15　錢穆,《國史大綱‧引論》(臺北:國立編譯館,1955),頁3。

訓詁排斥義理的舊考據。由於徐復觀對主流學術的批判，是以考據對考據的挑戰方式提出來的，當時的學術主流派便不能再像以往一樣視之為「無根遊談」，而必須認真應戰。通過和毛子水、李濟、屈萬里、勞榦等當時學界的領軍人物的連場筆戰，徐復觀一舉突被了主流派的核心陣地，而新儒學派和主流派，也第一次有了真正的及平等的學術對話。以往兩派如兩條平行線、永不相交的絕緣狀態，以及「此亦一是非、彼亦一是非」的自說自話，也因有了學術上的交鋒而有所改變。這一改變，對長久以來一心希望突破主流派的孤立和阻隔，從學術邊緣回到學術中心的新儒學派而言，不啻是「一元來復」的新機遇。

八

　　港臺新儒家是以胡適為代表的反傳統主義的終身反對派。只不過，他們對於胡適及其追隨者所擁護的賽先生，不僅不反對，而且還一致贊同中國應該從泰西引入和發展科學。對於胡適及其追隨者所擁護的德先生，他們除了一致認為中國文化絕非與西方的民主體制不能共存之外，對於中國應否引入西方的民主體制，他們的看法並不完全相同。錢穆始終強調政治制度必須與歷史文化密切「融合媾通」，必須與「活的人事」緊密配合，「必然得自根自生」，「不能專向外國人學」。由於堅信「無生命的政治，無配合的制度，決然無法長成」，錢穆對中國應否從西洋移入民主體制，秉持着高度懷疑和相當保留的態度。[16] 而唐君毅、牟宗三和徐復觀都一致認為，由西方移入民主政治，是中國救亡圖存的必由之路。三人之中，又以徐復觀擁戴民主政治的態度最為堅決和毫無保留，而唐君毅則看到民主政治在根源中存有一些「自相矛盾」和「不乾淨之處」，因而在移入和建構中國之民主政制之時，還需參照中國傳統政制中的一些合理的設施，作出相應的更改。牟宗三

16　錢穆，《中國歷代政治得失・序》（香港：自印本，1952），頁 1。

的態度，則在兩可之間。

　　本書的第八章〈港臺新儒家對民主政治的反思〉，特別析論了唐君毅對民主政治可能引起的各種流弊的憂慮和批評，以及徐復觀的不同看法。本章還進一步指出，如果僅從表面上看，唐君毅和徐復觀對民主的看法頗為不同，有些觀點甚至針鋒相對，但經過更深入的考察之後，便會發現兩人都同時強調建構民主體制對救亡圖存的必要性和重要性，強調傳統道德人文精神與西方民主思想結合的必要性和重要性，兩人在論述上的大方向上，始終是相通的。唐君毅對民主政治有所保留和批評，其發心端在未來的防弊補偏；而徐復觀對民主政治多所肯定和禮讚，其用心全為當前的創始經營。唐、徐兩人的不同，只不過是側重的不同、強調的不同、論述策略的不同，究其實都是些可以相通的「和而不同」。

第一章　救亡思潮和胡適的 《中國哲學史大綱（卷上）》

李杜詩篇萬口傳，

至今已覺不新鮮。

江山代有才人出，

各領風騷數百年。

——〔清〕趙翼，〈論詩〉五首之一[1]

引言

　　一九二七年二月七日，胡適給北京大學教授彭學沛（字浩徐）寫了一封重要的長信，為彭氏在《現代評論》第一〇六期中批評他因提倡「整理國故」而「造成一種『非驢非馬』的白話文」一事作出了有力的申辯。此信後來被胡適以〈整理國故與「打鬼」——給浩徐先生信〉為題，摘刊於一九二七年三月號《現代評論》第一一九期，其中有一段話是胡適對自己的「少作」《中國哲學史大綱（卷上）》的自我評價：

　　　　但我自信，中國治哲學史，我是開山的人，這一件事要算是中國一件大幸事。這一部書的功用能使中國哲學史變色。以後無論國內國外研究這一門學問的人都躲不了這一部書的影

1　〔清〕趙翼，〈論詩〉五首之一，收入氏著，《甌北集》（上海：上海古籍出版社，1997），冊上，頁630。

響。凡不能用這種方法和態度的，我可以斷言，休想站得住。[2]

　　胡適這段充滿自肯、自信和自負的自我評估，以實衡之，前半段顯然自我肯定得遠為不夠，而後段則未免肯定得過了頭。在胡適的《中國哲學史大綱 (卷上)》正式問世之前，康有為、章太炎、梁啟超、王國維、嚴復諸人雖也曾在學界和思想界鼓動西潮引領風騷，儘管也是一樣地振聾發聵激勵人心、一樣地叱咤風雲別開生面，但他們畢竟囿於或且無法完全掙脫「中體西用」的思維窠臼；[3] 他們對西方現代精神的把握，始終有一間而未達——而這毫釐之差往往會造成千里之謬；[4] 更重要的是，他們使用的還是中國傳統的工具和文體，亦即使用文言文這一工具和文論注疏的形式，去引介或發揮西來的理論，從而使西方的思想內容因受制於中國傳統的工具和形式而不能完全舒展。胡著《中國哲學史大綱 (卷上)》與康、章、梁、王、嚴諸人著述的不同之處主要有三：第一，胡適當時的主導思想是杜威早期的實驗主義，[5] 他基本的精神面貌是被林毓生稱之為「激進化的反傳統主義」的或「整體主義的反傳統主義」的，[6] 他的

2　胡適，〈整理國故與「打鬼」——給浩徐先生信〉，原載《現代評論》，卷 5 期 119（1927 年 3 月 19 日），收入歐陽哲生編，《胡適文集》(北京：北京大學出版社，1998)，冊 4，頁 117-118。

3　關於康有為、章太炎、梁啟超、王國維，尤其是曾撰文批駁過「中體西用」的嚴復，何故仍舊不能完全擺脫「中體西用」思維模式的桎梏，請參看余英時，《中國近代思想史上的胡適》(臺北：聯經出版事業公司，1984)，頁 8-15。

4　關於在基本觀念理解上的細微偏差勢將造成對整個理論體系的巨大的誤解，請參看墨子刻對韋伯 (Max Weber) 的批評。Thomas A. Metzger, *Escape from Predicament: Neo-Confucianism and China's Evolving Political Culture* (New York: Columbia University Press, 1977), p. 4.

5　唐德剛譯注，《胡適口述自傳》(臺北：傳記文學出版社，1981)，頁 91-119。

6　關於胡適等人何故被定性為「激進化的反傳統主義者」甚至「全盤化的反傳統主義者」，林毓生在二十世紀七十年代曾作出了相當細緻縝密兼具說服力的分析和論證〔詳見 Yu-Sheng Lin, *The Crisis of Chinese Consciousness: Radical Antitraditionalism in the May Fourth Era* (Madison: University of Wisconsin Press, 1979), pp. 82-103.〕但到了二〇一四年，林毓生對上述說法作了某些調整，把胡適等人的宗旨重新定義為「整體主義的反傳統主義」(totalistic anti-traditionalism)，而「全盤化的反傳統主義」則是「整體主義的反傳統主義」的「更口語化的漢語表達」。換句話說，林毓生認為「整體主義的反傳統主義」和「全盤化的反傳統主義」這兩個稱謂，在中文的著作中，至少在非學術的著作中，是可以互相取代或置換。林毓生，〈二十世紀中國激進化反傳統思潮、中式馬列主義與毛澤東的烏托邦主義〉，收入林毓生主編，《公民社會基本觀念》(臺北：中央研究院人文社會科學研究中心，2014)，卷下，頁 790。

價值取向與思維方式早已完全跳出了「中體西用」的窠臼，而和傳統有着更徹底和更深刻的斷裂。[7] 第二，《中國哲學史大綱 (卷上)》為研究中國的「國故」，提供了一整套現代治學的嶄新技術和方法 (亦即胡適一輩子引以為傲的「科學方法」)。第三，《中國哲學史大綱 (卷上)》是用白話文撰寫的，而且又是胡氏在美國哥倫比亞大學完成的英文博士論文的中譯修訂本，[8] 如此一來便完全符合了現代學術著述所要求的一切規格和範式。余英時曾指出，胡適《中國哲學史大綱 (卷上)》的出版，在整個中國現代史學建立的過程中，起着一種「典範」兼「示範」的重要作用。[9] 這當然是正確的。但余英時對該書的肯定仍不足夠。因為，該書所提供的一整套治學的信仰、價值、方法和技術，不僅適用於中國哲學史乃至中國史學的研究，而且同樣適用於中國的整個文、史、哲的研究；是故該書的影響所及，便絕不僅僅局限於中國哲學史甚至中國史學研究的畛域，而且還涵蓋了整個中國的人文學科。舊日治學的典範已因該書的出現而正式宣告失效與過時，新式的典範也因該書的出現而正式建立。以往運用傳統的「方法和態度」治理國學者，在該書出版之後，便再也無法在學術主流立足。當時中國的學術書籍，如果一次能賣個百多本，已經算是暢銷書了；而胡適的《中國哲學史

7　當然，這並不意味著胡適的價值系統和思維模式可以完全不受中國文化傳統的影響。事實上，無人能自外於其所處的文化傳統。即令在最激烈、最徹底的反傳統主義者的思想深處，也可以或深或淺地窺見文化傳統的胎記和烙印。關於傳統對胡適的影響，請參看本書第四章〈胡適與熊十力的分歧〉。

8　一九一七年四月二十七日，胡適撰成博士論文，五月四日繳交，五月二十二日參加口試〔見曹伯言整理，《胡適日記全編》(合肥：安徽教育出版社，2001)，冊 2，頁 583、590〕，一直到了一九二七年初才獲哥大頒發哲學博士學位 (唐德剛譯注，《胡適口述自傳》，頁 98–103)。至於何故有此十年稽遲，學界多年來聚訟紛紜，迄今仍無定論。但胡適在一九一七年七月十日歸國之後 (曹伯言整理，《胡適日記全編》，冊 2，頁 616)，即因鼓吹文學革命而「暴得大名」，成了真正的「國人導師」以及全國最高學府的名教授，學界和文化界人士咸稱之為「胡博士」，而胡適也照單全收，從不加以更正或說明，其以博士自居之態勢甚為顯明。一九一九年二月，商務印書館出版了胡適的《中國哲學史大綱 (卷上)》，該書其實是胡適英文博士論文的中文修訂版。參看 Hu Shih (Suh Hu), *The Development of the Logical Method In Ancient China* (Shanghai: The Oriental Book Company, 1922), "A Note," p. 1.

9　參看余英時，〈《中國哲學史大綱》與史學革命〉，收入氏著，《中國近代思想史上的胡適》，附錄一，頁 90。

大綱（卷上）》在出版後兩年之內，竟能連續翻印了七版，共銷了一萬六千冊。[10]《中國哲學史大綱（卷上）》的驚人銷售量，既在一定程度上反映了該書對當時學術、文化、思想界的驚人震撼力，同時也反映了該書甫一出版，便立刻成了整個學術文化思想界爭相批評、觀摩、學習和模擬的新經典。我們甚至可以大膽地斷言：無論從思想到方法、無論從內容到形式，中國要一直等到胡適的《中國哲學史大綱（卷上）》的出現，才在嚴格意義上開始了並擁有了真正的現代學術。誠如胡適所言，該書的出版，的確「要算是中國的一件大事」。儘管胡適在談及該書時，語氣是何等的自肯、自信和自負，但胡適對該書在「開風氣」「功用」方面的評估，仍遠嫌不足。因為，該書所改變的遠不止是中國哲學史研究，該書不僅使中國哲學史的研究「變色」，而且還使整個中國人文學科的研究變色。明明是中國現代學術的奠基者，卻偏偏以「治中國哲學史」的「開山人物」自限，可見胡適自肯、自信和自負的程度仍大大落後於客觀實際，而必須由後來的史家大加補充。

一整部中國近代史（尤其是中國近代思想史），倘若經過高度化約（reduction）之後，其實也可被視為是一部救亡運動（尤其是救亡思潮）變化和發展的歷史。只要我們稍稍憶及近代史上無數因救亡而喧囂一時的口號，例如「啟蒙」、「婦女解放」、「教育救國」、「實業救國」、「科學救國」、「軍事救國」……無數因救亡而屢仆屢起的運動，例如洋務運動、維新運動、共和革命、文學革命、共產革命……我們便不難發現，所有這些口號和運動都無不環繞着救亡這一主軸在旋轉。中國尋求富強是為了救亡，中國尋求現代化是為了救亡，中國的現代民族的想像和建構是為了救亡，中國的現代國家的想像和建構是為了救亡，中國的擁抱斯大林極權體制甚至是後來的向蘇聯的「一邊倒」同樣也是為了救亡……在這個壓倒一切的時代精神之前，只有救亡才是最終的目標，其它一切都只不過是達成這最終目的手段；只有救亡才是最高

10 　《中國哲學史大綱（卷上）》出版後兩年內的銷售量，見 Suh Hu, *The Development of the Logical Method In Ancient China*, "A Note," p. 1.

的總綱，其它一切都只不過是統御於這最高總綱的細目。胡適的《中國哲學史大綱（卷上）》也和救亡運動有着密不可分的關係。這不僅僅因為胡適本人正是第四代救亡運動的最重要的參加者、組織者和領導者之一，也不僅僅因為《中國哲學史大綱（卷上）》究其實是胡適用以批判和清算中國傳統學術思想的最重要武器——故該書不是別的，而只能是救亡思潮的產物。更不能忽略的是，《中國哲學史大綱（卷上）》之所以能「暴得大名」，實緣於其書成之日，天時、地利、人和這三個方面的重要因素，都一齊具備；而胡書的天時、地利、人和這三大有利因素的同時具備，又是中國近代救亡思潮的逐步發展，終於得到了「水到渠成」「瓜熟蒂落」的結果。

　　本章的第一部分「救亡思潮」，擬從中國近代史上四個世代的救亡志士對傳統「體用論」認識的變遷，作為思想的主要線索，首先探究中國近代知識人是如何企圖從傳統中尋找到科學和民主思想作為救亡的資源，以及在遍尋不獲時衍生出的各種附會；其次探究中國近代的救亡思潮是如何地從「洋務運動」的第一代，逐步演變和發展為「變法維新」的第二代和「共和革命」的第三代，最後發展演變為「激烈化的反傳統主義」或「整體主義的反傳統主義」的第四代，亦即以陳獨秀、魯迅和胡適為代表的「五四」文化革命世代。本文特別指出中國文化經過前三代救亡者的手術刀斧砍伐之後，已變成「失根解體」的釜底遊魂，到了「五四」時代又被陳獨秀、魯迅等文化革命領袖徹底地妖魔化，被視為救亡的最大障礙而必須「整體主義」地徹底加以摧毀。而胡適對傳統的批判遠不如陳、魯等人激烈而徹底，他也清醒地知道陳、魯等人所揭櫫的為了中國的「全盤西化」而首先必須「全盤化反傳統」的救亡藍圖，是根本不可能實現的；但是，為了和文化革命的大潮相呼應，胡適也時時會説出一些「過火」或「過頭」的言論，替陳獨秀和魯迅推波助瀾。本章的第二部分「胡適和他的《中國哲學史大綱（卷上）》」，剖析了胡適思想的杜威實驗主義淵源，以及胡適思想與杜威思想不同的三個基本面向，進而探究胡適是如何地把杜威的實驗主義經過高度化

約之後，變為救亡的「科學方法」，並以此一「科學方法」為武器，在中國大眾文化和學術思想這兩個層面同時開展其猛烈的批判和徹底的清算，在一心把「中國杜威化」的同時又在無意中把「杜威中國化」。本文着重指出：《中國哲學史大綱（卷上）》是胡適把中國學術杜威化的最重要的一次實驗，並因此完成了中國學術史上第一次用西方現代學術思想對傳統學術進行系統性的改造和清算，建立了中國現代學術的典範。本文分析了胡適是如何用「科學方法」改寫中國的哲學史，並探究了當時救亡的時代精神，是如何地幫助胡適在北大講授「中國哲學史」課程之時，一舉突破了傳統學術的核心陣地，逐步贏得了學生的接受和擁戴。本文也剖析了當時的救亡思潮，又是如何地為胡書的空前成功，提供了客觀的憑藉。

由上可見，本文的主要論述方式，是「宏觀歷史」和「微觀歷史」這二種書寫策略的交替使用，這也是筆者近十多年來一貫堅持的治學方法。任何具體的歷史事件、人物或思想，必須放置在其所處之歷史大環境的脈絡中加以考察，才能恰如其分；任何歷史大環境脈絡的勾稽，也必須以具體的事件、人物和思想為依據才不會掛空。「宏觀」可使「微觀」逃出「明察秋毫之末，而不見輿薪」的陷阱，而「微觀」又可讓「宏觀」不致「天低吳楚，眼空無物」。本章的第一部分「救亡思潮」，正是要從歷史的宏觀角度，勾勒出胡適的思想及其《中國哲學史大綱（卷上）》所憑藉的思想史背景；本章的第二部分「胡適和他的《中國哲學史大綱（卷上）》」，則從歷史的微觀角度，描畫胡適和他的《中國哲學史大綱（卷上）》所須面對和所要解決的種種具體問題。「宏觀」的書寫策略必須承擔「掛一漏萬」的嚴重後果，以及各種學有精專的專家學者們的許多補充和指正。但既然任何歷史大環境脈絡的書寫都免不了「掛一漏萬」的譏評，筆者也就只有坦然面對，並以「掛一」必須「漏萬」，不「漏萬」則無法「掛一」的辯證觀點，為自己「宏觀」書寫策略的合法性，作出最有力的申辯。又由於救亡與胡適同為中國近代史研究的重要論題，歷來名家著論紛呈，珠玉在前，仍敢不辭鄙陋而靦顏

獻醜者，實緣於重要歷史事件和人物正如同文學上之重要經典，值得每一代人從相同或不同的角度加以無窮探索。在繼承了前輩學者尤其是林毓生、余英時、張灝等人的研究成果時，筆者在某些地方也不忘奉獻自己的「一得之愚」。野人獻曝、敝帚自珍，其為高明大方之家所哂笑，固其宜也。

本章的「結語」，指出胡適的《中國哲學史大綱（卷上）》在取得其空前成功之後，其影響力在極短的時期之內即因馮友蘭的《中國哲學史》的出版而迅速消失，而其典範地位亦被馮書完全取代，個中最重要的原因之一，乃緣於胡書清算和批判中國傳統文化的主導思想，已因當時日人侵佔中國東北威脅中國華北而變得不合時宜。在全國上下一心抵禦外侮之際，傳統文化已一變成為民族抗日救亡的重要精神資源，是故以為華夏招魂為其主導思想的馮書得以乘時而起並取而代之。胡適的《中國哲學史大綱（卷上）》因與救亡思潮同調而勃興，旋亦因與救亡思潮變調而歸寂。此之謂「成也蕭何，敗也蕭何」。

一、救亡思潮

（一）一元論系統

遠在先秦這軸心時代（Axis Age），由孔子、子思、孟子合力締造的儒家學說，便帶有強烈的經世傾向。這種傾向在儒典《大學》中有相當集中的反映。《大學》首章有云：

> 古之欲明明德於天下者，先治其國；欲治其國者，先齊其家；欲齊其家者，先脩其身；欲脩其身者，先正其心；欲正其心者，先誠其意；欲誠其意者，先致其知；致知在格物。物格而後知至，知至而後意誠，意誠而後心正，心正而後身脩，身脩而後家齊，家齊而後國治，國治而後天下平。[11]

11　〔宋〕朱熹，《四書章句集注・大學章句》（北京：中華書局，1983），頁 3–4。

　　以上引文，據朱熹說是孔子門人曾參所記錄的孔子遺言。[12] 日後儒者大都把格物、致知、誠意、正心、修身、齊家、治國、平天下看作《大學》的八條綱目，前四者為「內聖」之學，後四者為「外王」之學。但也有不少學者持不同的意見，例如朱熹就說過：「正心以上，皆所以修身也。齊家以下，則舉此而措之耳。」[13] 意謂在《大學》的八條綱目中，前四者為內聖之學，最後三者為外王之學，而第五條綱目修身，則為連結內聖和外王之學的樞紐。儘管對內聖學與外王學的分界的定位問題，歷代儒者們容或持有不同的意見，但他們又都一致贊成內聖和外王是聖賢志業中不可分割的兩個層面：對家庭、國家和社會的安頓經營，必須以個人內在的道德修養為其根本，才不會誤入歧途；而個人內在的道德修養，也必須向外呈現於安頓經營家庭、國家和社會的事功之中，才不會一事無成。這一整套強調道德、政治和社會緊密結合的內聖外王之學，在先秦時期便已和《易傳》、《中庸》的道德形上學互相滲透，並從陰陽五行家的氣化宇宙論中吸取營養，把宇宙間的自然秩序和人間的政治和社會秩序完全等同起來，首先以人間的道德把宇宙的自然秩序徹底道德化，然後再倒果為因，把被道德化的自然秩序變換為人間的政治和社會秩序。如此一來，天道和人道便通貫為一；原來人間的政治和社會的秩序全部被說成是天命所授予的道德秩序，因而是既普遍又具體、既神秘又明白、既神聖又平常、既不可違抗不許逆轉又近情入理親切易行。到了秦漢時期，儒者們又從法家「尊君卑臣」的思想武庫偷運入「三綱」，把原來「君仁臣忠、父慈子孝、夫義婦順」的相對關係，轉變為「君為臣綱、父為子綱、夫為妻綱」的絕對服從。經過他們的努力整合，政治吞併了大半個社會，變成了文化、道德和價值的中心，而普遍王權（universal kingship））變成了政治掌控的根本樞紐。這套內聖外王的學說，在秦漢時本已轉變為支柱中國大一統專制政治的意識形態，後來又經宋明理學家從佛、道二氏的「體用」論中

12　〔宋〕朱熹，《四書章句集注・大學章句》，頁 4。
13　〔宋〕朱熹，《四書章句集注・大學章句》，頁 4。

轉手，更極度突顯和強化了其原來「一元的整體的和有機的」(monistic, holistic and organicist) 特性。[14] 在「理一分殊」、「體用一源」、「即體即用」，以及「舉體成用」、「攝用歸體」等觀念輔弼之下，這一整套無所不在又無所不包、無所不為又無所不能的意識形態大系統，已外化成一整套文化、政治和社會的制度，並規範、支配和主宰着傳統中國社會中國人的思想、生活和行為的各種方式。陳寅恪把這種歷史事實稱之為「法典」化，[15] 余英時則稱之為「建制化」。[16] 無論是「法典化」也好，「建制化」也罷，其實都是意識形態的制度化 (institutionalization) 的不同説法而已。

在中國與西方文明真正全面接觸之前，儒家這套聯結內外、天人和體用的意識形態大系統及其外在化的政治、社會和文化制度，也曾面對過無數的內外危機和各種挑戰，其中最嚴峻者莫過於農民暴動、蠻族入主和佛教思想的傳入，但卻總能成功地回應挑戰並化解危機。農民暴動的勝利者最後總會被原來的政治體制馴化，蠻族的征服者在被中國政治體制馴化之後，往往還不免要再被中國文化漢化，而印度佛教傳來的一大套思辨的繁瑣哲學，最後也被改造成強調簡易和實踐的中國禪學。憑藉着「一元的、整體的和有機的」特質，以及壓倒四鄰文明的整體優勢，儒家的意識形態大系統及其制度往往在某一個據點或某一個側面被突破時，其它的點和面總能合力加以救濟並運用其壓倒性的整體優勢克敵制勝，從而使自己永遠立於不敗之地。正因為

14　Yu-Sheng Lin, *The Crisis of Chinese Consciousness: Radical Antitraditionalism in the May Fourth Era*, pp. 11–18.
15　陳寅恪説：「夫政治社會一切公私行動莫不與法典相關，而法典為儒家學説具體之實現。故二千年來華夏民族受儒家學説之影響最深最鉅者，實在制度法律公私生活之方面；……」引自陳寅恪，〈審查報告三〉，收入馮友蘭，《中國哲學史》（重慶：商務印書館，1944），冊下，〈附錄三〉，頁 2–3。
16　余英時説：「如眾所周知，儒家思想在傳統中國社會的影響是無所不在的。從個人道德、家族倫理、人際關係，到國家的典章制度以及國際間的交往，都在不同的程度上受到儒家原則的支配。從長期的歷史觀點看，儒家的最大貢獻在為傳統的政治、社會秩序提供了一個穩定的精神基礎。但儒家之所以能發揮這樣巨大而持久的影響，則顯然與儒家的普遍建制化有密切的關係。……」引自余英時，《現代儒學論》（River Edge: Global Publishing Co., 1996），頁 171。

其回應挑戰和消除危機的成就是如此的輝煌，儒家思想及其制度兩千多年來恆被傳統中國的知識階層頂禮膜拜拳拳服膺，視作至高無上的至道妙理、指點迷津的生命方針、安邦定國的權威法典，以及救苦救難救時救世的萬應靈丹。而在儒家思想及其制度的薰陶培植之下，傳統中國的知識階層也養成了一種根深蒂固的「中國中心主義」(Sino-centrism) 的世界觀，總以為只有自己才是處於世界的政治、經濟、學術和文化的中心的「神明華冑」，而恆把中國以外的國族邊緣化，視之為有待自己去教化和撫育的「四夷」。[17]

(二)「中國中心主義」的破滅

但是，自道光、咸豐以降，西方列強由堅船利炮的開路，向中國大舉入侵，中國便在帝國主義的巧取豪奪蠶食鯨吞之下，第一次和西方文明展開了真正深入而全面的碰觸。西洋戰船的巨型火炮，不僅一舉轟塌了中國的邊防，同時也一舉震碎了「神明華冑」的「中國中心主義」的心防。[18] 在一連串的喪權辱國潰師失地的慘敗之中，中國的知識階級漸漸意識到自己所面對的，是「數千年來所未有之變局」；所要對付的，是「數千年來所未有之強敵」。[19] 這次入侵的「西夷」之所以如此強大、如此可怕，是因為他們的文明在整體上至少和中國相等，而他們由先進科技所發展出來的雄厚物質力量尤其是超強武力，以及由現代國家所擁有的行政效率和動員能力，更是中國知識階級數千年來所

---

17 Chi-shing Chak, "The Contemporary Neo-Confucian Rehabilitation: Xiong Shili and His Moral Metaphysics" (Ph. D. Dissertation, University of California, Berkeley, 1990), pp. 2–24.

18 Chi-shing Chak, "The Contemporary Neo-Confucian Rehabilitation: Xiong Shili and His Moral Metaphysics", pp. 25–28.

19 李鴻章於同治十三年十一月初二日（一八七四年十二月十日）上同治皇帝的〈籌議海防摺〉有云：「今則東南海疆萬餘里，各國通商傳教，來往自如，麇集京師及各省之腹地，陽託和好之名，陰懷吞噬之計。一國生事，諸國構煽，實為數千年來未有之變局。輪船電報之速，瞬息千里；軍器機事之精，功力百倍。礮彈所到，無堅不摧；水陸關隘，不足限制，又為數千年來未有之強敵。」收入〔清〕吳汝綸編，《李鴻章全集》（海口：海南出版社據光緒乙巳金陵刻本《李文忠公全集》影印，1997），卷 24，冊 2，頁 825。

不曾夢見。由於在整體上不具優勢，每當中國在科技層面或政治層面局部受挫時，其它層面一如既往通盤合力加以救濟，其結果不僅挽救不了局部的危機，反而還造成了「全盤皆輸」的更嚴重的整體危機。正因如此，中國知識階級漸漸意識到這次由「西夷」的入侵所釀成的危機，真正可以稱之為「史無前例」。因為，眼前的危機，已不僅僅是「亡國」而已，也不僅僅是「亡天下」而已，甚至極有可能是整個華夏民族的「滅種」。顧炎武嘗謂「亡國」只關係到一家一姓的興亡，除皇室與高官等少數「肉食者」之外，絕大部分士大夫並不必對此負責；而「亡天下」（即「亡文化」）便關係到整個華夏禮樂教化的續絕存亡，如何防患於未萌之先，以及拯救於既亡之後，才是中國所有知識人無可規避的義務和責任。[20] 顧氏這種救文化（救天下）不必救國的論述，誠然是激於一股「忍見上國衣冠淪為夷狄」的偏頗與悲憤，從來就不為由明季到清代的大部分知識人所認同。因為，在儒家「內聖外王」的話語籠罩之下，家事、國事和天下事本來就理所當然和天經地義地成了中國知識人必須肩負的責任和義務。既然救國救文化本是中國知識人的天職，而拯救華夏種族使其免於滅絕更與中國知識人的個體保存直接相關，「救亡」便從道光、咸豐以降，逐漸變成了中國知識階級的宗教、上帝和終極關懷。為了成就救亡，沒有什麼不可以被接受和被擁戴，也沒有什麼不可以被拋棄和被犧牲。

　　如上所述，近代中國知識階級的「救亡」，本來就涵蓋了救國、救文化和救種這三個層面。由於國是種生息繁衍之所，文化是種之所以為種的種性，而種則是國與文化的載體，是故救國、救文化和救種這三個層面，緊密地統一於救亡大業這一有機體中，既互相依存、互相轉化又互相決定。任何為了救濟其它層面而犧牲某一層面的作為，必定會造成統一體的崩解，最終被犧牲的反而是救亡大業自身。但是，近代中國的救亡史，卻是知識階級不斷地削弱、破壞和毀棄中國歷史

20　〔清〕顧炎武著，〔清〕黃汝成集釋，《日知錄集釋》（長沙：嶽麓書社，1994），卷13，頁471。

文化以圖救國和救種的歷史。這種「倒行逆施」的反向操作，實為近代民族主義的救亡論述所未曾見。對歷史文化的破壞，到了「五四」前夕最終激化成一股林毓生稱之為「全盤性反傳統主義」(totalistic anti-traditionalism) 的匝地狂飆，[21]「五四」代表人物對自己的文化傳統憎惡之深切、反對之激烈、否定之徹底，不僅在中國歷史上是絕無僅有，在世界史上也是聞所未聞。

(三) 今文經學的附會

不過，中國的知識階級並不是在救亡運動之始便有意走上反傳統的道路。事實上，在「五四」時代之前，凡有志救亡的知識人，都無不企圖在儒家傳統之內尋求救濟危亡的丹方，也無不以失敗而告終。晚清今文經學的興起，正是緣於魏源、龔自珍、康有為等人認定有清二百年來的考據學，專在經籍中考究章句訓詁音韻名物制度之餘事，勞而鮮功，博而寡要，於義理全不講求，以至於玩物喪志、捨本逐末，不僅全違其「通經明道」的初衷，更以其支離破碎使大道晦而難明，因而發大心別樹一幟，在六經中搜求聖人的「微言大義」，以移用為經世救亡的宗旨。[22] 康有為的大弟子陳千秋在〈長興學記〉的「跋」語中，把今文經學復興的因緣交代得甚為明白：

> 孔子創造《六經》，改制聖法，傳於七十，以法後王。雖然，

21　Yu-Sheng Lin, *The Crisis of Chinese Consciousness: Radical Antitraditionalism in the May Fourth Era*, p. 10.

22　梁啟超對自己如何在康有為的影響下，盡棄舊學而改宗今文經學，有相當精采而生動的描述：「余以少年科第，且以時流所推重之訓詁詞章學，頗有所知，輒沾沾自喜。先生乃以大海潮音，作獅子吼，取其所挾持之數百年無用舊學，更端駁詰，悉舉而摧陷廓清之。自辰入見，及戌始退，冷水澆背，當頭一棒，一旦盡失其故壘，惘惘然不知所從事，且驚且喜，且怨且艾，且疑且懼，與通甫聯床竟夕不能寐。明日再謁，請為學方針，⋯⋯自是決然拾去舊學，自退出學海堂，而間日請業南海之門。生平知有學自茲始。」引自梁啟超，〈三十自述〉，收入氏著，《飲冰室文集》(上海：中華書局，1936)，卷11，冊4，頁16–17。

大義昧沒，心知其意者蓋已寡矣。漢之學發得《春秋》，宋、明之學發得《四書》，二千年之治賴是矣。國朝之儒，刳心緇性而宋學亡；經師碎義逃難而漢學亦亡。陵夷至道、咸之季，大盜猖披，國命危阽，民生日悴，莫之振救，儒效既覥，而世變亦日新矣。吾師康先生，思聖道之衰，憫王制之缺，慨然發憤，思易天下；既緇之於國，乃講之於鄉。……爰述斯記……其詞雖約，而治道、經術之大，隱隱乎撥樵而光晶之，孔子之道，庶幾煥炳不蔽。昔日同學諸子請墨諸版以告天下，庶綴學之士，知所趨嚮，推行漸廣，風氣漸移，生民之託命，或有賴焉。[23]

但是，成就中國救亡大業所最必須者，厥為現代科學與民主政制──「五四」反傳統主帥陳獨秀以「賽先生」（Mr. Science）和「德先生」（Mr. Democracy）標而識之，[24] 真可謂一語中的──而儒家傳統中偏偏就是難以找到賽先生和德先生的影子。至於儒家傳統為什麼會缺乏科學和民主的資源，本書第四章〈胡適與熊十力的分歧〉中，已有比較深入的討論，現經化約後歸納為以下三點。第一，強調「經世致用」，強調「正德、利用、厚生」的儒家傳統，恆視抽象的思辨智性活動為「玩物喪志」；而看似與「正德」跟「經世」俱渺不相關的「為知識而知識」的智性活動，卻正是西方科學的淵藪。第二，張灝曾指出，西方文化之所以能成就民主政治的重要原因之一，乃緣於西人對人性中的陰暗面或「幽暗意識」的戒慎恐懼和克治省察，進而建立外在的制度加以限

23　陳千秋，〈《長興學記》跋〉，康有為，《長興學記》，收入蔣貴麟主編，《康南海先生遺著彙刊》（臺北：宏業書局，1976），冊 9，頁 30–31。

24　陳獨秀說：「第二種人……所非難本誌的，無非是破壞孔教，破壞禮法，破壞國粹，破壞貞節，破壞舊倫理（忠孝節），破壞舊藝術（中國戲），破壞舊宗教（鬼神），破壞舊文學，破壞舊政治（特權人物），這幾條罪案。……本社同人當然直認不諱。但是追本溯源，本誌同人本來無罪。只因為擁護了德英〔莫〕克拉西（Democracy）和賽因斯（Science）兩位先生，才犯了這幾條滔天的大罪。要擁護那德先生，便不得不反孔教，禮法，貞節，舊倫理，舊政治。要擁護那賽先生，便不得不反對舊藝術，舊宗教。要擁護德先生又要擁護賽先生，便不得不反對國粹和舊文學。……」引自陳獨秀，〈本誌罪案之答辯書〉，《新青年》，卷 6 號 1（1919 年 1 月 15 日），頁 10。

制之。[25] 但是，在儒家的義理網絡中，人性與純粹至善的天理同質而等值，人性中並不存在任何的陰暗面或幽暗意識，甚至在西方文化中被視作陰暗面或幽暗意識的根源的私慾，在儒家看來也只不過是人性在發用時的「過」或「不及」。由於對人性的光輝充滿了樂觀和信心，理學家們對私慾的化除，便全憑「復性」的內省修養功夫，而不思及建立外在的社會、政治和法律的機制，對私慾加以疏通、限制和調節。是以民主政制無法在傳統中國建立。第三，如眾所周知，無論是要建構民主法制，還是要從事科學研究，都必須憑藉理智，亦即必須運用時空觀念，必須服從主客、能所、因果、人我、同異、一多等思維規律的制約。然而，在儒學「與天地萬物為一體」的義理網絡中，又必須泯除主客、能所、因果、人我、同異、一多的分辨。正因為成聖成賢是儒者夢寐以求的終極目標，而「與天地萬物為一體」又是成聖的同義詞，如此一來，理智在儒者的修業進德中，根據新儒學大師熊十力的說法，便成了不僅毫無裨益，而且還極端有害，因而被視為必須首先予以「遮遣」（驅逐）、「超出」（超越）或「伏除」（清除）的對象。[26] 在理性被「遮遣」、「超出」或「伏除」了之後，要成就民主和科學又何異於緣木以求魚！

　　由於在儒學傳統中甚難找到科學和民主的資源，中國的救亡志士便只有求助於「附會」或「外借」這兩大法寶。所謂「附會」，乃今文學家的「長技」，無非是望文生義，把儒典中某些名詞比附西方觀念，並以此作為證據，進而把西方的科學和民主，說成是儒家故物，緣秦火之故在中國絕跡但卻流入西方另闢新天地……譚嗣同正是以儒家的「仁」

---

25 張灝，〈傳統與現代──以傳統批判現代化，以現代化批判傳統〉，收入氏著，《幽暗意識與民主傳統》（臺北：聯經出版事業公司，1989），頁 126。

26 熊十力說：「新論根本意思、在遮遣法相、而證會本體。超出知解、而深窮神化。伏除情識、而透悟本心。既悟本真、而後依真起妄、情識亦現。但悟後之識、依真起故。用能稱境而知。離於倒妄。斯與未悟之識。截然異性，故知妄法亦真。」引自熊十力，《新唯識論》（臺北：廣文書局，1962），卷下之二〈附錄〉，頁 43a-43b。引文中的「法相」，所指的是「宇宙萬象」或云「宇宙」，「知解」所指的是知識與理力，而「情識」所指的是「思想或知識與理智」。眾所周知，離開了理智，便不可能認識宇宙、觀察宇宙萬物，而知識、思想和理解力又都是理智的產物。根據熊十力的說法，證悟道德主體必須摒除理智，而成就民主與科學又必須憑藉理智。如此一來，道德主體與民主科學如果還不至於不能相容和不能並存的話，二者便必定是不能同時建立。

比附泰西的「以太」，以「心力」比附「電力」，一時說以太是「仁之用」，一時又說聲、光、電、化是「仁之用」。[27] 而康有為則從儒典的「大同」，引申為西方的「獨立」、「平等」、「民主」、「天賦人權」等觀念，[28] 並推衍出中國必將「由君主而漸為立憲，由立憲而漸為共和」。[29] 諸如此類的附會之辭，有一些確實係由對西學的無知而產生的誤解，但更多的卻是出於有意的曲解。把泰西的舶來品說成吾家故物，「以夷變夏」的疑慮自然也隨之一筆勾銷，這一方面固然是附會者因傳統的嚴重欠缺撼動了自己「中國中心論」的心防而亟需尋求情感上的慰藉，另一方面也確有安撫頑固減輕阻力的策略考量。在此「思想閉塞」而又「學問饑荒」的危亡關頭，「格義」式的誤解本無可避免，而「六經注我」的曲解，一時間也不無「烈山澤以關新局」之功。[30] 但總誤解和曲解而成的錯誤累積，時間稍長便一定會因穿幫而被棄如敝履。這不僅僅是因其立論之浮淺、混亂、游移、前後相攻而終必招致「自為矛盾衝突抵消以迄於滅盡」，[31] 不僅僅是因附會者之學問與時俱進而「悔其少作」，[32] 也不僅僅是因信從者一旦覺察真相後便再難受騙上當，更重要的是因為附會之說才甫開新局，不旋踵便反過來限制了西方思想的輸入與傳播，轉成救亡志士必須清除的路障。梁啟超對今文學的猛烈抨擊正與此密切才相關：

27　〔清〕譚嗣同著，蔡尚思、方行編，《譚嗣同全集（增訂本）》（北京：中華書局，1981），冊下，頁 293–295。

28　康有為說：「故全世界人，欲去家界之累乎，在明男女平等各有獨立之權始矣，此天予人之權也；……」又說：「人人性善，堯舜亦不過性善，故堯舜與人人平等相同。此乃孟子明人人當自立，人人皆平等，乃太平大同世之極。」又說：「堯、舜為民主，為太平世，為人道之至，儒者舉以為極者也。」參看康有為，《大同書》（北京：古籍出版社，1956），頁 252；《孟子微》，收入蔣貴麟主編，《康南海先生遺著彙刊》，冊 5，頁 119；康有為，《孔子改制考》（北京：中華書局，1958），頁 283。

29　康有為，《論語注》，收入蔣貴麟主編，《康南海先生遺著彙刊》，卷 2，冊 6，頁 52。

30　梁啟超在晚年對自己附會西說曾作出甚多極深刻的自我批評，但他仍堅持說：「平心論之，以二十年思界之閉塞萎靡，非用此種鹵莽疏闊手段，不能烈山澤以關新局。就此點論，梁啟超可謂新思想界之陳涉。」引自梁啟超，《清代學術概論》，收入朱維錚校注，《梁啟超論清學史二種》（上海：復旦大學出版社，1985），頁 73。

31　錢穆，《中國近三百年學術史》（臺北：臺灣商務印書館，1996），冊下，頁 763。

32　梁啟超每憶及早年為今文經學前驅，常不免自慚形穢、悔疚交加，故謂「自三十以後，已絕口不談『偽經』，亦不甚談『改制』。」梁啟超，《清代學術概論》，頁 70。

今之言保教者，取近世新學新理而緣附之，曰：某某孔子所已知也，某某孔子所曾言也。……然則非以此新學新理釐然有當於吾心而從之也，不過以其暗合於我孔子而從之耳。是所愛者，仍在孔子，非真理也。萬一遍索《四書》、《六經》而終無可比附者，則將明知為真理而亦不敢從矣。萬一比附者，有人剔之，曰孔子不如是，斯亦不敢不棄之矣。若是乎真理之終不能餉遺我國民也。故吾所惡乎舞文賤儒，動以西學緣附中學者，以其名為開新，實則保守，煽思想界之奴性而滋益之也。[33]

除了「保守」「奴性」之外，梁啟超還痛斥今文家的附會「最易導國民以不正確觀念」，「增其故見自滿之習，而障其擇善服從之明」。[34] 一貫勇於以「今日之我」非難「昔日之我」的梁啟超，[35] 在徹底究明了今文家附會的弊端後，便公開對今文學展開清算。除了對自身應負的責任直認不諱之外，梁啟超甚至還不指名地公開斥罵了乃師康有為為「舞文賤儒」，可見其對今文學的流毒憤恨之深。正因為梁氏本為今文學驍將，對舊時故壘之底蘊知之最深，他的反戈相向，便處處擊中了今文學派的要害。由於今文學之弊端是如此的顯明，故不待梁氏的攻訐，早在百日維新失敗之初便已經信用破產。梁啟超後來的批判，只不過是為歷史作證，兼為今文學蓋棺定論而已。

33　梁啟超，《清代學術概論》，頁 71。

34　梁啟超說：「摭古書片詞單語以傅〔附〕會今義，最易發生兩種流弊。一、倘所印證之義，其表裏適相吻合，善已；若稍有牽合附會，則最易導國民以不正確之觀念，而緣郢書燕說以滋弊。例如，疇昔談立憲、談共和者，偶見經典中某字某句與立憲共和等字義略相近，輒摭拾以沾沾自喜，謂此制為我所固有。其實今世共和、立憲制度之為物，即泰西亦不過起於近百年，求諸彼古代之希臘、羅馬且不可得，遑論我國。而比附之言傳播既廣，則能使多數人之眼光之思想，見局見縛於所比附之文句。以為所謂立憲、共和者不過如是，而不復追求其真意之所存。……二、勸人行此制，告之曰，吾先哲所嘗行也；勸人治此學，告之曰，吾先哲所嘗治也；其勢較易入，固也。然頻以此相詔，則人於先哲所未嘗行之制，輒疑其不可行；於先哲未嘗治之學，輒疑其不當治。無形之中，恆足以增其故見自滿之習，而障其擇善服從之明。……」梁啟超，《清代學術概論》，頁 72。

35　「不惜以今日之我，難昔日之我。」乃梁啟超夫子自道之名句，國人亦以此知任公改過之勇。見梁啟超，《清代學術概論》，頁 70。

今文學附會的破滅，給風雨飄搖的中國中心主義，又帶來了重重的一擊。知識階級在真相大白之後，信心的破滅夾纏着上當受騙的憤怒和失落，都驅策着他們更加背離傳統而直接擁抱西方。梁啟超所謂：「吾雅不願采擷隔牆桃李之繁葩，綴結於吾家杉松之老幹，而沾沾自鳴得意。吾誠愛桃李也，惟當思所以移植之，而何必使與杉松淆其名實者。」[36] 梁氏的話，正是時人心境的真實寫照。

（四）救亡者的前三代

「外借」派的活動幾乎與今文學家的附會同時展開。外借與附會，雖各自有其不同的側重點，但由於都是為了救亡，有時卻又不妨一身兼具兩職。事實上，晚清今文學的祖師魏源、龔自珍等人，同時又是外借派的開山；而今文學的殿軍康有為以及後來反戈一擊的梁啟超，同時又是外借派的後勁。外借派從老祖宗「以夷制夷」的歷史經驗中，重新確立了「師夷長技以制夷」的救亡指針。[37] 既然「西夷」確有遠勝於中國的「長技」，而中國也唯有把「西夷」的「長技」學到手才能制服「西夷」，外借派便奉行了一條「實用主義」的「拿來主義」路線——只要「西夷」的「長技」，能使中國強能使中國富，便儘管拿來！[38] 這「長技」如果是「吾國故物」固然大佳，如果不是也無妨照樣錄用。此所謂「白刃在前，不顧流矢」；愈來愈嚴峻的危機及愈來愈強化的救亡急迫感，已沒有留下太多的時間和空間，讓中國知識階級去憂慮這到底是「以夏變夷」還是「以夷變夏」。既然陷中國於危亡的最根本原因，實緣於自己的「技不如人」，中國知識階級既要救亡，要保種，要使中國轉危為安，甚至反敗為勝，便必須低首降心，切切實實地把西洋優於

36　梁啟超，《清代學術概論》，頁 72。
37　〔清〕魏源，《〈海國圖志〉敘》，《魏源集》（北京：中華書局，1976），冊上，頁 207。
38　Benjamin Schwartz, *In Search of Wealth and Power: Yen Fu and the West* (Cambridge: Harvard University Press, 1964), pp. 16-21。

自己的本領先學到手，然後再藉此與西洋抗衡。捨此之外，更無良策。無數的失敗和國恥所引發的無數次上下求索和反求諸己的結果，使得一代又一代的中國的救亡志士，一步又一步地走出了中國中心主義的蝸殼。

然而，對於何者才是西洋真正優於中國的「長技」，幾乎每一代的救亡者都有不同的認定。第一代救亡者認為西洋優於中國的長技，僅僅在於船堅炮利，只不過是些麤糙的器用；而中國所優於西洋者，厥為其精微的政治和道德主體。既然用是麤，體是精，用是末，體是本，為了政治和道德主體的捍衛與保存，中國當然應該在用的層面上吸納西洋的先進器械。於是便有了曾國藩、李鴻章、左宗棠等封疆大吏所倡導的洋務運動，以及兩湖總督張之洞「中體西用」的理論總結。[39] 第二代救亡者卻從第一代救亡者挫敗的教訓中，重新溫習了一遍傳統的「體用」論。他們從「體用一源，顯微無間」、「即體即用，即用即體」的理論原則出發，堅持體用的不可分離性。他們認為，西洋的長技，不僅僅是「船堅炮利」的「用」；更重要的，還是她那使其「用」之所以成為「用」的「體」。既然洋務派都相信用是麤，體是精，用是末，體是本；那麼，洋務運動的失敗，正在於其只知引進西洋的用，而拒絕了西洋的體。這麼一來，不僅犯了「裂體用而為二」的大忌，而且還產生了取麤遺精，捨本逐末的惡果。[40] 職是之故，第二代救亡者的苦心孤詣，端在於如何引進西方的政治體制，以改良和救濟中國的君主專制，於是便有康有為、梁啟超等改良主義者的維新運動。第三代救亡者又在對第二代的失敗的反思中，再把「體用」論溫習了一遍。和第二代的前輩一樣，救亡的第三代同樣認為西洋的長技是其政治體制，但他們卻堅持着西體和中體的對抗性和不相容性。既然第二代的前輩強調牛有牛

39　〔清〕張之洞，《勸學篇・序》（臺北：文海出版社，1967），頁 3–8。
40　參見〔清〕嚴復，〈救亡決論〉，收入王栻主編，《嚴復集》（北京：中華書局，1986），冊 1，頁 40–54。

的體用，馬有馬的體用，牛用不可施諸馬體，馬用也不可施諸牛體，[41]
然則，牛體又有何道理可混同於馬體？在他們看來，中體與西體，本
是不可同冶於一爐的炭和冰；康梁維新運動的失敗，正在於他們把絕
對不相容的西方民主政制和中國的君主專制強行扭合在一起。所謂「不
破不立，不塞不流」，若要成功地把西洋的民主政體移植到中國來，其
先決條件便唯有從根本上摧毀中國的君主政制，於是便有孫中山、黃
興的共和革命。

　　即使從上述業經極度約化而顯得過分簡單和粗糙的救亡脈絡中，
我們仍依稀可以窺見，第一和第二代的救亡志士（「洋務」與「維新」）
之所以不斷地由西學輸入不同的長技，其主觀目標正是為了捍衛中學。
即使到了共和革命的第三代仍可作如是觀。因為，辛亥革命雖為了移
植西方的民主政治而一舉摧毀了中國二千年的帝制，但革命者卻又或
淺或深地都是中國文化道德的信仰者、擁護者或實踐者，故在某種程
度上，辛亥革命可視作為了捍衛中國更廣更高的「道體」而摧毀了她
的「政體」。但是，在運作層面上，前三代救亡者又必須不斷地刪削和
裁剪中學，藉以為西學長技的移植騰出空間。前一代救亡者的挫敗，
總會讓中學難逃後一代救亡者手術刀斧的窮追猛斬。眼前嚴重的內外
危機大大強化了救亡的急迫感，救亡的急迫感反過來又極度誇張膨脹
了本來已經十分嚴重的內外危機。[42] 現實和想像的循環互動、相交通
感的結果，凝聚成一種「抓狂」型的集體恐懼和集體焦慮——似乎國不
旋踵將亡，種不旋踵即滅。於是，每一次變革都被認為是「僅此一次」
的最後機會，每一次拼搏都被當成是「網破或魚死」的最後一擊！在這
種社會心理之下，養成了中國知識階級思維上極端「不耐煩」的特質

41　嚴復說，「有牛之體，則有負重之用；有馬之體，則有致遠之用。未聞以牛為體，以馬為
　　用者也。中西學之為異也，如其種人之面目然，不可強謂似也。故中學有中學之體用，
　　西學有西學之體用，分之則並立，合之則兩亡。議者必欲合之而以為一物，且一體而一用
　　之，斯其義違舛，固已名之不可言矣，烏望言之而可行乎？」引自〔清〕嚴復，〈與《外
　　交報》主人書〉，收入王栻主編，《嚴復集》，冊 3，頁 558–559。
42　Lucian W. Pye, *Politics, Personality, and Nation Building: Burma's Search for Identity*
　　(New Haven: Yale University Press, 1962), p. xv.

(character of impatience)。任何理性、穩健、循序漸進而又可能固本培元，但卻需要較長時間準備和經營的救亡方案，不是被譏笑為怯懦保守，便是被視作「迂闊而遠於事」的「緩不濟急」。[43] 而強調「不破不立、先破後立」的破壞現狀，強調「速變、全變」的根本改造，以及強調「立竿見影」的即時功效，使社會的激進主義思潮有史以來第一次得以在中國的土地上「道成肉身」並逐漸形成氣候。在激進主義的狂風橫掃之下，昨日在救亡舞臺上的激進派，今日已蛻變成了保守派，而今日的激進分子到了明日又被後來者目為頑固保守……。[44] 中國由帝制而共和，以不到七十年的行色匆匆，飛快跑完了西方國家費了數百年才能完成的歷史進程。

(五) 第四代救亡者

然而，中華民國的成立並沒有帶來救亡的成功。和第三世界的許多國家一樣，從西方匆匆移入中國的共和政體，只是徒有西洋的空洞形式而無其實質內容。[45] 共和政府並沒有帶來富強，甚至沒有帶來秩序和統一，而只造成了皇綱解體之後的中央和地方的對立，以及全國各地的軍閥割據和軍閥混戰。而日本政府偏偏又趁火打劫，藉着中國的分裂和內亂逼迫袁世凱接受「二十一條」喪權賣國的「亡國條款」。在思想界和知識界看來，這不啻是預告着國旋亡而種將滅，神州大地因之再次敲響了救亡的警鐘。

以陳獨秀和魯迅為代表的第四代救亡者把批判和鬥爭的矛頭，指向了以儒家為主體的整個中國傳統文化。和前三代的前輩一樣，第四

43　參看黃克武，《一個被放棄的選擇：梁啟超調適思想之研究》（臺北：中央研究院近代史研究所，1994）。

44　李澤厚，〈梁啟超王國維簡論〉，收入氏著，《中國近代思想史論》（北京：人民出版社，1979），頁 429–430。

45　Lucian W. Pye, *Politics, Personality, and Nation Building: Burma's Search For Identity*, p. xv.

代救亡者在更寬鬆的意義上，也應被視為傳統「體用論」的信奉者。儒家傳統中那一整套聯結內外、天人和體用的意識形態大系統，不僅外化成各種政治、社會和文化制度，同時也內化為思想制度，並以其「一元、整體、有機」的特性制約着幾乎所有中國人的思維模式。[46] 第四代救亡者因身為中國人之故，自然難逃此一思維方式的制約。當然，傳統的思維方式毫無疑問地可以變成批判和破壞傳統的思想利器，而第四代救亡者正是把這種「一元、整體、有機」的「體用」論，一變為「整體主義的反傳統主義」的最可怕武器。從「體用一元」的觀點出發，陳獨秀和魯迅等人不僅把西洋的「全體大用」（亦即是把整個西方文化），都看成是西方的長技，而且還把整個中國文化（或者是中國的全體大用），視為與西方文化水火不相容。他們堅信，前三代的救亡者之所以失敗，完全是因為未能全部地摧毀中國文化的用和體，因而也就無法整個地移入西方文化的體和用。順着這一思考邏輯，於是便不可避免地出現了「整體主義的反傳統主義」或「全盤化的反傳統主義」的五四運動。作為五四運動的另一重要領袖和旗手，胡適所秉持的「一點一滴」和「一枝一節」的逐步和漸進的改良主義，本應與陳獨秀和魯迅的「整體主義的反傳統主義」有所區隔。然而因信奉「文化惰性論」之故，在胡適的內心深處，更深知傳統文化有着無比堅韌的「惰性」，以及自我癒合和再生的能力，無論施加多猛烈的攻擊，也不可能將其根本摧毀或連根拔起；故中國的「全盤西化」，只不過是第四代救亡同袍的一廂情願。如果胡適的論說對象從中國人變換成了洋人，他有時也會發表一些正面的和肯定中國文化的言論。但在更多的時候，尤其是面對國人，胡適對中國傳統文化的清算與攻訐，其激烈程度也不稍遜於陳獨秀和魯迅（詳見本書第三章）。這就説明了為什麼在文化保守主義者

46　詳見林毓生，〈兩種關於如何構成政治秩序的觀念——兼論容忍與自由〉、〈胡適與梁漱溟關於《東西文化及其哲學》的辯論及其歷史涵義〉、〈新儒家在中國推展民主的理論面臨的困境〉，收入氏著，《政治秩序與多元社會》（臺北：聯經出版事業公司，1989），頁3–48、322–324、337–349。

尤其是新儒家的眼中，胡適、陳獨秀、魯迅都是「一丘之貉」。而胡適在魯迅和陳獨秀分別在一九三六年及一九四二年先後棄世之後，活到一九六八年，成了「五四」領袖中僅存的碩果，且又與新儒家在學界有着較多的交涉，於是便理所當然地成了新儒家們筆伐口誅的對象。

其實，在五四運動之前，儒家傳統已屢次遭受到沉重的打擊，而最致命的打擊又有兩次，一次是一九〇五年九月二日清廷廢止科舉考試，另一次是一九一二年二月十二日清室退位。中國的科舉制與王權制，本是儒家文化賴以託命的兩條主根。前者保障了儒家經典在傳統中國永遠的聖經地位，後者保障了儒家思想在傳統中國永遠的國教地位。科舉廢使得儒書從中國讀書人所必讀的寶典，一變而為可讀也可不讀的「閒書」。王權廢不僅使得儒家從此失去了在三教九流諸子百家中「獨尊」的專利權，而且還因「普遍王權」這最核心的政治樞紐的粉碎，而導致了儒學這一整套聯結內外、天人和體用的價值、意義和技術的大系統，因無法再整合而失衡、失序，最後演成了總體的崩解 (disintegration)。[47] 儒學在失根兼解體之後，便只能在中國大地上飄蕩流離，漸漸變成了馬克思筆下的「幽靈」，或余英時口中的「遊魂」。[48]

由於實在無法為救亡圖存提供不可或缺的科學和民主這兩大精神資源，儒學已經不知多少次讓求助的歷代救亡者傷心絕望。而每一次傷心、每一次絕望，都令更多的救亡志士愈來愈背離傳統而面向西方。科舉和王權的先後廢除又大大加速了中國知識階級的離心力。黎文蓀 (Joseph R. Levenson) 指出：當時中國的知識分子大都在理智上向西方尋求價值和意義，而只有在為了安撫自己受傷的民族自尊心之際，才會轉向傳統文化尋求情感上的慰藉。[49] 黎文蓀的觀察，在在表現了其不

---

47 Hao Chang, *Chinese Intellectuals in Crisis: Search for Order and Meaning (1890 – 1911)* (Berkeley: University of California Press, 1987), pp. 4–8. 並參考林毓生二〇〇三年四月三日在臺北中央研究院近代史研究所所作的學術報告〈中國近代歷史上的三個基本問題〉（未刊稿），頁 2–6。

48 余英時，《現代儒學論》，頁 161。

49 Joseph R. Levenson, *Confucian China and Its Modern Fate: The Problem of Intellectual Continuity* (Berkeley: University of California Press, 1958), pp. xiii–xix.

凡的睿智和敏銳的穿透力。但事物的發展往往不止一個面向。黎文蓀在作社會心理分析時，似乎忘記了社會心靈另一種可能的走向——人們在受辱甚深而又雪恥無力之時，為了減輕羞恥感和罪孽感的痛苦煎熬，往往會替自己找到一個諉過、遷怒和任怨的替罪羊；而中國的傳統文化，在一方面既是因中國中心主義破滅而民族自尊心飽受傷害的知識人在情感上尋求安慰的寄託，同時在另一方面也是他們諉過、遷怒和任怨的出氣筒。當然，這絲毫不意味着以陳獨秀、魯迅和胡適為代表的「五四」救亡志士對傳統文化的批判缺乏理性的成份。透過他們無數情緒性的激烈言辭，我們並不難找到一條理性和邏輯的主線在支配着語言層面的運作——儘管此一主線因情緒的干擾而時斷時續和彎彎曲曲。並且，這也絲毫不意味着陳獨秀、魯迅和胡適等「五四」救亡者對傳統文化的批判缺乏正當性。傳統文化確有許許多多與民主和科學積不相容的因子，妨礙着中國的現代國家建設 (nation building) 和現代科技發展——儘管它也絕非「全盤」地或「整體主義」地與中國的現代化建設水火不相容。[50]

　　在陳獨秀、魯迅和胡適等「五四」救亡者決定把鬥爭的炮口指向整個傳統文化之前，中國思想界呈現出一片異乎尋常的死寂。雖然一樣是危機深重國難當頭，但救亡運動卻因失去了鬥爭的目標而一籌莫展。因為，新式軍隊的洋槍洋炮已取代了綠營的大刀長矛，新式學堂的聲光電化教材已取代了私塾的四書五經，新政府的大總統也取代了王朝的真命天子⋯⋯幾乎所有被認為是應負亡國滅種之責的軍事、教育和政治制度，都已經被打倒或被改造完了。眼前已很難再找到什麼有形的制度，可任亡國滅種之責，好讓志士們把它改造或把它打倒。由於救亡有心而濟世無術，志士們解甲歸田者有之，茹齋唸佛者有之，出家自殺者有之，腐化墮落自暴自棄縱情聲色煙酒賭毒者更有之，而昔日思想界的明星如康有為、章太炎、嚴復、梁啟超諸人，也盡失其

叱咤風雲呼風喚雨的架勢和風采。但是,「山雨欲來」的沉悶低氣壓並沒有持續太久,袁世凱在一九一四年十二月二十三日的祀孔祭天,以及一年後他的稱帝,而不旋踵又發生了張勳的擁戴清室復辟,這三個環環緊扣的鬧劇使得救亡運動因有了新的打擊對象而死灰復燃;[51] 以陳獨秀、魯迅和胡適領導的中國第四期的救亡運動,也從「山重水覆」一變為「柳暗花明」。在救亡第四代的眼中,祀孔與復辟的互為因果,已雄辯地證明了以孔丘為代表的儒家文化,和以袁世凱、張勳為代表的復辟勢力,都同是中國現代國家建設的死敵。為了救亡中國必須現代化,為了現代化中國必須摧毀以儒家為主體的整個中國文化——一切有形的顯性制度固然要全部加以摧毀,一切無形的隱性制度當然更要全部加以摧毀。既然儒家有形的顯性制度已被救亡的前三代摧毀殆盡,摧毀儒家無形的隱性制度——包括世界觀、倫理、道德、禮儀、風俗、文學、藝術、生活方式和思想習慣等等——便成了「五四」救亡世代責無旁貸的歷史使命。

當胡適於一九一七年九月十日起在北京大學講授「中國哲學史」之時,[52] 由陳、魯、胡等人主導的文化革命,已從星星之火演成燎原之勢。以儒家為主體的中國文化已被徹底地「妖魔化」了。「五四」人士不僅把整個中國文化說成是中國現代化建設的最大障礙,而且還是現代文明的公敵,甚至是全人類的公敵。例如,魯迅就以文學形象思維的高度概括,借「狂人」之口,指控一整部中國的文化和歷史,翻來翻

---

51 在中國近代思想史中,袁世凱的祀孔、稱帝,尤其是張勳的擁清室復辟,是政治革命到文化革命的重要轉振點。據周作人的回憶,在張勳復辟之前,即如魯迅也不免認同許壽裳攻擊《新青年》的某些言論,而他本人也未曾站在《新青年》那一邊。他們兩兄弟乃至當時整個知識界的思想,都是受了張勳事件的刺激,「這才翻然改變過來」。參見周作人,《周作人回憶錄》(長沙:湖南人民出版社,1982),頁 115-117。考諸傅斯年、羅家倫、顧頡剛等人的思想轉向,以及激進的革新社團如少年中國學會、新潮社、北大哲學研究會、平民教育講演團的出現,激進的報刊雜誌如《每週評論》、《新潮》、《少年中國》等的創刊,全都發生在張勳事件之後。可見周作人的說法,符合歷史事實。參見王雲,〈傅斯年與北京大學〉,收入山東聊城師範歷史系編,《傅斯年》(濟南:山東人民出版社,1991),頁 91-101;蕭超然等編,《北京大學校史(1898-1949)》(上海:上海教育出版社,1981),頁 52-55。

52 耿雲志,《胡適年譜》(香港:中華書局,1986),頁 47。

去便只剩有血淋淋的「吃人」兩個大字。[53] 而錢玄同也曾公開宣示，凡漢文書籍，「無論那一部，打開一看，不到半頁，必有發昏做夢的話。」因為，它們的「千分之九百九十九」，宣揚的不是孔學「三綱五倫之奴隸道德」，就是道教「妖精鬼怪煉丹畫符的野蠻思想」。於是，錢氏大聲疾呼：「欲使中國不亡，欲使中國民族為二十世紀文明之民族，必以廢孔學，滅道教為根本之解決，而廢記載孔門學說及道教妖言之漢文，尤為根本解決之根本解決。」[54] 必須指出，錢玄同的意見，絕非個人一時的過激之言，而是有着廣泛的社會心理基礎的。陳獨秀便以「中國文字，既難傳載新事新理，且為腐毒思想之巢窟，廢之誠不足惜」，公開支持錢氏的主張。而素來以溫和穩健自命的胡適，居然對此也表示「我極贊成」。[55]

儒家文化既已失根解體在先，又被「妖魔化」在後，變為釜底遊魂且又罪孽深重，自然無法抵擋新文化革命炮火雷霆萬鈞地連番轟擊。即令間有林紓、辜鴻銘等有限幾個衛道之士為之羽翼，但這些零星抵抗，遇到了陳獨秀、魯迅和胡適等高擎「文學革命軍」的帥旗率領徒眾一擁而上，[56] 便無不棄甲曳兵而走。中國文化變得如此的不堪一擊：「孔家店」似乎被四川「老英雄」吳虞用一隻手便打倒了，[57]《四書》、《五經》被一齊丟棄入茅坑，「漢文」因一時無法取代之故，[58] 雖暫時逃過了被「根本解決」之劫，但往昔對文言文和白話文的評價卻被一百八十度地根

53　魯迅，〈狂人日記〉，《吶喊》，收入氏著，《魯迅全集》〔北京：人民文學出版社，2005〕，卷 1，頁 444–456。

54　見錢玄同，〈中國今後之文字問題〉，《新青年》，卷 4 號 4〔1918 年 4 月 15 日〕，頁 350–356。

55　見錢玄同，〈中國今後之文字問題〉，頁 356、357。

56　陳獨秀說：「孔教問題，方喧呶於國中，此倫理道德革命之先聲也。文學革命之氣運，醞釀已非一日，其首舉義旗之急先鋒，則為吾友胡適。余甘冒全國學究之敵，高張『文學革命軍』大旗，以為吾友之聲援。旗上大書特書吾革命軍三大主義：曰，推倒彫琢的阿諛的貴族文學，建設平易的抒情的國民文學；曰，推倒陳腐的鋪張的古典文學，建設新鮮的立誠的寫實文學；曰，推倒迂晦的艱澀的山林文學，建設明瞭的通俗的社會文學。」引自陳獨秀，〈文學革命論〉，《新青年》，卷 2 期 6〔1917 年 2 月 1 日〕，頁 1。

57　胡適極推重吳虞，曾譽之為「隻手打孔家店的老英雄」。參見胡適，〈《吳虞文錄》序〉，原載《晨報副刊》，1921 年 6 月 20–21 日，收入歐陽哲生編，《胡適文集》，冊 2，頁 610。

58　暫時不廢漢文的主要原因，是絕大部分救亡志士除了漢文外不諳其它文字，包括主張和贊成廢漢文的錢玄同和陳獨秀在內。

本顛覆或翻轉。由「都下引車賣漿之徒所操之語」所寫成的白話文學作品，[59] 如《儒林外史》、《紅樓夢》、《金瓶梅》、元雜劇、明傳奇之類，都被胡適等人盛譽為有創造性的「活文學」；而由騷人墨客士大夫以文言寫成的駢文、律詩、唐宋八家和桐城古文，則被醜詆為模仿和因襲的「死文學」……[60] 在「重新估定一切價值」（transvaluation of all values）的喧囂聲中，[61] 被顛倒被翻轉的其實還遠不止是文言和白話的高下評價，其中還包括了「以儒教為國教」、「以儒教為國家道德標準」、「傳統貞節」、「婚姻、教育、父子關係」……至於婦女的解放、國語的統一、文學的改良、舊劇的改革等等，尤其被陳獨秀、魯迅和胡適等人大力提倡。[62] 昔日一切顛撲不破的金科玉律都極有可能被顛破被翻轉，一切神聖不可侵犯的權威都極有可能被質疑被打倒。當然，在陳獨秀、魯迅和胡適等反傳統戰士的內心中，被顛破被翻轉被質疑被打倒的「一切」，其範圍僅局限在「百不如人」又「罪孽深重」的中國文化或東方文化之內，[63] 而不及於西洋文化。要顛破要翻轉要質疑要打倒中國文化，

---

59 此乃林紓於一九一九年三月在《公言報》報上投書蔡元培醜詆白話文學之語，其原文是「若盡廢古書，行用土語為文字，則都下引車賣漿之徒所操之語，按之皆有文法，……據此則凡京津之稗販，均可為教授矣。」見林琴南（林紓），〈致蔡鶴卿書〉，原載《公言報》（1919年3月18日），收入蔡尚思主編，《中國現代思想史資料簡編》（杭州：浙江人民出版社，1982），卷1，頁492。

60 胡適在晚年回憶道：「我本是個保守份子。只是因為一連串幾項小意外事件的發生，才逐漸促使我了解中國文學史的要義和真諦；也使我逐漸認識到只有用白話所寫的文學才是最好的文學和活文學。（這項認識）終於促使我在過去數十年一直站在開明的立場，甚至是激進的立場。……我的主要的論點便是死文字不能產生活文學。我認為文言文在那時已不止是半死，事實已全死了；雖然文言文之中，尚有許多現時還在用的活字。文言文的文法，也是個死文字的文法。」引自唐德剛譯註，《胡適口述自傳》，頁165。並參見胡適，《白話文學史·引子》，收入歐陽哲生編，《胡適文集》，冊8，頁149–152。

61 唐德剛譯註，《胡適口述自傳》，頁177。

62 唐德剛譯註，《胡適口述自傳》，頁177。

63 胡適把整個東方文化認定為「懶惰不長進的文明」（胡適，〈整理國故與「打鬼」——給浩徐先生信〉，頁116），並把「駢文，律詩，八股，小腳，太監，姨太太，五世同居的大家庭，貞節牌坊，地獄活現的監獄，廷杖，板子夾棍的法庭，……」作為中國文化的具體表徵。在這種「使我們抬不起頭來的文物制度」面前，胡適強調所有中國人都必須「低頭愧汗」，必須「閉門思過」，深切「反省」，「要誠心誠意的想，我們祖宗的罪孽深重，我們自己的罪孽深重」，要老老實實承認我們的文化與西洋文化相較的「百不如人」——不僅整體不如人，就連部分也不如人；不僅在現代不如人，就連在古代也不如人。參見胡適，〈信心與反省〉，原載《獨立評論》，號103（1934年6月3日），收入歐陽哲生編，《胡適文集》，冊5，頁388–389。

當然不能不依據一套標準；而諸如啟蒙主義、科學主義、社會達爾文主義、實驗主義……等五花八門的西方的「主義」，都曾是陳獨秀、魯迅和胡適等「五四」反傳統主義者所依據的標準。

二、胡適和他的《中國哲史學大綱（卷上）》

（一）學術批判

胡適在其晚年的回憶錄中，把這一場由他和陳獨秀及魯迅等人倡導的文化革命，有時稱之為中國思想史上的「哥白尼革命」，[64] 有時則稱之為「中國文藝復興運動」。[65] 胡適把「中國文藝復興運動」的目的歸納為「研究問題」、「輸入學理」、「整理國故」和「再造文明」四大項。[66] 在這四項目的當中，第四項「再造文明」只不過是前三項「綜合起來的最後目的」，故毋庸討論；第一項「研究問題」，據胡適的解析，其實不過是對中國文化作「整體主義」的批判與質疑，我們也在上文討論過了。至於第二項「輸入學理」，據胡適自己解釋，「也就是從海外輸入新理論、新觀念和新學說。……這些新觀念、新理論之輸入，基本上為的是幫助解決我們今日所面臨的實際問題。」[67] 最後剩下第三項「整理國故」，還是用胡適自己的話，就是運用西方輸入的理論對「傳統學術思想」「作有系統的嚴肅批判和改造」。[68]

從胡適的回憶我們可以清楚地看到，文化批判和學術批判，是胡適等人為救亡運動開闢的兩條戰線。要取得救亡的最後成功，僅僅在大眾文化的層面把傳統鬥倒批臭是絕對不足夠的。因為，以《四書》、《五經》為主體的中國學術思想，是中國文化價值和意義的根源；大眾

64　唐德剛譯註，《胡適口述自傳》，頁 255。
65　唐德剛譯註，《胡適口述自傳》，頁 178。
66　唐德剛譯註，《胡適口述自傳》，頁 177-178。
67　唐德剛譯註，《胡適口述自傳》，頁 177。
68　唐德剛譯註，《胡適口述自傳》，頁 177-178。

文化的批判只能壓制傳統學術思想卻不能消滅傳統學術思想，只能剝去傳統的外皮卻不能剷除傳統的老根。就如同溪水退而溪石出，一俟文化批判的風潮一過，被壓制的傳統學術思想便又會東山再起，繼續為業已分崩離析的各種傳統成分注入意義和價值，並使其再次凝聚成形，從而造成了傳統的復辟。要消滅傳統學術思想必須入室操戈，必須用另一套更先進、更高級、系統性更強的西方學術思想批判和清算傳統的學術思想，並以其核心觀念和義理系統置換之、取代之、改造之和吞併之——如同先在溪石中鑽孔，再置入炸藥雷管作核心引爆。只有同時在文化批判和學術批判這兩條戰線上都取得決定性勝利之後，作為中國現代化最大障礙的中國傳統文化才能被徹底地清算和改造，救亡才能取得最後成功。

(二) 杜威門下的革命旗手

由於從西方輸入的新理論，既是文化批判的判準，又是學術批判的判準，其揀擇便不能不格外小心謹慎；而胡適則從西方的思想武庫中，選取了自己老師杜威的實驗主義，作為其文化批判和學術批判的唯一判準及最高指導原則。[69] 胡適在晚年憶及恩師，仍充滿了感激和孺慕之情。胡適說過：「我治中國思想與中國歷史的各種著作，都是圍繞着『方法』這一觀念打轉的。『方法』實在主宰了我四十多年來所有的著述。從基本上說，我這一點實在得益於杜威的影響。」[70] 他又說過：「杜威對我其後一生的文化生命……有決定性的影響。」[71] 既然杜威「決定」了胡適「一生的文化生命」，而「主宰」着胡適一生文化和學術活動的「方法」，原來又是屬於杜威的；林毓生直指胡適的志業端在「中國

69　關於胡適與杜威的交往及其受杜威影響，參看唐德剛譯註，《胡適口述自傳》，頁 85–98。
70　唐德剛譯註，《胡適口述自傳》，頁 94。
71　唐德剛譯註，《胡適口述自傳》，頁 92。

的杜威化」(Deweyanization of China)，[72] 雖云語出驚人，但卻令人難以反駁。[73]

《中國哲學史大綱 (卷上)》是中國學術史上第一次用西方現代學術思想對傳統學術進行系統性的改造和清算，也是胡適把中國學術杜威化的最重要的一次實驗。我們知道，《中國哲學史大綱 (卷上)》主要是胡適以他在美國哥倫比亞大學時撰寫的英文博士論文 ("The Development of the Logical Method In Ancient China") 為底本用中文改寫而成的，而胡適的論文導師正是杜威。如果我們把《中國哲學史大綱 (卷上)》和胡適的英文博士論文作一比較，便不難發現《中國哲學史大綱 (卷上)》因多了一些後來補入的中文資料顯得內容更為豐滿之外，其結構與形式，尤其是處理原始材料的批判方法 (the critical methods in the treatment of its source-materials)，和英文博士論文幾乎一模一樣。有關這一點，儘管胡適在《中國哲學史大綱 (卷上)》出版時並無片語交代，[74] 但在他的英文博士論文出版成書之時卻作出了清晰的補充說明。[75]

胡適和他的「五四」同志無不深受啟蒙思想和社會達爾文主義的影響。前者使他們崇拜理性，堅信理性能為人世間的一切問題提供唯

72　Yu-Sheng Lin, *The Crisis of Chinese Consciousness: Radical Antitraditionalism in the May Fourth Era*, p. 93.

73　關於胡適的文化活動正是要把中國杜威化，乃係林毓生根據相關文獻，通過抽絲剝繭的細密分疏所得出的堅實結論。林氏的結論對目下大陸學界的「尊胡」實為一重大「硬傷」。但儘管學界擁戴胡適的學者甚多，卻迄今未見有人站出來替胡適申辯。林毓生的論證，參見 Yu-Sheng Lin, *The Crisis of Chinese Consciousness: Radical Antitraditionalism in the May Fourth Era*, pp. 87–95.

74　以致讓蔡元培誤以為胡適在一年內寫成了一本新書，忍不住在書序中大加稱讚：「先生到北京大學教授中國哲學史，才滿一年。此一年的短時期中，成了這一編《中國古代哲學史大綱》，可算是心靈手敏了。」見蔡元培，〈《中國古代哲學史大綱》序〉，收入胡適，《中國哲學史大綱 (卷上)》(上海：上海書店據商務印書館 1926 年版影印，1989)，頁 1–2。

75　Hu Shih (Suh Hu), *The Development of the Logical Method In Ancient China* (Shanghai: The Oriental Book Company, 1922), "A Note", p. 1. 該書出版之時，上距《中國哲學史大綱 (卷上)》的出版已有三年零八個月之遙。其書除了英文書名之外，尚有「先秦名學史」五個中文字，作為該英文書的中文書名。

一正確的解答方案，[76] 而這種能解決人世間一切疑難雜症的唯一正確的萬靈丹，又只能在西方產生；後者使他們崇拜新興力量，堅信新事物總比舊事物進步，而青年又總能勝過老年。總而言之，前者令他們「崇洋輕中」，後者又讓他們「喜新厭舊」。這兩種根深蒂固的「五四」「意底牢結」(ideology) 使胡適堅信：美國是西方工業國家中最年輕的，因而又是世界上最先進和最發達的國家；而杜威的實驗主義是美國最新的，因而又是世界上最先進的和最好的哲學。把杜威主義引入中國，便成了一心向西方尋求救亡萬靈丹的胡適的唯一選項。胡適自少胸懷大志，在留學時便已開始為自己日後回國出任「國人導師」早作準備，[77] 並不時流露出「捨我其誰」的干雲豪氣。這種一肩挑起天下興亡的宏大氣魄，在他一九一六年四月十三日填寫的〈沁園春〉的中得到最集中的反映。其詞云：

> 更不傷春，更不悲秋，以此誓詩。任花開也好，花飛也好；
> 月圓固好，日落何悲？我聞之曰：從天而頌，孰與制天而用之？
> 更安用，為蒼天歌哭，作彼奴為！
>
> 文學革命何疑！且准備搴旗作健兒。要前空千古，下開百世；收他腐臭，還我神奇。為大中華，造新文學，此業吾曹欲讓誰！詩材料，有簇新世界，供我驅馳。[78]

據胡適回憶，他在一九一五年暑假之中，亦即在行將開赴哥大之

---

76 英國思想史大家柏林 (Isaiah Berlin) 對西方啟蒙理性的形成、影響和限制曾作出深入的分析。參看 Isaiah Berlin, "The Pursuit of the Ideal" and "The Counter-Enlightenment", in Isaiah Berlin, *The Proper Study of Mankind: An Anthology of Essays* (New York: Farrar, Straus and Giroux, 1998), pp. 1–16, 243–268.

77 胡適在一九一五年五月二十八日日記中寫道：「吾平生大過，在於求博而不務精。蓋吾返觀國勢，每以為今日祖國事事需人，吾不可不周知博覽，以為他日為國人導師之預備。……」引自曹伯言整理，《胡適日記全編》，冊 2，頁 158。

78 引自曹伯言整理，《胡適日記全編》，冊 2，頁 372。按，筆者對其中編者所加的某些標點符號稍有改動。

前，便已經「發憤讀盡杜威的著作，〔並〕做有詳細的英文提要」。[79]
屈指算來，在他寫下此「誓詩」之日，已在杜威門下「立雪」了將近一
年。所謂「一登龍門，身價百倍」，更何況又自認為從洋老師那裏學
到了唯一正確的救亡絕對真理，難怪胡適斯時是如此的志比天高，豪
情滿懷，一心要當其「前空千古，下開百世」的「文學革命」的偉大旗
手了。

（三）胡、杜思想的三大差異

在胡適的心目中，他已得到杜威實驗主義的真傳；他大半輩子都
在不遺餘力地宣傳鼓吹的「大膽的假設，小心的求證」這十字真言，正
是從整個杜威哲學體系中提煉出來的嫡傳心印。有關這些，業經胡適
自己不厭其煩不厭其詳地說過許多次，不僅使任何舉證都變成了「多
此一舉」，而且還絕對的無聊。沒有人願意質疑胡適主觀認知的誠意，
但胡適這絕對真誠的主觀認知，卻和客觀事實並非完全吻合。對於胡
適思想和杜威實驗主義的根本歧異，時下學界已作出極深入和細緻的
探究與分析。[80]為免枝蔓，本文只能用最粗糙的線條，勾勒其差異的三
個最基本點。第一，任何思想家的思想，都是為了應付和解決該思想
家所在的社會所衍生的各種問題而生，因而也必定受制於此一社會。
正因如此，任何思想離開了制約它的社會，都不可避免地產生「逾淮
橘枳」之變。印度佛教傳入中國，並沒有成為「在中國的」印度佛教，
而是一變為「中國化的」印度佛教。德國的韋伯學說一傳入美國便變
成了「美國化的」韋伯學說，而俄國的斯大林主義一傳入中國便變成了

79　胡適，〈《藏暉室札記》自序〉，《藏暉室札記》（上海：亞東圖書館，1939），冊1，頁5。
80　其中最突出的研究成果為楊貞德的博士論文，參見 Chen-te Yang, "Hu Shih, Pragmatism, and the Chinese Tradition", Ph. D. Dissertation, University of Wisconsin-Madison, 1993. 本文在討論胡適和杜威思想的主要差異時，多受楊文的啟發。

「中國化的」斯大林主義……此一思想史上的鐵律,至今仍不見有任何例外。杜威實驗主義要解決的是美國這一新興資本主義的工業社會所衍生的價值問題,胡適思想要解決的是中國這一由傳統向現代轉型社會所面對的生存問題。杜威的實驗主義透過胡適傳入中國的同時,已被胡適根據中國的具體國情作了必要的更動。換句話說,胡適思想並不是杜威實驗主義「在中國的」嫡傳心印,而只是「中國化的」杜威實驗主義。當胡適在主觀上努力推行其「把中國杜威化」的文化革命的同時,他已經在實際上把杜威主義中國化了。是故胡適思想在中國的成功,杜威的實驗主義並不能獨居其功;胡適思想在中國的失敗,杜威的實驗主義也不能獨任其罪。中共在五十年代上半葉因清算胡適思想而對杜威的實驗主義大加撻伐,[81] 正是緣於不明兩者間的分際,遂演成了唐吉珂德大戰風車。

第二,儘管杜威的實驗主義是作為黑格爾形上學的反動而另樹一幟,[82] 但卻絲毫不能因此抹煞黑格爾的形上學對杜威思想的深刻影響。事實上,杜威終其一生仍未能完全擺脫黑格爾幽魂的糾纏。[83] 並且,和西方主流的哲學系統一樣,杜威實驗主義的基石,是一整套系統性地研究知識的根源、性質、方法和限制的知識論 (epistemology),而形式邏輯和心理學對實驗主義的建構尤其重要。[84] 但是,胡適從其極狹隘的泛科學主義信仰出發,對一切形上學不僅毫無會心,毫無興趣,而且避之還唯恐不及;胡適對西方知識論的瞭解也僅停留在常識的層次,他對心理學並無研究,同時又不真懂形式邏輯,而僅有的只是一些片斷

81　中共在二十世紀五十年代上半葉因清算胡適思想而批杜威實驗主義的文章甚多,論者如有興趣一窺究竟,可參看由北京三聯書店於一九五五年三月至一九五六年四月出版的批胡論文彙編《胡適思想批判》第一至第八輯。

82　參考 William P. Montague, "The Story of American Realism", in Dagobert D. Runes (ed.), *Twentieth Century Philosophy: Living Schools of Thought* (New York: Philosophical Library Inc., 1947), pp. 418–448.

83　詳 見 Morton G. White, *The Origin of Dewey's Instrumentalism* (New York: Columbia University Press, 1943), pp. 119–125。

84　William James, *Pragmatism: And Four essays from the Meaning of Truth* (Cleveland and New York: The World Publishing Company, 1969), pp. 41–86.

的邏輯常識。[85] 正因如此，我們對胡適所謂未入杜門之前便已經「發憤讀盡杜威的著作，〔並〕做有詳細的英文提要」的説法，[86] 一直存有高度的懷疑。因為，胡適和哲學家杜威的學術背景、學術訓練和學術心態相差如此之遠，胡適又怎麼能在短短的一個暑期之內就全部讀完了——更不要説能全部讀懂了——杜威的書？

　　第三，杜威的實驗主義和胡適思想都強調對現實世界的改造，都強調科學在改造現實世界中所扮演的重要角色，都強調行動者的修養、品格和其他主觀因素在改造現實世界中所能發揮的重要作用。但杜威更強調科學內部的數學、邏輯結構和工具理性，更強調科技，更強調改造現實世界的客觀條件，更強調行動者的主觀努力和所取得的客觀效果之間的各種不一致的可能性。而胡適卻幾乎把改造現實世界的一切希望，寄託在改變行動者的品格及其世界觀等主體因素方面，故對杜威所強調的種種客觀條件，不是完全忽略，就是甚少措意。[87] 這説明了即令胡適身為反傳統主義的領袖，在其最深層的思維模式中仍舊無法完全掙脱傳統的頑固制約。胡適這種以改造人的思想作為改造現實世界的最主要憑藉的構想，正是如假包換的「道德和文化的決定論」。這種習慣於把政治、經濟、社會等問題都化約為文化問題尤其是道德問題，並企圖藉文化力量尤其是道德力量以解決政治、經濟、社會等問題的一元論的思維方式，無論是好是壞，確實是中國行之已久的「國

85　胡適的英文博士論文題為 "The Development of the Logical Method In Ancient China"，出書時還特別添加了一個「先秦名學史」的中文書名。如果讀者一心以為可從中得到關於先秦「名學」或形式邏輯的知識的話，就一定會有受騙上當的感覺。該書在論及先秦「名家」包括公孫龍、惠施等中國邏輯學老祖宗的著作時，只能用他極有限的邏輯常識，作其模糊影響的皮相之談，甚至在討論墨家的「三表法」時亦復如是。原來，胡書中的「名學」或「邏輯」，僅僅是指先秦各個學派的中心觀念（胡適稱為「為學方法」）而已，和形式邏輯毫不相干。金岳霖是中國第一位「西方的」專業哲學家，同時又是中國邏輯學的奠基者。他一貫瞧不起胡適之中西「哲學」，尤其是胡適的邏輯造詣。在審查馮友蘭的《中國哲學史》時，他便乘機把胡適的《中國哲學史大綱（卷上）》拿來作一番比較，藉以譏笑「西洋哲學與名學又非胡先生之所長，所以他在兼論中西學説的時候，就不免牽強附會。」見金岳霖，〈審查報告二〉，收入馮友蘭，《中國哲學史》，冊下，〈附錄二〉，頁 1–8。

86　胡適，《《藏暉室劄記》自序》，頁 5。

87　參見 Chen-te Yang, "Hu Shih, Pragmatism, and the Chinese Tradition", pp. 1–21.

粹」。由於林毓生對這種「藉思想、文化以解決問題的方法」的傳統根源，已作出了十分精當和十分令人信服的分析，[88] 故於此毋庸再贅。

(四)「歷史方法」加「科學態度」

當然，胡適並不知道自己和杜威在思想上的至少有以上三種深刻歧異——至少，在目下能看到的所有材料中，我們還找不到任何證據，證實胡適在有生之年，便已覺察到自己的思想和杜威的實驗主義有任何斷裂。正因如此，這些歧異並不妨礙胡適真誠地以杜威的嫡傳弟子自居，更不妨礙胡適根據自己對杜威實驗主義的理解和中國救亡的需要，把杜威的實驗主義經過高度的化約之後，建構為一套極其簡易但對中國知識界又極具吸引力的治學方法，並一心以為已吸收了杜威哲學的精華。胡適這套提煉自杜威實驗主義的方法學又涵攝了內、外兩個層面，外層是「歷史方法」，內層是駕馭「歷史方法」的治學態度。所謂「歷史方法」，胡適又把它解釋成「祖孫方法」，亦即：

> 他從來不把一個制度或學說看作一個孤立的東西，總把他看作一個中段：一頭是他所以發生的原因，一頭是他自己發生的效果；上頭有他的祖父，下面有他的子孫。捉住了這兩頭，他再也逃不出去了！這個方法的應用，一方面是很忠厚寬恕的，因為他處處指出一個制度或學說所以發生的原因，指出他的歷史的背景，故能了解他在歷史上佔的地位與價值，故不致有過分的苛責。一方面，這個方法又是最嚴厲的，最帶有革命性質的，因為他處處拿一個學說或制度所發生的結果來評判他本身的價值，故最公平，又最厲害。這種方法是一切帶有評判

88　參看林毓生，〈兩種關於如何構成政治秩序的觀念——兼論容忍與自由〉、〈胡適與梁漱溟關於《東西文化及其哲學》的辯論及其歷史涵義〉、〈新儒家在中國推展民主的理論面臨的困境〉，收入氏著，《政治秩序與多元社會》，頁3-48、322-324、337-349。

(Critical) 精神的運動的一個重要武器。[89]

至於方法學的內層，按胡適自己的說法，是所謂「實驗的方法」：

> 實驗的方法至少注重三件事：（一）從具體的事實與境地
> 下手；（二）一切學說理想，一切知識，都只是待證的假設，並
> 非天經地義（三）一切學說與理想都須用實行來試驗過；實踐
> 是真理的唯一試金石。第一件，——注意具體的境地——使我們
> 免去許多無謂的假問題，省去許多無意義的爭論。第二件，——
> 一切學理都看作假設——可以解放許多「古人的奴隸」。第三
> 件，——實驗——可以稍稍限制那些上天下地的妄想冥思。[90]

如果說，胡適提倡從制度或學說發生的歷史原因及其產生的社
會結果來研究制度和學說，儘管對制度尤其是學說本身可能引致演化
的內在邏輯嚴重忽略，仍不失為一種行之有效的從制度或學說的外緣
條件研究其演變的歷史外緣研究法。但從胡適的「實驗的方法」，我們
卻發現了胡適的分類並不夠精密。因為，其中的第（一）項和第（三）
項，其實都應劃入「歷史方法」的範疇。而僅餘下的第（二）項，卻只
不過是在宣示一種研究者在進行研究時所應有的「正確態度」，根本就
不是什麼研究方法。儘管胡適日後不斷地對這種懷疑一切的「正確態
度」加以補強，——例如，他在〈介紹我自己的思想〉一文中再次反覆
強調：「一切主義，一切學理，都該研究。但只可認作一些假設的（待
證的）見解，不可認作天經地義的信條；只可認作參考印證的材料，不
可奉為金科玉律的宗教；只可用作啟發心思的工具，切不可作蒙蔽聰
明，停止思想的絕對真理。」[91]——但態度無論怎麼強調也只不過是態

89　引自胡適，〈杜威先生與中國〉，原載《東方雜誌》，卷 18 號 13（1921 年 7 月 10 日），收
　　入歐陽哲生編，《胡適文集》，冊 2，頁 280。
90　引自胡適，〈杜威先生與中國〉，頁 280。
91　引自胡適，〈介紹我自己的思想——《胡適文選》自序〉，原載《胡適文選》，1930 年 12 月
　　上海亞東圖書館初版，收入歐陽哲生編，《胡適文集》，冊 5，頁 509。

度,還是無法上升為方法。即令胡適把它昇華成「大膽的假設,小心的求證」這十字真言,並冠以放諸四海而皆準的「科學方法」的美名,但它還只是一種態度而不是方法。因為,任何方法都是有實質內容的,而態度無論如何「正確」,到頭來都是「空」的(空靈的或空虛的)。就邏輯學的 ABC 而論,其外延無限大,其內容便無限小。胡適此一「科學方法」既可應用到一切研究中而又能確當而有效,既有無限大的外延,便只能有無限小的內容。而無限小的內容就只能是「空」。大約是終於覺察到自己那種空無一物的「方法」不成其方法罷,胡適在其垂暮之年曾説過:「科學本身只是一個方法,一個態度,一種精神。」[92] 此即等其方法與態度精神為一物耶?抑以態度精神取代其方法耶?是耶非耶,恨不能起適之先生於臺北南港胡適紀念公園而叩之也!

由上可見,「歷史方法」才真正是胡適治學的方法學,而「大膽的假設,小心的求證」雖不是「科學方法」,但卻是主宰胡適「歷史方法」的治學態度、精神或靈魂。杜威的實驗主義堅持以實踐的結果檢驗價值,本來就存有對一切現實制度和學説的高度懷疑的傾向;而赫胥黎的「存疑主義」(agnosticism),[93] 又大大地強化了胡適方法學中的懷疑精神。胡適説:

> 我的思想受兩個人的影響最大:一個是赫胥黎,一個是杜威先生。赫胥黎教我怎樣懷疑,教我不信任一切沒有充分證據的東西。杜威先生教我怎樣思想,教我處處顧到當前的問題,教我把一切學説理想都看作待證的假設,教我處處顧到思想的結果。[94]

92　胡適,《胡適手稿》(臺北:胡適紀念館,1970),集 9,卷 3,頁 545。
93　Agnosticism 中文本通譯為「不可知論」,「存疑主義」是胡適自造的特殊譯名。見胡適,〈演化論與存疑主義〉,原載《胡適文選》,1930 年 12 月上海亞東圖書館初版,收入歐陽哲生編,《胡適文集》,冊 10,頁 350。
94　引自胡適,〈介紹我自己的思想——《胡適文選》自序〉,頁 507-508。

　　胡適雖宣稱他的懷疑精神是適用於「一切」對象的，但可能連胡適自己也未能覺察到，他所懷疑的「一切」只是中國或東方文明的「一切」，而西方文化，尤其是杜威的學說，其實並不包括在他的「一切」之內。因為，他在還沒有研究過「一切」西方文化、並從中找到「一切」都優於中國或東方文化的證據之前，便公開贊成中國必須「全盤西化」；他也從來沒有懷疑過杜威和杜威的學說，但卻並不妨礙他視杜威若神明，視杜威的實驗主義為「天經地義的信條」、「金科玉律的宗教」，以及「絕對真理」。本來，以懷疑一切的精神來評判中國文化的「一切」，已使「一切」中國文化盡失昔日的光彩與權威；而胡適的「歷史方法」，堅持以中國行將「亡國滅種」的現狀作為後果，去評判中國文化的「一切」，又使得「一切」中國文化不待「小心求證」，便只剩下為人類文明作錯誤示範的「殷鑒」價值──如果不是全無價值的話。此一只有作「殷鑒」價值的劣等文化，在「優勝劣敗、適者生存」的競爭世界，本來就不免要被淘汰，更兼此劣等文化又成了中國救亡大業的最大障礙，盡棄之又何足惜！亦唯有盡棄之，優等之西方文化始能有足夠的空間全盤移入中國，亦唯有如此中國與華族才能得救！胡適的方法，既提煉自西方「最新」「最先進」的實驗主義，又冠以「科學」之名，完全滿足了當時中國知識人趨新崇洋又崇拜科學的流行心理，兼之對反傳統的正確性和必要性又有着如許雄辯的說服力，對傳統又有着如許可怕的破懷力，難怪成了胡適文化批判和學術批判的利器。

（五）入室操戈

　　按照胡適的說法，他之所以要進行學術批判，是為了要「捉妖」和「打鬼」，要把那些躲藏在傳統典籍尤其是儒家經典這些「爛紙堆」中的中國文化的妖魄鬼魂一個一個地收拾乾淨。他說：

　　　　我披肝瀝膽地奉告人們：只為了我十分相信「爛紙堆」裏

有無數無數的老鬼，能吃人，能迷人，害人的屬害勝過柏斯德
(Pasteur) 發見的種種病菌。只為了我自己自信，雖然不能殺菌，
卻頗能「捉妖」、「打鬼」。[95]

由此可見，胡適進行學術批判時的心態與目的，和他在進行文化
批判時並無不同。但是，中國的學術界和大眾文化界雖然相通，卻畢
竟分屬兩個不同的領域。中國傳統社會向有「古來世運之明晦，人才之
盛衰，其表在政，其裏在學」的說法，[96] 而家家戶戶也供奉着「天地君親
師」的牌位；所有這些，都顯示出學問在國人心目中異乎尋常的崇高地
位。胡適和陳獨秀領導的文學革命雖在文化批判中所向披靡摧枯拉朽，
但一時間卻還撼動不了學術界。當時學界在文化革命大潮的壓逼之下，
雖已山雨欲來，但卻緣於欠缺內部呼應的力量，氣壓變得異常沉悶。
大學裏的學生雖有求新求變的強烈願望，卻因欠缺西方學術的常識而
不知如何是好。大學文科所講授的功課，仍舊是義理、詞章、考據，
幾乎和往昔毫無區別。[97] 就連共和革命的戰士當上大學教授之後，也變
得和傳統的老師宿儒一樣的尊古、頑固和保守。[98] 如果胡適不能在學界
打開局面，不僅救亡大業會因學術批判的缺席而未竟全功，而胡適在
時人眼中，也只不過是一個「不學而有術」的文人。他之所以推行白話
文，也會被人譏笑為「以白話藏拙」。[99] 一心要當「國人導師」和「旗手」
的胡適對此是絕不甘心的。胡適在尚未歸國之前，便已接下了北大聘

---

95   引自胡適，〈整理國故與「打鬼」──給浩徐先生信〉，頁 117。
96   〔清〕張之洞，〈《勸學篇》序〉，頁 4。
97   馮友蘭，《三松堂自序》，收入氏著，《三松堂全集》（鄭州：河南人民出版社，1985），卷 1，
      頁 200。
98   例如黃侃曾參加過排滿革命，但當上北大教授之後，卻成了北大保守派的領袖，處處與胡
      適作對頭。
99   蔡元培在答林紓函中，特別提到「北京大學教員中，善作白話文者，為胡適之、錢玄同、
      周啟孟諸君。公何以證知為非博極群書，非能作古文，而僅以白話文藏拙者？胡君家世
      漢學，其舊作古文，雖不多見，然即其所作《中國哲學史大綱》言之，其了解古書之眼光，
      不讓於清代乾嘉學者。……」可見當時推行白話文者，常有被頑固派譏笑「以白話藏拙」
      的困擾。參見蔡元培，〈致《公言報》函並附答林南琴君函〉，原載《公言報》（1919 年 4
      月 11 日），收入蔡尚思主編，《中國現代思想史資料簡編》，卷 1，頁 434。

書，他在北大開課時，除了教授英國文學、英文修辭學之外，還偏要教「中國古代哲學」，就是決心針鋒相對，和學界的守舊勢力唱對臺戲。因為，以胡適這個「少年科第」的「洋博士」，竟敢在中國的最高學府開講最深奧最難懂的先秦古籍，這簡直是向中國舊學的最高權威公開挑戰，僅此一項便足夠讓人側目了。

憑藉從西方帶回的絕對真理，胡適挑戰中國舊學最高權威確有一股初生之犢不畏虎的悍銳之氣。但為了鞏固新佔的陣地，胡適也格外地小心謹慎步步為營。就在這新舊學術力量決戰的最關鍵時刻，胡適在美國完成的英文博士論文，為胡適提供了最充足的彈藥和最大的助力。由於胡適的博士論文處理的正是中國古代哲學，是以胡適在編講義時只需把英文論文譯成中文，從而省去了許多搜集資料和備課的時間。又由於他的博士論文從內容到形式都完全符合現代學術規範，是故他的中譯講稿，既是如何進行現代學術研究的典範，又是如何撰寫現代學術論文的示範，誠然讓當時企羨西學但又不知現代學術為何物的北大學生，既「駭得一堂中舌撟而不能下」，同時又眼界大開。當時的北大學生顧頡剛對自己和傅斯年從疑胡到信胡的轉變，有極生動鮮活的回憶：

> 哲學系中講《中國哲學史》一課的，第一年是陳伯弢先生（漢章）。他是一個極博洽的學者，供給我們無數材料，使得我們的眼光日益開拓，知道研究一種學問應該參考的書是多至不可計的。他從伏羲講起；講了一年，只到得商朝的〈洪範〉。……第二年，改請胡適之先生來教。「他是一個美國新回來的留學生，如何能到北京大學裏來講中國的東西？」許多同學都這樣懷疑，我也未能免俗。他來了，他不管以前的課業，重編講義，辟頭一章是「中國哲學結胎的時代」，用《詩經》作時代的說明，丟開唐虞夏商，徑從周宣王以後講起。這一改把我們一班人充滿着三皇五帝的腦筋驟然作一個重大的打擊，駭得一堂中舌撟而不能下。許多同學都不以為然；只因班中沒有激烈分子，還沒

有鬧風潮。我聽了幾堂，聽出一個道理來了，對同學說，「他雖沒有伯弢先生讀書多，但在裁斷上是足以自立的。」那時傅孟真先生 (斯年) 正和我同住一間屋內，他是最敢放言高論的，⋯⋯我對他說:『胡先生講得的確不差，他有眼光，有膽量，有斷制，確是一個有能力的歷史家。他的議論處處合於我的理性，都是我想說而不知道怎麼說才好的。你雖不是哲學系，何妨去聽一聽呢？』他去旁聽了，也是滿意。從此之後，我們對於適之先生非常信服;⋯⋯[100]

　　當年的北大學生馮友蘭則一直到了垂暮之年，仍充滿了感恩地談到胡適的哲學史課程是如何地引起他對西方的方法學的驚艷，讓他整個學術生命忽然開了竅，跳脫出傳統學術的羈拘，窺見了現代學術的新天地。[101] 以西方現代學術的觀點講授中國哲學，很快就讓胡適在中國學術的最高殿堂中站穩了腳跟。兩個月後，胡適便被提升為薪級最高的教授。[102] 一年之後，胡適又把他在北大的哲學史講稿以《中國哲學史大綱 (卷上)》為名出版成書;該書的出版，等於向中國舊學的核心陣地，插上攻克的大旗。

(六) 終結傳統學術思想的「最後一刀」

　　撰寫《中國哲學史大綱 (卷上)》和後來的「整理國故」，是胡適一生中主要的學術活動。在「五四」領袖中，只有胡適一人能同時在文化批判和學術批判中都取得了輝煌戰績，也只有胡適一人能自覺地把學

100　引自顧頡剛，〈古史辨第一冊自序〉，收入氏著，《我與古史辨》(上海: 文藝出版社，2001)，頁 40–41。

101　參看馮友蘭，《三松堂自序》，頁 199–203。

102　胡適在一九一七年十月二十五日致母函云:「適在此上月所得薪俸為二百六十元，本月加至二百八十元，此為教授最高級之薪俸。適初入大學即得此數，不為不多矣。」胡適，〈致母親〉，收入耿雲志、歐陽哲生編，《胡適書信集》(北京: 北京大學出版社，1996)，冊上，頁 111。

術批判和文化批判,看成是救亡運動中相輔相成又缺一不可的兩條戰線。但胡適畢竟在西方第一流的學府中浸淫過多年,深知學術活動和大眾文化活動的分際,故在進行學術活動時,他必須強調證據、強調「科學方法」、強調以理服人,必須自覺地收斂和限制他在文化革命大批判時習慣採用的表達方式,尤其是情緒性的語言。為了安撫自己被撕裂的民族自尊心所帶來的痛楚,或者為了欲取先予欲擒故縱的論述策略上的考量,胡適有時也會為傳統學術說上幾句好話。例如,他在《中國哲學史大(卷上)》中,就曾用《莊子》比附「生物進化論」、[103]《墨子》比附「實驗主義」,[104] 又把《墨辯》等同於「精密的知識論」,[105] 他甚至說過:

> 我做這部哲學史的最大奢望,在於把各家的哲學融會貫通,要使他們各成有頭緒條理的學說。我所用的比較參證的材料,便是西洋的哲學。但是我雖用西洋哲學作參考資料,並不以為中國古代也有某種學說,便可以自誇自喜。做歷史的人,千萬不可存一毫主觀的成見。須知東西的學術思想的互相印證,互相發明,至多不過可以見得人類的官能心理大概相同,故遇着大同小異的境地時勢,便會產出大同小異的思想學派。東家所有,西家所無,只因為時勢境地不同,西家未必不如東家,東家也不配誇炫於西家。何況東西所同有,誰也不配誇張自豪。……[106]

---

103 參見胡適,《中國哲學史大綱(卷上)》,頁 254。

104 胡適說,「實驗主義(應用主義),墨子的『應用主義』要人把知識來應用,所以知與不知的分別,『非以其名也,以其取也。』這是墨子學說的精采。到了『別墨』,也還保存了這個根本觀念。……」引自胡適,《中國哲學史大綱(卷上)》,頁 197。

105 胡適說:「知識論起於老子、孔子,到『別墨』始有精密的知識論。」(引自胡適,《中國哲學史大綱(卷上)》,頁 191。)胡適甚至還說過:「《墨子》的〈經〉上下、〈經說〉上下、〈大取〉、〈小取〉六篇,從魯勝以後,幾乎無人研究。到了近幾十年之中,有些人懂得幾何算學了,方才知道那幾篇裏有幾何算學的道理。後來有些人懂得光學力學了,方才知道那幾篇裏又有光學力學的道理。後來有些人懂得印度的名學心理學了,方才知道這幾篇裏又有名學知識論的道理。到了今日,這幾篇二千年沒人過問的書,竟成中國古代的第一部奇書了!」引自胡適,《中國哲學史大綱(卷上)》,頁,31。

106 引自胡適,《中國哲學史大綱(卷上)》,頁 31–32。

乍看之下，似乎胡適在撰寫《中國哲學史大綱（卷上）》之時，心中已全無「一毫主觀的成見」，而一意用平等客觀的態度會通中西哲學思想。學界的擁胡派也極可能以胡適的這些話為證據，證明胡適至少在學術上並不是一個激烈的反傳統主義者。只不過，要知道胡適心中的真實想法，最保險和最可靠的，還是聽一聽胡適對自己的信徒、對自己的戰友又是怎麼說的。

在胡適的救亡策略中，學術批判和文化批判雖在具體做法上有所不同，但二者之間不僅沒有矛盾，而且還是相輔相成缺一不可的。但胡適的策略並沒有得到「五四」反傳統戰士的普遍認同。在許多因受陳獨秀、魯迅和胡適等人的文學革命感召投袂而起的青年徒眾眼中，胡適鑽「故紙堆」的癖好和他那文化革命「旗手」的身分是互為鑿枘的。即使胡適的許多革命戰友如陳源、彭學沛等人，也對胡適「好古」的「考據癖」頗有微辭，認為是「退步」甚至「落伍」的「錯誤示範」。這也說明了為什麼「五四」文學革命的另一「旗手」魯迅，會因自己對傳統文物在美學上情難自已的愉悅和眷戀，常懷抱着一股深沉的負疚感和罪孽感，以為會因自己的錯誤示範而流毒青年。為了消除青年信徒和戰友們的誤解，胡適不得不常常或私下或公開地替自己辯護。其中說得最清楚的文字，要首推在本文之始即被引用的〈整理國故與「打鬼」——給浩徐先生信〉。該信是自己人說給自己人聽的「交心」的話，故其真實性最高。在該信中，胡適對自己「整理國故」尤其是撰寫《中國哲學史大綱（卷上）》的真正「目的與功用」，以及由此可得到的「好結果」，[107] 作出了四點說明。

第一，建立全新的學術典範，並從此根本改變研究傳統學術的方向。據胡適在信中說：「這一部書的功用能使中國哲學史變色。以後無論國內國外研究這一門學問的人都躲不了這一部書的影響。凡不能用這種方法和態度的，我可以斷言，休想站得住。」[108] 所謂「變色」，就是

107　胡適，〈整理國故與「打鬼」——給浩徐先生信〉，頁 117。
108　引自胡適，〈整理國故與「打鬼」——給浩徐先生信〉，頁 117–118。

把中國學人在研究國學時的「好古」、「尊古」和「信古」的一貫心態，作一個一百八十度的根本扭轉，一變為懷疑傳統的一切，以「疑古」的新典範取代以往「信古」的舊典範。[109]

第二，由於中國古籍中仍躲藏着無數「能吃人，能迷人，害人」的妖魔鬼怪，故肅清古籍之餘毒的「捉妖」、「打鬼」實為中國救亡大業的當務之急，甚至比十分要緊的「輸入新知識與新思想」還「更是要緊」。要捉妖打鬼必須找出這些妖魔鬼怪吃人、迷人、害人的證據，而這些證據又只能在古籍中才能找到。只有找到堅實的證據，才能「據款結案」。「據款結案」即是「打鬼」，打出原形即是「捉妖」。胡適不無得意地告訴彭學沛，他一到巴黎，便一頭鑽進「敦煌爛紙堆」裏尋找「據款結案」的證據，竟然一鑽便費了整十六天，終於把中國的先聖先賢如達摩、慧能、西天二十八祖的「原形」打了出來。[110]

第三，由於傳統典籍長期在國人心中佔有神聖崇高的地位，通過胡適的「科學方法」整理，並「重新估定一切價值」之後，可以把其「平常化」和「平庸化」。用胡適的原話，他之所以要整理國故尤其是撰寫《中國哲學史大綱（卷上）》，就是「用精密的方法，考出古文化的真相；用明白曉暢的文字報告出來，叫有眼的都可以看見，有腦筋的都可以明白。這是化黑暗為光明，化神奇為臭腐，化玄妙為平常，化神聖為凡庸」，從而讓人們認清長期被吹噓得無限神奇玄妙的中國傳統哲學本來「不過如此」而已。[111] 如此一來便「可以解放人心，可以保護人們不受鬼怪迷惑」。[112]

第四，由於不經過嚴肅的學術批判便輕率地遽下「舊文化無用的

109　中國學術的典範，由以往的「信古」一變為胡適的「疑古」，再變為馮友蘭的「釋古」，請參看馮友蘭，《三松堂自序》，頁 206–209。

110　胡適向浩徐說明了鑽爛紙堆和捉妖打鬼的關連之後，不無得意地誇耀道：「浩徐先生，你且道，清醒白醒的胡適之卻為什麼要鑽到爛紙堆裏去『白費勁兒』，為什麼他到了巴黎不去參觀柏斯德研究所，卻在那敦煌爛紙堆裏混了十六天的功夫？」引自胡適，〈整理國故與「打鬼」——給浩徐先生信〉，頁 117。

111　胡適，〈整理國故與「打鬼」——給浩徐先生信〉，頁 117–118。

112　胡適，〈整理國故與「打鬼」——給浩徐先生信〉，頁 117。

結論」，並不能使老、中、青三代學術人都心悅誠服，是故還必須仰仗像胡適一類的「國故學者」親自下手，「用點真功夫，充分採用科學方法，把那幾千年的爛帳算清楚了，報告出來，叫人們知道儒是什麼，墨是什麼，道家與道教是什麼，釋迦、達摩又是什麼，理學是什麼，駢文、律詩是什麼，……」[113] 只有在經過學術的批判和清算之後，傳統學術的反動真相才能大白於天下，學人們才會徹底與傳統學術思想決裂，才會「一心一意地去尋求新知識與新道德」。[114]

胡適在給彭學沛的公開信中，一再把他對傳統學術的批判和清算，稱之為終結中國文化的「最後一刀」。[115] 如果他的「最後一刀」真能一舉奏功的話，他撰寫的《中國哲學史大綱 (卷上)》，便是連環追斬的「最後一刀」中最具殺傷力的第一刀。

(七)《中國哲學史大綱 (卷上)》的書寫策略及其成果

《中國哲學史大綱 (卷上)》共分為十二篇，二十七章，都約十八萬言，探討了上溯自周靈王初年 (公元前五七〇年)，下限於秦一統天下 (前二二一年) 這三百五十年間的中國古代哲學史。該書除了以〈導論〉篇明宗，以〈中國哲學發生的時代〉篇破題，以〈古代哲學之終局〉篇結尾，其餘九篇，共考察了「老子」、「孔子」、「孔門弟子」、「墨子」、「楊朱」、「別墨」、「莊子」、「荀子以前的儒家」、「荀子」一共九個專題。因為胡適治學的關注點和學術訓練的側重面的不同，各個專題所顯示出來的功夫深淺也頗有差異。統而言之，該書是長於考證辨偽而拙於談玄說理。這是緣於胡適對形上學少有會心，對知識論也只有常識性的瞭解，而他所接受的又基本上是考訂史料真偽的「狹義的」歷史家的訓練，兼之天生的「考據癖」，使他即使在研究中國哲學史或中國思想

113　胡適，〈整理國故與「打鬼」——給浩徐先生信〉，頁 116。
114　胡適，〈整理國故與「打鬼」——給浩徐先生信〉，頁 116。
115　胡適，〈整理國故與「打鬼」——給浩徐先生信〉，頁 116。

史的時候，也常不知不覺地把哲學史或思想史最核心的義理問題，轉換成了外緣性的考據問題，然後再用外緣的考據企圖解決——但其實是掩蓋——核心的義理問題。[116] 即使在談玄說理之時，胡書又以談「老子」和「莊子」最不相應，談「孔子」和「孔門弟子」最為膚淺，談「墨子」、「楊朱」和「別墨」最為混亂，但也最有吸引力和最受好評，[117] 而以談「荀子以前的儒家」和「荀子」最好，但也最為讀者所忽略。[118] 由於該書主要是以胡適的英文博士論文的中譯增補而成，是故胡適曾一度想以其中文譯名《中國古代哲學史大綱》為該書書名；而蔡元培作序時，序文即為〈《中國古代哲學史大綱》序〉。[119] 但胡適批判和清算中國傳統學術思想，又不甘心以先秦自限，故最後把該書書名定為《中國哲學史大綱（卷上）》。按照胡適原來的打算，該書的下冊在不久的將來便可補齊。但胡適因該書而「暴得大名」之後，實在外務太多，致令該書的下冊在胡適逝世之日仍未寫成。

　　胡適沿用於《中國哲學史大綱（卷上）》的書寫策略，正是他提煉自杜威的「科學方法」：亦即以「懷疑一切」為其主導思想，以「歷史方法」或「祖孫方法」先尋找出先秦各學派發生的歷史原因，然後又從各學派所產生的社會後果來評判其本身的價值。蔡元培為該書所作的序文，學界至今仍咸稱客觀公允。[120] 在序文中，蔡元培除了稱道胡適一身兼通中國「漢學」和西洋「哲學史」，實為撰寫中國哲學史最佳人選之外，並以「證明的方法」、「扼要的手段」、「平等的眼光」和「系統的研

116　余英時指出「胡適在學術上的興趣本在考證」，「胡適學術的起點和終點都是中國的考證學」，此乃真確不移的結論，余英時不愧是胡適的知音。見余英時，《中國近代思想史上的胡適》，頁 72。

117　胡適對邏輯只有一些最基本的常識，他在大談墨家和名家的邏輯時，常不免左右支絀，含糊其辭又自相矛盾，但由於中國當時正處在「學問饑荒」又銳意創新的轉折關頭，舉國學人都在大談邏輯，但又沒有人真懂邏輯，更沒有人在當時能指出胡適的錯謬不通之處。胡適的邏輯常識，在當時卻變成了「絕學」，故最受當時知識界的關注及稱許。

118　古代中國先秦哲學各流派中，胡適的心靈和荀子的認識心最為相契，但也因此講不出什麼「非常可怪之論」，因其說法平淡而毫無新奇，故為當時讀者所忽略。

119　蔡元培，〈《中國古代哲學史大綱》序〉，頁 1。

120　參看馮友蘭，《三松堂自序》，頁 199–200；以及余英時，《中國近代思想史上的胡適》，頁 40–41。

究」，作為胡書的「四種特長」。[121] 儘管蔡序寫得過為簡略，對於胡適借該書作為終結傳統學術的「最後一刀」的真正用心，亦不曾留意，但為了討論的聚焦起見，本文仍按照蔡序中標識的「四種特長」作為分析架構，以解剖胡書的書寫策略及其後果。

蔡序中的「證明的方法」和「系統的研究」都可統一於胡適的「歷史方法」中，成為胡書歷史論述的前後兩個步驟。前者是對原始史料的整理、鑑別和審定，後者是探求先秦各學說發生的原因和產生的後果，再根據其結果來評判其價值。前者主要的工作是「考證」，後者的主要工作是「述學」。胡適強調，在「述學」之前，必須先搜集資料；資料搜集之後，又必須先經過「考證」這一步驟，以求取得可靠的史料。「史料若不可靠，所作的歷史便無信史的價值。」[122] 因為，據胡適作進一步解釋，「哲學史最重學說的真相，先後的次序，和沿革的線索。若把那些不可靠的材料信為真書，必致 (一) 失了各家學說的真相；(二) 亂了學說先後的次序；(三) 亂了學派相承的系統。」[123] 故審定史料的考證工作，乃是史家第一步的「根本功夫」。[124] 而要做到這第一步的根本功夫，史家又必須從與史料相關連「史事」、「文字」、「文體」、「思想」、「旁證」等五大方面一一用心查究。[125] 在經過審定求得可靠的史料之後，仍需通過「校勘」、「訓詁」和「貫通」三個步驟，對審定的史料再加以整理。[126] 只有資料的收集、審定和整理這三個階段都一一經過之後，才有可能開始「述學」。

胡適的「考證」方法，其實是對清代乾嘉考據學的一次全面的總結和綜合。不過，乾嘉大師們考據的目的是「通經明道」，而胡適考證

121　蔡元培，《中國古代哲學史大綱》序〉，頁 1–3。

122　胡適，《中國哲學史大綱 (卷上)》，頁 15。

123　胡適，《中國哲學史大綱 (卷上)》，頁 15–16。

124　胡適，《中國哲學史大綱 (卷上)》，頁 19。

125　胡適，《中國哲學史大綱 (卷上)》，頁 19–25。

126　胡適，《中國哲學史大綱 (卷上)》，頁 25–32。

的目的最主要卻是「把一切不可信的史料全行除去」。[127] 從絕對地「不
信任一切沒有充分證據的東西」的「科學精神」出發，胡適借用了乾嘉
考據學辨偽的某些方法，然後在分辨真偽的名義下，無限懷疑一切傳
統的經典，並把所有暫時無法百分之百地讓他完全釋疑的經典斥之為
「偽」，而一律予以摒棄。經過胡適「小心的求證」，在儒門五經中，胡
適認為唯一可信的只有最無哲學史料價值的《詩經》，全不可信的是《書
經》和《禮記》；[128] 而先秦留下來的《老子》、《墨子》、《莊子》、《孟子》、
《荀子》、《韓非子》等典籍，則「差不多沒有一部是完全可靠的」，[129] 其
中「《墨子》、《荀子》兩部書裏，狠〔很〕多後人雜湊偽造的文字。《莊
子》一書，大概十分之八九是假造的。《韓非子》也只有十分之一二可
靠」。[130] 此外，其它號稱先秦的典籍，據胡適斷定：「《管子》、《列子》、
《晏子春秋》諸書，是後人雜湊成的。《關尹子》、《鶡冠子》、《商君書》，
是後人偽造的。《鄧析子》也是假書。《尹文子》似乎是真書，但不無
後人加入的材料。《公孫龍子》有真有假，又多錯誤。」[131] 由以上引述，
可見胡適經過「考證」後的「定論」是：在號稱係先秦的典籍中，只有
《詩經》完全可靠，餘者不是為後人「雜湊」，便是為後人「偽造」，因而
均不完全可靠，有的甚至全不可靠。胡適又認為：凡是「不可靠」的材
料，都只會導致各家學說失去真相，亂了先後次序和傳承系統，[132] 不僅
毫無價值，而且必須先行剔除。是以審定史料的真偽，便不能不在《中
國哲學史大綱（卷上）》中，耗去作者最大的心力和佔去全書最多的篇
幅。而無限多樣和豐富的先秦百家哲學，亦在胡適砍伐之下，無不斷
首折臂、七零八落；中國的文化精神，由是亦遭受極大的斲傷。徐復

127　胡適，《中國哲學史大綱（卷上）》，頁 32。
128　見 Hu Shih, *The Development of the Logical Method in Ancient China*, p. i.
129　胡適，《中國哲學史大綱（卷上）》，頁 12。
130　胡適，《中國哲學史大綱（卷上）》，頁 13。
131　胡適，《中國哲學史大綱（卷上）》，頁 13。
132　胡適，《中國哲學史大綱（卷上）》，頁 16。

觀因此斷言：胡適的疑古斧斤，正是要從根本上否定傳統經典的正當性和合法性，徹底淘空傳統文化賴以存在的物質基礎。[133]

所謂「系統的研究」亦即胡適的「述學」，其中又包括了「明變」、「求因」和「評判」三個步驟。按照胡適的説法，就是在「考證」之後，「還須把各家的學説，攏統研究一番，依時代的先後，看他們傳授的淵源，交互的影響，變遷的次序：這便叫做『明變』。然後研究各家學派興廢沿革變遷的原故：這便叫做『求因』。然後用完全中立的眼光，歷史的觀念，一一尋求各家學説的效果影響，再用這種種影響效果來批評各家學説的價值：這便叫做『評判』。」[134] 但以實衡之，胡適在《中國哲學史大綱（卷上）》中，處處以實驗主義為是，以中學為非，全書彌漫着的現代人對古人的鄙薄和傲慢，並以一種居高臨下的態度對古人評頭論足。他對孔門「仁義內在」、「善由己出」，人道與天道相通貫的內聖之學，在心靈上全不相應，故對孔子及其學説時加譏刺。例如他以子虛烏有的所謂「誅少正卯」案，坐實孔子「壓制言論自由」；[135] 並訕笑孔子的正名學説「很幼稚」，孔子的《春秋》一書「有許多自相矛盾的書法」，其「餘毒」所被，「就使中國只有主觀的歷史，沒有物觀的歷史」；[136] 以及責備孔子只會教人讀書，影響所及，使中國幾千年的教育，「造成一國的『書生』廢物」。[137] 所有這些，都顯示了胡適對孔學欠缺了「瞭解之同情」，因而對孔學的精神難以理解，當然也就更不能欣賞。並且，胡適的心靈，是處處以效用來決定價值的實驗主義心靈，對於講求無用之用、不生之生、無為而無不為的莊學精神，原是鑿枘難通。由於欠缺「瞭解之同情」，胡適便無法理解莊學的玄思和睿智，他把「完全被動的天然的生物進化論」、「破壞的懷疑主義」、「極端的守舊主義」

---

133 對於反傳統主義者在疑古和辨偽的名義下對傳統文化所造成的嚴重破壞和傷害，徐復觀曾有極精警的概括，參看徐復觀，〈五十年來的中國學術文化〉，收入氏著，《中國思想史論集》（臺北：臺灣學生書局，1975），頁 251–256。

134 胡適，《中國哲學史大綱（卷上）》，頁 32–33。

135 胡適，《中國哲學史大綱（卷上）》，頁 72–75。

136 胡適，《中國哲學史大綱（卷上）》，頁 103–105。

137 胡適，《中國哲學史大綱（卷上）》，頁 109–110。

等一大堆帽子扣到莊周的頭上，[138] 斥責莊學的流弊，「重的可以養成一種阿諛依違、苟且媚世的無恥小人；輕的也會造成一種不關社會痛癢、不問民生痛苦、樂天安命、聽其自然的廢物」；[139] 並斷言「若依莊子的話……其實可使社會國家世界的制度習慣思想永遠沒有進步，永遠沒有革新改良的希望」。[140] 胡適對莊學之完全無法理解和絕對不能欣賞，本是情理之常，不足深責。但問題是胡適對自己無法理解和不能欣賞的學說偏要妄加非議，以致自己的批評不是流於膚廓皮相，便是成了誣枉曲斷。

所謂「扼要的手段」，就是把中國哲學「從老子孔子講起」，把三皇五帝文王周公等「一半神話、一半政史」全部刪去，事實上等於一刀把中國五千多年的文明史砍掉了一半，對神明華冑的歷史自豪感和民族自尊心都是一次巨額的貶值。而所謂「平等的眼光」，卻是把孔子等同於諸子，把儒學等同於百家，事實上等於把聖人「常人化」，把聖經「平庸化」，對漢朝以來便一直處在「獨尊」高位的儒學不啻是一次最大的貶斥。尤有進者，胡適在《中國哲學史大綱(卷上)》中，以自己的話為正文，用大字頂格寫下來，而引用先聖先賢諸子百家的話，則一律用小字低一格寫下來，和中國以往的學術行規完全相反。在傳統學者眼中，這種做法，正表明了該書作者以己為主，以古人為役，把自己安放在至高無上的「判教」席位，而把一切古人及其學說都當成是任意月旦編排指揮消遣的芻狗！[141] 更驚人的是，胡書在使用白話文的同時又引入了新式的標點符號，不僅把「都下引車販漿之徒所操之語」，[142] 延入了洙泗絃歌之地，而且還有暗指上庠通經飽學之士不通白話文句讀之嫌疑。

但無論如何，胡適《中國哲學史大綱(卷上)》的出現，對當時幾乎所有的中國讀者，都是一次難忘的「震撼教育」。許多對傳統治學方

---

138 胡適，《中國哲學史大綱(卷上)》，頁 265、268、274。
139 胡適，《中國哲學史大綱(卷上)》，頁 277。
140 胡適，《中國哲學史大綱(卷上)》，頁 279。
141 胡適，〈整理國故與「打鬼」──給浩徐先生信〉，頁 117。
142 林紓，〈致蔡鶴卿書〉，頁 492。

法早已懷疑和不滿的讀者,在被胡書的震撼教育「駁得舌撟而不能下」之餘,從此也解放了思想,開拓了視野,完成了由傳統向現代學術的轉型。故胡書對他們而言,不啻是一次西方方法學的盛宴,一次現代學術的啟蒙,一聲振聾發聵破迷成悟的獅子吼。[143] 如果從今日多元開放的社會思想,或且是從包容對立與差異的學術思想來看,洋溢在胡適《中國哲學史大綱(卷上)》中的泛科學主義、進步主義和西方中心主義,未免有些幼稚、膚淺和武斷,但無論如何,該書卻能在中國學術由傳統向現代轉型的最關鍵時刻,至少在以下三個方面,為中國學術轉型的成功起了最關鍵的作用。

第一,傳統學術的「崇古、尊古和信古」思想,讓傳統學者習慣於把先聖先賢及其著述作為崇拜對象而收攝入自己的心內,而現代學術則要求研究者把一切研究對象推出心外,以質疑之、詰問之和批判之。傳統學術思想以古人為主,以自己為役,以古人有尊,以自己為卑;而現代學術則以自己為主,以古人為役,以自己為尊,以古人為卑。故傳統學術貴「忘我」,學者把自己的一切見解發現都歸功於古人,而自己只不過是「代聖立言」;而現代學術則貴「有我」,學者所至可寶貴者乃係自己不同於古人的「獨特見解」,以及自己的見解如何地超越古人和優於古人,所爭者乃係「為我立言」。如果中國學人不能從學術心態上完成由傳統到現代的轉型,中國的現代學術是根本不可能產生的。胡適書中強烈的疑古思想和俯視古人的優越感,不管有何偏頗,畢竟是現代學術精神的一種誇張的呈現。這種精神對於中國知識人的思想從傳統學術的桎梏中獲得解放,以及從「信古」心理到「疑古」心理的轉換,起着一種啟示和典型的重要作用。

第二,現代學術十分強調述學的完整性和系統性,而在「代聖立言」的思想指導下,中國傳統學人慣於用注疏的形式來呈現自己的研究成果。這種治學方式,便只能使自己的研究被分割肢解成無數的碎片,

---

143 參見顧頡剛,〈古史辨第一冊自序〉,頁 40–41;以及馮友蘭,《三松堂自序》,頁119–203。

散落在傳統典籍的各處注疏中，便如同一地碎錢，缺乏一條線索貫穿，總令人難以從中窺見其治學的宗旨和述學的系統。胡書中「求因」、「明變」和「評判」的歷史論述，便如同一條貫穿散錢的線索，讓當時的讀者找到了把自己散亂零碎的知識和學問作系統性論述和安排的方法。

第三，清代考據學的文字、音韻、訓詁、校讎、辨偽等學問，按照清儒「通經明道」的指導原則，原只不過是「通經明道」前的准備功夫，是低層次的「抬轎子」的學問，而不是高層次的「坐轎子」的學問。由於清儒缺乏系統性的述學功夫，才使得這些「抬轎子」的學問變附庸為大國。但無論如何，「抬轎子」的學問還是不會變為「坐轎子」的學問。胡書則把考據與述學合而為一，一方面使得低層次的傳統學問和高層次的現代學問，因再也無可分割之故因而也再無層次高低之分，另一方面也教會了一輩子只會抬轎子的人如何坐上現代學術的轎子。

（八）天時地利人和

孟子把天時、地利、人和看作決定戰爭勝負的三個重要因素，而在此三大因素之中，又是「天時不如地利，地利不如人和」。[144] 如果我們把「天時」看作時機的成熟，「地利」看作環境的有利，「人和」看作民心的擁戴，此三大因素，便不僅僅決定了戰爭的勝負，而且還決定了幾乎一切人謀之事的成敗。此三大因素，落實到每一具體的事功中，便很難說此項「不如」彼項——誰更根本更重要必須針對每一具體的事功作出具體的分析。但我們可以斷言，如果三大因素皆無，事情便定難奏功；如果三大因素俱備，事情的成功便有了十足的保證。胡適的《中國哲學史大綱（卷上）》出現之日，真可謂天時、地利、人和一時俱備。

關於胡適《中國哲學史大綱（卷上）》的出現正合符「天時」的問題，余英時在《〈中國哲學史大綱（卷上）〉與史學革命》一文中，認為

---

144 〔宋〕朱熹，《四書章句集注・孟子集注・公孫丑章句下》，卷 4，頁 241。

自從道光、咸豐以降，清儒考證學的典範，亦即通過從文字、音韻、訓詁以究明周公、孔子和孟子在六經中所蘊藏的「道」的一整套信仰、價值和技術系統，已經因不符合典範期待的變異現象的不斷出現而導致了「技術崩潰」。由「技術崩潰」引起的愈來愈深刻的內部危機，已迫使中國學界另外尋求新典範以代替舊典範。這種「典範轉移」的內在要求到了「五四」前夕已是「一觸即發」，而胡適恰好就在此一「關鍵性時刻」出版了他的《中國哲學史大綱（卷上）》。由於胡適從治學之始即對考證學情有獨鍾，且在留美期間又師承了杜威實驗主義的方法學並獲得了十分豐富的西學常識，因而能在該書中，把「舊學」和「新知」結合得恰到好處，使其既繼承了清代考證學的流風，又要在整體上比清代考證學更精密、更嚴格和更系統化，故而能全面比考證學高出了一個層次。正因為該書為學界提供的另一套信仰、價值和技術的新系統足以取代原來的舊系統，該書成功地創造了學術的新典範並完成了「典範轉移」。[145] 余英時還特別強調了胡適之所以能取得「看起來毫不費力而且很快」的「成功」，乃緣於中西學術思想「『裏應外合』的雙重便利」，並且在《中國哲學史大綱（卷上）》出版的前夕，「一切『概念的範疇』(conceptual categories) 都已事先準備齊全了」。[146]

余英時借用孔恩 (Thomas S. Kuhn) 關於「典範」(paradigm) 的學說，以闡明胡適的《中國哲學史大綱（卷上）》在考證學革命和史學革命中所負起的「典範轉移」的巨大作用。儘管余氏的借用，和孔恩的原意恐非完全吻合，[147] 但卻能在勾勒胡書之所以能取得空前成功的思想史

145　余英時，《中國近代思想史上的胡適》，頁 19–21、52–53；《《中國哲學史大綱（卷上）》與史學革命〉，頁 77–89。

146　余英時，《《中國哲學史大綱（卷上）》與史學革命〉，頁 90。

147　余英時曾承認他借用孔恩的「典範」說來解釋胡適所倡導的「思想革命」「當然不能密合孔恩的原意」，但他卻堅持用之以解釋胡適所倡導的「史學革命」「仍然是很適用的」。參看余英時，《中國近代思想史上的胡適》，頁 20 之注釋第 16。但是，孔恩的「典範」乃係專門剗自然科學和理論科學而言，而史學畢竟屬於人文學科的範疇，故余氏的借用，能否完全「密合孔恩的原意」，仍不無疑問。關於孔恩的典範學說，請參看 Thomas S. Kuhn, *The Structure of Scientific Revolutions* (Chicago: The University of Chicago Press, 1970). 以 及 Thomas S. Kuhn, *The Essential Tension: Selected Studies in Scientific Tradition and Change* (Chicago: The University of Chicago Press, 1977).

內緣線索方面，產生了提綱挈領綱舉而目張的神奇妙用。善於從思想史的內緣條件以究明學術和思想的轉變，本來就是余英時治學最鮮明的特色之一，也是余氏對中國史學研究的重大貢獻。余英時強調清儒考證學因「技術崩潰」而逼出「典範轉移」的內在要求，強調胡適《中國哲學史大綱（卷上）》的「中國考據學傳統的遠源」，強調其「承舊遠過於創新」，強調西方實驗主義和科學方法對胡書的成功而言都只不過是些「不是決定性的因素」的「緣助」或外緣，[148] 正是他一貫的本色當行。當然，余英時在另一篇重要長文（〈中國近代思想史上的胡適〉）中，[149]也論及胡書成功的一些外緣因素。只不過，這些外緣因素，例如「思想革命」和「新思潮」的衝擊、「經世致用」與「改造世界」的要求，尤其是解答「中學和西學的異同及其相互關係問題」，似乎已取代了清代考據學的「技術崩潰」，變成了胡書成功的「決定性的因素」了。[150]

　　其實，「決定性的因素」到底是內緣還是外緣，必須針對具體的事件作出具體的分析，本難一概而論。內緣因素當然是極其根本、極其重要的，但這並不能排除在某些事件之中，外緣因素反而要比內緣因素來得更為根本，也更為重要。並且，在更多的時候，促成學術和思想變化的，往往是各種內緣因素和外緣因素的「合力」。換句話說，任何一種因素，都是「有之不必然，無之必不然」的。所謂「有之不必然」，是指任何一種內緣和外緣，都不能單獨決定學術和思想非如此改變不可，因而都不是「決定性的因素」。所謂「無之必不然」，是指倘若缺少了其中任何一種內緣和外緣，學術和思想縱然也會改變，但卻會變成另一種樣子。因而任何一種內緣和外緣，又都是「決定性的因素」。基於此一考量，我們便把胡書的成功，視為各種內緣因素和外緣因素的「合力」的結果，而不再追究「決定性的因素」到底是什麼。

148　余英時，〈《中國哲學史大綱（卷上）》與史學革命〉，頁 88-90。
149　該文原為余英時為胡頌平編寫的《胡適之先生年譜長編初稿》所撰寫的長序，後收入余英時，《中國近代思想史上的胡適》，頁 1-75。
150　參看余英時，《中國近代思想史上的胡適》，頁 8-21、27-37、54-61。

如果不是道、咸以來的救亡大潮一波又一波的持續沖刷侵蝕，直到「五四」前夕已使得相當一部分的中國知識人根本背棄自己的傳統，而轉向西方文化尋求人生和學術的價值和意義，胡適《中國哲學史大綱（卷上）》的出現及其即時取得的空前成功是不可想像的。陳獨秀曾十分敏銳和十分正確地指出，「適之等若在三十年前提倡白話文，只需章行嚴一篇文章便駁得煙消灰滅」。[151] 所謂「來得早不如來得巧」，《中國哲學史大綱（卷上）》出版之日，中國學界對完全接受西方學術思想為最高指導原則的心理才剛剛成熟，但又還未完全爛熟。如果胡書在時機爛熟之時才出版，便會變為老生常談，斷無開創一代風氣的首功。如果胡書在時機尚未成熟之時便出版，[152] 自然不免「煙消灰滅」。正由於機緣巧合，《中國哲學史大綱（卷上）》行將成書之日，任憑學問比章行嚴淵博得太多的陳漢章在北大講堂上公開地譏諷其「不通」，[153] 任憑學殖比章行嚴深厚得太多的黃侃在北大逢開講必先痛加撻伐，[154] 任憑詞章與章行嚴同樣高妙的林紓在報上投書北大校長兼以匿名文章攻

151　陳獨秀，〈答適之〉，收入張君勱、丁文江等著，《科學與人生觀》（濟南：山東人民出版社，1997），頁 31。

152　此乃為了論辯的開展而提出的純粹假設性的問題。

153　據馮友蘭回憶：「到了一九一七年，胡適到北大來了。我們那時候已經是三年級了。胡適給一年級講中國哲學史，發的講義稱為《中國古代哲學史大綱》。給我們三年級講中國哲學史的那位教授，拿着胡適的一份講義，在我們的課堂上，笑不可仰。他說：『我說胡適不通，果然就是不通，只看他的講義的名稱，就知道他不通。哲學史本來就是哲學的大綱，説中國哲學史大綱（上冊），豈不成了大綱的大綱了嗎？』」（馮友蘭，《三松堂自序》，頁 187。）查馮友蘭在北大讀三年級時教該級中國哲學史的教授，便是被人稱之為「兩腳書櫃」的前清舉人陳漢章。據羅家倫説此人讀書極多，記憶又極強，「《十三經注疏》中三禮的白文和注疏，他都能個個字背出」。見羅家倫，〈北京大學與五四運動〉，收入王世儒、聞笛編，《我與北大——「老北大」話北大》（北京：北京大學出版社，1998），頁 305。

154　黃侃為章太炎掌門大弟子，其於義理、考據、詞章、文字、音韻、訓詁無所不精，在北大極受學生擁戴。據曾上過黃侃課的楊亮功說：「黃季剛先生……抨擊白話文不遺餘力，每次上課必須對白話文痛罵一番，然後才開始上課。五十分鐘上課時間，大約有三十分鐘要用在罵白話文上面。他罵的對象是胡適之、沈尹默、錢玄同幾位先生。」羅家倫在上課時也常聽到黃侃在罵胡適。他說：「黃季剛則天天詩〔使〕酒謾罵……他有時在課堂中大聲地說：『胡適之説做白話文痛快……金聖歎説過世界上最痛的事，莫過於殺頭，世界上最快的事，莫過於飲酒。胡適之如果要痛快，可以去喝了酒再仰起頸子來給人砍掉。』」參見楊亮功，〈北京大學與五四運動〉，收入王世儒、聞笛編，《我與北大——「老北大」話北大》，頁 273；羅家倫，〈北京大學與五四運動〉，頁 304-305。

訐，[155] 任憑某些北大學生訕笑「胡適膽大面厚」，[156] 胡適和他的《中國哲學史大綱 (卷上)》不但屹立不倒，而且所有的譏諷撻伐攻訐訕笑適足以替胡適和胡書作了免費宣傳。君不見在陳漢章譏諷胡適「不通」之後，反而使陳門高弟馮友蘭注意到運用西方方法學處理中國哲學材料，實有「點鐵成金」的無邊法力，因而琵琶別抱，追隨胡適學習能「點石成金」的「那個手指頭」；[157] 君不見在黃侃使酒罵胡之後，反而把自己座下最得意的兩大傳燈弟子都罵入了胡門。[158] 一個是後來把胡適的疑古思想發揚光大的顧頡剛，另一個是成了胡適頭號「捍衛戰士」的傅斯年。[159] 而林紓在施放完明槍暗箭之後，卻引來了蔡元培義正詞嚴的公開駁斥，反而辱由自取。[160] 更多的北大學生在某些同窗訕胡之後，投入「膽大臉厚」的胡適的麾下，創辦了《新潮》雜誌，密切配合陳、胡的《新青年》雜誌，共同向傳統學術文化展開更凶猛的攻擊。[161]

　　《中國哲學史大綱 (卷上)》的空前成功，使胡適第一次擁有了雄厚的學術資本，而胡適在新文化運動中的赫赫聲名，又使得胡適的學術資本以幾何級數飛速升值，而水漲船高的學術地位又大大鞏固了他在大眾文化中原本就十分崇高的領袖地位。學術和文化兩地的左右逢源

---

155 參見林紓，〈致蔡鶴卿書〉暨匿名文章〈請看北京學界思潮變遷之近狀〉，該匿名文章最末云：「唯陳、胡等對於新文學之提倡，不第舊文學一筆抹撥，而且絕對的菲棄舊道德，毀斥倫常，詆排孔孟，並且有主張廢國語而以法蘭西文字為國語之議。其鹵莽滅裂，實亦太過。頃林琴南氏有致蔡子民一書，洋洋千言，於學界前途，深致悲閔〔憫〕。」林紓，〈致蔡鶴卿書〉、〈請看北京學界思潮變遷之近狀〉，原載《公言報》(1919 年 3 月 18 日)，收入蔡尚思主編，《中國現代思想史資料簡編》，卷 1，頁 490−495。
156 馮友蘭，《三松堂自序》，頁 202。
157 馮友蘭，《三松堂自序》，頁 202−203。
158 參見顧頡剛，〈古史辨第一冊自序〉，頁 40−41。
159 胡適在一九五〇年十二月二十日獲知傅斯年死訊，極其哀傷，在同日日記中寫道：「國中今日何處能得這樣一個天才最高的人！他對我始終最忠實，最愛護。他的中國學問根柢比我高深的多多，但他寫信給我，總自稱『學生斯年』，三十年如一日。」第二天胡適發一英文電報給傅夫人俞大綵，"In Mengchen's passing, China lost her most gifted patriot and I, my best friend, critic, and defender……" 曹伯言整理，《胡適日記全編》，冊 8，頁 85−86。
160 蔡元培，〈致《公言報》函並附答林琴南君函〉，頁 431−435。
161 傅斯年，〈《新潮》之回顧與前瞻〉，收入王世儒、聞笛編，《我與北大──「老北大」話北大》，頁 293−300。

互為利多，使胡適在最短的時間之內，從學術界處於邊緣地位的新丁，一變而為全國學界的國子監祭酒，而原來在北大穩居學術主流和核心地位的太炎門下弟子，不是被胡適收編，就是被排擠至學術邊緣。不僅學界的新銳爭相奔走其門，希望得到胡適的品題或加持；就連平日目無餘子又氣焰熏天的莊學大師劉文典，在胡適面前也變得何等的謙虛和恭順，他那些諛詞如湧肉麻兮兮的致胡適書函，如果不是收入《劉文典全集》，又有誰會相信真出於這位莊學大師之手。[162]

結語

只不過，到了今時今日，胡適的《中國哲學史大綱 (卷上)》已鮮為人所知。事實上，除了以研究胡適或者以研究中國當代學術史為業的少數專家學者之外，學界已幾乎沒有幾個人會有興趣去翻閱這本曾經讓胡適「暴得大名」的「少作」。作為一部研究中國哲學史的專著，《中國哲學史大綱 (卷上)》早已失效兼過時。對於中國哲學或中國哲學史的研究，該書已經沒有多少借鑑和參考的價值。換句話說，該書已經沒有了「學術上」的意義，而只剩下了「學術史上」的意義。就如同一部被放置在博物館裏陳列的老爺車，《中國哲學史大綱 (卷上)》在今日的功用，並不是為了供人使用，而只是為了供人憑弔——如果還有人憑弔的話。《中國哲學史大綱 (卷上)》的影響力是非常巨大的，但它的生命力也是相對短暫的。正所謂「其興也勃焉，其亡也忽焉」，名人和名著走馬燈般的星起星沉潮上潮落，乃至「你方唱罷我登場」，本來就是

---

162 劉文典致胡適函有謂「你是弟所最敬愛的朋友，弟的學業上深深受你的益處。近年薄有虛名，也全是出於你的『說項』，拙作的出版，更是你極力幫忙、極力獎進的結果。所以弟之對於你，只有敬愛和感謝，決不會有別的，……」諸如此類的諛詞，在劉致胡函真是俯拾俱是。引自劉文典，〈致胡適〉第二十二，《書信輯存》，收入氏著，《劉文典全集》(合肥：安徽大學出版社，1999)，冊 3，頁 812–813。

中國社會由傳統向現代轉型時期思想史上最為突出的現象之一。[163]「大江東去，浪淘盡，千古風流人物」。既然胡適的前輩康有為、章太炎、譚嗣同、梁啟超、嚴復等鉅子及其巨著無一能逃過歷史潮流的大浪淘沙，胡適的《中國哲學史大綱 (卷上)》又豈能有所例外！

　　以歷史經驗衡之，胡適於一九二七年二月七日在致彭學沛信中關於自己的《中國哲學史大綱 (卷上)》「以後」必將如何如何的種種預言，已經完全落空。事實上，在胡適充滿自信的預言發表後還不到四年，馮友蘭的《中國哲學史》(上冊) 便已正式出版；[164] 而馮書的才一出現，學界便公認無論從方法到態度、從內容到形式、或且是從部分到全體，馮書都要勝過胡書不止一籌。[165] 胡適的《中國哲學史大綱 (卷上)》，早在馮友蘭的《中國哲學史》正式出版之日，便已因過時失效而成了「歷史」。由於胡適是馮友蘭初治中國哲學史的啟蒙老師，而胡適的《中國哲學史大綱 (卷上)》又曾是馮友蘭學習模擬的聖經，[166] 但馮友蘭在窺盡胡適之堂奧底蘊之後，居然入室操戈，拔趙幟、易漢幟，以「釋古」的典範取代了胡適「疑古」的典範。[167] 原來，在馮書成書之時，中國的東北已淪於日人之手，而華北也危在旦夕，全國上下同仇敵愾，民族主

163　李澤厚曾以梁啟超為例，說明清末民初名人和名著影響力的驟起旋落：「中國近代思想的一個重要特徵，是因為社會變動的迅速，它必須在極短的時間內走完西方資產階級思想幾百年來發展的全程。從溫和的自由主義到激進的革命民主主義，從啟蒙思想到社會主義，都是一個十分急促短暫的行程。它是那樣神速變遷和錯綜複雜，以致一方面根本不能有足夠的時間和條件來醞釀成熟一些較完整深刻的思想體系；另一方面人們也常常是早晨剛從封建古書堆裏驚醒過來，接受了梁啟超式的資產階級思想的洗禮，而晚上卻已不得不完全傾倒在反對梁啟超的激進的革命思想中去了。」引自李澤厚，〈梁啟超王國維簡論〉，頁 429-430。筆者並不認同李澤厚的階級分析法及其給梁啟超貼上的政治標籤，但卻不能不佩服他對時勢觀察的敏銳和精準。

164　馮友蘭的《中國哲學史》上冊在一九二九年成書，一九三〇年八月十五日撰成該書〈自序〉，一九三一年二月該書作為「清華大學叢書」之一由上海神州國光社正式出版，上距胡適的〈整理國故與「打鬼」——給浩徐先生信〉的發表之日仍不足四年。參見蔡仲德，《馮友蘭先生年譜初編》(鄭州：河南人民出版社，1994)，頁 80、90、102-103；以及齊家瑩編，《清華人文學科年譜》(北京：清華大學出版社，1999)，頁 97、102。

165　參看陳寅恪為馮書撰寫的〈審查報告一〉，以及金岳霖為馮書撰寫的〈審查報告二〉，均收入馮友蘭，《中國哲學史》，冊上，〈附錄一〉、〈附錄二〉，頁 1-4、1-8。

166　馮友蘭，《三松堂自序》，頁 199-203。

167　馮友蘭，《三松堂自序》，頁 206-209。

義空前高潮，傳統文化已成了凝聚全民族抵抗外侮的精神資源。胡適所謂欲救國保種必須毀棄傳統文化的說教，已變成違逆眾人之耳的聒噪；而胡書對傳統的否定，也已變得不合時宜。故打着為華夏招魂旗號的馮書能乘機取而代之。

第二章　胡適的馮友蘭情結

青，取之於藍，而青於藍；

冰，水為之，而寒於水。

——《荀子·勸學》[1]

引言

胡適當了一輩子的「青年導師」、「學界祭酒」和社會的「意見領袖」，偶然也會勸勉大家「努力做學閥」。[2] 他喜歡熱鬧、喜歡交際應酬、喜歡提攜後進扶危救急，但也會拉幫結派爭名爭位，有時也會月旦人物引來是非。是以他一生之中，有過眾多的學生和朋友，但也結下了一些冤家或對頭。在所有的冤家或對頭中，馮友蘭如果不算是胡適最討厭之人的話，起碼也是最討厭的人之一。

胡適的主要敵人又可分為兩類，一類是政治上的敵人，一類是學術文化上的敵人。一般而言，胡適對政治上的敵人要比學術文化上的敵人更為寬容一些。但無論是對政敵和學敵，胡適大都放不下「正人君子」的身份和「縉紳階級」（gentleman）的架子，[3] 而總會顯示出其寬厚、

1　廖吉郎校注，《新編荀子（上冊）》（臺北：國立編譯館，2002），頁 77。

2　這是胡適在一九二一年十月十一日北大正式開學之日，在學生們如雷般的鼓掌聲中，在講臺上為「報答」學生們的「好意」所講的「老實話」。其原話是：「人家罵我們是學閥，其實『學閥』有何妨？人家稱我們為『最高學府』，我們便得意；稱『學閥』，我們便不高興。這真是『名實未虧而喜怒為用』了！我們應該努力做學閥！」引一九二一年十月十一日胡適的日記，曹伯言整理，《胡適日記全編》（合肥：安徽教育出版社，2001），冊 3，頁 496。

3　參見胡適，〈胡適致蘇雪林〉，中國社會科學院近代史研究所中華民國史研究室編，《胡適來往書信選》（香港：中華書局，1983），冊中，頁 339。

持平、講理、公道、彬彬有禮和不為已甚的良好態度和修養。例如，魯迅是胡適的政治敵人，對於魯迅經常在文章中或明或暗的攻訐譏刺，胡適幾乎是「打不還手，罵不還口」，而對於魯迅在文學創作上的天才，胡適一生都秉持着「最誠意的敬愛」，[4] 對於魯迅的《中國小說史略》，胡適無論是在公開或在私下也一再表示欽佩，[5] 並為陳源、蘇雪林誣指該書抄襲自日人鹽谷溫一事大聲替魯迅叫屈。[6] 例如，胡適對梁漱溟的文化觀幾乎完全不能同意，兩人也常為中西文化問題有口頭上或文字上的爭論，有時雙方都不免動了火氣而互指對方「刻薄」。[7] 但在胡適的內心深處，對梁漱溟的操守、人格、及其以聖賢自任的氣魄和擔當其實是十分的敬服，[8] 有時甚至還會興起自愧不如之歎。[9] 又例如郭沫若兼胡適的政敵與學敵於一身，而胡適也頗為鄙薄其「阿諛」和「無行」，[10] 但由於郭氏在甲骨文研究的成就，胡適也照樣提名他為第一屆中央研究院的院士。[11]

4　胡適在致周作人函云：「生平對於君家昆弟，只有最誠意的敬愛，種種疏隔和人事變遷，此意始終不減分毫。……」（胡適，〈胡適致周作人〉，《胡適來往書信選》，冊上，頁542。）一九二二年八月十一日胡適在日記中亦云：「周氏弟兄最可愛，他們的天才都很高。豫才（案：魯迅，本名周樹人，字豫才）兼有賞鑒力與創造力，……」曹伯言整理，《胡適日記全編》，冊3，頁755。

5　胡適在其《白話文學史》〈自序〉云：「在小說的史料方面，我自己也頗有一點點貢獻。但最大的成績自然是魯迅先生的《中國小說史略》；這是一部開山的創作，搜集甚勤，取材甚精，斷制也甚謹嚴，可以替我們研究文學史的人節省無數精力。」引自胡適，《白話文學史》（臺北：胡適紀念館，1974），卷上，頁9。

6　胡適至蘇雪林函云：「魯迅自有他的長處。如他的早年文學作品，如他的小說史研究，皆是上等工作。通伯（案：陳源字通伯）先生當日誤信一個小人張鳳舉之言，說魯迅之小說史是抄襲鹽谷溫的，……真是萬分的冤枉。鹽谷一案，我們應該為魯迅洗刷明白。最好是由通伯先生寫一篇短文，此是『gentleman〔紳士〕的臭架子』，值得擺的。如此立論，然後能使敵黨俯首心服。」引自胡適，〈胡適致蘇雪林〉，頁339。

7　詳見胡適，〈答梁漱溟〉，收入耿雲志、歐陽哲生編，《胡適書信集》（北京：北京大學出版社，1996），冊上，頁311-312。

8　例如，胡適在一九五二年二月二十七月在報上讀到〈梁漱溟不肯洗腦〉的報導，十分感歎，忍不住在日記中寫道：「漱溟今天的行為也是『殉道者』(martyr) 的精神，使我很佩服。『不能向不通處變』，不能『自昧其所知以從他人』，都是很可敬的。」曹伯言整理，《胡適日記全編》，冊8，頁219。

9　胡適在一九二三年十二月十九日的日記中，曾剖判自己與陳獨秀和梁漱溟的差異，認為自己「一方面不能有獨秀那樣狠幹，一方面又沒有漱溟那樣蠻幹！所以我是很慚愧的。」曹伯言整理，《胡適日記全編》，冊4，頁138。

10　九五〇年一月二日胡適的日記，曹伯言整理，《胡適日記全編》，冊8，頁4-5。

11　一九四七年五月二十二日胡適的日記，曹伯言整理，《胡適日記全編》，冊7，頁656。

胡適曾說過：「凡論一人，總須持平。愛而知其惡，惡而知其美，方是持平。」[12] 此話說得何等的好！如果說，胡適對魯迅、梁漱溟、郭沫若等政敵學敵，確實秉持了「惡而知其美」的持平態度，但當他一面對馮友蘭，便好像變成了另一個人，不僅「惡而知其美」的持平態度難得一見，就連他平日頗為自矜的「正人君子」的身份，還有那「縉紳階級」（gentleman）的架子，也可以因馮友蘭而放下。胡適對馮友蘭的心結，幾乎是終生不可開解。胡適長時期對馮友蘭的種種苛責，與他一貫待人接物的溫良恭儉讓，構成了如許巨大的反差。這不僅使胡適的研究者咸感困惑，就連胡適自己一時間亦難以說清楚講明白。

一、由親近到疏離

其實，胡適對馮友蘭的心結，是大約在一九二九年底讀到馮友蘭寄來的《中國哲學史》部分書稿時始種下的。在此之前，胡適不但不覺得馮友蘭討厭，而且還一度和馮友蘭頗為親近。一九一七年九月，當胡適由北美學成歸國並第一次在北大開講「中國哲學史」課程之時，馮友蘭正好在該校的「中國哲學門」攻讀，並剛剛升上三年級。[13] 若以年齡而論，胡適在當時還不滿二十七足歲，僅比馮友蘭大四歲，比「中國哲學門」二年級生顧頡剛大不到二歲，比「國學門」二年級生傅斯年大四歲多一點。[14] 若以國學修為而論，胡適不僅無法和劉師培、黃侃、陳黻宸、陳漢章等在北大任教的經史學大師比肩，即令與馮友蘭、傅斯年、顧頡剛等國文程度超強的大學生相較，亦容或有所不及。但是，

12　胡適，〈胡適致蘇雪林〉，頁 339。

13　馮友蘭，《三松堂自序》，收入氏著，《三松堂全集》（鄭州：河南人民出版社，1985），卷 1，頁 187。

14　胡適出生於一八九一年十二月十七日〔白吉庵，〈胡適年表〉，收入氏著，《胡適傳》（北京：人民出版社，1993），頁 497〕，馮友蘭出生於一八九五年十二月四日〔蔡仲德，《馮友蘭先生年譜初編》（鄭州：河南人民出版社，1994），頁 3〕，顧頡剛出生於一八九三年五月八日〔顧潮，《歷劫終教志不灰：我的父親顧頡剛》（上海：華東師範大學出版社，1997），頁 1〕，傅斯年出生於一八九六年三月二十六日〔岳玉璽、李泉、馬亮寬，《傅斯年：大氣磅礴的一代學人》（天津：天津人民出版社，1994），頁 1〕。

這幾個心高氣傲，目空一切，動不動就要帶頭鬧事驅逐「不夠格」的老師的危險分子，[15] 卻在聽過胡適的「中國哲學史」之後，對這個年紀與自己相差不遠，國學程度也不見得比自己高明的新來老師，一齊佩服得五體投地。

馮友蘭一貫強調：向西方學習，所要學的並不是西方的「跡」，而是其「所以跡」；即如向神仙學點金術，所要的並不是神仙由石頭變出來的黃金，而是神仙那根能把石頭變成黃金的手指頭。[16] 那根手指頭就是現代學術的方法學。馮友蘭、顧頡剛、傅斯年在胡適的講授中，真正體驗了西方方法學的驚人威力，也領悟到現代學者（如胡適）之所以比傳統學者（如陳黻宸、黃侃、陳漢章）站得高，看得遠，全在其掌握和運用了西方的理論和方法。在驚駭得「舌撟而不能不」之後，他們便都一齊低首降心，決心以胡適為師，把西方的點石成金術學到手。

而馮友蘭則一直到了垂暮之年，仍充滿了感恩地談到了胡適的哲學史課程是如何地引起他對西方的現代學術方法學的驚羨。[17] 即使過了六十多年，馮友蘭還是照樣興致勃勃地談及胡適的「證明的方法」、「扼要的手段」和「系統的研究」在方法學上的突破和創新。所謂「證明的方法」和「扼要的手段」，就是把三皇五帝等許許多多的無稽之談一刀砍掉，一部中國哲學史直接從老子、孔子講起。這麼一來便把馮氏從「毫無邊際的經典注疏的大海中」拉拔了出來。[18] 所謂「系統的研究」，就是摒棄了傳統學者述而不作、以選抄編排前人注疏為究竟的治學方式，而代之以審查材料的真偽、分析其中的意義、探究材料之間的內在關聯性和規律性，並全面而系統地把研究所得綜合地敘述出來。這

15　當時北大學生氣焰薰天，動不動就驅逐他們認為不稱職的教師。馮友蘭和傅斯年就曾分別在哲學門和國學門當過驅逐老師的帶頭人。馮友蘭曾帶頭驅逐哲學門教師之事，見馮友蘭，《三松堂自序》，頁 296-297；傅斯年曾帶頭驅逐國學門教師之事，見羅家倫，〈元氣淋漓的傅孟真〉，收入氏著，《逝者如斯集》（臺北：傳記文學出版社，1967），頁 167-168。

16　馮友蘭，《三松堂自序》，頁 202-203。

17　馮友蘭，《三松堂自序》，頁 199-203。

18　馮友蘭，《三松堂自序》，頁 201。

又使陷在支離破碎、散漫而無所依歸的注釋迷霧中的馮友蘭，第一次找到了出路、摸着了頭緒，從而發見了中國古代哲學家的某些思想系統和中國哲學史發展的某些線索。[19] 所有這些，都讓馮氏自覺「面目一新，精神為之一爽。」[20]

同樣令馮友蘭感奮不已的，還是胡適在講授中國哲學史時流露出來的濃烈反傳統氣息——亦即《三松堂自序》所謂的「五四時代的革命精神」。[21] 在馮友蘭看來，胡適的「革命精神」，首先表現在他悍然註銷了儒家在中國學術思想史上正統的地位，而只把儒家視為百家中的一家，與以往咸被視為「支流苗裔」甚至是「異端邪說」的各種學術流派平起平坐。其次還表現在他竟敢在講義上，「把自己的話作為正文，用大字頂格寫下來，而把引用古人的話，用小字低一格寫下來。」[22] 因為，在胡適以前，中國的學術著作，都是把經典的原文作為正文用大字頂格寫下來，把自己的話，作為經典的注疏或附庸，用小字低一格寫下來。胡適這一「非聖無法」的大動作，實無異於思想上的公然造反。這種「以我為主」的「膽大妄為」，無論從形式上或精神上，都遠遠超過「六經注我」的陸象山。

馮友蘭負笈北大三年，首先是在黃侃的接引下，飽飫了傳統國學詞章之華美；[23] 接着是在陳黻辰的誘導之下，瞥見了中國義理之學的奧秘；[24] 最後是在胡適的啟蒙之下，讓他整個學術生命忽然開了竅，跳脫出傳統學術的羈拘，窺見了現代學術的新天地。[25] 如果說，黃侃、陳黻宸等傳統學者曾把馮友蘭引進了中國詞章義理之學的「新天地」，現代學者胡適便讓馮友蘭窺見了西方方法學「更新的天地」。這兩重天地，對馮友蘭而言，後者的境界不僅要遠比前者更為充實、更為豐富、更

19　馮友蘭，《三松堂自序》，頁 200–201。
20　馮友蘭，《三松堂自序》，頁 201。
21　馮友蘭，《三松堂自序》，頁 201。
22　馮友蘭，《三松堂自序》，頁 201。
23　馮友蘭，《三松堂自序》，頁 35。
24　馮友蘭，《三松堂自序》，頁 186–188。
25　馮友蘭，《三松堂自序》，頁 199–203。

為深刻，而且在位階上也要遠比前者更為優越和更為高級。[26] 在這兩重天地的強烈對照之中，馮友蘭發見了新文化和舊文化的矛盾和衝突，[27] 他無論是情感還是理智的天秤，都迅速向新文化的那一端傾斜。胡適到北大才剛兩個月，便因緣際會成了哲學研究所的創所所長，[28] 而馮友蘭立刻就選修了胡適在研究所講授的全部兩門功課。[29] 緊接着在三年級下學期，亦即馮氏行將畢業的最後一個學期，馮友蘭除了繼續修讀胡適的這兩門課之外，在西學方面，還選修了沈步洲的言語學概論（三學時）、顧孟餘的經濟學原理（三學時）以及李石曾的社會哲學（二學時）。[30] 大量的選修西方的社會科學課程，顯示了馮氏的治學方向和興趣，已由傳統學問向西學轉移。直接促成馮友蘭思想轉向的老師就是胡適。

在胡適的影響下，一九一八年三月四日，馮友蘭與陳鐘凡、孫本文、嵇明等十多位同學發起成立了北京大學哲學會，並「以商榷東西諸家哲學，瀹啟新知為宗旨」。[31] 這表明了馮氏已把個人對新文化尤其是西方哲學的嚮往，提升為同志間互助和互教的集體活動。中國知識分子的文化活動和政治活動往往是密切關連的。同年五月二十一日上午，馮友蘭參加了北大學生抗議北洋政府與日本締結軍事協定的集會，並和與會同學一道，不顧蔡元培的勸阻，步行前往總統府請願。[32] 這又說明了馮友蘭的一隻腳，已從書齋邁入社會，開始把學術思想轉化為

26　馮友蘭，《三松堂自序》，頁 187–188、199–203。

27　馮友蘭把陳漢章和哲學門部分同學對胡適的譏笑和攻擊，看作是當時舊文化勢力對新文化運動的反撲。《三松堂自序》云：「也有不少人對胡適這部書，發了些譏笑之詞，認為是膽大妄為。……我們的教授（案，指陳漢章）說他不通。……我們學生中間也有人說：『胡適膽大臉厚。』這些譏笑之詞，從反面說明，這部書在當時是作為新事物出現的。」馮友蘭，《三松堂自序》，頁 202。

28　一九一七年十一月中旬，胡適在北大創辦哲學研究所，自任所長，時距胡適在同年九月十日出任北大教授剛好過了兩個月。耿雲志，《胡適年譜》（香港：中華書局，1986），頁 47–48。

29　馮友蘭當時選胡適的兩門課分別為「歐美最近哲學之趨勢」和「中國名學鉤沉」。見蔡仲德，《馮友蘭先生年譜初編》，頁 24。

30　蔡仲德，《馮友蘭先生年譜初編》，頁 25。

31　蔡仲德，《馮友蘭先生年譜初編》，頁 26。

32　蔡仲德，《馮友蘭先生年譜初編》，頁 26。

政治行動了。同年六月底，馮友蘭畢業於北京大學哲學門，九月在開封出任河南第一工業學校語文、修身教員。[33] 但馮友蘭雖人在開封，卻心繫在胡適等領導下的北京的文化革命運動。他才一到開封任所，便立刻主編《心聲》雜誌，[34] 企圖把他由北京帶回的文化革命火種在河南點燃。[35] 他也曾多次投稿傅斯年等主編的《新潮》，直接為文化革命效力。一九一九年六月，馮友蘭考取了河南省公費留學，同年十二月乘搭中國郵船公司南京號海輪由上海抵達紐約，在哥倫比亞大學研究院哲學系繼續深造。馮友蘭之所以選擇了哥大而不是美國別的大學，原來又是遵照胡適的指示。《三松堂自序》云：「我要往美國去留學的時候，我找胡適，問美國哲學界的情況，學哲學上哪個大學比較好。他說：『美國的哈佛大學和哥倫比亞大學哲學系都是有名的，但是哈佛的哲學是舊的，哥倫比亞大學的哲學是新的，他本人就是在哥倫比亞學的新哲學。』」。[36] 由此，亦可見當時馮友蘭對胡適是何等的敬重和信服。

只是，馮友蘭到了大洋彼岸，不僅在地理上遠離了胡適，而且在文化心理上也和胡適漸行漸遠。如果說，馮友蘭在北大時就像一隻關在黑井底下的青蛙，胡適方法學的啟蒙，等於揭開了井蓋，讓他窺見了頭頂上斗大的一片藍天。那麼，到了美國哥倫比亞大學攻讀的馮友蘭，便如同青蛙跳出了深井，讓他真正看見了西方現代學術的天地之大，宮室之美。馮友蘭往昔對胡適的信服和崇拜，也因眼界漸寬而逐漸消減。

當然，這還不是馮友蘭與胡適漸行漸遠的最重要原因。馮友蘭與胡適疏離的最重要原因有二。其一是第一次世界大戰結束以後，目睹西方文明內部的嚴重危機，西方的知識分子正開始對西方文化的種種弊端進行深刻的反省。十九世紀以來風行一時的進步主義和科學主義

33　馮友蘭，《三松堂自序》，頁 46；以及蔡仲德，《馮友蘭先生年譜初編》，頁 27–28。
34　馮友蘭，〈回憶《心聲》雜誌〉，收入氏著，《三松堂全集》，卷 13，頁 971。
35　馮友蘭，〈《心聲》發刊辭〉、〈《心聲》第二次復活〉，收入氏著，《三松堂全集》，卷 13，頁 817–821、862–863。
36　馮友蘭，《四十年的回顧》，收入氏著，《三松堂全集》，卷 14，頁 165。

已開始式微，昨日對西方文化的樂觀主義已漸漸被今日的悲觀主義所代替。戰後西方思想界的重大轉變，與當時中國思想界盲目崇拜西方文化的「五四」風潮，形成了極強烈的反差。一旦中國的知識分子有機會來到歐美，便再也無法對這種強烈的反差視若無睹。君不見就連洋人也承認西方文化並非一切都好麼？梁啟超和張君勱正是因為旅遊了一趟歐洲，才深感不宜妄自菲薄。所謂「人同此心，心同此理」，馮友蘭在美國留學，又豈能無動於衷！

其二是馮友蘭在哥大攻讀博士學位不及一年，便審時度勢，當機立斷地把自己的專業由西方哲學改為中國哲學。這一轉變，固然能使馮友蘭易劣勢為優勢，化被動為主動，在三年半的時間內順利完成學業並取得博士學位。但是，專業的轉變也往往會引起心態的轉變。馮氏在改變專業之後，便能以較為同情的態度，與中國的傳統經典及先哲進行內在對話 (internal dialogue)，而兒時曾背得爛熟的古典，其中隱而未顯的意義和價值，亦在內在的對話和思想的反芻中得以砥礪發明。所有這些，都使他離開胡適的「反傳統」立場越來越遠，而越來越貼近了他在北大的另一個老師──一生矢志要為中國傳統文化辯誣洗冤的當代新儒學開山梁漱溟。馮友蘭在一九二二年四月發表了他的第一篇英文論文 "Why China Has No Science: An Interpretation of the History and Consequences of Chinese Philosophy"（〈為什麼中國沒有科學──對中國哲學的歷史及其後果的一種解釋〉），[37] 以「能而未為」的理論來解釋中國文化何以「未能」產生科學，[38] 與梁漱溟的《東西文化及其哲學》隔海唱和。一九二三年暑期馮友蘭完成博士論文 "The Way of Decrease and Increase with Interpretations and Illustrations from the Philosophies of the East and the West"（《天人損益論》），該論文於

---

[37] 該論文完成於一九二○年冬，於一九二一年曾在哥大哲學系系會上宣讀，於翌年四月刊於美國 International Journal of Ethics, Vol. XXXII, No.3，一九八三年四月由涂又光譯為中文，收入馮友蘭，《三松堂學術文集》(北京：北京大學出版社，1984)，頁 23-42。

[38] 馮友蘭，〈為什麼中國沒有科學──對中國哲學的歷史及其後果的一種解釋〉，頁 24。

一九二四年由上海商務印書局出英文本，其後又於一九二六年九月由
上海商務印書局出版中文本，書名被改為《人生哲學》。[39] 如果說，馮
友蘭在〈為什麼中國沒有科學〉中，其辯護策略是強調中西文化的差異
性，並以「各有所長，各有所短」為理由，替中國文化爭取平等地位；
那麼，馮友蘭在《人生哲學》中，其辯護策略則是強調中西文化的共通
性。在《人生哲學》所羅列的損道、益道和中道三大派中，每派都是
由中國和西方的哲學流派共同組成的。儘管馮友蘭在表面上承認了每
一派都各有所見，亦各有所蔽，但他還是把以先秦儒家和宋明新儒家
為主體的中道派的位階和價值，置放在損道派和益道派之上，而斷定
中道派是「其蔽似較少」的「較對之人生論」。[40] 約而言之，馮友蘭無非
是要向讀者表明：西方文化所有的中國文化也有，但中國文化所有的
比西方文化還要更好。[41] 所有這些，都顯示出馮友蘭已基本上脫離了
「五四」反傳統主義的營壘，而正式加入了新文化保守主義者的行列。[42]

二、導火線

儘管馮友蘭在學術文化思想上已與胡適分道揚鑣，但直至他的
《中國哲學史》（上冊）書稿寄呈胡適指教之前，亦即在一九二九年底
之前，兩人仍維持着師生間的微妙關係。馮友蘭自一九二三年夏返國
在河南大學哲學系任教，恆不安於位，亟思离開河南這個學術文化的
邊緣地區，到其他學術文化中心謀一位置。[43] 他先後到過廣州的廣東

39　馮友蘭，《人生哲學》，收入氏著，《三松堂全集》，卷 1，頁 347-547。

40　馮友蘭云：「哲學多有所『蔽』：本書中所謂中道諸哲學，其『蔽』似較少。今依所謂中道諸哲學之觀點，旁採實用主義及新實在論之見解，雜以己意，糅為一篇，即以之為吾人所認為較對之人生論焉。」氏著，《人生哲學》，頁 509。

41　馮友蘭說：「在《人生理想之比較研究》裏面，我只把各派哲學並列敘述，沒有明確地肯定，哪一派是我所認為最有價值的。現在在《人生哲學》裏，我明確地說，我所謂中道，是最有價值的。」氏著，《四十年的回顧》，頁 179。

42　關於馮友蘭由反傳統主義向文化保守主義轉變的心路歷程，詳見翟志成，〈馮友蘭徹底的民族主義思想的形成和發展：一八九五——一九四五〉，《大陸雜誌》，卷 98，期 1-3（1999 年 1-3 月），頁 29-36，61-69，114-127。

43　馮友蘭《三松堂自序》，頁 58-59。

大學、北京的燕京大學任教，最後得償所願，於一九二八年秋加入了
羅家倫接收清華的領導班子，不但成了中國另一最高學府的教授，而
且還先後在清華擔任過校秘書長、哲學系主任、文學院院長、代理
校務（即代校長）等要職，變成了清華第二號人物。[44] 由一九二五年至
一九二九年底，胡適曾與馮友蘭有書信往來，彼此也曾「暢談甚快」，
胡適有新的著作也會寄馮友蘭一份。[45] 馮友蘭嘗多次投稿胡適主編的
《現代評論》，多次把自己的論文寄呈胡適求教。

　　黃山書社出版的《胡適遺稿及秘藏書信》中，共收入馮友蘭致胡適
書函六通。此六函中有五函應撰於兩人關係尚算正常之時。馮友蘭在
信中曾向胡適請求介紹工作，請求介紹出書，請求幫助通過中基會的
補助等等。其時馮友蘭對胡適仍執弟子之禮，每封信末均著有「學生馮
友蘭謹啟」等文字。[46] 其中最值得注意的是談馮沅君與陸侃如婚事的二
封信。馮沅君原名馮恭蘭，是馮友蘭的胞妹，七歲喪父，在馮友蘭的
影響下走上創作和研究中國文學的道路，畢業於北京女子高等師範學
校、北大文科研究所，是中國著名的學者和女作家。馮友蘭對沅君極
為憐愛，對沅君與陸侃如的婚事原來並不贊成。原因之一是陸侃如比
沅君還小三歲，更重要的原因是馮友蘭經過調查，發現陸侃如在家鄉
已與一莊姓女子訂有婚約，於是一怒之下曾指責陸家騙婚，因之與陸
父鬧得極不愉快。[47] 為了其妹的終生幸福，以「長兄如父」自任的馮友
蘭甚至曾一度想過把沅君介紹給門當戶對，而其才學又讓自己佩服的
陳寅恪。[48] 但此時沅君正熱戀她的「璧弟」（侃如），對其兄的「荒謬」之

44　馮友蘭《三松堂自序》，頁 59-76。
45　例如，馮友蘭在一九二五年獲胡適贈新出的《胡適文存二集》一套。見蔡仲德，《馮友蘭先生年譜初編》，頁 57。
46　見馮友蘭，〈馮友蘭信六通〉，收入耿雲志編，《胡適遺稿及秘藏書信》（合肥：黃山書社，1994），冊 36，頁 591-603。
47　見馮沅君，〈馮沅君信八通〉（二），收入耿雲志編，《胡適遺稿及秘藏書信》，冊 36，頁 606-607。
48　見馮沅君，〈馮沅君信八通〉（二），頁 606。

舉自然十分反感。[49] 不過，由於一心希望得到家中的祝福，沅君便請出自己在北大的師長胡適與蔡元培出面當調人。馮友蘭眼看其妹意不可回，而陸家又滿足了他提出的與莊家「登報解除婚約」加上「官廳登記」和「律師證明」等先決條件，也樂意接受了胡適的調停。他在一九二八年九月八日致胡適函云：「近接侃如來信，知與莊女士關係已斷，並經律師證明。學生即據以與家慈婉商，家慈雖仍不免疑慮，但已允聽舍妹自決，不加干涉，此事可謂告一結束。而先生執柯伐柯，亦於是告厥成功矣。」[50]

但是，兩個學術思想南轅北轍，又同在一個城市中治相近專業的人，要長久地和平共處並不是一件容易的事。一俟胡適讀到馮友蘭寄來的《中國哲學史》書稿時，維繫着胡、馮兩人暫時相安無事的微妙的師徒關係便被撕裂了。在胡適而言，馮書不僅在精神上和自己的《中國哲學史大綱（卷上）》（卷上）唱對臺戲，而且還用「釋古」的典範取代了自己書中所樹立的「疑古」典範，[51] 拔趙幟，樹漢幟，等同於入室操戈。我們知道，《中國哲學史大綱（卷上）》不僅是胡適藉以成名的學術資本，而且還是胡適反傳統的重要武庫。[52] 胡適已習慣於把別人對這本書的批評，看成是反動的文化勢力對革命陣營的反撲。以前他對梁啟超的批評便秉持着這種看法。他在一九二一年初致陳獨秀函云：

> 你在北京的日子也很久了，……你難道不知我們在北京
> 也時時刻刻在敵人的包圍之中？你難道不知他們辦共學社是在
> 《世界叢書》之後，他們改造《改造》是有意的？他們拉出他們

49　馮沅君在致胡適函云：「芝生來信介紹陳寅恪給我，這種辦法未免太荒謬，我決意謝絕。」並向胡適舉證其兄的「所得的報告」是如何如何地「不盡可信」。見馮沅君，〈馮沅君信八通〉（二），頁606。

50　引自馮友蘭，〈馮友蘭信六通〉（四），頁596–597。

51　關於胡適《中國哲學史大綱》中的「疑古」典範如何被馮友蘭《中國哲學史》中的「釋古」典範所取代，筆者在〈師不必賢於弟子：論胡適與馮友蘭的二本中國哲學史〉一文中已作了探究與分析，該文刊於《新史學》（臺北），卷15期3（2004年9月），頁101–145，有興趣的讀者可以覆案，於此不贅。

52　詳見本書第一章〈救亡思潮和胡適的《中國哲學史大綱（卷上）》〉。

的領袖來「講學」——講中國哲學史——是專對我們的？（他在
清華的講義無處不是尋我的瑕疵的。他用我的書之處，從不說
一聲；他有可駁我的地方，決不放過！……）你難道不知道他
們現在已收回從前主張白話詩文的主張？（任公有一篇大駁白
話詩的文章，尚未發表，曾把稿子給我看，我逐條駁了，送還
他，……）你難道不知延聘羅素、倭鏗等人的歷史？（我曾宣
言，若倭鏗來，他每有一次演說，我們當有一次駁論。）[53]

現在面對馮書的挑戰，胡適除了想到反動勢力的反撲之外，還極
可能想到學生對師門和「文化革命」的背叛。既然對反動須予以打擊，
對叛教者更不能寬恕，胡適對馮友蘭的批評，便不再念及師生的情誼。
對馮友蘭而言，在私方面，他之所以能在數年間變成了學術的主流派，
全憑自己的努力和爭氣，而胡適其實並無給予過多的幫助，他對胡適
並無虧欠；在公方面，學術文化本是天下公器，他與胡適所爭者，乃
係中國學術文化之大是大非，孔門素有「當仁不讓於師」的遺教，西哲
亦有「吾愛吾師，吾尤愛真理」之明訓，又豈可以私誼以害公義！職是
之故，馮友蘭對自己與胡適的論辯也據理力爭，寸步不讓。兩人一來
一往地互相批駁，使得彼此的關係變得越來越僵。

兩人之中，胡適的最強的一項是考據，最弱的一環是義理；而馮
友蘭的強項是義理，較弱的一環是考據。胡適在注意到馮書把《老子》
一書考訂為戰國時人作品，故其作者應出生在孔子之後，與自己的書
把《老子》的作者考訂為孔子的前輩，故《老子》成書應在《論語》之前
的論斷相舛，因而在《老子》的年代這一考據上的問題向馮友蘭發難，
藉由一點突破以推翻全面。關於胡、馮兩人論爭的細節，本文限於篇
幅無法詳加探究，而只能從整體上略加裁斷。

馮友蘭的所長雖不在考據，但對考據卻並不外行。他對於《老子》

53　胡適，〈致陳獨秀〉，收入耿雲志、歐陽哲生編，《胡適書信集》，冊上，頁262。

書成於戰國的判斷，乃係綜合自崔東壁、汪中、梁啟超等人對《老子》書及其作者的辨偽和考證的成果。馮友蘭在書中特別強調：「此三端及前人所已舉之證據，若只任舉其一，則不免有為邏輯上所謂『丐詞』（begging the question）之嫌。但合而觀之，則《老子》之文體，學說，及各方面之旁證，皆指明其為戰國時之作品，此則必非偶然矣。」[54] 而胡適則緊揪着這句話不放，強調若所有證據分而觀之不免有為「丐詞」之嫌，則雖「合而觀之」亦不能確定「其為戰國時之作品」。[55]

　　胡適的推理並沒有錯，馮友蘭的「合而觀之」法究其實並不能百分之百地確定《老子》是戰國時作品。但胡適的正確推理並沒能給自己帶來勝利。因為，按照胡適的嚴格地「不信任一切沒有充分證據的東西」的硬性規定，[56] 胡適自己就是在沒能提供「充分證據」的情勢之下，仍舊在其《中國哲學史大綱（卷上）》裏把《老子》的成書安排在《論語》之前。換句話說，胡書中「老先孔後」的說法，和馮書中「孔先老後」的說法，都只不過是未能被完全證實的假設，而決不應被視為定論。既然胡適和馮友蘭都無法提供充分的確鑿證據，證成自己的假設，那麼，他們的假設的孰優孰劣，便只能由其「被證成的可能性」的大小來決定。馮書使用了「合而觀之」法，當然能大大增加了其假設「被證成的可能性」，因而又要比其假設「被證成的可能性」較小的胡書高明。[57]

54　馮友蘭，《中國哲學史》（重慶：商務印書館，1944 年），冊上，頁 210-211。

55　見胡適，〈與馮友蘭先生論《老子》問題書〉，《大公報・文學副刊》，期 178（1931 年 6 月 8 日）原載，收入章清、吳根樑編，《胡適學術文集・中國哲學史》（北京：中華書局，1991），冊下，頁 740-742。

56　見胡適，〈介紹我自己的思想〉，收入氏著，《胡適文選》（臺北：遠流出版事業股份有限公司，1986），頁 2。

57　馮友蘭在一九三〇年中覆胡適函云：「學生本認每條辯論，若只就其自身觀之，皆有丐辭之嫌也。學生所注重者，只在合而觀之，蓋合而觀之，則可成一系統。如能成一系統，則可站得住也。自邏輯及科學方法言之，每一辯論，若只就其本身言，多為證據不充分。如吾人見一部分人有死，而謂凡人皆有死，嚴格言之，其證據為不充分，即演繹法中之 AAA 命題，亦有丐辭之嫌。但此辯論如能合別辯論而成一系統，則即可成立矣。吾人今日談上古史文獻不足，有許多問題本不能有決定的結論，然吾人亦不能永遠展緩判斷。例如吾人講哲學史，必將老子放一地位，於此時吾人只能將其放在與吾人心目中之上古史系統相適合之地位，此亦無可如何者也。……」其實已點出了假設不等同於定論此一關鍵問題，但可惜說得還不夠清楚，也未能把道理講透。馮友蘭，〈馮友蘭信六通〉（五），頁 599-602。

即使以自己最引以為傲的考據，胡適還是沒有辦法壓倒馮友蘭。在當時參加《老子》辯論的學者如梁啟超、錢穆、顧頡剛諸人，幾乎都一致反對胡適「老先孔後」的論點。[58] 胡適的挫折感是可想而知的。[59]胡適很可能沒有覺察到，他的書中「老先孔後」的說法，只不過是一未經證實的假設，而他卻一直把這一未經證實的假設，當成了已經被證成了的定論，如此一來便違背了他自己一貫教人要「疑而後信，考而後信，有充分證據而後信」的「思想學問的方法」。[60] 並且，他一再以未能提供「充分證據」為理由，以挑剔和否定馮友蘭等人「孔先老後」的假設之時，卻忘記了自己也同樣地未能提供「充分證據」，忘記了自己所堅持的「老先孔後」也只不過是假設，忘記了自己的假設並沒有比馮友蘭的假設更具優越性。正因如此，胡適把他和馮友蘭關於《老子》成書時代的爭論，分別寫入了他批評馮友蘭的中英文的相關文章中，藉以突顯馮友蘭的荒謬可笑，殊不知卻更突顯了自己錯認假設為定論的謬誤。例如，胡適在〈《中國古代哲學史》臺北版自記〉中說：

> 在民國六年我在北京大學開講中國哲學史之前，中國哲學是要從伏羲、神農、黃帝、堯、舜講起的。據顧頡剛先生的記載，我第一天講中國哲學史從老子、孔子講起，幾乎引起了班上學生的抗議風潮！後來蔡元培先生給這本書寫序，他還特別提出「從老子、孔子講起」這一點，說是「截斷眾流」的手段。其實他老人家是感覺到他應該說幾句話替我辯護這一點。

---

58 詳見胡適，〈與錢穆先生論《老子》問題書〉和〈評論近人考據《老子》年代的方法〉，收入章清、吳根樑編，《胡適學術文集‧中國哲學史》，冊下，頁 743-745、746-765。

59 致令胡適在北大講堂，講出了「我反對老聘在孔子之後的說法，因為這種說法的證據不足。如果證據足了，我為什麼反對？反正老子並不是我的老子」諸如此類負氣的話。見馮友蘭，《三松堂自序》，頁 206。

60 參見胡適，〈介紹我自己的思想〉，頁 17。胡適在該文同一頁中還強調：「科學方法只是『大膽的假設，小心的求證』十個字。沒有證據，只可懸而不斷；證據不夠只可假設，不可武斷；必須等到證實之後，方才奉為定論。」但胡適在其《中國哲學史大綱》（卷上）中，卻在「證據不夠」又「未經證實」的情勢下，仍「武斷」地把其「老先孔後」的假設「奉為定論」，直接違背了他一輩子宣傳的「科學方法」和十字真言。

　　四十年來，有些學者好像跑在我的前面去了。他們要進一步，把老子那個人和《老子》那部書都推翻，都移後兩三百年。他們講中國哲學史，要從孔子講起。馮友蘭先生的《中國哲學史》就是這樣辦的。……

　　馮先生舉出的證據實在都不合邏輯，都不成證據。我曾對他說：

　　積聚了許多「邏輯上所謂『丐詞』」，居然可以成為定案的證據！這種考據方法，我不能不替老子和《老子》書喊一聲「青天大老爺，小的有冤枉上訴！」聚蚊可以成雷，但究竟是蚊不是雷。證人自己承認的「丐詞」，究竟是「丐詞」，不是證據。

　　這是我在二十五年前說的話。我到今天，還沒有看到這班懷疑的學人提出什麼可以叫我心服的證據。所以我到今天還不感覺我應該把老子這個人或《老子》這部書移挪到戰國後期去……[61]

　　其實，馮友蘭提出的證據，並非如胡適所謂「都不合邏輯，都不成證據」，而是一些藉以證成「孔先老後」的可能例證。這些可能例證，若分而觀之，固然不足以證明「孔先老後」（有關這一點馮友蘭已公開承認），但若合而觀之，則能使證成「孔先老後」的可能性大大增強——儘管合眾例證仍不能「完全而充分地」證成了「孔先老後」（有關這一點馮友蘭已提及，但說得不夠清楚）。胡適若因為馮友蘭不能「完全而充分地」證成了「孔先老後」，而拒絕把馮友蘭的假設視為定論，拒絕在自己的書中「把老子這個人或《老子》這部書移挪到戰國後期去」，這是胡適個人的自由，也無可厚非。但胡適在沒有提供充分證據的情勢下，

61　胡適，〈《中國古代哲學史》臺北版自記〉，收入章清、吳根樑編，《胡適學術文集・中國哲學史》，冊上，頁6-7。案，胡適的《中國哲學史大綱》（卷上）一九一九年二月出版，一九三一年被收入「萬有文庫」時，經胡適提議，書名改作《中國古代哲學史》，一九五八年臺灣商務印書館改版發行。

卻無權把自己「老先孔後」的假設視為定論，也無權要求馮友蘭除非握有百分之百的充分證據始能另行提出「孔先老後」的新假設，更無權禁止馮友蘭因自己的假設能被證成的可能性較大而自覺其優越。箇中道理，本是一清二楚。但胡適卻對如此顯明的道理視而不見，並大半輩子在這一問題上糾纏不休，這可能因為關心則亂的緣故罷。

三、胡適的馮友蘭情結

(一)「哲學關門」論

胡適雖以《中國哲學史大綱 (卷上)》「暴得大名」，但胡適的哲學訓練，卻常變成了某些中國專業哲學家清談的笑料。例如，金岳霖借絃而歌，在撰寫審查馮友蘭的《中國哲學史》的書面報告中，對胡適的《中國哲學史大綱 (卷上)》發出了相當尖刻和嚴苛的批判和譏諷：

> 胡適之先生的《中國哲學史大綱》就是根據於一種哲學的主張而寫出來的。我們看那本書的時候，難免一種奇怪的印象，有的時候簡直覺得那本書的作者是一個研究中國思想的美國人；胡先生於不知不覺間所流露出來的成見，是多數美國人的成見。在工商實業那樣發達的美國，競爭是生活的常態，多數人民不免以動作為生命，以變遷為進步，以一件事體之完了為成功，而思想與汽車一樣也就是後來居上。胡先生既有此成見，所以注重效果，既注重效果，則經他的眼光看來，樂天安命的人難免變成一種達觀的廢物。對於他所最得意的思想，讓他們保存古色，他總覺得不行，一定要把他們安插到近代學說裏面，他才覺得舒服。同時西洋哲學與名學又非胡先生之所長，所以在他兼論中西學說的時候，就不免牽強附會。哲學要成見，而哲學史不要成見。哲學既離不了成見，若再以一種哲學主張去寫哲學史，等於以一種成見去形容其他的成見，所寫出來的書

無論從別的觀點看起來價值如何，總不會是一本好的哲學史。[62]

金岳霖一直到晚年撰寫回憶錄時，還不忘狠狠地幽了胡適一默：

> 我認識的人不多，當中有些還是應該研究研究。胡適就是其中之一，我不大懂他。我想，他總是一個有很多中國歷史知識的人，不然的說，他不可能在那時候的北大教中國哲學史。顧頡剛和傅斯年這樣的學生，都是不大容易應付的。
>
> 這位先生我確實不懂。我認識他很早的時候，有一天他來找我，具體的事忘了。我們談到 necessary 時，他說：「根本就沒有什麼必需的或必然的事要做」。我說：「這才怪，有事實上的必然，有心理上的必然，有理論上的必然……」。我確實認為他一定有毛病。他是搞哲學的呀！
>
> 還有一次，是在我寫了那篇〈論手術論〉之後。談到我的文章，他說他不懂抽象的東西。這也是怪事，他是哲學史教授呀！
>
> 哲學中本來是有世界觀和人生觀的。我回想起來胡適是有人生觀，可是，沒有什麼世界觀的。看來對於宇宙，時空，無極，太極……這樣一些問題，他根本不去想；看來他的頭腦裏也沒有本體論和認識論或知識論方面的問題。他的哲學僅僅是人生哲學。對這個哲學的評價不是我的回憶問題。[63]

二十世紀二十年代維也納學派斷言一切形上學都沒有實證上和認知上的意義，從根本上否定和推翻以形上學為基礎的傳統哲學的一切合理性和合法性。原先以中國哲學史「暴得大名」的胡適，此時的自我

62　金岳霖，〈審查報告二〉，收入馮友蘭，《中國哲學史・附錄二》，冊下，頁 6-7。
63　引自金岳霖，〈回憶錄・胡適，我不大懂他〉，收入金岳霖學術基金會學術委員會編，《金岳霖文集》（蘭州：甘肅人民出版社，1995），卷 4，頁 740。

定位，已完成了從哲學家到歷史家的轉變。到了三十年代初期，胡適在北京大學也開始宣傳「哲學關門論」。不知是因為哲學家們對自己的輕蔑，還是因為受了馮友蘭的刺激，受辱和挫折讓一貫以聰明自負又眼高於天的胡適，更加對哲學和哲學家產生了強烈的反感；而此一反感，又增強了胡適本來就十分強烈的作為歷史家的驕傲和優越感，遂演成了一種「歷史的傲慢」。懷著「歷史的傲慢」，胡適見到哲學家往往出言不遜，甚至還曾一度設想運用自己手中的權力取消北京大學的哲學系，讓北大的哲學家沒有飯吃。據哲學家賀麟回憶道：

> 在九一八事變後，他曾大唱其「哲學要關門」，「哲學家沒有飯吃」的論調。他那時曾在北京協和醫學院作了一個英文的演講，（講稿曾在當時北京英文報上發表，）大發其「哲學是壞的科學」的荒謬議論。他從孔德的反動的實證主義出發，認實證科學已代替了哲學，哲學已沒有研究的領域，並以黑格爾學派的解體，作為哲學上的「樹倒猢猻散」，哲學要關門的例證。……每遇見一個專門研究哲學的人，他就一再問他：「你何不早些改行？」他在當時北京大學所講授的「中國哲學史」課堂上，每年照例要重述一遍他的「哲學要關門」的荒謬議論。他甚至打算取消北京大學哲學系，想把個別順著他作哲學史考據的教授轉移到歷史系，而迫使其他哲學教師「改行」或「沒有飯吃」。北大哲學系雖未被他取消，但當時唯一用新觀點講授「左派王學」相當受學生歡迎的嵇文甫先生卻被迫離開北京大學了。[64]

賀麟這些話雖是在中共一九五五年批胡適高潮時所說的，但剔除其中的大批判語言，他所說的基本上與事實相符。因為，賀麟的話已經在錢穆的回憶錄中得到證實，胡適確曾一度計劃要把北大哲學系關

64　引自賀麟，〈兩點批判，一點反省〉，收入生活・讀書・新知三聯書店編，《胡適思想批判》（北京：生活・讀書・新知三聯書店，1955），輯2，頁90。

掉，甚至要以歷史系取代整個文學院。錢穆說：「在余初到之年（翟按：即一九三一年秋），北大歷史系第一次開會，適之為文學院院長，曾言辦文學院其實則只是辦歷史系。因其時適之已主張『哲學關門』，則哲學系宜非所重。又文學系仍多治舊文學者掌教，一時未能排除。……」[65]除了逼走嵇文甫，胡適還不顧湯用彤和錢穆的反對，執意解聘了理學大家蒙文通。據錢穆回憶：

> 某日，……適之告余，秋後文通將不續聘。余答：「君乃北大文學院長，此事與歷史系主任商之即得，余絕無權過問。且文通來北大，乃由錫予推薦。若欲轉告文通，宜以告之錫予為是。」而適之語終不已。謂文通上堂，學生有不懂其所語者。余曰：「文通所授為必修課，學生多，宜有此事。班中學生有優劣，優者如某某幾人，余知彼等決不向君有此語。若班中劣等生，果有此語，亦不當據為選擇教師之標準。在北大尤然。在君為文學院長時更應然。」適之語終不已。余曰：「文通所任，乃魏晉南北朝及隋唐兩時期之斷代史。余敢言，以余所知，果文通離職，至少在三年內，當物色不到一繼任人選。其他余無可言。」兩人終不懽而散。文通在北大歷史系任教有年，而始終未去適之家一次，此亦稀有之事也。[66]

蒙文通原是四川經學大師廖平的傳燈高弟，後來又曾負笈於支那內學院佛學大師歐陽漸門下，文史哲一身兼通，於宋明理學與佛學之造詣尤為深邃，在北大任教時常與文化保守主義者林宰平、熊十力、錢穆、湯用彤等人聲應氣求。從他在北平時向不入胡適家門的「稀有之事」看來，他對胡適及胡適的學問大概也無甚敬意。胡適之所以解聘蒙文通，當然也絕對不會僅僅是因為有學生投訴「不懂其所語」。

65　錢穆，《八十憶雙親・師友雜憶合刊》（臺北：東大圖書公司，1986），頁 147。
66　錢穆，《八十憶雙親・師友雜憶合刊》，頁 156。

因為，當時普通話尚未普及，北大的教師各操家鄉方言授課，而蒙文通所操者屬於成都官話系統，又要比北大許多教師的家鄉方言易懂得多，至少要比錢穆的無錫話易懂得多。[67] 蒙文通被解聘的真正原因，極可能是由於他維護中國傳統文化的堅定立場而又敢於放言高論，遂使自己成了胡適的眼中釘。為了達成把文學院辦成歷史系的目標，胡適還以「革新」之名在北大中文系解聘了舊派老教授許之衡和林損。[68] 回想到胡適在二十年代初期才剛掌北大文學院大權，便一口氣解聘了包括保皇分子辜鴻銘在內的八個教師，[69] 由蔡元培一手開創的兼容並包的北大自由講學的學風，到了胡適手中便受到了嚴重的壓抑。以胡適愈來愈嚴重的「歷史的傲慢」情結，及其肅整「不適任教師」之鐵腕，倘若馮友蘭當時不是在清華，而是在北大哲學系任教，日子恐怕也不會太好過吧。

(二)「天下蠢人恐無出芝生之右者」

但是，「各人頭上一片天」，胡適雖在北大有權有勢，卻還真奈何不了已經在清華打下了一片鐵桶江山的馮友蘭。眼看着馮友蘭的《中國哲學史》在出版完上冊之後，不久又出齊了下冊，而自己的《中國哲學史大綱（卷上）》在出版了十多年之後，還不知要等到何年何月才能寫出下卷；更兼陳寅恪和金岳霖所寫的揚馮貶胡的三篇「審查報告」，又都附在馮書之後，使得學界幾乎一邊倒地認為馮書要遠遠勝過己書。所有這些，都很難免讓胡適耿耿於懷。

「誰人背後無人說，那個人前不說人？」胡適也是人，有時難免也會在人前人後月旦人物。只不過，胡適對自己在中國近代史尤其是學

67　筆者曾在一九八四年八月於臺北內雙溪錢寓晉謁，蒙錢先生接待並賜談一小時，由於聽不懂錢氏所操之語，需蒙臺大何佑森教授代為翻譯。

68　周作人，《知堂回想錄》（香港：三育圖書有限公司，1980），頁 486–487。

69　胡適，〈致顧孟餘〉，收入耿雲志、歐陽哲生編，《胡適書信集》，冊上，頁 305。

術文化思想史上的地位有相當充分的自覺和自信，深知自己的片言隻語，都有可能變成日後的研究者研究和分析的史料。胡適經常勸喻他的朋友們千萬不要忘記在通信中把發信的年月日書寫清楚，以免造成日後研究者考訂上的困難，便是此事最有力的佐證。正因如此，胡適在人前人後、在書信或日記中對他人的批判譏諷，無論他是有意或是無意，自覺或不自覺，其損人和傷人的實際效果，和他的公開撰文如果真所有不同的話，也只不過是在時間上的先後而已。

　　日記有兩種，一種是不打算寫給別人看的，一種是寫給別人看的。胡適的日記，不但是寫給別人看的，而且還知道日後一定會出版的。正因如此，他在日記中批評別人，和他的撰文批評並無甚不同。胡適在日記中批評馮友蘭的地方有好幾處。一九四三年十月十二日《胡適日記》有云：

> 這幾天讀張其昀君借給我看的《思想與時代》月刊……
>
> 　　這是張君主編的，錢是蔣介石先生撥助的，其中主重〔要〕人物為張其昀、錢穆、馮友蘭、賀麟、張蔭麟。他們沒有「發刊詞」，但每期有啟事，「歡迎下列各類文字：
>
> 　　1. 建國時期主義與國策之理論研究。
>
> 　　2. 我國固有文化與民族理想根本精神之探討。
>
> 　　3.–6.（從略）」
>
> 這兩條就是他們的宗旨了。……
>
> 　　張其昀與錢穆二君均為從未出國門的苦學者，馮友蘭雖曾出國，而實無所見。他們的見解多帶反動意味，保守的趨勢甚明，而擁護集權的態度亦頗明顯。[70]

70　曹伯言整理，《胡適日記全編》，冊 7，頁 539–540。

　　胡適是個反傳統主義者。如果有人在胡適面前肯定中國歷史文化的正面意義和價值，很可能會被胡適批評、鄙薄和不屑。例如有個湖南的留法學生向胡適請教「《中庸》上說的『致中和，天地位焉，萬物育焉』，這話怎麼解？究竟確不確？」弄得胡適又好笑，又好氣，在日記中狠狠地嘲笑他「到了法國七年，法文還不曾學會，卻記得這些昏亂的胡話！」[71] 又例如胡適有一天與一熟朋友飯後一起去探訪《紫禁城的黃昏》的作者莊士敦（Reginald Fleming Johnston, 1874–1938），閒談中，胡適聽到該朋友說「中國文學勝於西洋」，氣得在日記中大罵他「見解甚陋，貽笑於外人。」[72] 甚至是「外人」如牛津工程學系簡金教授 (Charles Frewen Jenkin, 1865–1940) 與牛津之錫蘭學生會會長及印度學生會會長等在胡適面前稱許中國和東方文化，也讓胡適聽來十分逆耳，在日記中認定他們「裝腔作勢」，「說的話不是良心話！」[73] 胡適常把維護傳統文化與愚昧、保守、反動畫上等號，《思想與時代》的編者和主要撰稿者既以「我國固有文化與民族理想根本精神之探討」為其宗旨，自然難免要被胡適劃入「愚昧」、「反動」、「保守」和「擁護集權」的另冊。但在所有人當中，胡適又最鄙薄馮友蘭。因為，胡適知人論世極看重學歷和出身。像錢穆、張其昀這一類沒有留過洋的「苦學者」，胡適還會因未受過現代學術訓練而不忍苛責，維持着表面的客客氣氣。但馮友蘭既畢業於北大，又是哥大的洋博士，居然還和這些未見過世面，未聞大道的「苦學者」一道宏揚傳統文化，在胡適看來，真是愚不可及，白吃了許多洋面包和枉讀了好幾年洋書。

　　胡適從來就以聰明自負，並常以自己為標尺去衡量他人。在他看來，真正聰明的人都應像他那樣反傳統；而維護傳統的只有兩種人，一種是被蠢人所誤的聰明人，如梁啟超。胡適在一九二九年二月二日在《日記》中曾對梁啟超的晚年轉向「衛道」相當不滿：「他晚年的見解

71　曹伯言整理，《胡適日記全編》，冊 4，頁 266。
72　曹伯言整理，《胡適日記全編》，冊 4，頁 369。
73　曹伯言整理，《胡適日記全編》，冊 4，頁 380–381。

頗為一班天資低下的人所誤，竟走上衛道的路上去，故他前六七年發
起『中國文化學院』時，曾有『大乘佛教為人類最高的宗教，產生大乘
佛教的文化為世界最高的文化』的謬論。此皆歐陽竟無、林宰平、張
君勱一班庸人誤了他。他畢竟是個聰明人，故不久即放棄此計劃。」[74]
而另一種是不折不扣的蠢人，最著莫如馮友蘭。早在一九三一年春，
胡適和錢穆討論老子問題，就突然冒出這一句：「天下蠢人恐無出芝生
之右者」。[75]不知胡適所謂的天下第一至蠢，是指馮友蘭堅持「孔先老後」
的蠢？抑或身為洋博士還去維護中國傳統的蠢？當錢穆晚年把胡適的
這句話寫入了回憶錄時，胡適墓木已拱，而馮友蘭尚還健在。據馮友
蘭的學生鍾肇鵬說：

> 一九八七年秋，一次我到馮老家中，談到最近我讀了錢賓
> 四所寫的《師友雜憶》，其中有講到馮先生的。賓四記胡適謂「天
> 下蠢人恐無出芝生右者。」先生聽後，默然。良久曰：「胡適頂
> 聰明，但他『作了過河卒子，只得勇往直前。』我卻不受這種
> 約束。」[76]

馮友蘭雖不像胡適那樣自負聰明，但也絕不會想到自己和「愚蠢」
二字有任何關連。他做夢也不曾想到，胡適竟會把他列為「蠢人」，而
且還位居天下等一。大概是鍾肇鵬並沒有把胡適說此話的時間、地點
和脈絡交代清楚，致令馮友蘭想來想去，最後竟想到了自己在共和國
成立前夕，沒有像胡適那樣逃離大陸，因而後來在大陸受盡折磨，胡
適一定是因為我馮友蘭不曾作了逃亡的「過河卒子」，從而斷定我是天
下第一蠢人罷？馮友蘭的猜想，簡直離題萬里！

74　曹伯言整理，《胡適日記全編》，冊 5，頁 354-355。

75　錢穆，《八十憶雙親‧師友雜憶合刊》，頁 138。

76　引自鍾肇鵬，〈片斷回憶和一點想法〉，收入馮鍾璞、蔡仲德編，《馮友蘭先生百年誕辰紀
念文集》(北京：清華大學出版社，1995)，頁 349。

（三）英文書評

在胡適的日記中，至少有兩處在批評馮友蘭的《中國哲學史》。一九五〇年一月五日胡適在日記中寫道：

> 前些時曾見馮友蘭的"A Short History of Chinese Philosophy"〔《中國哲學簡史》〕，實在太糟了。我應該趕快把《中國思想史》寫完。[77]

我們知道，馮友蘭的《中國哲學簡史》(*A Short History of Chinese Philosophy*)，本是由他於一九四六至一九四七年間在美國賓州大學講授「中國哲學史」時的英文講義整理而成的。由於該書其實是馮友蘭《中國哲學史》的精華版，故不特史料精熟，選材精當，而作者更能充分發揮其以簡御繁的特出本領，把數千來中國哲學史上各家各派的源流演變及其精神面貌講得頗為透切精闢，故馮氏在該書〈自序〉自謂其書「譬猶畫圖，小景之中，形神自足。……讀其書者，乃覺擇焉雖精而語焉猶詳也。」[78] 此言雖有自伐之嫌，但亦不失其實。是以該書於一九四八年出版後，極受中外學界推重，除英文之外，尚有法文、意大利文、西班牙文、南斯拉夫文、捷克文、日文、韓文、中文等十二種不同文字的譯本行世。這本雖「小」而實「大」的書，由於作者是馮友蘭之故，在胡適眼中自然是「實在太糟了」。

數月之後，胡適讀到了楊聯陞所撰寫的關於馮友蘭《中國哲學簡史》的英文書評，同樣感到不滿。楊聯陞本畢業於清華經濟系，於四十年代中在哈佛東亞系攻讀博士學位，學成後留在哈佛任教，其人學殖深厚、知識淵博，極為胡適所器重，成了胡適在晚年與之「論學談詩」的最親密學生。但楊聯陞負笈清華之時，馮友蘭正擔任文學院院長，

77　曹伯言整理，《胡適日記全編》，冊 8，頁 7。

78　馮友蘭，〈自序〉，收入馮友蘭著，涂又光譯，《中國哲學簡史》(北京：北京大學出版社，1985)，頁 1。

因馮友蘭在清華開的「倫理學」是必修課，故楊聯陞極可能修過馮友蘭的課，不僅在是名義上，而且在事實上是馮友蘭的學生。楊聯陞對馮友蘭本無惡感，他曾於一九四六年聖誕新年假期在康橋與馮友蘭等人過從，「無話不説，無説不話」，聽「馮先生談了許多學生運動的情形」。[79] 楊聯陞在哈佛教授「近代文選」（每周五小時），還特別選用了「梁任公《中國歷史研究法補編》跟馮友蘭的《新事論》作教本」。[80] 我們知道，《新事論》中本有大量評擊「五四」反傳統主義的文字，而楊聯陞竟用之為哈佛教材，可見楊氏當時在學術文化思想上與馮友蘭並無對立，甚至還極可能引馮友蘭思想為同調。是故當楊聯陞寄來他評馮友蘭的 *A Short History of Chinese Philosophy* 的英文書評，讓胡適讀後大為光火。他在答楊聯陞函中，其語氣一反一貫的客客氣氣，而一變為十分的尖刻凌厲：

> 你評馮芝生的書，未免筆下太留情了。這種沒有歷史眼光的書，絕對夠不上 "authoritative & and comprehensive account"，更不是 "a well-balanced treatment of the important schools." 他一字不提「顏李學派」，可見他無見識。他接受了 Northrop 的胡説作綱領，更是好笑。[81]

數年之後，馮友蘭的學生卜德（Derk Bodde）把馮友蘭《中國哲學史》全部翻譯成英文在美國正式出版，引起了西方學界的關注。胡適知道楊聯陞在一九五四年底曾寫了一篇批評卜德（Derk Bodde）譯書的英文書評，便忍不住修書向楊聯陞索取。一九五四年十二月十二日胡

79　楊聯陞一九四七年一月十四日致胡適函，收入胡適紀念館編，《論學談詩二十年：胡適楊聯陞往來書札》（臺北：聯經出版事業公司，1998），頁 74–75。
80　見楊聯陞一九四七年十一月十一日致胡適函，《論學談詩二十年：胡適楊聯陞往來書札》，頁 82。
81　引自一九五〇年五月二十九日胡適致楊聯陞函，《論學談詩二十年：胡適楊聯陞往來書札》，頁 99。

適致楊聯陞、勞榦函云:「又 Bodde 譯的馮芝生《哲學史》,楊公曾有書評,現尋不着單本,倘有存本,乞再賜一份。」[82] 但當胡適讀到了楊聯陞寄來的書評校樣,[83] 不禁徹底失望了。原來楊聯陞只是蜻蜓點水般地批評了馮書在佛學一環稍弱之後,其主要的興趣和篇幅,端在與卜德討論英文翻譯中的技術性和枝節性的瑣碎問題。[84] 對胡適而言,楊文不僅沒能打中馮書的要害,甚至連隔靴搔癢也談不上,於是便決意親自出手。一九五五年一月二十四日《胡適日記》云:

> 舊曆乙未元旦。
>
> 我早起忽然水瀉了八九次。後來服 Kaopactate,才止住。不知何故。
>
> 寫完馮友蘭《中國哲學史》書評。"The American Historical Review"〔《美國歷史評論》〕要我寫此書英譯本 (by Derk Bodde〔德克‧博德譯〕) 的書評,我擔誤了半年,今天扶病打完。
>
> 為此事重看馮書兩遍,想說幾句好話,實在看不出有什麼好處。故此評頗指出此書的根本弱點,即是他 (馮) 自己很得意的「正統派」觀點 (見自序二)。
>
> 「正統派」觀點是什麼?他自己並未明說,但此書分兩篇,上篇必須以孔子開始,力主孔子以前無私人著述,力主孔子「以能繼文王周公之業為職志」,「上繼往聖,下開來學」。下篇必須叫做「經學時代」,也是此意。(但更不通!)

---

82 見一九五四年十二月十二日胡適致楊聯陞、勞榦函,《論學談詩二十年:胡適楊聯陞往來書札》,頁 204。

83 楊聯陞於十二月十四日覆胡適函云:「卜德譯馮芝生《中國哲學史》,上冊我沒有評過,下冊最近評了,HJAS 下期刊登,目下只有校樣。陳榮捷在 Philosophy East & West 合評過上下兩冊,您想必看見了。馮的《中國哲學小史》,前幾年評過,再附上一份。」《論學談詩二十年:胡適楊聯陞往來書札》,頁 241。楊氏寄胡適校樣上書有「適之先生教正:學生聯陞敬呈」等中文文字。

84 楊聯陞的書評刊於 Harvard Journal of Asiatic Studies vol 17, no.3-4 (December, 1954),pp. 478-483.

陳寅恪（審查報告二）說得比他清楚：「中國自秦以後，迄於今日，其思想之演變歷程，至繁至久，要之，只為一大事因緣，即新儒學之產生及其傳衍而已！」此即所謂「正統派」觀點也。[85]

在胡適「扶病打完」的英文書評中，除了不能不承認馮書是「第一部也是唯一的一部」完整的中國哲學史這個唯一的優點之外，便繼續沿用舊時策略，緊緊咬住馮書「正統派觀點」這一「根本弱點」不放，藉以把馮書否定。[86]我們知道，梁啟超的《新史學》在刊出時曾洛陽紙貴，風行一時。《新史學》中有一篇著名的〈論正統〉，把「持正統論之史家」，一律醜詆為「自為奴隸根性所束縛，而復以煽後人之奴隸根性」的「陋儒」，從而展開猛烈的撻伐和攻訐。[87]胡適早年曾極端崇拜梁啟超，直到一九一二年十一月十日他在日記中還是這樣寫道：「梁任公為吾國革命第一大功臣，其功在革新吾國之思想界。十五年來，吾國人士所以稍知民族思想主義及世界大勢者，皆梁氏之賜，此百喙所不能誣也。去年武漢革命，所以能一舉而全國響應者，民族思想政治思想入人已深，故勢如破竹耳。使無梁氏之筆，雖有百十孫中山、黃克強，豈能成功如此之速耶！近人詩『文字收功日，全球革命時』，此二語惟梁氏可以當之無愧。」[88]從早年胡適對梁啟超的無任景仰和崇拜，我們很難說他竟會沒有讀過梁氏著名的〈論正統〉一文。他在英文書評中，以秉持「正統派」觀點為馮書的「根本弱點」，並據之以否定馮書，他的「正統派」意涵是否與梁啟超的相同，我們還須作進一步的求證。但即使胡適真的未曾讀過〈論正統〉，他在英文書評中使用的「正統論」，也決不會是一個好的字眼。依照胡適一以貫之的反傳統的或「非正統

85　曹伯言整理，《胡適日記全編》，冊 8，頁 353。
86　胡適的書評刊於 *American Historical Review*, Vol. 60, no. 4（July, 1955），pp. 890–900.
87　梁啟超，《新史學・論正統》，收入《飲冰室合集・文集》（上海：中華書局，1936），冊 4，頁 20–26。
88　曹伯言整理，《胡適日記全編》，冊 1，頁 180。

派」的學術立場，近代「正統派」企圖維持、辯護和強固的，正是已經變成了建設現代中國的最大障礙的傳統文化。是以馮友蘭、錢穆、張其昀、賀麟、張蔭麟等「正統派」，在胡適的眼中，自然是「見解多帶反動意味，保守的趨勢甚明，而擁護集權的態度亦頗明顯」。原來「反動」、「保守」和「擁護集權」，便是胡適對「正統派」的正解。儘管胡適在日記中，自以為自己的書評已打中了馮書的要害。但對於不明「正統派」這個「今典」的西洋讀者，胡適的書評便難免變得有點不知所云。因為，在當時的西方漢學界，「正統派的觀點」（"orthodoxy" Chinese standpoint）並不一定是負面的批評，有時甚至還是一句恭維的話。[89] 胡適的書評究其實並不能對馮書造成多大的毀損。並且，馮友蘭的《中國哲學史》，自被 Derk Bodde 翻譯成英文之後，至今仍是西方漢學界必讀的經典，而胡適居然在「重看馮書兩遍」之後，竟然還「實在看不出有什麼好處」，這和胡適曾一再宣揚的「惡而知其美」的「持平」態度，並不十分吻合。

（四）院士提名

　　胡適最能予馮友蘭以沉重打擊的機會，端在中央研究院第一屆院士的提名和選舉。在這次選舉中，胡適是主持大局的總操盤手。尤其是文科院士的當選，幾乎是胡適說了就算，可謂「一言九鼎」。如果胡適能利用手中的權勢，讓當時已被認為是當代中國哲學第一人的馮友蘭中箭落馬，便可以把馮友蘭正式逐出學術主流派，這對名位極有企圖心的馮友蘭，無疑將是一極難堪的公開羞辱。一九四七年五月二十二日胡適在自己的日記中，錄下了一份他在該日「發出」的「中央研究院第一次院士選舉『人文組』的『人文』部分擬提名單」：

89　在二十世紀五十年代英美世界的語意脈絡中，orthodoxy 有權威、正教、正統、正牌、正規等涵意，即使加了引號也不會變成一個貶義字。

哲學：吳敬恆、湯用彤、金岳霖。

中國文學：沈兼士、楊樹達、傅增湘。

史學：張元濟、陳垣、陳寅恪、傅斯年。

語言學：趙元任、李方桂、羅常培。

考古學及藝術系：董作賓、郭沫若、李濟、梁思成。

人文地理、民族學：（想不出人名）[90]

　　值得注意的是，名列胡適的「擬提名單」之內者共有十七人，除了羅常培、沈兼士和傅增湘三人之外，其餘十四人均能順利出線當選。[91]尤可怪者，吳敬恆（稚暉）本非學界中人，在學術上亦無重要成績，因其有「把線裝書統統丟到茅坑裏去」的主張兼提倡「注音符號」之故，被胡適提名為哲學組院士之首，其排名尚在湯用彤、金岳霖之前。並且，馮友蘭當時已被認為是「當代中國哲學第一人」，其哲學成就尚在湯用彤、金岳霖之上，若胡適把其「哲學關門」論堅持到底，哲學組不設院士則已，若設院士馮友蘭必居第一。吳稚暉在中國哲學上的貢獻，又如何可與馮友蘭相提並論？而胡適所擬的哲學組院士名單中竟有吳稚暉而無馮友蘭，可見胡適取捨標準的不公平和不合理，已跡近是非不分。值得注意的是，郭沫若是胡適政治上的死敵，而郭沫若的名字，竟也在胡適所擬的「考古學及藝術系」組中排名第二，可見胡適對馮友蘭的成見，甚至已超過了政治上的好惡。但是，當時的中國學術界畢竟和政界有所不同。政界可把黑說成白，把白說成黑；但在學界中只能把灰說成白，把灰說成黑，若要把黑說成白或把白說成黑則相當困難。儘管沒有胡適的提名，馮友蘭仍舊當選為第一屆中研院哲學組的

90　曹伯言整理，《胡適日記全編》，冊 7，頁 656–657。
91　一九四八年三月中央研究院票選出第一屆院士共八十一人，其中人文組二十八人。他們分別是：吳敬恆、金岳霖、湯用彤、馮友蘭、余嘉錫、胡適、張元濟、楊樹達、柳詒徵、陳垣、陳寅恪、傅斯年、顧頡剛、李方桂、趙元任、李濟、梁思永、郭沫若、董作賓、梁思成、王世杰、王寵惠、周鯁生、錢端升、蕭公權、馬寅初、陳達、陶孟和。見中央研究院編，《中央研究院概況》（臺北：中央研究院，1982），頁 33。

院士，緊接着又當選為中央研究院評議會委員。[92] 由此可見，即令以胡適當時的權勢，仍無法完全違逆學界最起碼的公道和共識。這也說明了馮友蘭羽翼早成，已非胡適所能扼制。是以胡適藉公器私用對馮友蘭的打壓，不僅阻止不了馮氏繼續在學術主流中贏取更大的聲名，反而暴露出自己鮮為人知的另一面相。

（五）人身攻擊

一九四九年共和國成立，胡適移居國外，他不斷從報刊和朋友的書信中得到知，馮友蘭在大陸吃足了苦頭。臺北中央研究院胡適紀念館藏有一封唐錫如於一九五〇年二月十一日致胡適函。當時唐錫如剛從大陸逃抵香港。其函云：

> 適之生生：
>
> 　　這兒附上的詩，是施蟄存兄給 先生的，他本來預備寫信託我帶來香港寄，因為危險性太大，所以改寫了詩，也沒有署名。這張紙是縫在棉襖裏的，所以幾次檢查都沒有查出。蟄存兄還囑我告訴 先生，請不要將他的詩公開發表，原因是他現在身在匪區，這對他怕有不利的緣故。……
>
> 　　中國的智識份子，除了自甘墮落作賣國賊的以外，都在捱着被侮辱與被損害的日子。朱光潛先生在北大，據說有半年多沒有一個學生上他的課，結果被逼寫了一封「自白書」，在華北人民日報上發表，全國各報即刻轉載了。馮友蘭先生聽說所受的壓迫更加屬害，除掉一再逼他撰文登報否定他自己哲學上的見解外，還要他參加京郊土改運動。我的家鄉有位老先生，近七十歲了，是一個中學校長，軍事代表逼牢他在街上「扭秧歌」

表示前進，這位鬚眉皆白的老先生，當街表演這種醜態，當然
惹起許多人發出哄笑，可是看了落淚的也大有人在。……

至於施蟄存那六首被「縫在棉襖裏」夾帶出來的呈胡適詩則云：

> 萬戶無煙困鹿盧，那堪一夕幾抄梳。江南生意隨年盡，綴
> 網猶為竭澤漁。
>
> 排門豪吏日追呼，徵卻秋糧又借租。四野蕭條少薇蕨，滿
> 城鼓吹頌唐虞。
>
> 決奪枋榆燕雀喧，欲迴天地入杕藩。可憐日暮碧雲合，行
> 處凌霄健翩翩。
>
> 人生識字憂患始，鎔經鑄史爾何為。天子聖明臣自昧，蒙
> 恩許作責躬詩。記芝生孟實
>
> 長安寇盜多狐魅，汴洛王師亦虎狼。秦婦吟成何處獻，韋
> 郎行止費商量。
>
> 渡河浮海想艱辛，殉道何須更殉人。虎變久孚天下占，好
> 將禪讓輔堯仁。
>
> 　　　一九四九年十二月二十日遙寄將意，此亦天下之公言也。[93]

　　無論是唐函還是施蟄存呈胡適詩中第四首，都特別提到了馮友蘭
和朱光潛等大知識子的屈辱與辛酸。由於胡適對大陸知識分子的遭遇
有存在的真實感悟，他對大陸知識分子有着一份真切的同情和悲憫，
甚至在大陸的同事、朋友和學生寫文章批判自己之時，也大都秉持着
「犯而勿校」的寬恕態度。胡適於一九五〇年三月二十二日在日記中曾
引王荊公〈擬寒山拾得〉詩以明志：

93　唐錫如，〈唐錫如致胡適函〉，臺北胡適紀念館收藏，館藏號 HS-US01-016-020。

風吹瓦墮屋，正打破我頭。

瓦亦自破碎，豈但我血流？

我終不嗔渠，此瓦不自由。……[94]

　　胡適對大陸知識分子的同情、悲憫、寬恕和「犯而勿校」的高尚情操，一遇到馮友蘭便不免變了質。馮友蘭的苦難，並不能引來胡適的同情心。他明知馮友蘭身陷「竹幕」，已沒有任何答辯的可能和機會的情勢下，還是照樣寫出全盤否定馮書的英文書評。他也照樣引用不實的流言，對馮友蘭時加譏諷。據胡頌平編的《胡適之先生晚年談話錄》一九六一年四月三十日（星期日）條云：

　　晚飯後，錢思亮夫婦來，大家就在客廳裏隨便談天。先生說翁文灝的父親是個大少爺，他本人也是個大少爺出身。後來在比利時進一個修士辦的學校，又受了些修士的訓練，養成了一種非常刻薄的性格，人家很難做他的下屬的。「據說翁文灝已經死了，李仲揆（四光）也病了。」後來談到陳寅恪，又談到姜立夫。「在天主教辦的一個刊物上，知道馮友蘭在那邊認過一百三十次的錯，自己承認是個無可救藥的資產階級。他本來是個會打算的人，在北平買了不少的房地產。一九五〇年在檀香山買了三個很大的冰箱帶回去，冰箱裏都裝滿東西，帶到大陸去做買賣，預備大賺一筆的。他平日留起長鬍子，也是不肯花剃鬍子的錢。此外，現在三反五反之後的錢端升、朱光潛、沈從文、華羅庚等人，聽說過得非常的苦。」[95]

　　胡適明知胡頌平對他的「晚年談話」有聞必錄，而這些記錄日後是會出書的。胡適明知大陸知識分子的自白和檢查，泰半是屈於威權和

94　曹伯言整理，《胡適日記全編》，冊 8，頁 22。

95　胡頌平編，《胡適之先生晚年談話錄》（臺北：聯經出版事業公司，1984），頁 169。

壓力之下自行「上綱上線」的自誣和自污之詞，不僅與事實相差極遠，有許多甚至是根本不能算數的。但胡適這次談話涉及馮友蘭的地方，卻似乎是要證明，馮友蘭確實是一個「無可救藥的資產階級」。並且，胡適依據的材料，又大都是些誣枉之詞。首先，關於馮友蘭從美國帶回電冰箱一事，胡適便弄錯了三個地方。(1)馮友蘭由美返抵國門的時間，其實是在一九四八年三月初，而非胡適所說的「一九五〇年」；(2)馮氏只帶回了一個冰箱，而非三個冰箱，(3)該冰箱已經捐贈清華校醫院，而非為了「帶到大陸去做買賣，預備大賺一筆」。據馮友蘭女兒馮鍾璞說：

> 回想起來，父親和母親一生自奉甚儉，對公益之事總是很熱心的。一九四八年父親從美國回來，帶回一個電冰箱，當時是清華園中唯一的，大概北京城也不多。知道校醫院需要，立刻捐出。[96]

其次，馮友蘭的長鬍子，是在抗戰期間由長沙臨時大學開赴昆明西南聯大路途中才開始留起來的，一直到一九六六年文革開始後始剃掉。蓄長鬍的原因，其始是因為途中折臂而不能剃鬚，其後是因為愛美而不忍剃鬚，並非如胡適所謂「不肯花剃鬍子的錢」。此事已在聞一多於一九三八年四月三十日致其妻函中得到證實。聞一多函云：

> 還有一件東西，不久你就會見到，那就是我旅行時的相片。你將來不要笑，因為我已經長了一副極漂亮的鬍鬚。這次臨大搬到昆明，搬出好幾個鬍子，但大家都說只我與馮芝生的最美。[97]

96　引自宗璞，〈三松堂歲暮二三事〉，收入氏著，《宗璞文集》(北京：華藝出版社，1996)，卷1，頁64。馮家至今仍保有清華大學校醫院為捐贈冰箱所開的收條。
97　引自聞黎明、侯菊坤編，《聞一多年譜長編》(武漢：湖北人民出版社，1994)，頁542-543。

最後，有必要稍稍探究一下，馮友蘭是否真如胡適口中所說，是個唯利是圖、性好聚儉和吝嗇的人？據全漢昇夫人告訴筆者，馮夫人持家的確十分節儉，家事常親力親為，資薪節餘亦曾在北京購置一房產。[98] 此與馮鍾璞所謂「父親和母親一生自奉甚儉」相吻合，也與馮氏在反省交代時有房產一項相吻合。[99] 但以資薪節餘購置房產本是薪水階級的生活常態，同時也並非壞事。並且，馮友蘭在北平一共只買了白米斜街三號這麼一所房子，[100] 絕非如胡適所謂「在北平買了不少的房地產」。馮氏雖自奉甚薄，但對周人之急及公益事業卻十分大方。據馮鍾璞說，她曾根據其父的遺願，於一九九三年十二月十二日把馮友蘭的遺產人民幣五萬圓捐贈北京大學，設立「馮友蘭學術基金會」，藉以「在北大中文、歷史（中國歷史）、哲學（中國哲學）三系設立獎學金，並每三年一次面向全國獎勵有創見的哲學著作。」[101] 馮鍾璞還根據其父的遺願，向家鄉唐河縣圖書館和祁儀鎮中學各捐贈了人民幣一萬圓。[102] 七萬圓人民幣在當時的中國大陸是一筆多麼驚人的鉅款！此外，馮友蘭生前曾幫助孫炳文之遺孤求學，[103] 也曾割前院義助聞一多遺屬。據馮鍾璞說：「聞先生罹難後，清華不再提供住宅。父親邀聞伯母帶領孩子們到白米斜街家中居住。我們住後院，立雕一家住前院。……後來我們遷到清華住了，他們一家經組織安排到了解放區。……」[104] 聞一多雖與馮友蘭在清華同事多年，但由於聞一多在抗戰後期思想急劇左傾，

98　歷史學家全師漢昇知道筆者近年來研究馮友蘭，特別指示筆者訪問全夫人。蓋全夫人在史語所遷昆明時，在生活上常受馮友蘭夫人的照拂，其長子任洪誕生時亦由馮夫人幫助接生。據全夫人說，馮夫人曾一再叮囑她持家必須勤儉，在條件許可之下，每月必須把薪金一部分節省下來，以備不時之需。馮夫人在北平時，曾每月把馮先生的一半薪金節省下來購置了物業。訪問全夫人的時間約在一九九七年八月間，一共四次，地點是在臺北中央研究院活動中心。

99　蔡仲德，《馮友蘭先生年譜初編》，頁 505。

100　筆者在二○○三年九月二十日下午在北京大學燕南園五十七號走訪馮鍾璞及其夫婿蔡仲德，據馮鍾璞告知，馮友蘭僅在抗戰前在北平購置了一房子，位於白米斜街三號，原為張之洞在京別業云云。該房子在五十年代為補貼家用已轉售他人。

101　見宗璞，〈三松堂歲暮二三事〉，頁 64。

102　見宗璞，〈三松堂歲暮二三事〉，頁 64。

103　蔡仲德，《馮友蘭先生年譜初編》，頁 98。

104　宗璞，〈星期三的晚餐〉，收入氏著，《宗璞文集》，卷 1，頁 57–58。

曾撰詩文謾罵和嘲諷聯大師友同事，連馮友蘭也成了他的攻擊對象。[105]
在昆明「一二一」事件之後，因為馮友蘭堅持為拯救聯大免於被國府解
散故學生罷課必須早日結束，而聞一多則支持學生繼續罷課，兩人爆
發了激烈爭論，馮友蘭甚至申斥聞一多及其民盟同志為「中共尾巴」。
但聞一多遇刺身亡之後，聞一多在民盟的同志因懼禍而紛紛走避，但
被聞一多生前嘲罵譏刺的馮友蘭卻敢於挺身而出適時伸出援手。對於
馮友蘭的不念舊惡和見義勇為，聞家不免感戴終身。在馮友蘭逝世之
日，聞一多之子聞立雕曾給宗璞信云：「我永遠忘不了在我們最困難的
時候，伯父、伯母給我們的關懷、幫助和安慰。我們兩家兩代人的友
誼，是我腦海中永不會消失的美好記憶與回憶。」[106] 所有這些，都可證
明馮友蘭並非如胡適所形容的那麼不堪。

(六) 附骨之疽

　　胡適非常喜歡把「但開風氣不為師」這一詩句掛在嘴邊。但他可
能並沒有真正覺察到，這一詩句竟變成了「詩讖」，變成了他一生的學
行，尤其是他的《中國哲學史大綱 (卷上)》的真實寫照。

　　如果只能用兩個字去概括胡適的學術心靈，這兩個字就是「清
淺」。胡適對西方現代學術無疑有着相當豐富的常識，而他那既「清」
且「淺」的學術心靈，又有助於他把西方現代學術輸入中國之時，把這
些常識說得清楚、講得淺顯，使當時尚不知現代學術為何物的中國讀
者聽得懂也跟得上。當時中國正處在「學問飢荒」的時節，胡適從西方
轉手的常識，便成了中國知識階級療飢止渴的救命乾糧。中國知識階
級正是通過胡適《中國哲學史大綱 (卷上)》的常識性的啟蒙和洗禮，才

105　聞一多曾撰〈八教授頌〉，自云「計劃是要和教授階級算賬」。被他清算的八教授中，除了
　　用來「作陪」的張奚若和他自己之外，尚有潘光旦、馮友蘭、錢穆、梁宗岱、沈從文、卞
　　之琳六人。見聞黎明、侯菊坤編，《聞一多年譜長編》，頁 723-729。
106　宗璞，〈星期三的晚餐〉，頁 58。

完成了由傳統到現代的學術轉型。

但是，常識只有在極端缺乏常識的社會中才變得重要和寶貴，一俟社會不再缺乏常識，常識便會變成了「百姓日用而不知」的尋常器物，再也乏人關注，鮮人珍惜；一如三飡飯飽的人，所慾求的極可能是山珍海味，而極不可能是乾糧。胡適的《中國哲學史大綱(卷上)》之所以被馮友蘭的《中國哲學史》取代，其原因當然有許多方面；但胡書中所能提供的僅僅是常識，而這些常識在中國學術轉型完成後，便已一變為平庸無奇的老生常談，應該也是一個極重要的原因。

大概是太過陶醉於自己在「開風氣」方面所取得的巨大成就和輝煌勝利罷，聰明絕頂的胡適卻忘記了「見好即收」的道理。他在「開風氣」之後還念念不忘要繼續「為師」。他忘記了「開風氣」可以靠常識，而要想在治中國哲學史方面「為師」的話，除了要有常識之外，還必須要有高於常識的「義理」。他可能還不知道，他的泛科學主義的「實證」或「考據」心靈，又讓他特別拙於談玄說理，因而從事中國哲學史的研究和撰寫工作，對他自己的性向本是非常的——如果不是天生的——不合適。他在《中國哲學史大綱(卷上)》成書之後，居然以為天底下只有他才夠資格寫中國哲學史。在胡適眼中，西洋人的中國國學程度太差，根本不配寫中國哲學史。一九二六年九月十九日《胡適日記》云：

> 上午去看 M. Pelliot〔伯希和〕，談了二點鐘。……我告訴他，他編的目錄很多錯的。我只讀了五十卷子，只佔全部三十分之一，已發現了不少錯誤。他要我把這些錯誤記出來，他願意更正。[107]

一九二六年十一月二十二日《胡適日記》云：

107　曹伯言整理，《胡適日記全編》，冊 4，頁 342-343。

Prof. Soothill〔肖塞爾教授〕帶我去看 Bodleian Library〔鮑德列恩圖書館〕。這是一個很有名的 Library，但他的 Catalogues〔目錄〕實在不高明，比起美國的 Library Catalogues〔圖書館目錄〕來，這裏真是上古時代了。

此間的中國書部更是大笑話！Soothill 自己動手編了一個書目，不知費了多少年月，僅成一小小部分。我偶一翻看，其中錯誤大可駭人聽聞！《花間集》目云：「這是一冊日本詩歌，廣政十年在 Kyoto（西京）印的。」（原文是英文）我問他，怎麼知道是在 Kyoto（西京）印的？他也莫名其妙。翻開一看，書上明寫着「大蜀歐陽炯敍」！

……「金人瑞聖歎」變成了「金朝人，姓瑞，名聖歎」！

……與此片同類的是《楚辭》卡上寫着注者名王逸上！[108]

伯希和是西方漢學泰斗，Soothill 也非等閒之輩。眼看着他們竟可以鬧出把金聖歎變為「金朝人，姓瑞，名聖歎」諸如此類的「大笑話」，難怪胡適要從心底裏發出「此事非我們來幹不可」的慨歎。[109]

不僅中文程度甚差的西洋人不夠資格撰寫中國哲學史，就連中文程度不錯的日本人，由於他們實在太笨，對中國佛教尤其是禪宗思想根本不能領悟，因而也不配撰寫中國哲學史。胡適在日記中無論是對鈴木貞太郎還是對忽滑谷快天等禪學名宿的作品，都有許多相當負面的評價，認為不是「越講越糊塗」，[110] 就是「辜負了這些好材料」。[111] 胡

108　曹伯言整理，《胡適日記全編》，冊 4，頁 433–434。

109　一九二六年七月二十八日胡適在日記中寫道：「讀 Masson-oursel's *Comparative Philosophy*〔馬森・奧塞的《比較哲學》〕。此書主旨甚可玩味，但是關於東方（尤其是吾國）材料不夠，故結論很多誤解。其 comparative chronology〔比較年表〕中遺漏甚大。其最大者為①不舉禪宗之四個世紀；②不舉清代之思想。此事非我們來幹不可。」曹伯言整理，《胡適日記全編》，冊 4，頁 233。

110　見一九五二年五月十四、十五日胡適在日記中對鈴木的批評，曹伯言整理，《胡適日記全編》，冊 8，頁 229–231。

111　見一九二六年九月二十七日胡適在日記中對忽滑谷的批評，曹伯言整理，《胡適日記全編》，冊 4，頁 361–362。

適曾慨乎言:「日本人信淨土,奉真言宗,皆夠資格。他們的禪,實在不曾『窺其藩籬』。他們以『禪定』為禪,是印度禪而非中國禪,他們以『茶禮』為禪,是日本禪而非中國禪。」[112]

不僅西洋人不行,東洋人不行,就連名滿天下,曾為中國哲學史問題和胡適唱過對臺戲的梁啟超也不行。胡適在日記中曾試圖替梁啟超一生作蓋棺定論:「任公才高而不得有統系的訓練,好學而不得良師益友,入世太早,成名太速,自任太多,故他的影響甚大而自身的成就甚微。近幾日我追想他一生著作最可傳世不朽者何在,頗難指名一篇一書。後來我的結論是他的《新民說》可算他一生的最大貢獻。《新民說》篇篇指摘中國文化的缺點,頌揚西洋的美德可給我國人取法的,這是他最不朽的功績。」[113] 甚至被他一再公開宣稱學問遠勝自己的傅斯年也不行。胡適雖曾公開恭維過傅氏及其《性命古訓辨證》,但胡適內心中對此亦不無保留。胡適對傅斯年的不滿,最早見於一九二六年九月五日《胡適日記》:「這幾天與孟真談,雖感覺愉快,然未免同時感覺失望。孟真頗頹放,遠不如頡剛之勤。」[114] 胡適對傅斯年《性命古訓辨證》一書的批評,見於他在一九五三年九月五日的致楊聯陞函:

> 《性命古訓辨證》一書,我今夜讀一遍,頗不滿意,其下篇尤「潦草」,則自序中已言之。實則上中兩篇也只夠一短文。當時在戰禍中,他又太忙,故此書頗不能使人滿意,你以為如何?[115]

傅斯年尚且如此,被胡適謾罵為「天下第一蠢人」的馮友蘭當然就更加不行。然而,「第一蠢人」馮友蘭居然在一九三一年二月出版了他

112　見一九二六年十月十二日胡適的日記,曹伯言整理,《胡適日記全編》,冊4,頁390。

113　引自一九二九年二月二日胡適的日記,曹伯言整理,《胡適日記全編》,冊5,頁354。

114　曹伯言整理,《胡適日記全編》,冊4,頁280。

115　引自《論學談詩二十年:胡適楊聯陞往來書札》,頁194。

的《中國哲學史》上冊之後，不旋踵即在一九三三年十二月出版了《中國哲學小史》，一九三四年九月又出版了《中國哲學史》全書。並且，馮友蘭的大哲學史和小哲學史在出了中文版之後又出了外文版；而馮友蘭居然在撰寫完中國哲學史之後，又賈其餘勇奮筆寫出六大本建立自己「新理學」哲學體系的「貞元之際所著書」。[116] 尤有甚者，無論是馮友蘭的中國哲學史或是中國哲學的著述，都從正面肯定中國歷史文化的永恆價值和現代意義，因而又都和自己一以貫之的「反傳統」的文化和學術主張唱對臺戲；眼看着自己的《中國哲學史大綱（卷上）》已被馮書所取代，而中外治中國哲學史和中國哲學的專家學者們，口中也只有馮友蘭而極少再提及自己。被後進超越的失落和被學生「背叛」的怨恨，致令胡適一腔子的不甘心不情願再加上不服氣，鬱結成了一團憤憤不平之氣。在胡適看來，「第一蠢人」馮友蘭之所以膽敢如此的張狂，如此的得意，歸根結底，還不是因為我的《中國哲學史大綱》下卷至今尚未寫出來嗎！一念及此，胡適一再的自惕自勵，不斷的許願發誓，一定要在最短的時間內把自己的《中國哲學史大綱》下卷完成。但是，一想到自己曾十分起勁地唱過「哲學關門」和「哲學無用」的高論，自己又怎好意思再去弄這一套「無用」並將要「關門」的學問？幸而胡適想到了以「中國思想史」取代「中國哲學史」的點子，有了此一轉換，一來便不致落人口實，二來也遂了自己「獨尊史學」的宿願。一九五〇年一月五日《胡適日記》云：

年底忽收到 Princeton〔普林斯頓〕大學的 "Special Program in the Humanities" Committee〔「文史專門計劃」委員會〕主席 Prof. Whitney J. Oates〔惠特尼・J・奧茨教授〕來信說，有人提我的名，為 Alfred Hodder Fellowship〔阿爾佛萊德・霍

116　「貞元之際所著書」又簡稱為「貞元六書」，其中包括《新理學》（一九三九）、《新事論》（一九四〇）、《新世訓》（一九四〇）、《新原人》（一九四三）、《新原道》（一九四五）和《新知言》（一九四六）這六本書。

德基金會〕之候選人。……

　　我想了幾天，今天才回信與 Oates〔奧茨〕，說他們可以考慮我的姓名。我頗想借一棲身之地，把《中國思想史》的英文簡寫本寫定付印。

　　前些時曾見馮友蘭的 "A Short History of Chinese Philosophy"〔《中國哲學簡史》〕，實在太糟了。我應該趕快把《中國思想史》寫完。[117]

　　聽胡適的語氣，原來他之所以接受了普林斯頓大學的 Alfred Hodder 獎助的提名，主要還是為了找一個有薪水可發的地方把自己的《中國思想史》寫出來，免得讓馮友蘭「實在太糟」的《中國哲學簡史》繼續謬種流傳，遺毒天下。一九五二年十一月八日胡適在該日的日記簿上，剪貼了一則剪報，係剪自一九五二年十月三十日臺北《中央日報》記者對胡適的專訪。該訪問稿報道了胡適即將於十一月九日離美，十二日抵臺講學的新聞；同時也報導了胡適為了著書的緣故要把在普大圖書館的工作辭去的決心。據該記者云：「不過胡博士想寫的書卻是首先打算完成他的《中國哲學史》，而且要改名為《中國思想史》。他還想完成《中國白話文學史》。此外，《水經注》的稿子他花了好幾年的功夫，也想完成。」[118] 我們知道，胡適重要的著作往往只寫完並出版了上半部之後，下半部便再沒有下文，《中國哲學史大綱》是如此，《白話文學史》是如此，《四十自述》也是如此。從《中央日報》記者的報道，我們又知道了在所有只有「半部」的著作中，胡適最渴望寫完的還是他的《中國哲學史大綱》——亦即他後來稱之為《中國思想史》的那部書。這種渴想之強烈，以致使胡適為了著書連噉飯之地也想過要放棄了。

　　儘管胡適亟欲把他的《中國思想史》寫完，以取代甚至取消馮友蘭的《中國哲學史》，但無論他如何賭咒，如何着急，《中國思想史》就

117　曹伯言整理，《胡適日記全編》，冊 8，頁 6–7。
118　曹伯言整理，《胡適日記全編》，冊 8，頁 261。

是寫不出來。胡適把寫不出書的原因歸咎於自己的好熱鬧和喜交朋友。周作人曾說過，若要胡適把中國哲學史寫完，除非派一連兵把胡適囚禁在山上一二年，不許他下山，不許他會客，不許他談政治。[119]胡適對此深以為然。在實在寫不出書的時候，胡適也常常突發奇想，希望有一天能被關入大牢裏著書。一九三二年底胡適對《東方雜誌》記者談他的新年夢想，曾表示他的夢想是被關在一個理想的牢獄裏十至十五年，不許見客，只能讀書和著書，好把全部著作都寫出來。[120]一直到了一九五二年五月二十七日，胡適還在該日日記簿中貼了一張剪報，內有一讀者致《紐約先驅論壇報》的一封信。信中引哈佛大學P. A. Sorokin 書中語，認為沙俄對「政治犯的流放和監禁，實質上是給了他們一次開銷很大的休假。」胡適在該日日記中寫道：

> 此信很有趣。我屢次說，倘使國民黨肯把我送到監獄裏去同陳獨秀享受一樣的待遇（除了他的「土摩登」朋友的探視一項），只消三年，我的幾部書都可以寫完了！
>
> Sorokin〔索羅金〕的書，我沒有看見，但他說 vacation with most of the expenses paid〔開銷很大的休假〕，大有我當日羨慕獨秀的監獄生活的精神！[121]

但胡適畢竟不是陳獨秀，國民黨既沒有任何理由，也沒有膽量把他關在大牢裏哪怕短短的一天，更不消說是關上整整的三年。但倘若我們把胡適的《中國哲學史大綱》或《中國思想史》不能完篇的責任，怪罪到國民黨的頭上，那也大可不必。即使國民黨真的把胡適關在監獄裏，讓他享受到和陳獨秀完全一樣的待遇，胡適的《中國哲學史大綱》或《中國思想史》還是照樣寫不出來。因為，胡適既然把馮友蘭的

119　白吉庵，《胡適傳》，頁299。
120　白吉庵，《胡適傳》，頁299。
121　曹伯言整理，《胡適日記全編》，冊8，頁234–235

中國哲學史的著述説得不值一文，他就必須拿出勝過馮友蘭的作品。
但若要超越馮友蘭，胡適便不能再依靠組織介引西方的學術常識——
因為中國早已渡過了「學問饑荒」的克難期，也不能僅僅依靠對歷史人
物的生平和對歷史文籍真偽的考證——因為這些都是哲學史研究和書
寫的外緣性和次要性的問題，而必須談玄説理，必須深入中國各哲學
家和哲學流派的義理系統，並對這些系統作出恰如其分的和相應的評
判與安排。然而，胡適除了常識之外，所憑藉的主要是考據。胡適常
自誇自己有「歷史癖」和「考據癖」，但他一生最感興趣、最引以為傲
和最努力從事的工作，只是關於歷史人物的生平和歷史文物真偽的的
考證，故他的「歷史癖」其實只不過是「考據癖」。余英時曾指出：「胡
適在學術上的興趣本在考證」，「胡適學術的起點和終點都是中國的考
證學」，此真乃確鑿不移的結論。[122] 天生的「考據癖」加「狹義的」歷史
家的訓練，使他即使在研究中國哲學史或中國思想史的時候，也常常
不知不覺地把哲學史或思想史最核心的義理和價值問題，轉換成了外
緣性的考據問題，然後再用外緣的考據企圖解決——但其實是掩蓋——
核心的義理和價值問題。並且，從其極狹隘的泛科學主義信仰出發，
胡適對一切形上學不僅毫無會心，毫無興趣，而且避之還唯恐不及；
而胡適反傳統的文化立場及其社會達爾文主義的進步史觀，又使胡適
靈魂深處懷有着一種現代人對古人的傲慢。[123] 由於胡適對義理和價值
問題的排斥，以及對古代哲人欠缺「瞭解之同情」，[124] 所有這些，都使得
他的個人性向非常的——如果不是天生的——不合適談玄説理，因而也
非常的——如果不是天生的——不合適地從事中國哲學史的研究和撰寫
工作。只有看穿了這一層，我們才有可能明白，為什麼信誓旦旦要爭
分奪秒把《中國哲學史大綱》或《中國思想史》完成的胡適，卻偏偏要
花十年以上的時間，去考證與中國哲學史幾乎扯不上任何關係的《水經

122　余英時，《中國近代思想史上的胡適》（臺北：聯經出版事業有限公司，1984），頁 72。
123　詳見本書第一章，〈救亡思潮和胡適的《中國哲學史大綱（卷上）》〉。
124　陳寅恪，〈審查報告一〉，收入馮友蘭，《中國哲學史‧附錄一》，冊下，頁 1。

注》公案;為什麼無限嚮往坐牢著書生活的胡適,卻幾乎天天都在賓客盈門的交際應酬中銷磨掉大半最寶貴的光陰。胡適這些反其道而行的做法,其實是一種心理上的逃避——一種無法寫出超越馮友蘭的著作,卻又不願去承認,不敢去面對的逃避。馮友蘭的《中國哲學史》無疑是胡適後半生的附骨之疽和揮之不去的夢魘,而考證《水經注》公案和應酬交際便因之變成了胡適心靈上最佳的避難所。

結語

　　自清季以來,在西潮的沖刷之下,中國社會開始了由傳統向現代的轉型。胡適和馮友蘭都是這一社會轉型過渡時期的代表人物。轉型社會的重要特徵之一,是新舊道德的並行和中西價值觀的混雜。中西的道德和價值觀的歧異和衝突,亦突出地表現在中國學者在中國和西方「師生之道」的不同選取之中。若依照西方的「師生之道」,在西方學術界,學生在學成之後,總得別出心裁另起爐灶,力求在學問上質疑、挑戰、甚至推翻自己老師的學說。規行距步墨守師教於師言無所不悅者,即使在老師的眼中,也是既愚且笨兼沒出息的學生。馮友蘭之超越胡適,以及馮書之推翻並取代胡書,此之謂順天應人,亦所謂後來居上與推陳出新,在西方學界便如同日月經天江河行地一般的理所當然。但倘若依照中國的「師生之道」,學生又必須恪守師教,對老師心悅誠服,亦步亦趨,一如於孔子之言無不悅的顏回。馮友蘭在窺盡胡適之堂奧底蘊之後,居然入室操戈,拔趙幟、易漢幟,以「釋古」的典範取消了胡適「疑古」的典範,讓乃師抱撼終身。面對中西不同的「師生之道」,以「闡舊邦以輔新命」自任的馮友蘭所採取的無疑是西方的價值標準,故對自己推翻和取代老師的學說心安理得,沒有一絲一毫的羞慚負疚之情;而作為一個曾鼓吹「全盤西化」的反傳統主義者,胡適所選取的卻反而是中國的傳統標準。是故被西方學者視之為天經地義之事,落到胡適頭上便完全改變了性質。被學生推翻和超越之後挑

激起來的痛楚失落懊惱和妒忌，以及隨之而來的不情願不甘心再加上不服氣，在胡適心中鬱結成一團終生難解的憤憤不平之氣。日後胡適只要找到機會，總不會忘記對馮友蘭的《中國哲學史》及馮友蘭本人實行抹煞和打壓。胡適長時期對馮友蘭那種近乎非理性的尖酸刻薄，和他一貫以溫良恭儉讓待人接物的開明紳士形象，構成了如許巨大的反差，這說明了胡適在「師友之道」的立場上，畢竟還是一個十分傳統的中國人。「全盤西化」豈易為哉，「全盤性反傳統」更是談何容易！

第三章　錢穆與胡適的交涉

滄海橫流不計年，麻姑三見水成田。

左言已亂西來意，上座爭參杜撰禪。

九點齊煙新浩刼，二分禹域舊因緣。

闢楊距墨平生志，老手摩挲待補天。

——余英時，〈壽錢賓四師九十〉四首之二[1]

引言

　　對許多中國學人而言，如果頭上頂着中央研究院院士的桂冠，便足以揚眉吐氣耀祖光宗。但真正的學術大師，有了院士的頭銜，並不會增添一絲光彩，沒有院士的頭銜，也不會減色半分。因為，這些巨人正以其可與日月爭光的學術輝煌，照亮了整個中國學界，當然也照亮了中央研究院。如果純粹從中研院的角度，能把學術巨人羅致入院士的行列，中研院便能門庭闊大、充實而有光輝；不能把學術巨人羅致入院士的行列，中研院便會寒磣鄙陋、蒼白可憐。換句話說，以院士頭銜授予巨人，是中研院沾了巨人的光，而不是巨人沾了中研院的光。唐君毅、牟宗三和徐復觀等當代新儒學大師終身都與中央研究院院士的桂冠無緣，試問又何損於他們在中國哲學或中國思想史領域的萬丈光芒？而中研院的哲學院士中竟然會沒有唐君毅和牟宗三，史學院士中竟然會沒有徐復觀，一直到了今時今日都成了學界的笑柄。當

1　余英時，〈壽錢賓四師九十〉，《新亞學報》（香港），卷 15（1986 年 6 月），無頁碼。

代新儒學的另一位史學大師錢穆，一直遲至一九六八年七月，才當選為第七屆中央研究院的院士，時距一九四八年四月的第一屆院士選舉，只差三個月便足足晚了二十年。

錢穆稽遲了二十年才當上了中研院院士，其主要原因，是緣於他的文化保守主義立場，與尊奉胡適和傅斯年這兩位反傳統巨擘為精神領袖的中研院，簡直是南轅北轍。本章利用中研院及胡適紀念館的檔案，相關人士的回憶錄、日記、已刊和未刊的書信，以及對當事人的訪談，並透過對此一個案來龍去脈的追蹤和梳理，還原了錢氏在中研院第三屆院士遴選中失利的歷史現場。

本章處理錢穆對胡適的「觀看」，實際上是把錢穆和胡適兩人，互相設置為參照座標；透過他們對中國傳統文化整體看法的根本分歧，深入剖析當代新儒學與「五四」反傳統主義，是如何在一方面互相對立、互相批駁和互相鬥爭，而在另一方面又互相依存、互相滲透和互相轉化；透過對立面的反襯和照明，當代新儒學和「五四」反傳統主義彼此的睿智及其理論上的盲點，都變得更為凸顯和更為脈絡分明。

由於錢穆對胡適的「觀看」牽涉到許多錯綜複雜的課題，筆者必須同時面對並通盤處理中國近代史上各種政治、社會、學術和文化思想的相關問題，因而在研究方法上，便不能不採用多學科整合的模式（multidisciplinary approach）。但由於筆者的專業是史學，對史學之外所知有限，故雖勉力參照了政治學、社會學和文化哲學等一些理論，但其論述的策略和分析的架構，仍然以歷史學為其宗主。

一、錢穆的院士之路

(一) 中研院遷臺

中研院院士的選拔，一開始便由胡適以及胡適的學生傅斯年主導。胡、傅二人又都懷有極強烈的史學優越感，其流風所被，造成了

歷史學在中研院所有人文學科中的「一枝獨秀」。[2] 第一屆的歷史學院士也確實人材濟濟，但在所有的史學院士中，其學術成就堪與錢穆比肩的也只剩下「南陳」陳寅恪和「北陳」陳垣。並且，「南北二陳」所擅長者都是些「專家之學」，而錢穆除了「專家」之外，更是中國當代史學極罕有的「通人」。或許有人會說，史學巨人錢穆在中研院第一屆院士的金榜中缺席，只不過是胡、傅兩人「不可原諒」的「疏忽」——儘管「不可原諒」但究其實還是「疏忽」——但到了第二屆的院士選舉，錢穆依舊榜上無名，便不能再以「疏忽」辯解。因為，第二屆院士的選舉在一九五八年四月，距第一屆選舉已有十年之久。其時國府早已播遷臺灣，而在中央研究院十三個研究所中，只有傅斯年還能掌控的歷史語言研究所在一九四八年冬跟隨國府遷臺，而其他研究所全都選擇留在大陸（其中數學所一些研究員到了臺灣之後，很快又返回大陸去了）。如此一來，五十年代初期的整個中研院，實際上便只剩下了一個史語所。至於中研院第一屆選出來的八十一位院士，其中共有五十九人選擇留在大陸，到臺灣的有李濟、董作賓、袁貽瑾、王世杰、傅斯年、朱家驊、李先聞、王寵惠、凌鴻勛、吳敬恆十人，遠走海外的有陳省身、李書華、吳憲、林可勝、汪敬熙、陳克恢、李方桂、趙元任、吳大猷、蕭公權、胡適、薩本棟十二人，[3] 亦即把臺灣和海外的院士統統加起來也只不過是二十一人（薩本棟因癌病於一九四八年底辭中研院總幹事赴美國求醫，翌年一月在美國逝世），由是無法湊足三分之一的法定人數召開院士會議，中研院事實上已陷於癱瘓狀態。

2　即使到了今時今日，中研院人文社會科學組共有十一個研究所和一個研究中心，而純粹的歷史所就佔了三個，亦即歷史語言研究所、近代史研究所和臺灣史研究所。並且，在其他的人文社會所和研究中心中，也有歷史學者服務其中。由第二屆院士選舉算起，中研院只有在二〇〇二年的第二十四屆院士選舉中，才選出過一個哲學家（勞思光）出任院士，而勞氏在二〇一二年逝世之後，整個中研院便再無哲學院士踪跡（一九七八年當選院士的陳榮捷和二〇一八年當選院士的杜維明，就其學術訓練和研究專長而論，都是學術文化思想史家，不能算是哲學家）；文學院士能夠被遷臺後的中研院選出，也是相當晚近的事情，且人數甚少，和龐大的史學院士的陣容相較，簡直不成比例。

3　蕭公權在 1949 年初曾來臺灣大學任教，但在年底即轉任美國西雅圖華盛頓大學教席。

（二）第二屆院士遴選

為了爭取海外學人對國府的認同和支持，恢復中研院選舉院士的功能，以院士的光環吸引海外學人的歸心，是既省錢省力又行之有效的辦法。胡適和當時中研院的代理院長朱家驊想到了「以報到登記人數為實有全體人數」之辦法，並由朱家驊「呈奉總統令准」，[4] 終於解開了中研院因院士法定人數不足而無法開會的死結。一九五六年六月，中研院為辦理院士報到手續，在臺北、香港兩地登報公告，迄十月底截止，報到之院士共計十九人，而此時臺灣和海外的院士總數，因傅斯年和吳敬恆已相繼逝世，[5] 也只剩下十九人，報到率為百分之百。一九五七年四月二日，中央研究院在臺北召開了第二次院士會議，四月三日召開了第三屆評議會首次會議；兩會恢復之後，由評議會負責對院士提名人的資格審查，由院士會議負責對院士候選人的投票遴選的機制已再次確立；中研院在癱瘓了八年之後，又重新具備了選舉院士的功能，而胡適也在同年十二月取代了朱家驊，正式成為中研院院長。一九五八年四月，中央研究院在臺北召開了第三次院士會議，共選出了第二屆新科院士十四人，其中屬於人文組的有蔣廷黻、姚從吾、勞榦和蔣碩傑四人。

蔣碩傑是傑出的經濟學家，其學術成就與史學家錢穆相較，便如同蘋果之於蜜瓜，因缺乏「可比性」難以判斷其優劣高低。而蔣廷黻、姚從吾和勞榦都是史家，和錢穆便富於「可比性」。蔣廷黻原治中國近代史和外交史，但久已棄學從政；姚從吾早年曾留學德國，專業是遼、金、元史，其人治學允稱堅實平易，但在規模、氣象和重要性方面則稍遜；勞榦是史語所培養出來的秦漢史專家，在居延漢簡的研究方面成績尤為突出，其人治學雖富於開拓性，但嚴謹精密程度卻有所不足。

4　維基百科，自由的百科全書，〈中央研究院〉，https://zh.wikipedia.org/wiki/ 中央研究院（2017 年 1 月 12 日檢索）。

5　傅斯年歿於一九五〇年十二月二十日，吳敬恆歿於一九五二年十月三十日。

若以姚、勞兩人整體之史學成就與錢穆相比，便如東山之望泰山。[6] 不僅姚從吾或勞榦，當時流散在臺、港、海外的治中國史的學者專家，也沒有任何一人堪與錢穆比肩。若以居屋為譬，如果其他的史家是臺北的各種樓宇，而錢穆便是高聳入雲的臺北一〇一大廈。一貫以「史學獨大」的中研院，其第二屆院士選舉若不要選史家則已，若要選史家便無論如何不能對錢穆的存在視若無睹。既然院士選舉的重要目的端在「團結學界」，[7] 而錢穆曾在一九四九年八月十四日與胡適、傅斯年鼎足而三，被毛澤東在〈丟掉幻想、準備鬥爭〉這篇著名檄文中，親筆點名批判；[8] 凡被毛澤東公開點名，人在「竹幕」者便會集天下之矢鏑於一身、萬刧難復；但人在「自由世界」者，卻反而會一經品題、聲價百倍；故錢穆在海外的學術地位和影響力，也只有胡適和傅斯年兩人可以分庭抗禮。傅斯年已於一九五〇年十二月二十日在臺灣省參議會接受參議員郭國基質詢時，「當場情緒激動，昏倒議場，送醫以後，中風去世」，[9] 鼎足三分已喪其一，而中研院的第二屆院士選舉，對久已在香港、臺灣和海外學界中「頂起半邊天」的錢穆，竟然不優先予以「團結」，真正豈有此理！

（三）嚴耕望的諫書

其實，早在中研院的第一屆院士選舉，學界便有「諸子皆出於王

6　孟子曰：「孔子登東山而小魯，登太山而小天下。」引自〔宋〕朱熹，《四書章句集注‧孟子集注‧盡心章句上》（北京：中華書局，1983），頁 356。

7　見下文所引《嚴耕望致胡適函》（一九五八年十二月十四日），該函現收藏於臺北中央研究院近代史研究所胡適紀念館（下略為胡適紀念館藏），館藏編號 HS-NK05-138-014。

8　毛澤東說：「為了侵略的必要，帝國主義給中國造成了數百萬區別於舊式文人或士大夫的新式的大小知識分子。對於這些人，帝國主義及其走狗的中國反動政府只能控制其中的一部分人，到了後來，只能控制其中的極少數人，例如胡適、傅斯年、錢穆之類，其他都不能控制了，……」毛澤東，〈丟掉幻想，準備鬥爭〉，收入中共中央毛澤東選集出版委員會編，《毛澤東選集（一卷本）》（北京：人民出版社，1966），頁 1374。

9　陳永發、沈懷玉、潘光哲訪問（下作陳永發等訪問），周維朋記錄（下略），《許倬雲八十回顧：國事、家事、天下事》（香港：中文大學出版社，2011），頁 128–129。

官」之譏評。[10] 中研院遷臺之後，由於整個中研院只搬來一個史語所，而史語所又通過傅斯年出任國立臺灣大學校長，以及大批研究員到臺大出任合聘教授，從而襲斷了臺灣學界的話語權，並由上個世紀的五十至七十年代，在臺灣人文研究領域建立了相當穩固的學術領導權（不滿者則稱之為「學術霸權」）。而史語所的學術標準便順理成章地，或當仁不讓地，變成了中研院人文院士遴選的唯一準繩。如眾所周知，史語所的精神領袖是胡適，「太祖高皇帝」則是胡適的最得力學生傅斯年。胡適常自誇自己有「歷史癖」和「考據癖」，但他一生最感興趣、最引以為傲和最努力從事的工作，只是關於歷史人物的生平和歷史文物真偽的考證，故他的「歷史癖」其實只不過是「考據癖」。從其極狹隘的泛科學主義和實證主義的信仰出發，胡適對一切形上學不僅毫無會心，毫無興趣，而且避之還唯恐不及，對涉及義理和價值的各種問題尤其排斥。[11] 而在傅斯年領導的史語所，也往往以考據成績的高低，來權衡人文學術研究的優劣。如此一來，凡與考據無關係的人文學術研究，勢必在中研院院士的遴選中，難以獲得公平合理的待遇。這種態勢，要一直到了上個世紀七十年代的中期，才逐漸有所改善。

第二屆中研院院士的遴選，也因之在臺灣學界中，留下了許多的議論，為錢穆鳴不平者所在多有。中研院近史所胡適紀念館現藏有一封嚴耕望在一九五八年十二月十四日致胡適的信件（館藏編號 HS-NK05-138-014），正與此事密切相關。現把此信全抄如下：

適之前輩先生道鑒：

紐約一別，行復兩月，時從報端，得悉佳況，至為快慰。

而日前讀《中央日報》，院士提名將於本月底截止，使後學想起一事，試為 先生陳之。

10　見下文所引〈嚴耕望致胡適函〉（一九五八年十二月十四日），胡適紀念館藏，館藏編號 HS-NK05-138-014。

11　詳參本書第二章，〈胡適的馮友蘭情結〉。

　　院士選舉本為團結全國學術界而設。乃南京第一次選舉之後，向達氏曾有「諸子皆出於王官」之譏，蓋針對傅先生而發也。彼未入選，故有此譏，本不足重視。而上次談話會時竟有自然科學家某院士，亦有同樣看法，彼身為院士，且非史學界中人，竟亦持此見，則殊堪重視。惟傅先生本以才智絕倫顯，不以德量寬宏稱。而當時主持院務者，又非學術界之真正領袖，雖有此偏小事理必然，未可苛議。

　　先生德量素著，近三十年來，全國學術界羣趨於旗幟之下久矣。今以全國學術界真正領袖之盛譽，當全國學術界最高領導之職位，羣情喁望，自屬異常。然　先生事太煩忙，鑒照容不能周。後學秉知無不言之旨，敢為稟陳一事，則此次選舉，如無特殊困難，必當延攬錢賓四先生是也。錢先生治學方法與吾史語所一派固自異趨，議論亦時見偏激，然其在史學上之成就與在史學界之地位，自屬無可否認者。而道路傳言賓四先生與先生之間稍有隔閡。在此種情形下尤須首先延攬，以釋羣疑，而顯胸襟，此其時也。蓋上次選舉雖由　先生主持，然提名卻早已辦過，故親自主持提名，此為首次，即先舉羣情所疑之錢先生（若遲到下次則意義大閟！），此漢高封功自雍齒始之義也。況度兩位先生之間決不會有甚大之隔閡耶！後學深感此一舉措極為重要，蓋　先生及錢先生將皆為中國學術史上有地位之人物，千百年後史家論斷必不能放過此一關鍵，先生試思，以為然否？後學久欲呈獻此議，惟曾受業於錢先生，故有所顧慮，而遲疑猶豫，未便具陳。然後學敬愛　先生決不在敬愛錢先生之下，而友朋傳言　先生對後學之獎譽亦不遜於錢先生，故終不敢緘默，而直率陳之，當不見疑為錢先生作說客也，一笑。其實站在錢先生之立場，愈孤立則愈光榮，惟站在　先生之立場與中央研究院之立場，則必須延攬此唯一持異見之學人於一幟之下，始能像〔象〕徵領袖羣倫，團結一致耳。至於方法異同，論議相

左，固不妨也。 先生試思以為然否？以後學度之 先生德量恢
宏，對於此一獻議，必欣然嘉納，至於是否有其他困難，則非後
學所知耳。惟無論可行與否，皆請絕勿為他人吐露，後學曾有此
獻議。蓋一則必有很多人士不能瞭解後學之本意，而有所誤會，
再則若錢先生聞之，亦必以後學為多事也。肅此敬請
年安

後學嚴耕望謹上一九五八、十二、十四

　　嚴耕望在一九三七年負笈武漢大學歷史系，一九四一年大學畢業
後到齊魯大學國學研究所從學於錢穆二年，一九四五年投書傅斯年自
薦，被傅氏聘為史語所助理員。當時傅斯年奉行「拔尖主義」，史語所
之青年才俊多由傅氏從北大和清華畢業生中選拔。嚴耕望並非兩校出
身，到史語所後屢受排擠屈抑，但他卻泰然處之，把所遭際的各種不公
與不平、各種譏諷和側擊，全部轉化為追求學術卓越的正能量。[12] 史語
所一向以考證的成績作為衡量學問的標竿，嚴耕望的著作，若以他進
入史語所後所撰的專書《唐僕尚丞郎表》為例，在考證上不僅比其他史
語所同事更為審嚴精密，而且所處理的又都是些中國史學上的重大議
題，其規模之壯闊、氣象之恢宏，一洗學界對史語所只能作餖飣瑣碎、
短小輕薄的考證之譏評。由於嚴耕望的治學，既能繼承自史語所又超
越了史語所，極受素有「考據癖」的胡適的器重和賞識。[13] 胡適的一些
考證文章，也曾徵引了嚴耕望的研究成果，作為支柱其立論的依據。
嚴耕望是一個最能飲水思源的學人，對傅斯年當初的「破格」拔擢，以
及胡適近年來的青眼，自不免心存感激，對自己的授業恩師錢穆長期
遭受主流學界的排擠，亦恆耿耿於懷，而對於奉胡適、傅斯年為精神

12　嚴師耕望於一九九六年中赴臺北治病，曾客舍中研院學人活動中心，筆者當時正濫竽中
　　研院近史所，有幸侍隨杖履之後，聆聽嚴先生細說初入史語所時之天寶遺事。
13　關於胡適的「歷史癖」和「考據癖」，參見胡適，〈水滸傳考證〉，收入歐陽哲生編，《胡適
　　文集》(北京：北京大學出版社，1998)，冊 2，頁 378。

領袖的史語所與錢穆在學術上的嚴重分歧，嚴耕望又素所深知，於是便借「漢高封功自雍齒始」的典故，向胡適提出自己諫言。

嚴耕望致胡適函中「漢高封功自雍齒始」的典故，事見《史記‧留侯世家》：

> 上已封大功臣二十餘人，其餘日夜爭功不決，未得行封。上在雒陽南宮，從復道望見諸將往往相與坐沙中語。上曰：「此何語？」留侯曰：「陛下不知乎？此謀反耳。」上曰：「天下屬安定，何故反乎？」留侯曰：「陛下起布衣，以此屬取天下，今陛下為天子，而所封皆蕭、曹故人所親愛，而所誅者皆生平所仇怨。今軍吏計功，以天下不足徧封，此屬畏陛下不能盡封，恐又見疑平生過失及誅，故即相聚謀反耳。」上乃憂曰：「為之奈何？」留侯曰：「上平生所憎，羣臣所共知，誰最甚者？」上曰：「雍齒與我故，數嘗窘辱我。我欲殺之，為其功多，故不忍。」留侯曰：「今急先封雍齒以示羣臣，羣臣見雍齒封，則人人自堅矣。」於是上乃置酒，封雍齒為什方侯，而急趣丞相、御史定功行封。羣臣罷酒，皆喜曰：「雍齒尚為侯，我屬無患矣。」[14]

（四）胡適的納諫及錢穆的被提名

嚴耕望為文一貫質樸篤實、辭達而已；但這封致胡適函卻寫得文彩斐然、飛揚宕蕩、委婉而富風致，讀後令人耳目為之一新。他把劉邦之與雍齒以及分封的交涉，用來形狀胡適之與錢穆以及中研院選舉院士的糾葛，委實十分到位。雍齒因「功多」理當封侯，這和錢穆憑其「無可否認」之「史學上之成就與在史學界之地位」理當被選為院士，同樣為人所共知。雍齒因得罪過劉邦而未能封侯，這和錢穆的「治學方

14　〔西漢〕司馬遷，《史記‧留侯世家》(香港：中華書局，1969)，冊 6，頁 2043-2043。

法」與胡適及「史語所一派固自異趨，議論亦時見偏激」，因而與第一和第二屆院士頭銜絕緣，亦同樣為人所共知。劉邦封雍齒為什方侯而眾將謀反之心自息，胡適若把錢穆選為院士則學界對中研院的「羣疑」自止，前者早已為歷史所證實，後者與前者同理，亦不難變成事實。胡適畢竟聰明過人，嚴耕望的話他一聽就懂，一懂便付諸行動。胡適紀念館還藏有一封胡適在一九五八年十二月二十九日致朱家驊的信件，[15]離嚴耕望函中提及的院士提名截止期限剛好早了二日。現把該信全抄如下：

> 騮兄：
>
> 　　送上錢穆先生提名表一紙，已有從吾、彥堂、貞一和我的簽名，尚缺一人。可否請 老兄簽名加入提名人之一？倘蒙 贊同，乞簽名後即交來人帶回，或郵寄給萬紹章兄。
>
> 　　頃聞頌平說，卅一夜圓山飯店的聚餐，老兄與傅秉常兄均擬穿禮服，此消息確否？我的禮服沒有帶回來，當穿馬褂袍子赴會，可以嗎？乞便中 乞知，至感。
>
> 　　匆匆敬祝
>
> 雙安，並賀
>
> 新年
>
> 弟適之
>
> 四七、十二、廿九

　　按照〈中央研究院院士選舉辦法〉，院士候選人可由五個或五個以上的院士提名，也可由大學或學術機構提名；被提名人所提供的相關資料須經審查無訛，才能被列入「院士候選人初步名單」；列入「初步

15　〈胡適致朱家驊函（一九五八年十二月二十九日）〉，胡適紀念館藏，館藏編號 HS-NK05-014-049。

名單」者須按照其研究領域，分別經由中研院評議會委任的數理科學組、生命科學組，或人文社會科學組的院士候選人審查委員會（當時稱數理組、生物組、人文組），經由審查以及票決通過之後，再報呈中研院評議會核准，才能成為正式的院士候選人。[16] 胡適提名錢穆，採用的是由「五個或五個以上的院士提名」的方式。胡函中的騮兄即朱家驊（字騮先）、從吾即姚從吾、彥堂即董作賓、貞一即勞榦。其中胡適、董作賓和朱家驊同是一九四八年四月中研院在中國大陸選出的第一屆老院士，而姚從吾和勞榦是八個月前才在臺灣選出的第二屆新科院士。胡適既已找到了姚、董、勞三人在錢穆的院士提名表格上簽了名，再加上自己也只有四人，尚欠一人才能跨過提名的最低門檻，於是只有修函向數理組院士朱家驊求援。

或問，朱家驊既非人文組的院士，為什麼有資格成為錢穆的院士提名人？胡適又為什麼要在錢穆的提名案中牽扯上朱家驊？因為，據〈中央研究院院士選舉辦法〉第五條規定，提名人中「至少應有三人與所提名者為同一組別」，[17] 故朱家驊出任錢案提名人，完全符合選舉辦法。又因為，胡適在接到嚴耕望十二月十四日的諫書時，才開始有提名錢穆的打算，時距十二月三十一日的院士提名截止期，便只剩下半個月；而當時的信件往返，遠不如今日電郵便捷，胡適若要向海外的文科院士求助，在時間上是絕對來不及了。更兼留在臺灣的文科院士，因王寵惠於一九五八年三月十五日病歿，蔣廷黻正出任中華民國駐聯合國代表人在紐約，而尚未曾在錢穆提名案上簽名的，便只剩下李濟和王世杰二人。當時王世杰已擔任了陳槃、毛子水、陳康三案的協同提名人，若要他再在錢穆案上簽名，未免負擔太重，且斧鑿的痕跡亦

16　參見〈中央研究院院士選舉辦法〉第四至第八條之規定，中央研究院網站 http://academicians.sinica.edu.tw/view（2017 年 1 月 14 日檢索）。唯該選舉辦法自一九四七年（按：「民國 36 年」）十月十五日第二屆評議會第四次會議通過之後，由一九五七年至二〇一四年一共修訂過十四次，故多屆院士選舉的具體規定，會與前屆不盡相同，讀者敬請留意

17　引自中央研究院，〈中央研究院院士選舉辦法〉第五條。

過分明顯。李濟當時擔任中研院「天下第一大所」史語所的所長，其人強項而霸氣；對於胡適本人，李濟還算留有三分薄面，但對胡適的前任代理院長朱家驊和後任的院長王世杰，李濟便經常不買賬；而朱、王的政令若得不到李濟的點頭，便處處窒礙難行。[18] 胡適當然也在爭取李濟在錢穆案上簽名支持，但遲至提名截止期的前二天，仍未得到李濟的允諾，於是只好向朱家驊求援。

胡適邀請朱家驊為錢穆案的提名人，究其實還有另一好處。朱家驊自蔡元培一九四〇年三月五日在香港病逝之後，一共擔任了中研院約十八年的代理院長，直到一九五七年十二月把擔子交給胡適後才卸任。朱家驊在中研院豐沛的人脈，連同第一屆數理組院士的身分，使得他在開拓數理組和生物組的院士票源方面，其影響力遠遠超過胡適之外的其他文科院士。

（五）評議會的審查

一俟朱家驊簽名之後，錢穆的院士提名表格及相關資料經由中研院評議會的核實，錢穆便被正式列入了「院士候選人初步名單」。一九五九年二月二十三日，中研院人文組院士候選人審查委員會召開會議，對人文組包括錢穆在內的十五個被列入「初步名單」者，進行實質審查及投票表決，以決定送呈評議會的人文組的院士候選人名單及其先後順序。據〈中央研究院四十七／四十八年度院士候選人初步名單〉，這十五人及其科別分別是：

> 楊聯陞（史學）、陳槃（史學）、毛子水（史學）、錢穆（史

18　許倬雲早年任職史語所時，一身兼有李濟的親近學生和得力助手的雙重身分，對李濟的為人處事所知甚詳。他在回憶李濟時曾透露：「濟老在院裏是關鍵人物，要是不點頭，王雪艇院長不敢做事。」陳永發等訪問，《許倬雲八十回顧：國事、家事、天下事》，頁477。

學）、陳康（哲學）、陳大齊（哲學）、董同龢（語言學）、芮逸夫（人類學）、凌純聲（民族）、劉大中（經濟）、趙蘭坪（經濟）、薩孟武（政治）、黃文袞（管理）、王洸（管理）、蔣復璁（圖書館學）。[19]

當天出席審查會的人文組委員為趙元任、李濟、胡適、姚從吾、王世杰、董作賓和勞榦共七人，其中王世杰任主席，勞榦負責記錄。經濟史家全漢昇雖為中研院的代理總幹事，但當時還未曾當選院士，故只能列席，沒有參與投票。

根據當天的會議記錄，會議一開始，先「由各科之審查人將各候選人之成績加以簡單評述」。值得留意的是，原稿的「審查人」原作「提名人」，「審查」二字是把「提名」塗掉後在旁邊加上去的。[20] 這也說明了當時中研院由於院士的人丁單薄，只好球員裁判一身兼，已顧不得利害相衝角色混淆。

胡適本是把《史記》中「漢高封功自雍齒始」的故事，搬到中研院演出的總導演，他應該擔任錢穆案的主要提名人，而姚從吾、董作賓、勞榦和朱家驊四人出任協同提名人，才合符人情道理。但據胡適紀念館所藏的〈上屆人文組候選名單〉，錢穆的主要提名人卻換成了董作賓，胡適變成了和董作賓、李濟、勞榦和朱家驊一樣的協同提名人，先前曾在錢穆提名表上簽了名的姚從吾也不見了。[21] 究其原因，似應是當時中研院的院士人丁單薄，胡適既已分別擔任了芮逸夫案的主要提名人，以及楊聯陞案、毛子水案和董同龢案的協同提名人，而姚從吾也擔任了陳槃案、陳康案和毛子水案的主要提名人，[22] 故有必要把人力資源再作調整，讓各提名人的負擔更為平均，以免再貽人以「諸子皆出於王官」之譏評。此一變化，似乎對錢穆案的通過審查更為有利。首

19　〈中央研究院四十七／四十八年度院士候選人初步名單〉（極機密〔四八〕台功字第二一九二號），胡適紀念館藏，館藏編號 HS-NK05-222-010。（按：原編號寫錯。）
20　〈人文組院士候選人審查委員會〉，胡適紀念館藏，館藏編號 HS-NK05-222-012。
21　〈上屆人文組候選名單〉，胡適紀念館藏，館藏編號 HS-NK05-223-008。
22　〈上屆人文組候選名單〉，胡適紀念館藏，館藏編號 HS-NK05-223-008。

先，在錢穆案的所有提名人當中，對錢穆成見最深而又最難溝通的便是李濟，[23] 他終於在提名截止期的最後一刻，被胡適所説服並答允擔任錢穆案的協同提名人，於情於理都不可能對自己的提案再加反對。其次，姚從吾仍是審查委員會的委員，他騰出來的空間，補入了李濟，使得人文組七個有投票權的審查人當中，就有五人曾在錢穆的提名表上簽名表示支持。並且，剩下二個未曾在錢案提名表上簽名的趙元任和王世杰，前者是胡適極親信的朋友，後者是胡適的多年舊交。看來錢穆要通過人文組的審查，應該穩操勝券，易如反掌。

董作賓既取代胡適成為錢穆案的主要提名人，依照中研院的慣例，便由他在會議上對錢穆的「成績加以簡單評述」。由於負責記錄的勞榦惜墨如金，對當天會議中所有人的「成績評述」統統不留一字，[24] 而與會者又都墓木已拱，董作賓到底説了些什麼？其餘四個協同提名人尤其是胡適又説了些什麼？只有天曉得了。

(六) 集體「跑票」

「成績評述」結束，會議便進入第二階段，由人文組七個審查委員針對包括錢穆在內的十五個被列入「初步名單」的被提名人，投下自己「神聖的」一票。投票的結果，讓胡適、李濟、董作賓、勞榦、姚從吾這五個曾在錢案簽名者瞠目結舌，尷尬非常。據當時的會議的得票紀錄，囊括全部七張票者有楊聯陞、陳康、董同龢、凌純聲四人，六票者有陳槃、毛子水、劉大中三人，五票者有芮逸夫一人，三票者有陳大齊一人，一票者有錢穆和黃文袞二人。而趙蘭坪、薩孟武、王洸和蔣復聰由於一票未得，並無留下紀錄。[25] 如果凡在錢穆提名表上簽過名的審查委員都為自己的簽名負責的話，錢穆在全部七票中至少應取

23　陳永發等訪問，《許倬雲八十回顧：國事、家事、天下事》，頁 481–482。
24　〈人文組院士候選人審查委員會〉，胡適紀念館藏，館藏編號 HS-NK05-222-012。
25　〈人文組院士候選人審查委員會〉，胡適紀念館藏，館藏編號 HS-NK05-222-012。

得五票；而錢穆僅得一票的事實，就如同一面鏡子，讓絕大部分簽名者照見了自己的陽奉陰違和口不對心。由於秘密投票的緣故，我們在前後六個曾在錢穆提名表上簽了名的當事人之中，能百分之百確定沒有「跑票」的只有一個朱家驊。因為，朱家驊是數理組的院士，並沒有出任人文組審查委員會的委員，所以沒有在審查會議中投票。那麼，錢穆唯一的那張贊成票到底是誰投的呢？筆者認為唯一可能的應該是胡適。試想：如果胡適不贊成錢穆當院士，他又何必大費周章拜託友人在錢穆提名表上簽名？並且，胡適從來都以中國的君子和西方的gentleman自我期許，而求諸他一貫的為人處事，也證明了他不愧是個光明磊落的真君子和 gentleman；陽奉陰違、兩面三刀、出爾反爾的宵小行逕，不可能是胡適的所作所為。至於其他的提名人，既礙於胡適的情面不好意思不在錢穆的提名表上簽名，但內心深處又都不認為錢穆有當院士的資格，而在秘密投票中，胡適又無法確知誰到底投的是什麼票，於是在投錢穆案時便不約而同地集體「跑票」。

投票之後，會議便進入第三階段，由七個審查委員決定人文組向評議會報呈院士候選人的正式名單，並確定名單上的優先順序。眾委員同意，只有獲得五票或五票以上的被提名人才有資格被納入名單。經過討論，得七票者在名單上的優先順序是：楊聯陞、陳康、董同龢、凌純聲，得六票者在名單上的優先順序是：劉大中、陳槃、毛子水。依照常識，得六票的劉大中應排在得七票的凌純聲之後，人文組正式名單的優先順序本該是：楊聯陞、陳康、董同龢、凌純聲、劉大中、陳槃、毛子水、芮逸夫。但主持會議的王世杰此時提出異議，認為得六票的劉大中應排列在得七票的董同龢之前，眾委員同意王世杰的建議，人文組最後確定的名單是：

一　楊聯陞

二　陳康

三　劉大中

四 董同龢

五 凌純聲

六 陳槃

七 毛子水

八 芮逸夫[26]

經評議會核准，楊聯陞等八人成為第三屆院士的正式候選人。同年四月，在第三屆院士會議的票選中，共選出院士九人，而楊聯陞、凌純聲、劉大中三人在人文組候選人中脫穎而出，獲選為中央研究院的院士。錢穆由於在人文組院士候選人審查委員會中只獲得一票支持，連成為正式候選人資格都沒有，當然更與院士的桂冠無緣。

(七) 第四、五、六屆院士遴選結果

自從在中研院第三屆院士的遴選中提名錢穆慘遭敗績之後，胡適深知眾意難違，似乎已打消了「必需延攬」錢穆的念頭。他在一九六二年二月的第四屆院士遴選中，便再也沒有提名錢穆。榮登第四屆院士金榜的共有七人，其中何廉和陳槃二人屬於人文組的院士；而胡適也在一九六二年二月二十四日的院士歡迎酒會上因心臟病突發猝死，這只是官方的說法。筆者在中研院近史所服務時，曾訪問過胡適的司機，據說是因歡迎酒會之故，中研院會場之地板剛打磨了一層新蠟，胡適腳穿皮底鞋不慎滑倒，頭部不幸正撞著講臺，從而引爆了胡適本來就患有的十分嚴重的心臟病，經送院搶救無效身亡。

胡適仙逝還不到一年，朱家驊也在一九六三年一月三日棄世。至於李濟、姚從吾、董作賓和勞榦這四個曾參與提名錢穆的院士，就連胡適在世時也照樣「跑票」，又怎肯再提名錢穆？榮登一九六四年九月

26　〈人文組院士候選人審查委員會〉，胡適紀念館藏，館藏編號 HS-NK05-222-012。

第五屆院士金榜的共有六人，人文組的新科院士只有周法高一人，錢穆還是榜上無名；榮登一九六六年七月第六屆院士金榜的共有八人，人文組的新科院士有何炳棣、邢慕寰、高去尋三人，錢穆依舊榜上無名。

（八）何炳棣的適時介入

　　何炳棣負笈清華歷史系時，錢穆也在該系兼課，並講授過「中國近三百年學術史」，但何炳棣在其回憶錄中，並沒有說自己曾修過錢穆的課，[27] 目前也沒有資料可以證明錢穆曾教過何炳棣。何炳棣雖眼高於天，目無餘子，但卻對錢穆的學術成就十分仰慕和欽佩，對中研院院士的名單中竟然沒有錢穆，更深感不公與不平。筆者於二〇〇八年六月二十六日在中研院人文社會科學研究中心訪問了何炳棣，據何所言，他在當選院士之後，便着手整理錢穆的資料，聯絡其他的院士，準備再次提名錢穆，並為此事向當時中研院院長王世杰據理力爭。當王世杰嘲笑錢穆的西方知識「簡直是笑話」時，何炳棣力言錢穆在中國史學方面自有不可及之長處，王世杰不應只斤斤於錢穆的短處而抹煞其長處。並且，所謂「短處」云者，泰半緣於錢穆的學術立場和觀點，與胡適、傅斯年的史語所頗不相同，這只是學派的不同。中研院對於不同的學派，不僅不應排斥，而應兼容並包，才能彰顯其作為國家最高學術機構的光明正大。何炳棣深信自己的一席話，終於說服了王世杰。[28] 他在《讀史閱世六十年》中，不無得意地寫道：「一九六六年七月中央研究院舉行第六屆院士選舉，我以高票當選。一年之內我成功地化解了錢穆先生和中研院（其實是傅斯年）間的『不睦』，促成錢先生順利當選為第七屆院士。」[29]

27　何炳棣，《讀史閱世六十年》（香港：商務印書館（香港）有限公司，2004），頁 70。
28　據筆者訪問何炳棣之錄音整理（二〇〇八年六月二十六日於臺北中研院人文社會科學研究中心）。
29　何炳棣，《讀史閱世六十年》，頁 378。

（九）錢穆當選第七屆院士的原因

一九六八年七月第七屆中研院院士選舉，成功當選者共有九人，其中錢穆、郭廷以和顧應昌三人屬於人文組院士。錢氏的「順利當選」是否真如何炳棣所謂，緣於他對王世杰的說服成功呢？答案是否定的。與胡適相較，王世杰是個較為弱勢的中研院院長。如果說，蔣中正對胡適反傳統文化的言行雖心懷不滿，但胡適一身負天下之重望，蔣再多的怨懟也只有啞忍，而在表面上不得不維持着對胡的一貫禮遇和敬重；而王世杰在蔣中正心目中的份量不如胡適甚遠，蔣對待王的態度當然會與對待胡適大不相同。讀過《蔣中正日記》的人，無論喜歡或不喜歡，都不能不承認蔣確實是個誠摯地認同和信仰中國傳統文化的人。他和以維護和發揚中國傳統文化為己任的錢穆，可以說是真正地氣味相投、惺惺相惜。蔣中正待錢穆以國士之禮，而錢穆在《師友雜憶》中，也多次提及蔣對他的優遇和敬重。賜宴懇談之外，最讓錢穆感戴的有二件事。其一是蔣中正每月從總統府的日常辦公費中「節省」出三千港圓，讓錢穆在香港所創辦的新亞書院，在最艱難的「桂林街時代」得以存活下來。其二是錢穆因與中文大學高層齟齬，毅然從新亞書院院長職位引退，蔣中正力邀錢穆返臺北，並特別在陽明山外雙溪築一樓房，讓錢穆安居。[30] 對於錢穆長期被排除在院士陣營之外，蔣中正早就認為有欠公道，他在胡適擔任中研院院長時不便干涉，但胡適死後情勢已丕變，而中研院又直接隸屬於總統府，於是便向弱勢院長王世杰施壓。據極為熟悉中研院內情的許倬雲透露：

> 錢穆很晚才選上院士，也不是東南被排擠的問題，是意識型態的問題。沒人反對錢先生的民族主義，主要是反對他喜歡拿西洋跟中國做比較，他一比較，李濟老他們就覺得欠妥，認

30　錢穆，《八十憶雙親・師友雜憶合刊》（臺北：東大圖書公司，1983），頁 254-255、314、317-318。

為錢先生知識層面不夠。後來老總統介入了，他要王雪公非把
錢先生選出來不可。[31]

王世杰字雪艇，亦即上述引文的王雪公，他認為錢穆的西方知識
「簡直是笑話」，故在一九五九年二月二十三日人文組院士候選人審查
會議中，同樣沒有把贊成票投給錢穆。這次在蔣中正的直接壓力之下，
他勢必無法抗拒，但一時之間在面子上又拉不下來，此時何炳棣的替
錢穆說項，恰好給了他一個下臺的階梯。

（十）餘波盪漾

那麼，何炳棣是否已「成功地化解了錢穆先生和中研院間的『不
睦』」呢？不幸答案也是否定的。錢穆早已在臺灣、香港和海外的中國
史家中鶴立雞羣，竟然要在遲了二十年，還要被自己的學生輩投票，
甚至還要在政治勢力的介入之後，才被選舉為第七屆中研院院士，此
一遭遇，對素來極自尊自重兼自負的錢穆而言，簡直是奇恥大辱！每
逢院士選舉過後，按照慣例總統會親臨中研院的酒會，當面向新科院
士賀喜。為了顧全蔣中正的面子，錢穆勉為其難地出席了自己當選的
那一次酒會。此後在長達二十二年的旅臺生涯中，身為中研院院士的
錢穆，一直到死都再也不曾踏入過中研院的大門半步。[32] 此一事實，也
正好解答了錢穆為何會在《師友雜憶》中，對自己榮獲香港大學和耶魯
大學的榮譽博士，娓娓道來，文辭並茂，[33] 但對自己當選中研院院士之
事，竟然隻字不提。

不過，胸懷不滿和深感屈辱者，還有史語所的一些院士和資深研

31　陳永發等訪問，《許倬雲八十回顧：國事、家事、天下事》，頁481。
32　陳永發等訪問，《許倬雲八十回顧：國事、家事、天下事》，頁481。但據博聞強記的史
　　語所研究員何漢威教授的說法，錢穆生前曾不止一次出席過中研院士會議的開幕典禮。
　　許、何兩人的說法孰是孰非待考。
33　錢穆，《八十憶雙親‧師友雜憶合刊》，頁259、296。

究員，尤其是史語所所長李濟。李濟對錢穆學問的鄙視，其來有自。據徐復觀的近距離觀察：「我和胡〔適〕先生及李〔濟〕先生都當面『抬槓』過幾次，他兩位先生對學問的態度，我相當清楚，而李先生尤為狹隘巋高。凡是有價值性的東西，凡是有思想性的東西，在他們看來，都不能成為學問的對象。李先生甚至認為書本上寫的歷史皆不可信，要用地下材料來代替書本上所寫的歷史。」[34] 錢穆既不懂甲骨文，不能利用「地下材料」，[35] 其治學所憑藉的材料，皆來自李濟認為「不可信」之書本，所講論者又大都「不能成為學問的對象」，試問如何能有當院士的資格！職是之故，即使錢穆已當選為院士，李濟也一樣恥與其同列；從上文所提及的錢穆在回憶錄中絕口不提自己當選中研院的院士，以及史語所所長李濟因羞與錢穆同列，「藉故沒去」蔣介石在總統府招待院士的茶會，都證明了錢穆與中研院的嫌隙和心結終身未解。

(十一) 嚴、胡、錢三人皆輸的結局

胡適把「漢高封功自雍齒始」的歷史劇本照搬到中研院上演，一心以為會以雙贏的喜劇收場，但由於大多數表演者不按照既定的劇本演出，遂變成了嚴耕望、胡適和錢穆三人皆輸的悲劇。對胡適的「敬愛」「決不在敬愛錢先生之下」的嚴耕望輸了。他緩和錢穆與胡適及中研院的矛盾的良苦用心完全落空。筆者手頭上藏有一封張君勱在一九六○年七月三十一日致唐君毅的未刊信件影本，其中談及錢穆對此事的反應：

> 前晚賓四與其夫人在寓，談四、五小時，乃知適之在臺，曾有吾輩簽名四人，加上賓四，共五人，為「不配談中國文化之

34　徐復觀，〈多為國家學術前途著想〉，收入氏著，《徐復觀雜文──記所思》（臺北：時報文化出版事業有限公司，1980），頁 82。

35　早在北大講授上古史之時，錢穆就因此而嘗被質疑，據錢回憶：「又有人來書，云，君不通龜甲文，奈何靦顏講上古史。余以此書告講堂諸生，謂余不通龜甲文，⋯⋯但諸君當知，龜甲文外尚有上古史可講。」錢穆，《八十憶雙親・師友雜憶合刊》，頁 142。

人」。適之之言，可謂荒唐，勘在海外，今日方得知聞。……並聞賓四去年在中央研究院有被選為院士之望，竟為胡適之反對而止。院士之銜，不足為榮，然偌大研究院中並經學、哲學而無之，此何能成為中國文化中心乎？可笑可笑！

前引嚴耕望致胡適函中，有「惟無論可行與否，皆請絕勿為他人吐露後學曾有此獻議。蓋一則必有很多人士不能瞭解後學之本意而有所誤會，再則若錢先生聞之，亦必以後學為多事也」之語，胡適是個守信的君子，有生之年亦從未提及此事。職是之故，錢穆不知自己「有被選為院士之望」，乃緣於胡適邀集友人為其提名，反而因「院士之望」的最終落空，誤判作「竟為胡適之反對而止」。尤有進者，一九五八年一月，香港《民主評論》刊載了牟宗三、徐復觀、張君勱和唐君毅共同簽署〈為中國文化敬告世界人士宣言〉；該宣言反覆強調了中國文化不僅有萬古常新的普世價值，而且還有非常重大的現實意義。[36] 儘管宣言中的主要論點，大多與錢穆不謀而合，儘管錢氏對中國文化所秉持的「溫情與敬意」，與「簽名四人」伯仲難分，而他在當時的學術地位和聲望，又要比四人略高一籌，但當徐復觀邀請他一同在「宣言」上簽名時，錢穆以「恐更引起門戶壁壘」為理由，婉拒了徐復觀的請求。[37] 豈料胡適一竹竿打翻一船人，把沒有簽名的錢穆，和已簽名的牟、徐、張、唐四人並列，同樣醜詆為「不配談中國文化之人」。眾所周知，錢穆幾乎所有的著作，都離不開「談中國文化」，胡適的「不配談」的判辭，全等於把錢穆的學術成就，說得不值一文。此之謂舊恨未完，又

36　〈文化宣言〉本由唐君毅為總主筆，但唐君毅特意把自己的名字排在牟、徐、張之後，表現出儒者特有的謙抑。牟宗三、徐復觀、張君勱、唐君毅，〈為中國文化敬告世界人士宣言—我們對中國學術研究及中國文化與世界文化前途之共同認識〉，《民主評論》，卷9期1（1958年1月），頁2-21。

37　一九五七年八月一日錢穆致徐復觀函云：「君毅約於八月底返港。君勱先生意欲對中國文化態度發一宣言，私意此事似無甚意義。學術研究，貴在沉潛縝密，又貴相互間各有專精。數十年來學風頹敗已極，今日極而思反，正貴主持風氣者導一正路。此決不在文字口說上向一般群眾聳視聽而興波瀾，又恐更引起門戶壁壘耳。」引自廣州中山大學黎漢基教授所整理之《錢穆致徐復觀佚書一百零四封》（打字稿，未刊），no.99。

添新賬。所有這些，都只會加深了錢穆對胡適及中研院的怨懟和厭惡。從上文所提及的錢穆在回憶錄中，絕口不談自己當選中研院院士，反而對香港大學和耶魯大學的榮譽博士學位娓娓道來，以及史語所所長李濟因羞與錢穆同列，「藉故沒去」蔣介石在總統府招待院士的茶會，都證明了錢穆與中研院的嫌隙和心結終身未解。

不過，胡適也輸了。李濟、姚從吾、董作賓、勞榦這四個簽名人在審查會議中不約而同地集體「跑票」，徹底破壞了胡適為中研院的長遠利益和聲譽所作出的策略性的讓步和調整。由「延攬錢賓四」的初衷，演變成了羞辱錢賓四的結局，欲「釋羣疑」而羣益疑，欲「顯胸襟」而胸襟更小，反而更坐實了自己因學術上的「稍有隔閡」而刻意排擠打壓錢穆的「道路傳言」，徒然使自己成為「千百年後史家論斷必不能放過」的「關鍵」。所有這些，都是胡適在提名錢穆之時始料未及的。

最後，就連錢穆也輸了。如果胡適從來沒有提名過錢穆競逐中研院的第三屆院士，又或者錢穆像韓信那樣，「羞與絳、灌同列」，根本就不接受院士的提名，繼續以其鶴立雞羣之孤高，傲視新近從臺灣選出來的中研院文科院士，他便誠如嚴耕望所言，「愈孤立則愈光榮」。因為，他在「史學上之成就與在史學界之地位」，都遠遠超越了所有在臺灣和在海外的中研院史學院士。「院士之銜，不足為榮」，錢穆一點都不需要中研院院士的桂冠，反而是中研院的院士陣容和旗幟，「必需延攬」了錢穆始能彰顯其大中至正。但不幸的是錢穆接受了院士的提名，使得太阿倒持，強弱逆勢。更不幸的是授人以柄的結果，這回竟然輪到了周勃和灌嬰羞與韓信同列；李濟、董作賓、姚從吾和勞榦的集體「跑票」，使得錢穆連成為院士正式候選人的資格都被剝奪。幸而錢穆在有生之年並沒有看過當時的會議紀錄，並不知道他的「北大同事老友姚從吾」，[38] 也照樣「跑票」；不知道在人文組院士候選人審查委員會的投票中，當年曾從清華到北大旁聽過自己的「中國通史」、份屬學

38　錢穆在其回憶錄有云：「抗戰勝利後，余又向蘇州，……時河南大學播遷來蘇州，校長乃北大同事老友姚從吾，邀余兼課。」氏著，《八十憶雙親‧師友雜憶合刊》，頁90。

生輩的楊聯陞，[39] 獲得的是七張全票；而「常在適之家陪適之夫人出街購物，或留家打麻雀」、在人品和學問上素為自己所鄙薄的毛子水，[40] 得票也有六張之多，而自己所得的竟然只有一票，否則真是情何以堪！

（十二）胡適心目中的錢穆

胡適提名錢穆的失敗，雖然在面子上不免有些難堪，但在私衷中應該不會十分難過。從辯證的觀點，任何事情都會有「正」與「反」的二個方面；當天出席審查會的人文組委員趙元任、李濟、姚從吾、王世杰、董作賓和勞榦都是胡適的親密友人或門生，他們在審查錢穆這個文化保守主義巨擘的院士提名資格時，竟然不約而同地集體「跑票」，此一事例，豈不更有力地證明了胡適所倡導的反傳統主義運動，在當時的主流學界，是何等的成功和何等的深入人心！如果再想深一層，胡適之所以提名錢穆，除了文化「統戰」和維護中研院聲譽的策略性考量之外，在他的內心中會真的認為錢穆的學術成就，也夠資格成為中研院的院士嗎？答案恐怕仍然是「否」字居多。

胡適是「五四」激烈反傳統主義運動的領軍人物。儘管在胡適的內心深處，仍然認同中國傳統文化的某些價值，儘管在他的某些文章尤其是英文著作中，也留下了一些稱許中國文化的言論，[41] 而他在待人接物和處事做人等方面，又要比熊十力、牟宗三等當代新儒學大師，還更像一個傳統的儒者；但胡適堅信，當前中國知識分子的「終極關

39　錢穆，《八十憶雙親‧師友雜憶合刊》，頁 151。
40　錢穆，《八十憶雙親‧師友雜憶合刊》，頁 201。
41　但基於「內外有別」的原則，胡適把自己對中國文化的某些價值的承認或讚許，大都限制在英語世界之內，免得對中文讀者和自己倡導的反傳統主義運動帶來「不良」的影響。李貴生、周質平和歐揚哲生等研究胡適的學者，亦早已注意到胡適在中文和英文著作中這些歧異和自相矛盾。李貴生指出：胡適「不願意在美國聽眾面前指責東方文明，與他樂意用英文發揚中國文化，原是一體兩面的事。」可謂知言。參見李貴生，〈論胡適中國文藝復興論述的來源及其作用〉，《漢學研究》，卷 31 期 1（2013 年 3 月），頁 245–246；歐陽哲生，〈中國的文藝復興——胡適以中國文化為題材的英文作品解析〉，《近代史研究》，卷 4 期 30（2009），頁 30–31；周質平，〈胡適英文筆下的中國文化（上）、（下）〉，《中華讀書報》，2012 年 6 月 20 日、7 月 4 日。

懷」是「救亡圖存」，而「救亡圖存」的必要和充分條件，端賴於最充分和最大量地把西洋文化移植進來，[42] 而中國傳統文化，業已成為西洋文化移入的最大障礙。[43] 職是之故，中國知識分子的首要任務和最主要工作，便是以最激烈以及最嚴苛的態度，最深入地批判和揭發傳統文化各種「反科學」和「反民主」的弊端。[44] 現階段對傳統文化的正面肯定和讚揚，不僅不合時宜，而且適足以挑激起國人古往今來非常強項的自負和保守心態，認為西洋文化不值得去學，或者認為中西文化各有所長，因而不能或不願降心俯首，切切實實地去學。[45] 更為重要和更為根本的原因，還在於胡適是一個「文化惰性論」的信奉者；他堅信任何民族文化一旦形成，便自有其相當穩固的延續性，極難被外來文化改變或轉化，更遑論被連根拔除或被消滅。胡適強調，「一切文化」都有其「公有的惰性」，而任何一種民族文化都「自然有他的絕大的保守性」；任何二種不同的文化，若通過長期的和全面的「接觸」及「比較觀摩」，依據「勝優敗劣」的社會達爾文主義的公理，優質文化自然會部分地「摧陷」及「替代」劣質文化，從而促成了劣質文化的革新或「激烈變

42　詳參胡適，〈再論信心與反省〉，以及胡適，〈充分世界化與全盤西化〉，收入氏著，《胡適文存》（臺北：遠東圖書公司，1953），冊 4，頁 465–472、541–544。

43　胡適説：「中國今日最令人焦慮的，是政治的形態，社會的組織，和思想的內容與形式，處處都保持中國舊有種種罪孽的特徵，太多了，太深了，所以無論什麼良法美意，到了中國都成了逾淮之橘，失去了原有的良法美意。」胡適，〈試評所謂「中國本位的文化建設」〉，收入氏著，《胡適文存》，冊 4，頁 539。

44　此一工作，就是要對中國歷史文化進行文化和學術的雙重批判，按照胡適的説法，就是要「捉妖」和「打鬼」，要把那些躲藏在傳統典籍尤其是儒家經典這些「爛紙堆」中的妖魄鬼魂，一個一個地收拾乾淨。他説：「我披肝瀝膽地奉告人們：只為了我十分相信『爛紙堆』裏有無數無數的老鬼，能吃人，能迷人，害人的厲害勝過柏斯德 (Pasteur) 發見的種種病菌。只為了我自己自信，雖然不能殺菌，卻頗能『捉妖』、『打鬼』。」胡適，〈整理國故與「打鬼」——給浩徐先生信〉，收入歐陽哲生編，《胡適文集》（北京：北京大學出版社，1998），冊 4，頁 117。

45　這就是胡適為什麼要把駢文、律詩、八股、小腳，太監和貞節牌坊作為中國文化的特質加以攻訐，並不斷提醒和告誡國人，中國文化乃至整個東方文化是「懶惰不長進的」、令人「不能不低頭愧汗的」，以及「百不如人的」，因而沒有什麼值得自傲的理由和資本。胡適進一步指出，他之所以「被逼」作出中國「固有文化實在太不豐富」的結論，除了恪守史家「實事求是」的史德之外，還要讓國人明瞭：「自認貧困，方纔肯死心塌地的學；自認罪孽深重，方纔肯下決心去消除罪愆。」詳參胡適，〈整理國故與「打鬼」——給浩徐先生信〉，收入歐陽哲生編，《胡適文集》，冊 4，頁 116；以及胡適，〈信心與反省〉、〈三論信心與反省〉，收入氏著，《胡適文存》，冊 4，頁 462–464、477。

動」。只不過，胡適同時強調：無論變動如何激烈，「終有一個大限度」，這限度就是「終不能根本掃除」劣質文化的「根本保守性」。尤有甚者，民族文化更是「無數無數的人民」「在某種固有環境與歷史之下所造成的生活習慣」，故其根本保守性，實為各種文化之最，要「根本掃除」是不可能的，當然更沒有被「毀滅的危險」。[46]

正因為凡民族文化都有着極頑固的「惰性」，而中國文化的傳承之久、影響之廣、入人之深，其「惰性」又要遠比其他民族文化更為沉重，[47]國人多有「治沉痾當用猛藥」的想法，胡適也不例外；目前只怕藥下得不夠猛，中國文化的「惰性」克服得不夠快，[48]西方文化吸收得不夠多，根本不必「焦慮」中國文化或「中國本位」的「隕滅」。[49]胡適在批判和清算中國文化時，曾說過許多過火、過激或過分的話，這是他和陳獨秀等激烈反傳統戰友的相同之處；但由於深受「文化惰性論」的影響，又使得胡適不敢相信中國文化會被徹底清除、不敢相信「全盤西化」有可能在中國實現，這是他和陳獨秀等人的不同之點。胡適曾在口頭上「極贊成」過錢玄同為根除中國文化必先廢漢字的論說，[50]公開支持過陳序經「全盤西化」的規劃。胡適說：「那一年 (1929)《中國

46　胡適，〈試評所謂「中國本位的文化建設」〉，收入氏著，《胡適文存》，冊 4，頁 537–538。

47　胡適一再驚呼「中國的舊文化的惰性實在大得可怕」，並斷言從戊戌維新、辛亥革命、五四運動，以及國民黨在一九二六至二七年間的北伐，充其量只能予整個民族感受到「些微震盪」，「都不曾動搖那個攀不倒的中國本位」文化。而中國目前無論是政治形態、社會組織，乃至思想內容與形式，仍「處處都保持中國舊有種種罪孽的特徵」。胡適，〈試評所謂「中國本位的文化建設」〉，收入氏著，《胡適文存》，冊 4，頁 539。

48　胡適一再強調，國人在這種「使我們抬不起頭來的文物制度」面前，「要誠心誠意的想，我們祖宗的罪孽深重，我們自己的罪孽深重」，從而「閉門思過」和深切「反省」，並「發下大弘誓來懺悔，來替祖宗懺悔，替我們自己懺悔；要發願造新因來替代舊日種下的惡因」。胡適，〈信心與反省〉，收入氏著，《胡適文存》，冊 4，頁 462–463。

49　正因為「中國的舊文化的惰性實在大得可怕」，胡適勸告國人完全不必為它的「隕滅」或被消滅而感到「焦慮」，應該焦慮的反而是其「惰性之太大」，難以被動搖或被革新，以致和西方文化全面接觸了逾半個世紀，中國的「政治的形態，從娘子關到五羊城，從東海之濱到峨嵋山腳，何處不是中國舊有的把戲？社會的組織，從破敗的農村，到簇新的政黨組織，何處不具有『中國的特徵』？思想的內容與形式，從讀經祀孔，巫術國醫，到滿街的性史，滿場的春藥廣告，滿街的洋八股，何處不是『中國的特徵』？」胡適，〈試評所謂「中國本位的文化建設」〉，收入氏著，《胡適文存》，冊 4，頁 539。

50　胡適「極贊成」的表態，見錢玄同，〈中國今後之文字問題〉，《新青年》，卷 4 號 4 (1918 年 4 月 15 日)，頁 356–357。

基督教年鑑》（Christian Year-book）請我做一篇文字，我的題目是〈中國今日的文化衝突〉，我指出中國人對這個問題，曾有三派的主張：一是抵抗西洋文化，二是選擇折衷，三是充分西化。我說，抵抗西化在今日已成過去，沒有人主張了。但所謂『選擇折衷』的議論，看去非常有理，其實骨子裏只是一種變相的保守論。所以我主張全盤的西化，一心一意的走上世界化的路。」[51] 但胡適這些話，究其實這只是一種制式的表態反應，一種為鼓吹和推行新文化革命的口號或策略運用；[52] 在他的心目中，無論遭受了多麼暴烈的攻訐、多麼凶猛的批判、多麼徹底的清算，中國文化都會繼續存在，而未來的新文化或世界文化，必將是中西文化的有機融會和結合。[53] 胡適畢竟是個深受西方學院正規訓練的聰明人，當陳序經和他的「全盤西化」的論述，遭受到同樣深受西方學院正規訓練的潘光旦、梁實秋、張佛泉，尤其是吳景超等學者的猛烈批評時，他很快便省察到，他的「全盤西化」的「主張」，和他所信奉的「文化惰性論」，在學理上和邏輯上是互為水火，鑿枘不入的。因為，中國文化「大得可怕」的「惰性」，已決定了中國的「西化」，無論如何做不到「百分之一百」的「全盤」，而遺留下來的中國因子與外來的西方因子通過結合所產生的新文化，當然也就不能等同於西方文化。職是之故，胡適在呼應陳序經的「全盤西化」的文章，亦即〈試評所謂「中國本位的文化建設」〉發表了還不足三個月，便另撰〈充分世

51　胡適，〈充分世界化與全盤西化〉，頁 541。

52　錢穆在反駁反傳統主義者對中國歷史文化的攻訐時，特別提到以「專制」二字抹煞中國歷史，即使只是用作宣傳口號，其遺害亦弊過於利：「這專制二字，用在提倡革命，推翻滿清政權時，作一個宣傳口號，是有它一時之利的。但從遠處看，歪曲歷史，抹煞真實，來專便一時之宣傳，卻是弊過於利的。正因為這一宣傳，使我們總感覺中國二千年來，就只有一個專制黑暗的政治。」錢穆，《中國歷史精神》（臺北：東大圖書有限公司，1976 年修訂初版），頁 11）。

53　胡適說：「我的愚見是這樣的：中國的舊文化的惰性實在大得可怕，我們正可以不必替『中國本位』擔憂。我們肯往前看的人們，應該虛心接受這個科學工藝的世界文化和它背後的精神文明，讓那個世界文化充分和我們的老文化自由接觸，自由切磋琢磨，借它的朝氣銳氣來打掉一點我們的老文化的惰性和暮氣。將來文化大變動的結晶品，當然是一個中國本位的文化，那是毫無可疑的。如果我們的老文化裏真有無價之寶，禁得起外來勢力的洗練衝擊的，那一部分不可磨滅的文化將來自然會因這一番科學文化的淘洗而格外發輝光人的。」胡適，〈試評所謂「中國本位的文化建設」〉，收入氏著，《胡適文存》，冊 4，頁 539–540。

界化與全盤西化〉一文，[54] 公開承認「全盤西化」「這個名詞確實不免有一點語病」，並決定把「全盤西化」更正為「充分世界化」。[55] 不過，「充分世界化」雖可避免了學理上和邏輯上的「語病」，但作為新文化革命運動的一個宣傳口號，它又遠不如「全盤西化」那樣旗幟鮮明、那樣簡易直捷、那樣強悍有力、那樣易於激勵和鼓舞人心。以致一提起「全盤西化」，人們立刻便會聯想到胡適，其次才是陳序經。而關於胡適曾經作過的「更正」，除了有限幾個以研究胡適為業的學者專家之外，恐怕再也沒有人留意。

正因為「文化惰性」已經保障了中國文化決無被滅絕之虞，從「矯枉必須過正，不過正不能矯枉」的思考角度，像「廢漢字」、「罪孽深重」、「百不如人」、「沒有靈性」等語不驚人死不休的話語，實大有助於克服中國文化的「惰性」，大有助於西方文化的引進，大有助於中西方文化的融合，在現階段不僅無害，而且有益，故不妨一講再講、大講特講。而目前正是「矯枉過正」的時期，亦即要用最猛烈的藥物、最過激的手段、最決絕的心態去批判和清算中國歷史文化的時期，如果有人在此時居然還要禮讚中國文化，或肯定中國文化的價值和正面意義，在胡適看來，又豈止「不合時宜」而已，簡直是為反動勢力「作有力的辯護」，[56] 滿足「東方民族的誇大狂」和助長「東方舊勢力」的凶焰，[57] 違反了全世界「文明進化之公理」，[58] 與開歷史倒車無異！而胡適對這些人物和言論所流露出來的輕蔑、鄙薄和不屑，也常溢出言表。[59]

胡適的「五四」新文化運動的內涵，除了文化和學術方案之外，其實還包括了政治方案。[60] 正因如此，胡適慣常把維護傳統文化與愚昧、

54　胡適的〈試評所謂「中國本位的文化建設」〉一文，撰寫於一九三五年三月三十日，而〈充分世界化與全盤西化〉一文，則撰寫於一九三五年六月二十二日，相隔不及三個月。

55　胡適，〈充分世界化與全盤西化〉，收入氏著，《胡適文存》，冊 4，頁 541–544。

56　胡適，〈試評所謂「中國本位的文化建設」〉，收入氏著，《胡適文存》，冊 4，頁 449–450。

57　胡適，〈我們對於西洋近代文明的態度〉，收入歐陽哲生編，《胡適文集》，冊 4，頁 3。

58　胡適，〈文學改良芻議〉，收入歐陽哲生編，《胡適文集》，冊 2，頁 7。

59　詳見本書第二章第三節第二小節「天下蠢人恐無出芝生之右者」。

60　余英時，《重尋胡適歷程：胡適生平與思想再認識》（臺北：聯經出版事業公司，2004），頁 3–28。

保守、反動、「擁護集權」畫上等號。一九四三年十月十二日《胡適日記》有云：

> 這幾天讀張其昀君借給我看的《思想與時代》月刊。……這是張君主編的，錢是蔣介石先生撥助的，其中主重〔要〕人物為張其昀、錢穆、馮友蘭、賀麟、張蔭麟。……張其昀與錢穆二君均為從未出國門的苦學者；馮友蘭雖曾出國門，而實無所見。他們的見解多帶反動意味，保守的趨勢甚明，而擁護集權的態度亦頗明顯。[61]

《思想與時代》的編者和主要撰稿者既以「我國固有文化與民族理想根本精神之探討」為其宗旨，自然難免要被胡適打入「反動」、「保守」和「擁護集權」的另冊，而錢穆在另冊中名列第二，僅次於《思想與時代》的主編張其昀。胡適知人論世極看重學歷和出身，像錢穆、張其昀這一類未曾出洋留學的「苦學者」，因未聞大道之故，「實無所見」是應然的，墮入「反動」、「保守」和「擁護集權」的陷阱是難免的。胡適之所以要在第三屆院士選舉中提名臺、港、海外文化保守主義巨擘的錢穆、「見解多帶反動意味，保守的趨勢甚明，而擁護集權的態度亦頗明顯」的錢穆、「不配談中國文化」的錢穆，恐怕除了「釋羣疑」而「顯胸襟」、「團結全國學術界」，以及「象徵領袖羣倫團結一致」等等權術性或策略性的考量之外，再無其他。

二、錢穆眼中的胡適

胡適慣常用居高臨下的眼光俯視錢穆，而錢穆觀看胡適的目光，卻先後經歷過仰望、平視和鄙視這三個不同的階段。

61　曹伯言整理，《胡適日記全編》，冊 7，頁 539–540。

(一) 高山仰止

　　錢穆的第一次與胡適相遇，地點是蘇州中學為胡適舉辦的演講會的會場，時間是在二十世紀二十年代末葉，精確的年月日已難稽考，[62]當時錢穆只不過是蘇州中學一個寂寂無聞的國文教師，而胡適早已是身負天下重望的大名士，錢對胡持高山仰止的態度，自不可免。錢穆因正撰寫《先秦諸子繫年》，有兩本討論《史記‧六國年表》的僻書「遍覓遍詢不得」，遇見胡適「不覺即出口詢之」，但胡適對錢穆的請教竟然「無以對」，一時的氣氛變得尷尬非常。演講結束後，胡適以未帶慣用之刮鬍刀，不顧蘇州中學校長汪典存「再留一宵」的懇求，午飯及遊拙政園之後便「匆匆」乘當天下午的火車返回上海，臨走時胡適抄下自己在上海的地址給錢穆說：「來上海，可到此相晤。若通信，亦照此地址。」這是胡適對全程陪伴的錢穆，「正式」開口講過的僅有幾句話。對於胡適的冷淡態度，錢穆事後反省云：

> 自念余固失禮，初見面不當以僻書相詢，事近刁難。然積疑積悶已久，驟見一天下名學人，不禁出口。亦書生不習世故者所可有。適之是否為此戒不與余言。儻以此行匆匆不克長談，可於返滬後來一函，告以無緣得盡意。余之得此，感動於心者，當何似。顏斶見齊王，王曰斶前，斶曰王前，終不前。此後余亦終不與適之相通問。余意適之既不似中國往古之大師碩望，亦不似西方近代之學者專家。世俗之名既大，世俗之事亦擾困之無窮，不願增其困擾者，則亦惟遠避為是。[63]

　　《中國哲學史大綱 (卷上)》其實是胡適在哥倫比亞大學的英文博士論文的中文修訂版，此一博士論文 The Development of the Logical

62　錢穆，《八十憶雙親‧師友雜憶合刊》，頁 127。
63　錢穆，《八十憶雙親‧師友雜憶合刊》，頁 127–128。

Method in Ancient China 於一九一九年二月由上海商務印書館出版時，英文扉頁上赫然印有《先秦名學史》的中文書名。眾所周知，先秦遺留下來的典籍相當有限，而當時研究先秦的著作亦不算多，胡適既以先秦哲學史名家，與《史記・六國年表》相關的著述，按照學術行規對他而言應該不是「僻書」，而他居然會一無所知，以致在大庭廣眾中難以下臺，其懊悔和挫折感可知。但錢穆既以「事近刁難」「失禮」在前，仍期望胡適能與之「盡意」「長談」，甚至期望在分別後胡適還會先行修函致意，未免有點強人所難；「膽前」、「王前」的斤斤計較，亦似甚無謂；而據此斷言胡適「既不似中國往古之大師碩望，亦不似西方近代之學者專家」，理由並不充分。「我本將心托明月，誰知明月照溝渠。」兩人的第一次見面，留給錢穆的懊悔和挫折感，似比胡適沉重得太多。否則，他便不會在八十垂暮之年，還要把胡適與他初見時的冷淡態度筆之於書。

儘管初見並不甚投契，但錢穆究其實並沒有如上述引文所說的那樣，把胡適列入「亦惟遠避為是」的「拒絕往來戶」。[64] 胡適常自誇自己有「歷史癖」和「考據癖」，他的「學術的起點和終點都是中國的考證學」，[65] 懷着「獨尊史學」的傲慢和偏見，他在北京大學任文學院長時，曾倡言「辦文學院其實則只是辦歷史系」，[66] 而考據的成績又是權衡學術水平高低的主要判準。胡適和傅斯年、顧頡剛等門人弟子，當時分別是北京大學、燕京大學、中研院史語所、北平研究院、中華文化教育基金會等重要學術機構的當權派，主宰着學術資源的分配與再分配，

64　錢穆逝世之後，由錢賓四先生全集編輯委員會所編訂的《素書樓餘瀋》，共收入錢氏「疑作於民國二十一年」（一九三二年）的致胡適書函四通，其中四月二十四日函，有「本擬呈 政，禮拜日或趨 府，否則下禮拜來」之語，十七日函有「日昨來城拜謁，未得晤 教，深以為悵，即日匆匆南旋，不克走辭」之語，二十五日函亦有「即此聊當面候」之語，而三十日函則有「穆頃住西城，不日遷居北大附近，再來面候起居」之語，並且錢穆這四通致胡適函，內容包括與胡適論學、呈新舊著作向胡適請正，以及為新著向胡適求序等等，由此可證明在一九三〇年代初葉，錢穆與胡適的聯繫相當密切。錢穆，《素書樓餘瀋》，收入錢賓四先生全集編輯委員會編，《錢賓四先生全集・丙編》（臺北：聯經出版事業公司，1998），冊 53，頁 187–193。

65　余英時，《中國近代思想史上的胡適》（臺北：聯經出版事業公司，1984），頁 72。

66　錢穆，《八十憶雙親・師友雜憶合刊》，頁 147。

以及文化界和學術界的話語權；而錢穆的治學本由考據起家，他的《劉向歆父子年譜》、《先秦諸子繫年》等早期著述，全都是考據方面的扛鼎之作，故頗能與當時的學術主流相呼應。錢穆只有中學的學歷，他之所以能由一個蘇州中學的國文教員，在一九三〇年秋天一變為燕京大學的講師，全憑其《劉向歆父子年譜》的考據成績，受到胡適的大弟子顧頡剛的賞識和舉薦；[67] 他能夠在一九三一年秋由燕大轉到北大歷史系任教，也緣於其《劉向歆父子年譜》得到胡適的認可，[68] 以及得到胡適的另一大弟子傅斯年的肯定。[69] 錢穆曾多次被傅斯年奉為上賓，據錢穆回憶：「余至北平，即與孟真相識。孟真屢邀余至其史語所。有外國學者來，如法國伯希和之類，史語所宴客，余必預，並常坐貴客之旁座。孟真必介紹余乃《劉向歆父子年譜》之作者。」[70] 由於錢穆早期的學術路數與胡適一系如此之合拍，與顧頡剛、傅斯年的關係頗為緊密，以致前輩學人張君勱因之提出「君何必從胡適之作考據之學」的規勸。[71] 初到燕大以及北大任教之時，錢穆投向胡適的依舊是仰望的眼神。最明顯的證據，是他在《先秦諸子繫年》完稿之後，曾修函胡適，請胡適為該書作序並介紹出版，其函曰：

> 拙著《諸子繫年》於諸子生卒出處及晚周先秦史事，自謂頗有董理，有清一代考《史記》、訂《紀年》、辨諸子，不下數十百家，自謂此書頗堪以判羣紛而定一是，即如孔子行事，前

67　錢穆，《八十憶雙親・師友雜憶合刊》，頁 132。

68　錢穆在回憶錄中曾談及「有人問適之有關先秦諸子事」，胡云可去問錢，莫再問他。〔錢穆，《八十憶雙親・師友雜憶合刊》，頁 143。〕而胡適在 1930 年 10 月 28 日的日記中，也留下了對錢穆《劉向歆父子年譜》一書認可的紀錄：「錢譜為一大著作，見解與體例都好。他不信《新學偽經考》，立二十八事不可通以駁之。」胡適，《胡適日記全集》（臺北：聯經出版事業公司，2004），冊 6，頁 350。

69　當時北大的歷史系主任陳受頤「並不任系務」，學系的大小事情都由傅斯年在「幕後主持」（錢穆，《八十憶雙親・師友雜憶合刊》，頁 147），聘任教員乃系務重中之重，故北大歷史系之聘任錢穆案，雖有顧頡剛的力薦（錢穆，《八十憶雙親・師友雜憶合刊》，頁 141），還必須先得到傅斯年的支持，再得到文學院院長胡適的批准，才能成功。

70　錢穆，《八十憶雙親・師友雜憶合刊》，頁 146。

71　錢穆，《八十憶雙親・師友雜憶合刊》，頁 160。

人考論綦詳，至於江崔諸老，幾若無可復加。拙稿於孔子在衛宋諸節，頗謂足補諸儒考核所未備。其他用力處，穆〈自序〉中頗有道及。幸 先生終賜卒讀，並世治諸子，精考核，非 先生無以定吾書，倘蒙賜以一序，並為介紹於北平學術機關為之刊印，當不僅為穆一人之私幸也。[72]

此信寫得相當得體，在極力推崇胡適之時，亦不曾妄自菲薄；但胡適似未為所動，而錢穆在《師友雜憶》中，對此事也隻字不曾提及。

(二) 劉楨平視

所謂「英雄慣見亦常人」，由於在北大長期與胡適共事的近距離觀察，更由於在日後的著述和教學中，樹立了愈來愈大的名聲和自信，使得錢穆觀看胡適的目光，漸漸由仰望變為平視。當胡適和馮友蘭為孔子與《老子》書作者的出生年代孰先孰後的問題展開論戰之時，梁啟超、顧頡剛和錢穆等人也加入戰局。梁、顧二人都不同意胡適的《老子》成書應在《論語》之前的論斷，而均把《老子》考訂為戰國時人作品，其觀點與馮友蘭的「孔先老後」相若；而錢穆亦秉持「孔先老後」之說，更把《老子》成書的時代推斷為莊周之後，比馮、梁、顧的《老子》成書於「孔後莊前」還要更晚，[73] 並多次在書面上和口頭上質疑胡適「老先孔後」的理據：

余與適之討論老子年代問題，絕不止三數次。余曾問適之，君之先秦哲學史，主張思想必有時代背景。中國古人所謂

72　錢穆，《素書樓餘瀋》，頁 191–192。

73　詳見胡適，〈與錢穆先生論《老子》問題書〉和〈評論近人考據《老子》年代的方法〉，收入章清、吳根樑編，《胡適學術文集・中國哲學史》（北京：中華書局，1991），冊下，頁 743–745、746–765。

知人論世，即此義。惟既主老子早於孔子，則老子應在春秋時
代，其言亦當根據當時之時代背景而發。君書何乃上推之詩經，
既就詩經來論時代背景，亦不當泛泛分說樂天派悲觀派等五種
人生觀，認為乃老子思想之起源。當知樂天悲觀等分別，歷代
皆有，唐詩宋詞中何嘗無此等分別。即如最近世，亦復有此五
等分別。何以老子思想獨起於春秋時代，仍未有所說明。且如
老子以下，孔子墨子各家思想，亦各有其時代背景。君書自老
子以下，即以思想承思想，即不再提各家思想之時代背景，又
何故。[74]

　　錢穆以胡適之矛，猛擊胡適之盾，在取得中心突破之後，其批判
便如長江大河，席捲胡適論述的斷垣殘壘。面對錢穆得理不饒人的合
法駁詰，即使聰明絕頂的胡適，一時間也難免語為之塞。[75]

　　除《老子》的成書時代之外，胡適在撰寫〈說儒〉之時，曾「數次」
向錢穆「道其作意」，但因彼此意見大相逕庭，又引發了許多爭辯。[76] 不
僅如此，錢穆在講壇上授課，由於所秉持的是文化保守主義的立場，
難免與胡適多所不合。以致北大學生常互相提醒：「當用心聽適之師與
〔賓四〕師兩人課。乃兩師講堂所言正相反。」[77] 胡適的〈說儒〉發表之
後，由於所持的論述與錢穆「上古史堂上所講意義大相背馳」，有些學
生曾勸錢穆「為文駁論」，但為錢氏婉拒。上古史的助教賀次君把錢穆
授課的內容撰成文章，刊登於北大歷史系學生所主編之天津《益世報》
副刊，自然讓胡適閱後「大不悅」。錢穆在教學上公然和胡適「唱對臺
戲」，甚至引起了北大教授夫人們的關注和興趣，她們分別到兩人的課

74　錢穆，《八十憶雙親‧師友雜憶合刊》，頁 144。
75　錢穆憶及胡適對他駁詰的答覆：「適之謂，君之劉向歆父子年譜未出，一時誤於今文家言，
　　遂不敢信用左傳，此是當時之失。然對余之第二問題，則乃未有答。」錢穆，《八十憶雙
　　親‧師友雜憶合刊》，頁 144。
76　錢穆，《八十憶雙親‧師友雜憶合刊》，頁 144。
77　錢穆，《八十憶雙親‧師友雜憶合刊》，頁 143。

堂旁聽，然後把聽到的不同，作為茶餘飯後的談資。[78] 只不過，錢穆也觀察到，特別為學生們和教授夫人們「所注意者」，亦僅為他和胡適在考據上對「一些具體材料問題解釋之間」的歧異，「而於中國歷史文化傳統之一大問題上，則似未竟〔整〕體觸及也。」[79]

然則，什麼才是錢穆在「中國歷史文化傳統之一大問題上」與胡適及其追隨者的根本分歧呢？錢穆雖未曾進一步予以闡明，但對於錢穆和胡適的文化學術思想稍有涉獵者都知道，兩人的根本分歧當然是文化認同。錢穆的入室高弟余英時，在錢氏大歸之日，曾以「一生為故國招魂」，來概括乃師畢生學術精神之所寄，及其「最終極而且也是最後的關懷」，[80] 可謂確當而公允。儘管錢穆同樣以考據名家，儘管他在考據方面分析之精密、批判之嚴謹，和胡適等人所倡導的「科學精神」若合符契，儘管他「疑古」的程度，有時甚至還超過了因主編《古史辨》而「暴得大名」的疑古大師顧頡剛，[81] 但無論考據也好、疑古也罷，說到底只不過是錢氏「考史」或「證史」的工具或方法，[82] 而他考史或證史的最根本目的，乃在於證成中國的歷史文化，不僅有萬古恆新的普世價值，而且還有非常重大的現代意義，因而不該滅亡、不能滅亡、不會滅亡，也不可滅亡。這和胡適立志要在中國歷史文化中「捉妖打鬼」之考證，[83] 和顧頡剛把傳統的核心經典率多考訂為「作偽」的「疑古」，簡直天壤懸隔；這也和傅斯年在史語所倡導的「為知識而知識」的治學宗旨，畢竟大不相同。

78　錢穆，《八十憶雙親・師友雜憶合刊》，頁 144-145。
79　錢穆，《八十憶雙親・師友雜憶合刊》，頁 145。
80　余英時，〈一生為故國招魂——敬悼錢賓四師〉，收入氏著，《猶記風吹水上鱗——錢穆與現代中國學術》（臺北：三民書局，1991），頁 17-18。
81　錢穆說：「頡剛史學淵源於崔東壁之考信錄，變而過激，乃有古史辨之躍起。……而余則疑堯典，疑禹貢，疑易傳，疑老子出莊周後，所疑皆超於頡剛。」錢穆，《八十憶雙親・師友雜憶合刊》，頁 146。
82　錢穆強調了古史「疑與信皆須考」的原則。對於中國的古代歷史，錢氏雖間有因疑而考之以證明其為偽者，此則與顧頡剛相同；但在更多的時候及其最根本的關注，錢氏是通過考據以證明其所信者，此則與顧頡剛迥異。錢氏自云「竊願以考古名，不願以疑古名」，其故盡在於此。錢穆，《八十憶雙親・師友雜憶合刊》，頁 146。
83　胡適，〈整理國故與「打鬼」——給浩徐先生信〉，收入歐陽哲生編，《胡適文集》，冊 4，頁 117。

　　儘管「救亡圖存」也同樣是錢穆的「終極關懷」，儘管他也同樣把消除當前中西文化的衝突，視為「救亡圖存」的關鍵所在，但「五四」反傳統主義者為了「救國」和「保種」必須毀棄中國文化的種種論述，在錢穆眼中不僅邏輯不通，而且還會生心害事。因為，國家是民族的繁衍生息之所，民族是文化的載體，而文化又是民族的靈魂或種性，是以「救亡圖存」必須把「救國」、「保種」和「存文化」這三個層面有機地結合起來，任何一個層面被破壞了，其餘二個層面也會因「三位一體」的崩解而不能獨存。[84] 錢穆曾多次強調：「要滅亡一個國家，定要先滅亡他們的歷史。要改造一個民族，也定要先改造他們的歷史。猶如要消滅一個人的生命，必先消滅他的記憶般」，[85]「若這一個民族的文化消滅了，這個民族便不可能再存在」。[86] 國人之自毀其文化，便等於自棄其靈魂或自亡其種性；而自亡其種性者，便等於自絕其種族，而自絕其種族者，便等於自滅其祖國。「五四」反傳統主義者把中國歷史文化傳統視為「救亡圖存」的最大障礙，攻擊和批判的炮火唯恐不夠凶猛激烈、語言唯恐不夠粗暴極端，而錢穆則處處宣揚中國歷史文化傳統放諸四海而皆準的普世價值，及其萬古常新的現代意義，並視之為「救亡圖存」最可寶貴的精神與思想資源。[87] 胡適等人把引進西方文化的觸處皆礙、「救亡圖存」的成果不彰，歸咎於對中國歷史文化傳統的摧陷廓清，還遠不夠徹底，[88] 而錢穆則歸咎於摧陷廓清得太過徹底。[89] 所謂「從

84　錢穆一再重申：「歷史與文化就是一個民族精神的表現」，「沒有民族，就不可能有文化，不可能有歷史。同時，沒有文化，沒有歷史，也不可民族。」錢穆，《中國歷史精神》，頁7。

85　錢穆，《中國歷史精神》，頁9。

86　錢穆，《中國歷史精神》，頁7。

87　錢穆，《國史大綱・引論》(臺北：國立編譯館，1955年重印)，頁27。

88　胡適，〈試評所謂「中國本位的文化建設」〉，收入氏著，《胡適文存》，冊4，頁539。

89　錢穆說：「凡此皆較近中國之病，而尤莫病於士大夫之無識。士大夫無識，乃不見其為病，急於強起急走以效人之所為。跳躍叫噪，踴躍奮興，而病乃日滋，於是轉而疑及於我全民族數千年文化本源，而惟求全變故常以為快。……不幸此數十年來，國人士大夫，乃悍於求變，而忽於謀安，果於為率導，而怠於務研尋。又復羼以私心，鼓以戾氣，其趨勢至於最近，乃繼續有加益甚而靡已。藥不對病乃又為最近百病纏縛之一種根本病也。」《國史大綱・引論》，頁26。

外入者，無主於中，不止」，[90] 試問被攻擊得遍體鱗傷、奄奄一息的中國文化，又如何能作為迎迓和引進西方文化進入中國的主人？失去了主人的接引，作為客人的西方文化，又如何能在中國安家落戶、開花結果？

由於彼此的文化認同天差地遠，甚至完全相反，錢穆在北大這個「五四」運動的發源地，在這個「所言觸處有忤」的「是非場」，在上課「幾如登辯論場」的講壇，[91] 要和胡適、傅斯年、毛子水等反傳統主義者長期和平共處是不可能的。更兼錢穆欠缺湯用彤「默足以容」的修養功夫，又無陳寅恪危岸孤高的疏離態勢，強烈的文化使命感驅策着他批評北大的學風、質疑北大的行政。他公開質疑「疑古派」之偏頗，訕笑錢玄同改姓「疑古」之荒謬無理，批評史語所的「歷史語言二者兼舉」在中國學術「無此根據」，在西方學術亦非正宗。對北大歷史系專治斷代史而「不主張講通史」的課程設計，錢穆大不以為然，認為「先秦以下」的史學，「不能存而不論」，因而於一九三三年後一人在北大獨任中國通史講席。對於北大文學院「於文學則偏重元明以下，史學則偏重先秦以上」的課程設計，錢穆亦大不以為然，認為會造成「文史兩途」的更「相懸絕」。[92] 為了在歷史系開設「中國政治制度史」，錢穆據理力爭；[93] 為了反對胡適解聘蒙文通，錢穆又據理力爭，和胡適由「午前十一時許」爭辯到「午後一時」，最後「不懽而散」。[94]

文化認同上的針鋒相對，決定了錢穆和胡適、傅斯年、毛子水等

---

90 〔漢〕劉安撰，〔漢〕許慎註，《淮南鴻烈解》（上海：上海書店，1989 年據上海涵芬樓景印劉泖生影寫北宋本重印），收入《四部叢刊初編》，冊 73，卷之二，〈原道訓下〉，頁 14。

91 錢穆，《八十憶雙親・師友雜憶合刊》，頁 143–145。

92 錢穆，《八十憶雙親・師友雜憶合刊》，頁 146–147。

93 反對錢穆開此課者，實為「幕後主持」系務的傅斯年。據錢回憶，傅反對的理由「大意謂中國秦以下政治，只是君主專制。今改民國，以前政治制度可勿再究。」而錢則反駁：「實際政治以前制度可不再問。今治歷史，以前究屬如何專制，亦當略知，烏可盡置不問。」在「屢爭，終不允」之後，錢穆最後抬出聘約中有「一課任余自由開講」條款，歷史系才不再「堅拒」。但開課之日，竟無一個歷史系的學生選讀此課，選課都是法學院的政治系的學生。錢穆，《八十憶雙親・師友雜憶合刊》，頁 147–148。

94 詳參錢穆，《八十憶雙親・師友雜憶合刊》，頁 156。

反傳統主義者的衝突、交惡，以及後來的分道揚鑣。由於錢穆是以考據起家，在胡適和傅斯年等以考據為學術判準的北大當權派心目中，錢穆還算是有學問的，是故他們以「革新」之名在北大中文系解聘了舊派老教授許之衡和林損，[95] 在歷史系解聘了四川經學大宗師廖平的傳燈高弟、文化保守主義學術鉅子蒙文通之時，對錢穆總算手下留情；而錢穆當然也明白，蒙文通被解聘的真正原因，絕非胡適所謂有學生上課聽不懂他的四川口音。因為，蒙文通所操者屬於成都官話系統，至少要比自己的無錫話易懂多了。[96] 但忍耐和寬容不可能是無限的，而錢穆的《國史大綱》正式出版，終於使得表面上殘存的一點點和諧和客氣，也隨風而逝。

(三)《國史大綱》的撰寫

《國史大綱》上、下兩冊，撰寫於雲南省距昆明市區五十多公里的宜良縣。錢穆在「七七」事變之後，為了不在日軍的槍刺下作順民，毅然決然地拋棄了在北平坐擁書城的神仙生活，追隨北大播遷於西南天地間，在由北大、清華和南開三校於流亡中先後組建的國立長沙臨時大學及國立西南聯合大學任教。親歷家亡國破的鉅創深悲，讓錢穆在痛定思痛的反思中，認為目前的橫逆和國難，至少有相當一部分的原因，是緣於「五四」反傳統主義對中國歷史文化的各種抹煞、歪曲和破壞，嚴重地斲傷了民族的元氣；[97] 而我國族雖在日軍的進攻下節節敗

95　周作人，《知堂回想錄》(香港：三育圖書有限公司，1980)，頁 486-487。
96　筆者曾在 1984 年 8 月間於臺北內雙溪錢寓晉謁，蒙錢先生接待並賜談約一小時，由於聽不懂錢氏所操之吳語，全程需由新亞研究所老學長、臺大何佑森教授代為翻譯。
97　直到一九五五年六月，《國史大綱》臺北國立編譯館重印，錢穆在〈本書特版弁言〉中，仍不忘痛斥五四反傳統主義為國族帶來的禍害：「……而昧者不察，妄謂自己站於新時代，便可以打倒舊歷史。妄謂竊取他人歷史陳跡，便可推翻自己歷史傳統。妄謂根據時代意見，便可改造歷史定理。妄謂由當時努力，便可消滅歷史影響。此皆無知妄作之尤，而貽禍於人類與國族者實大。而中國當前國難之深重，不得不歸咎於國人對本國傳統歷史知識之忽視，其故亦從可知矣。」錢穆，《國史大綱‧本書特版弁言》(臺北：國立編譯館，1955 年重印)，頁 2-3。

退，喪失了東、北、中、南大半壁江山之後，之所以仍能上下一心，固守在西南一隅苦撐待變，奮戰不屈，又端賴於一息尚存、不絕如縷的中國歷史文化，仍繼續在砥礪民族志節，陶鑄民族精神，滋潤民族生命。[98]「歷史毀則其國必亡」，章太炎晚年念茲在茲，而錢穆更深信不疑。[99] 他甚至斷言：「若一民族對其已往歷史無所了知，此必為無文化之民族。此民族中之分子，對其民族，必無甚深之愛，必不能為其民族真奮鬥而犧牲，此民族終將無爭存於並世之力量。」[100] 不過，由「歷史毀則其國必亡」的原命題，又可邏輯地推導出「歷史不毀則其國不亡」的否命題。[101] 如果說，原命題投射出錢氏對當前國勢板盪困厄的極度焦慮，否命題則是他以全副心血灌注、全副生命投入的務必實現於當下的奮鬥目標。作為一個壯懷激烈的民族主義者，作為一個熱愛中國文化的歷史家，如何把業已奄奄一息的中國歷史文化，從反傳統主義的伐性之斧的狂砍猛斲之下搶救出來，已成為錢穆「捨我其誰」悲願。書生救國，講壇就是戰場，筆紙化為刀槍。錢穆在長沙臨大和西南聯大的課堂，不斷向學子闡明傳統文化的普世價值和現代意義，反駁「五四」主流論述對中國歷史的各種誣蔑和歪曲。但個人在教室中宣講的影響畢竟極為有限，錢穆於是採納了陳夢家的建議，決心「為時代急迫需要」，撰寫一本相當於中國通史的教科書，簡要而深入地向「全國大學青年」開示自己的講學宗旨。[102] 為了能有一清靜的著述環境，錢穆在西南聯大文學院由蒙自遷返昆明之時，選擇了在宜良縣卜居。[103] 除了每週一次乘火車開赴昆明授課三天之外，錢穆埋首於宜良縣西山岩泉寺這一座人跡罕至之古刹之中，以其逃離北平時藏在隨身衣箱內

98　錢穆，《國史大綱・引論》，頁 2–3。

99　錢穆，《中國歷史精神》，頁 9。

100　錢穆，《國史大綱・引論》，頁 2。

101　錢穆，《國史大綱・引論》，頁 27。

102　錢穆，《八十憶雙親・師友雜憶合刊》，頁 191–192。

103　錢穆曾談及卜居宜良的原因：「不久，忽傳文學院決於暑假遷返昆明。余聞之，大懊喪。方期撰寫史綱，昆明交接頻繁，何得閒暇落筆。因念宜良山水勝地，距昆明不遠，倘獲卜居宜良，以半星期去昆明任課，尚得半星期清閒，庶得山水之助，可以閉門撰述。」錢穆，《八十憶雙親・師友雜憶合刊》，頁 192。

「挾以俱行」的數冊授課筆記為主要憑藉，[104] 奮筆撰寫他的《國史大綱》。

《國史大綱》在一九三八年五月開筆，一九三九年六月殺青，但遲至一九四〇年七月才由商務印書館在長沙印出初版。[105] 出版稽遲的主因，是該書的〈洪楊之亂〉一章，與孫中山尊崇太平天國之宗旨相違，遂被當時負責全國書刊審查的重慶市圖書雜誌審查委員會，摘列出「須重加改定」者多條，並批示「遵照指示改定後，須呈請再審」。唯經錢穆修書答辯後，該委員會接受了錢氏的辯解，准許《國史大綱》「可一照原稿印行」。[106] 該書「本由感激於國難而造述」，[107] 而其長沙初版的扉頁，亦特別印上「本書謹奉獻於　前線抗戰為國犧牲之百萬戰士」等文字。全書都約數十萬言，把由堯舜以迄民初的中國在文化、學術、社會、經濟、政治、制度、民族等方面形成、發展和遞嬗，「上下五千年，由古迄今，系統敍述，絕無一事無確據，絕無一語無明證」；[108] 藉由翔實而具體的史跡，呈現出華夏文明的真、善、美，及其絲毫無愧於與西方文明並駕齊驅的理由。在「消極」的方面，「於舊史統貫中映照出現中國種種複雜難解之問題」，「指出國家民族最近病痛之證候」，作為志士仁人籌策救亡圖存方案的必須憑藉；[109] 但在「積極」的方面，同時也是最重要的方面，乃係「求出國家民族永久生命之泉源」，從而使國人「曉然了解於我先民對於國家民族所已盡之責任」，對中國歷史文化「而油然興其慨想，奮發愛惜保護之摯意」。[110]「此書中愛國家、愛民族

104　錢穆在一九三七年雙十節過後，拋棄了以多年教書薪資所得，「節衣縮食」所購的五萬冊藏書，逃離北平（錢穆，《八十憶雙親‧師友雜憶合刊》，頁 163、166、205），所相攜而萬難捨棄者，只有數冊他由一九三三年至一九三七年間在北大講授「中國通史」時數易其稿的講義和筆記。錢穆，《國史大綱‧書成自記》，頁 1-3。

105　筆者在香港中文大學總圖書館特藏室，覓得商務印書館印行的《國史大綱》初版（館藏號DS735.C48.1940），版權頁上所載之出版地為長沙南正路，出版日期為中華民國二十九年七月，與錢氏在回憶錄中所謂初版係在商務印書館之上海舊印刷廠付印，並不完全吻合。錢穆，《八十憶雙親‧師友雜憶合刊》，頁 205。

106　錢穆，《八十憶雙親‧師友雜憶合刊》，頁 205-206。查長沙商務印書館印行的《國史大綱》初版，該書底頁印有「重慶市圖書雜誌審查委員會發給審查證圖字一二八三號」。

107　錢穆，《國史大綱‧本書特版弁言》，頁 4。

108　錢穆，《國史大綱‧本書特版弁言》，頁 4。

109　錢穆，《國史大綱‧引論》，頁 7。

110　錢穆，《國史大綱‧引論》，頁 7。

思想洋溢滿紙，……讀錢氏之書，當使懦夫有立志，病夫有生氣，熱血沸騰，奮然而思有所以自存矣。」[111] 這是《國史大綱》的許多讀者的普遍感受，也是對錢穆著書立說的存心的最佳回報。

(四)《國史大綱·引論》的批判鋒芒

為了把「所以為此書之意」昭示國人，錢穆特別為《國史大綱》增寫了一篇〈引論〉，在該書出版之前率先在國統區的報刊上發表。《國史大綱·引論》(以下簡稱〈引論〉) 共有十五個章節，文長約二萬言，全面而系統地對反傳統主義者的主要論點，痛加批駁。

如眾所周知，反傳統主義把中國歷史文化視為救亡圖存的主要障礙，斷言為了救國和保種則必須毀棄中國歷史文化，[112]〈引論〉則再三強調國家、種族和文化的「三位一體」密不可分，文化乃國家與民族「所由產生」之「憑依」，文化亡則國家與種族亦必隨之而亡：

> 舉世民族國家之形形色色，皆代表其背後文化之形形色色。如影隨形，莫能違者。人類苟負有某一種文化演進之使命，則必摶成一民族焉，創建一國家焉，夫而其背後之文化，始得有所憑依而發揚光大。若其所負文化演進之使命既中輟，則國家可以消失，民族可以離散。故非國家民族不永命之可慮，而其民族國家所由產生之文化之息絕為可悲。世未有其民族文化尚燦爛光輝，而遽喪其國家者，亦未有其民族文化已衰息斷絕，而其國家之生命猶得長存者，……[113]

由法國社會學大師 Maurice Halbwachs (1877-1945) 所開創的集

111　牟潤孫，〈記所見之二十五年來史學著作〉，收入杜維運、黃進興主編，《中國史學史論文選集》(臺北：華世出版社，1980年二版)，冊2，頁1122-1123。

112　例如，錢玄同曾大聲疾呼：「欲使中國不亡，欲使中國民族為二十世紀文明之民族，必以廢孔學，滅道教為根本之解決，而廢記載孔門學說及道教妖言之漢文，尤為根本解決之根本解決。」錢玄同，〈中國今後之文字問題〉，《新青年》，卷4號4，頁350-356。

113　錢穆，《國史大綱·引論》，頁27。

體記憶（collective memory）理論，自一九五〇年結集成書之後，對人
文學科研究的影響與日俱增。集體記憶理論的核心宗旨，在於強調社
會上除了「個人的」記憶之外，還存在着一種由歷史文化的長期澱積
所形成的「集體的」記憶。而集體記憶不是別的，正是構成個人記憶
的骨幹（cadre）或意義脈絡（framework）。離開了集體記憶，個人記
憶便再也無法正常運作，而個人對於社會上的諸多事物，也就會無從
理解。[114] 許多深受集體記憶理論影響的學者，大都傾向於把國族的集
體記憶，等同於國族的歷史文化；[115] 研究民族主義的許多學者，則把
國族的歷史文化，包括國族共同的歷史、神話、風俗、語言和文化符
號，視為羣眾動員和社會動員的極重要精神資源，視為建構現代民族
國家的偉大力量；[116] 而利用國家的節日和慶典，以及為此奉行的各種
祭祀、禮儀和藝文活動，藉以建構和強化國民對某一歷史事件或歷史
創傷（historical trauma）的集體記憶，凝聚國民對國家的認同和效忠，
是所有國家尤其是現代國家賴以教育、動員和操控其國民，確立其統
治和權力合法性的必然手段。這一道理，也業經無數從事集體記憶研
究、文化研究或民族主義研究的學者反覆闡明和證實。[117] 錢穆的〈引論〉

114　Maurice Halbwachs, *On Collective Memory*, trans. Lewis A. Coser (Chicago, The
　　University of Chicago Press, 1992).

115　John Armstrong, *Nation before Nationalism* (Chapel Hill: University of Carolina Press,
　　1982); Adrian Hasting, *The Construction of Nationhood: Ethnicity, Religion, and
　　Nationalism* (Cambridge: Cambridge University Press, 1997); David Hooson, ed.,
　　Geography and National Identity (Cambridge: Cambridge University Press, 1994);
　　Anthony D. Smith, *Nationalism and Modernism* (London and New York: Routledge,
　　1998).

116　Anthony D. Smith, *Nations and Nationalism in a Global Era* (Cambridge: Polity Press,
　　1995), pp. 51–84; Anthony D. Smith, *The Nation in History: Historiographical Debates
　　about Ethnicity and Nationalism* (Hanover: Brandeis University press, 2000), pp. 5–26.

117　有關此一方面的著述，不勝枚舉，可參看 Richard Terdiman, *Present Past: Modernity
　　and the Memory Crisis* (Ithaca and London: Cornell University, 1993); Dan Ben-Amos
　　and Liliane Weissberg, eds., *Cultural Memory and the Construction of Identity* (Detroit:
　　Wayne State University Press, 1999); Anthony D. Smith, *Nations and Nationalism in
　　a Global Era*; Kathryn Woodward, ed., *Identity and Difference* (Milton Keynes: Open
　　University Press, 1997); Bo Strath, ed., *Myth and Memory in the Construction of
　　Community: Historical Patterns in Europe and Beyond* (Brussels: PIE Lang, 2000);
　　Jacob J. Climo and Maria G. Cattell, eds., *Social Memory and History: Anthropological
　　Perspectives* (California: AltaMira Press, 2003).

早在一九三九年一月便已殺青，他在〈引論〉中再三強調的「文化—國家—民族」的三位一體和絕不可分的宗旨，當然不可能受到晚出的集體記憶和民族主義理論的影響。但無論如何，地緣和語言的隔閡，並不妨礙錢穆和 Maurice Halbwachs 等人心意相通、見解相同。從錢氏三位一體的立場出發，反傳統主義者為救國保種而毀棄中國歷史文化的救亡方案，簡直是自毀其國和自奴其種。因為，此一方案，只會造成中國「文化自身之萎縮與消滅」，只會使中國變成「被征服國或次殖民地」，在錢穆看來，這無異是西方列強對我國族的「一種變相的文化征服」。[118]

由於中國的歷史文化，正是當前救之圖存運動須臾不可或缺的精神和力量的源泉，錢穆在〈引論〉之前，特別增加了一卷頭語，把國人對自己的歷史文化所必須具有的「溫情與敬意」，作為閱讀該書的必備前提，[119]並對欠缺「溫情與敬意」的各種言論痛加申斥。錢氏把諸如「視本國已往歷史為無一點有價值，亦無一處足以使彼滿意」的抹黑，斥之為「偏激的虛無主義」；把「感到現在我們是站在已往歷史最高之頂點」，而蟻視先聖先賢的誇誕，斥之為「淺薄狂妄的進化觀」；把「將我們當身種種罪惡與弱點，一切諉卸於古人」的誣陷，斥之為「似是而非之文化自譴」。[120]

反傳統主義者把「中國自秦以來二千年」的中國歷史文化，視之為「專制黑暗」的文化。在此一「專制黑暗」的文化逼迫扼殺之下，不僅使得民主和科學的思想，無法自本自根地在過去的中國土壤裏孕育和萌芽，還阻絕了西方的民主和科學思潮，在當前的中國社會中傳播、發展，開花和結果。我們知道，把迎迓泰西的德先生 (民主) 和賽先生 (科學) 到中國安家落戶，視為救亡圖存的必由之路，業已成為當時包括反

---

118 錢穆，《國史大綱・凡讀本書請先具下列諸信念》，頁 1。
119 意即凡缺乏此種「溫情與敬意」的讀者，不必讀也不配讀他的《國史大綱》。錢穆，《國史大綱・凡讀本書請先具下列諸信念》，頁 1。
120 錢穆，《國史大綱・凡讀本書請先具下列諸信念》，頁 1。

傳統主義者和文化保守主義者在內的絕大多數知識人的最大共識，[121] 錢穆也不能自外。〈引論〉的最核心宗綱，就是對「專制黑暗」論展開全面的駁斥。因為，專制黑暗論不是別的，而正是反傳統主義據之以徹底否定中國歷史文化的理論基礎，把其基礎摧破了，整個反傳統主義的論述系統也就隨之崩塌了。

　　反傳統主義者以民主政制在中國歷史上從未出現，作為專制黑暗論的主要證據，錢穆則極不以為然。他在〈引論〉中一再重申，中國文化與西方文化長達數千年的分途發展，彼此不可避免地產生出不同的「個性」、「精神」和「面相」，[122] 萬不可把西方社會發展史中的通則或公式，往中國傳統社會身上硬套。因為，中國歷史文化迥異於西方的性格和特質，使得「中國已往政制，儘可有君主，無立憲，而非專制。中國已往社會，亦儘可非封建，非工商，而自成一格。」[123] 反傳統主義者「懶於尋國史之真，勇於據他人之說」，[124] 削中國歷史文化之足，適西方公式之屨，最終只會扭曲了歷史的真相，為「國家民族最近病痛之證候」，[125] 開出了一帖奪命的藥方。

　　強調由理性所建構的理則的唯一性，及其放諸四海而皆準的普遍性，本是十八世紀由西方啟蒙理性和科學主義所衍生的價值觀。[126] 而由這種價值觀所衍生的「歐洲中心主義」（Euro-centrism），則處處以西方主流社會所產生的價值或律則，作為世界上唯一正確的和唯一合理的範式或標準，用以權衡非西方社會的萬事萬物。隨着西方文化在十九世紀向非西方地區的極度擴張，歐洲中心主義也逐漸在全世界建

121　翟志成，《馮友蘭學思生命前傳（1895–1949）》（臺北：中央研究院近代史研究所，2007），頁 42–56。

122　錢穆強調：「寫國史者，必確切曉瞭其國家民族文化發展個性之所在，而後能把握其特殊之環境與事業，而寫出其特殊之精神與面相。然反言之，亦惟於其特殊之環境與事業中，乃可識其個性之特殊點。」氏著，《國史大綱‧引論》，頁 8。

123　錢穆，《國史大綱‧引論》，頁 19。

124　錢穆，《國史大綱‧引論》，頁 19。

125　錢穆，《國史大綱‧引論》，頁 8。

126　Isaiah Berlin, Henry Hardy eds., *Three Critics of the Enlightenment: Vico, Hamann, Herder* (New Jersey: Princeton University Press, 2000), pp. 168–169.

立起自己在文化、思想和學術領域的強悍霸權，並因之壟斷了人文學界的話語權；而其他非西方民族的價值、個性和特質，及其歷史文化的不可化約的獨特性，則被完全忽略或根本抹煞。反傳統主義者雖然身為中國人，但卻時時事事處處以西方的標準，用來批判中國文化，由此可見歐洲中心主義的影響，在近代中國的入人之深。由此亦可見，中國人的身分，其實一點也不曾妨礙了反傳統主義者的搖身一變，成為歐洲中心主義的忠實信徒。對於歐洲中心主的各種反思與批判，西方學界要一直到了二十世紀的末業才漸成氣候；而錢穆早在二十世紀四十年代的初期，便已經猛烈抨擊反傳統主義者妄以西方公式來裁判中國歷史了。他的先知先覺，也在〈引論〉中得到了最集中的呈現。

錢穆在〈引論〉中強調，要為「國家民族最近病痛之證候」開出對症的藥方，便必須尋找出「國史之真」；而「國史之真」的求得，便再也不能妄「據他人之說」，而只能努力求諸國史的自身。〈引論〉認為自秦始皇統一海內以來，中國的立國規模之大、幅員之廣、人口之眾，與當時歐洲小國寡民的政制迥異，其政權實已「非一姓一家之力所能專制」，而必須在宗親貴族之外，在社會上引入各種才俊秀異之士，共同參預由中央到地方的各級政府的管治，由是造成了政權的對外「解放」或開放。諸如李斯、蒙恬、公孫宏之屬，均能以游士布衣之身，晉升為秦朝或漢朝政府之首領，打破了由西周以來的「貴族擅權制」。[127] 隨着政權的逐步開放，晉用人材的「公開客觀之標準」，亦逐漸得已確立。兩漢「博士弟子，補郎補吏，為入仕正途」，取代了「世襲任廕」制；而隋、唐兩代的「科舉競選」，又使得魏、晉、南北朝的高門大族壟斷政治，消弭於無形。[128] 自此之後，「考試與銓選，遂為維持中國歷代政府綱紀之兩大骨幹。全國政事付之官吏，而官吏之選拔與任用，則一惟禮部之考試與吏部之銓選是問。此二者，皆有客觀之法規，為公開的

127　錢穆，《國史大綱・引論》，頁 12。
128　錢穆，《國史大綱・引論》，頁 12–13。

準繩。有皇帝（王室代表）所不能搖，宰相（政府首領）所不能動者。」[129]〈引論〉認為，中國傳統政制在晉用人材方面的「客觀」與「公開」，其背後的主導精神，正與《禮運・大同》篇中的「天下為公，選賢與能」的宗旨相契合；而中國的傳統政制，早在東漢之時，便已成功地轉型為「士人政府」。[130] 而中國的學術，也早已脫離了宗教勢力的羈控，以「超然於政治勢力之外」的地位，「而享有其自由」，「亦復常盡其指導政治之責任」。[131] 正由於「士人」並不隸屬於任何特定的階級，而是來源自社會的各個階層，故我們似可把錢氏筆下的「士人政府」，等同於「庶民政府」或「人民政府」。這種實行「天下為公」的政府，這種尊重學術的獨立和自由的政府，是絕對不能也不應與「專制黑暗」劃上等號的。然而「世之持自卑自賤者」，竟不分青紅皂白，強行把「專制黑暗」的鐵帽，往傳統政制頭上硬套。故〈引論〉不禁慨歎：「昧者不察，遂妄疑中國歷來政制，惟有專制黑暗，不悟政制後面，別自有一種理性精神為之指導也。」[132]

此外，錢穆還以網球家與音樂家的不同表演，來形狀西方和東方歷史文化的分途發展。〈引論〉指出：由於「限於地勢，東西各不相聞接」，長達數千年文化的各自演進，使得「東方與西方，有絕然不同之態」。[133] 西方的歷史，就如同一幕又一幕精彩的硬地網球賽，「每常於鬥爭中著精神」；而中國的歷史，則如同音樂廳中「一片琴韻悠揚」的演奏，「常於和平中得進展」。[134] 東西文化的不同形態，其主要的表現在於：

> 西方之一型，於破碎中為分立為並存，故常務於力的鬥爭
> 而競為四圍之鬥。東方之一型，於整塊中為團聚，為相協，故

129　錢穆，《國史大綱・引論》，頁 13。
130　錢穆，《國史大綱・引論》，頁 12–13。
131　錢穆，《國史大綱・引論》，頁 15。
132　錢穆，《國史大綱・引論》，頁 13。
133　錢穆，《國史大綱・引論》，頁 20–21。
134　錢穆，《國史大綱・引論》，頁 11。

常務於情的融和而專為中心之禽。一則務於國強為併包，一則務於謀安為緜延。故西方型文化之進展，其特色在轉換，而東方型文化之進展，其特色則在擴大。……西方常求其力之向外為鬥爭，而東方則惟求其力之於內部自消融，因此每一種力量之存在，常不使其僵化以與他種力量相衝突，而相率投入於更大之同情圈中，卒於溶解消散而不見其存在。[135]

反傳統主義者因為中國的歷史，在政治上沒有出現過民主政制或發生過法國大革命、思想上沒出現過文藝復興或發生過馬丁路德的宗教改革、經濟上沒有發生過工業革命或曾在海外建立過殖民地，[136] 便斷言「中國自秦以來二千年，思想停滯無進步，而一切事態，因亦相隨停滯不進」，把中國等同於歐洲中世紀的黑暗時期，以「專制黑暗一語抹殺」之。[137] 他們更把批判的刀鋒指向儒家和道家，斥責前者「掩脅」聰明，後者「麻醉」心智，又都「與專制政體相協應」，當然要對中國的「專制黑暗」和「停滯不進」，負有主要責任；[138] 而這些與「現代之所需」不能共存的思想系統，若不被「連根剷除」，則中國的「沉痼積痎」，[139] 便永無痊癒之日。[140]〈引論〉認為反傳統主義者的這些論述，乃緣於他們對中國歷史文化演進的特性，既「一無所知」又「抱一種革命的蔑視」。[141] 他們並不知道，中國文化自古以來，便已向「和平的大一統之境界」演進，而我國族亦得以在「合理的文化生活」中傳宗接代，遂使得「中國政制，常偏重於中央之凝合，而不重於四圍之吞併。其精神亦常偏於和平，而不重於富強。常偏於已有之完整，而略於未有之侵獲。……

---

135 錢穆，《國史大綱・引論》，頁 20–21。
136 錢穆，《國史大綱・引論》，頁 9。
137 錢穆，《國史大綱・引論》，頁 5。
138 錢穆，《國史大綱・引論》，頁 4–5。
139 錢穆，《國史大綱・引論》，頁 18。
140 《國史大綱・引論》，頁 5。
141 錢穆，《國史大綱・引論》，頁 2–4。

故其為學，常重於人事之協調，而不重於物力之利用。」[142] 他們之要求
「常於和平中得進展」的中國歷史文化，要具備「每常於鬥爭中著精神」
的西方文化的種種業績，又何異於要求音樂家在網球的此賽場上，要
和網球家有相同的表現？其悖理與不公，實無踰於此。[143] 故〈引論〉嘗
慨乎言：

> 凡最近數十年來有志革新之士，莫不謳歌歐美，力求步
> 趨，其心神之所向往在是，其耳目之所聞覩亦在是。迷於彼而
> 忘其我，拘於貌而忽其情。反觀祖國，凡彼之所盛自張揚而誇
> 道者，我乃一無有。……彼方目眩神炫於網球場中四圍之采聲，
> 乃不知別有一管弦競奏，歌聲洋溢之境也則宜，故曰治國史之
> 第一任務，在能於國家民族之內部自身，求得其獨特精神之
> 所在。[144]

〈引論〉更進一步強調，反傳統主義者「所盛自張揚而誇道」的某
些西方政績，即使真的發生在中國，對我國族也未必是好事。這是為
各「國家民族之內部自身」，各有其不同的「獨特精神」所決定的。例
如，「西方史上之革命，多為一種新力量與舊力量之衝突。革命成功，
即新力量登臺，社會亦隨之入一新階段。中國史上之混亂，則如江河
決隄，洪水泛濫。泛濫愈廣，力量愈薄，有破壞，無長進。必待復歸故
槽，然後再有流力。……自清中葉乾嘉以來，川楚兩粵大亂迭起，洪流
四泛之象已成，中國社會本苦無力，又繼之以追隨西方角力爭勝之勢，
既不足以對外，乃轉鋒而內向。終於情的融和，常此麻木，力的長成，

142　錢穆，《國史大綱・引論》，頁17。
143　錢穆說：「若為網球家作年譜，而鈔襲某音樂家已成年譜之材料與局套，……其人者，乃
　　可於音樂史上絕無一面。不僅了不異人，抑者有不如無。不知其人之活動與〔事〕業乃在
　　網球不在音樂。網球家之生命，不能於音樂史之過程中求取。乃不幸今日之治國史者，
　　竟蹈此弊。」氏著，《國史大綱・引論》，頁8–9。
144　錢穆，《國史大綱・引論》，頁9。

遙遙無期。不斷決隄放壩，使水流不斷泛濫，洪水遍於中國，……」[145]
如此一來，便造成了政治的失軌、社會的失序，以及人心的「搖兀不安」，從而使得我國族當前發展科學、振興實業和追求「富強」的想像，因失去了「最低限度之條件」，終無圓夢之期。反傳統主義者動輒以「文化革命」和「文藝復興宗教政改之健者」「自居」，且「又不明國史真相，肆意破壞，輕言改革」，動輒「以專制黑暗一語抹殺」「一切史實」，誓言「連根剷除中國以往學術思想」；諸如此類的各種反中國文化宣傳，[146] 已嚴重地削弱了國人抵禦外侮的信心和志氣。而中國軍人之所以在失去了大半壁江山之後，仍能與日軍浴血相持，所憑藉者仍是一息尚存的中國文化對他們的精神感召。[147] 故〈引論〉特別重申：「凡今之斷脰決胸而不顧，以效死於前敵者，彼則尚於其國家民族已往歷史，有其一段真誠之深愛，彼固以為我神州華裔之生存食息於天壤之間，實自有其不可侮者在也。」[148]

(五) 無法修補的裂痕

值得注意的是，〈引論〉在批駁反傳統主義的各種言論之時，全都沒有指名道姓。正由於沒有指名道姓，錢穆在指斥反傳統主義者的各種錯誤時，也就不必太過擔心傷了熟人或同事的顏面。即使過了七十多年，我們在今天閱讀〈引論〉中許多批駁反傳統主義的論述，諸如：「不明國史真相」，「懶於尋國史之真，勇於據他人之說」，「迷於彼而忘其我，拘於貌而忽其情」，「捧心效顰，方務於自譴責」，「急於強起急走以效人之所為，跳踉叫噪，踴躍奮興」，「悍於求變，而忽於謀安，果

---

145 錢穆，《國史大綱·引論》，頁 20-22。

146 錢穆，《國史大綱·引論》，頁 4、5、18。

147 錢穆指出：「以我國人今日之不肖，文化之墮落，而猶可以言抗戰，猶可以言建國，則以我先民文化傳統猶未全息絕故。一民族文化之傳統，皆由其民族自身遞傳數世數十世數百世血液所澆灌，精肉所培壅，而始得開此民族文化之花，結此民族文化之果。」錢穆，《國史大綱·引論》，頁 26-27。

148 錢穆，《國史大綱·引論》，頁 2-3。

於為率導，而怠於務研尋，又復羼以私心，鼓以戾氣」、「僅為一種憑空抽象之理想，蠻幹強為。求其實現，鹵莽滅裂，於現狀有破壞無改進」、「而病乃日滋」，且又「不自承其為不肖，不自承其為墮落」、「轉而疑及我全民族數千年之文化，而惟求全變故常以為快」，結果使自己變成了「一切真正進步之勁敵」……等等，[149] 仍可窺見錢氏因難掩胸中的義憤而形於顏色的「大怒之辭」。

自反傳統主義在北大成軍以來，在整個文化保守主義營壘中，還未有任何一篇文章，可以像〈引論〉一樣，能夠如此全面、如此深入、如此有力地對「五四」反中國文化的主流論述，展開如此有系統的反擊和駁詰。而〈引論〉因有一整本的《國史大綱》，以及為《國史大綱》所徵引的無數歷史事例，作為靠背的泰山，更使得其所論所述重逾千鈞。〈引論〉雖未公開點名，但它所批駁的主要觀點，有一些是出自胡適之口。以「文藝復興宗教政改之健者」「自居」的是胡適；處處以西方標準裁判中國文化，並因之得出「百不如人」、「罪孽深重」等結論的是胡適；「轉而疑及我全民族數千年之文化，而惟求全變故常以為快」的，也是胡適；曾經「十分贊成」過錢玄同的「盡廢漢文」，以及支持過陳序經的「全盤西化」的，也還是胡適。可見錢穆在撰寫〈引論〉之際，心中已把胡適的言論，視為集矢之鵠的。

〈引論〉在報端剛一刊登，這篇被陳寅恪極力推許，譽為是今日「必一讀」的「一篇大文章」；[150] 卻如同搗了反傳統主義的馬蜂窩，「一時議者譁然」。[151] 胡適當時人在美國，我們目前也沒有找到他讀過〈引論〉的證據，故無法偵知他對於錢穆不指名的批判，是否會自行「對號入座」而有所感應。但更多的反傳統主義者，卻在「對號入座」之後，義憤填膺、忍無可忍。胡適的追隨者毛子水「憤慨不已」，揚言將作一

---

149 以上言論，散見於錢穆，《國史大綱·引論》，頁 2-28。
150 錢穆，《八十憶雙親·師友雜憶合刊》，頁 201。
151 錢穆，《八十憶雙親·師友雜憶合刊》，頁 201。

文痛加批駁；[152] 胡適的大弟子傅斯年也同樣地嗤之以鼻，訕笑錢穆關於「西方歐美」的「知識盡從讀《東方雜誌》得來」，並聲明自己「向不讀錢某書文一字」。[153] 錢穆喜談中西文化之比較，胡適的追隨者姚從吾嗤之以鼻，勸錢穆不妨去聽聽萊茵河畔教堂的鐘聲，而此鐘聲即有西方文化之真精神云云，明明是以自己曾留學德國的資格，訕笑錢穆這個「從未出國門的苦學者」在坐井觀天。諸如此類的種種不愉快和不友好的環境和氣氛，讓錢穆漸萌去意。更兼錢穆因堅持抗戰而大力支持國民政府的立場，使他成了左翼陣營的眼中釘，用錢穆的原話：「凡聯大左傾諸教授，幾無不視余為公敵。」[154] 在以反傳統主義者為主體的自由派以及親中共的左派共同夾擊之下，錢穆終於在《國史大綱》完稿之日，選擇接受齊魯大學之聘，離開了西南聯大。[155] 抗戰勝利之後聯大解散，北大於一九四六年由昆明搬回北平復校，傅斯年代胡適暫掌北大，召集星散在各地的教師返回北大任教；就連幾乎沒有學生選課的熊十力，[156] 也被召回北大任教；而錢穆身為歷史系最叫座的教授，竟然在召回榜上無名；[157] 可見《國史大綱》尤其是〈引論〉的發表，已經把錢穆和胡適、傅斯年系統的裂痕，撕裂得再也無法修補。而錢穆為了遠離左右兩派的鬥爭和人事糾紛，也決心「擇一偏遠地」、「暫時絕不赴京滬平津四處各學校」任教，遂先後振鐸於昆明的五華書院和無錫的江南大學，和北大這個「是非之地」漸行漸遠。[158]

---

152 錢穆《八十憶雙親‧師友雜憶合刊》云：「《國史大綱》稿既成，寫一引論載之報端，一時議者嘩然。聞毛子水將作一文批駁。子水北大同事，為適之密友，……及見余文，憤慨不已，但迄今未見其一字。或傳者之訛，抑亦事久而後定耶。」錢穆，《八十憶雙親‧師友雜憶合刊》，頁 201。

153 錢穆《八十憶雙親‧師友雜憶合刊》云：「越有年，史綱出版，曉峯一日又告余，彼在重慶晤傅孟真，詢以對此書之意見。孟真言，向不讀錢某書文一字。彼亦屢言及西方歐美，其知識盡從《東方雜誌》得來。……」錢穆，《八十憶雙親‧師友雜憶合刊》，頁 202。

154 錢穆，《八十憶雙親‧師友雜憶合刊》，頁 233。

155 錢穆，《八十憶雙親‧師友雜憶合刊》，頁 204–228。

156 張中行，〈課程〉，收入氏著，《流年碎影》(北京：中國社會科學出版社，1997)，頁 128。

157 錢穆《八十憶雙親‧師友雜憶合刊》云：「抗戰勝利後，昆明盛呼北大復校，聘胡適之為校長，時適之尚留美，由傅斯年暫代，舊北大同仁不在昆明者，皆函邀赴北平，但余並未得來函邀請。」錢穆，《八十憶雙親‧師友雜憶合刊》，頁 229。

158 錢穆，《八十憶雙親‧師友雜憶合刊》，頁 229–243。

(六)「亡天下」的痛定思痛

一九四九年共和國成立，絕大多數大知識分子選擇留下來，但仍然有小部分的大知識分子選擇了流亡海外。驅策着他們流亡的原因，有些是屬於政治的，有些是屬於文化的。國民黨政權在中國大陸的覆滅，對於胡適、李方桂、傅斯年、姚從吾等大知識分子，便等同於「亡國」，他們或追隨國府播遷臺灣，或在北美、西歐花果飄零，其原因主要是來自政治方面；但對於錢穆、唐君毅、張丕介、牟宗三、徐復觀等文化保守主義者而言，他們之所以決心流亡海外，是緣於「亡天下」，其原因主要是來自文化方面。他們把「天下」定義為中國的歷史文化，以及由此一歷史文化所規定的道德和思想制度。而毛澤東在中共立國前夕，已宣稱今後要「以俄為師」，一切的政治、經濟和文化方針政策，都要向蘇俄「一邊倒」；在新中國立國之初，毛澤東果然罷黜百家，獨尊馬、列，把中國的歷史文化，視作必須徹底批判和揚棄的封建糟粕。當時中共奉行的各種政策方針，看在錢穆等人眼中，便無異於顧炎武所謂「敗義傷教」，「仁義充塞，而至於率獸食人，人將相食」的「亡天下」。[159] 既然「天下」已經「亡」了，而「保天下」又是每個中國人所應肩負的神聖責任，錢穆、唐君毅、張丕介、牟宗三、徐復觀等流亡在港、臺的「文化遺民」，都自覺地把自己視作中國文化的載體，把自己的流亡視作中國文化薪火在海外的續絕存亡，把自己的辦學、講學與著述，視為「救亡」或「救天下」的重要工作。

由於不願被中共「解放」，錢穆在解放軍渡江之前，便應私立華僑大學之聘，於一九四九年春赴廣州任教；同年秋季戰火逼近廣州，錢氏又隨僑大遷移到香港。抵港之後，錢穆痛定思痛，認為眼前滔天巨禍的釀成，至少有相當一部分的責任，須歸咎於胡適、陳獨秀、魯迅等人所領導的五四運動，從根本上摧破了中國的歷史文化及其道德

---

159 〔清〕顧炎武著，〔清〕黃汝成集釋，秦克誠點校，《日知錄集釋》（長沙：嶽麓書社，1994），卷 13，頁 471。

和思想制度。錢穆一再強調，「亡天下」的根本原因，是緣於國人深受「五四」宣傳影響，對中國歷史文化產生出「一種變態心理和反常情感」，因而「輕蔑和懷疑，甚至還抱着一種厭惡反抗的態度，甚至於要存心來破壞，要把中國以往歷史痛快地一筆勾銷。」而此種「變態心理和反常情感」的產生，又緣於他們對中國歷史文化的一無所知。[160] 邏輯地，要「救天下」，便必須讓國人對中國歷史文化的普世價值和現代意義「略有所知」。「天下興亡，匹夫有責」，清除「五四」反傳統運動濺潑在中國歷史文化上的污泥濁水，為中國歷史文化辯誣洗冤，藉以表彰與凸顯中國文化的意義和價值，便成了錢穆義不容辭的神聖職責。口中的舌（講學）和手中的筆（著述），便自然而然地成為錢穆「救天下」的兩大利器。

（七）新亞書院的創建

在講學方面，錢穆聯同唐君毅、張丕介，三人合力於一九四九年十月在九龍桂林街創辦了新亞書院，一九六八年牟宗三由港大，一九六九年徐復觀由臺灣飛來加盟。顧名思義，所謂「新亞」，就是「新亞洲」。亞洲代表東方文化，與代表歐美的西方文化如雙峰對峙，而中國又是亞洲最大的國家，欲「新」東方文化須由「新」中國文化入手，這是應然之義。[161]《詩經‧大雅‧文王》云：「周雖舊邦，其命維新。」所謂「新」又有兩重意涵。其一是繼承和保存中國文化之普世價值和現代意義，使之萬古常新。其二是充量輸入和吸收西方文化的優良因子，尤其是民主和科學，在東西文化的融和交滙中不斷地創造和革新。正如新亞書院的創辦人之一唐君毅所言：

---

160 錢穆，《中國歷史精神》，頁 9。
161 唐君毅，〈我所了解之新亞精神〉，《新亞校刊》（創刊號），期 1（1952 年 6 月），頁 2。

　　中國人與亞洲人必須對其歷史文化中之有價值者，能化舊為新，求其以通古今之變。所以新亞的精神，新亞之教育文化理想，我想不外一方希望以日新又日新之精神，去化腐臭為神奇，予一切有價值者皆發現其千古常新之性質。一方再求與世界其他一切新知新學相配合，以望有所貢獻予真正的新中國，新亞洲，新世界。[162]

　　堅信「古老的亞洲，古老的中國，必須新生」，堅信「只有當最古老的亞洲古老的中國獲得新生，中國得救，亞洲得救，而後世界人類才真能得救」，[163] 新亞書院的師生在桂林街難以容膝的陋室裏，在「手空空，無一物」的飢寒困頓中，以「千斤擔子兩肩挑」的氣魄，[164] 為實踐「發揚中國文化，溝通中西文化，以豐富世界文化」的教育理想和史命，堅忍不拔地展開了文化長征。新亞書院的創辦人之一錢穆坦承，新亞書院的辦學宗旨，「就在於要中國的青年重新認識自己的文化」，並通過「了解自己的文化，自己的歷史，自己的社會，自己的優點和特點」，培養出一種對自己的國家、民族和文化的自尊兼自重的「獨立精神」；[165] 而新亞書院的二十四條「學規」，也一再要求學生熱愛國家、熱愛民族、熱愛歷史文化。[166] 正因為新亞書院對學生在品格上有特殊的要求，她便不能像現代西式的大學那樣，僅僅以知識的傳授為其究竟。新亞書院「學規」的第一條，要求學生「求學與作人，貴能齊頭並進，更貴能

162　唐君毅，〈我所了解之新亞精神〉，《新亞校刊》（創刊號），期 1，頁 2。

163　唐君毅，〈我所了解之新亞精神〉，《新亞校刊》（創刊號），期 1，頁 2。

164　新亞校歌歌辭第三闋有云：「手空空，無一物，路遙遙，無止境。亂離中，流浪裏，餓我體膚勞我精。艱險我奮進，困乏我多情。千斤擔子兩肩挑，趁青春，結隊向前行。珍重，珍重，這是我新亞精神。」引自新亞校史館網頁，http://history.na.cuhk.edu.hk/zh-hk/Home.aspx（2017 年 4 月 17 日檢索）。

165　見一九五四年四月三日錢穆在新亞書院歡迎雅禮代表朗家恆（Charles H. Long）會上的致辭，轉引自〔張〕丕介，〈新亞與雅禮合作紀實——中西文化合作的新紀元〉，《新亞校刊》，期 5（1954 年 7 月），頁 27。

166　新亞書院「學規」，新亞校史館網頁，http://history.na.cuhk.edu.hk/zh-hk/Home.aspx（2017 年 4 月 17 日檢索）。

融通合一」，[167] 她以「誠明」兩字為校訓，甚至把事關「德性行為方面」的「誠」，安置在事關「知識瞭解方面」的「明」之前，[168] 這種強調德性重於知識的風格，使得新亞書院在精神上和氣味上都更像宋明時期的書院。

新亞書院的自我定位是：「上溯宋明書院講學精神，旁采西歐大學導師制度，以人文主義之教育宗旨，溝通世界東西文化，為人類和平社會幸福謀前途。」[169] 無論是宋明書院的講學，或是西歐大學的導師制，老師都處於整個教育的中心位置。宋明書院「以人物中心來傳授各門課程」，新亞書院也是如此；錢穆、唐君毅、牟宗三、徐復觀等人，便分別成了講授中國歷史、哲學和文學各門課程的中心。新亞書院的「學規」，一再要求學生「敬愛您的師長」，「學規」第十三條，甚至告誡學生「課程學分是死的，分裂的；師長人格是活的，完整的。你應該轉移自己目光，不要儘注意一門門的課程，應該先注意一個個的師長。」「學規」第十七條，也循循勸勉學生：「你須透過師長，來接觸人類文化史上許多偉大的學者，你須透過每一學程來接觸人類文化史上許多偉大的學業與事業。」[170] 這些成為新亞書院講學中心的老師，既是「經師」，更是「人師」，學生們侍隨在他們的講席杖履之間，如眾星之拱月。師生親密如一家人，既「道問學」，更「尊德性」，共同以學術問難攻錯為樂，以道義相期，以易俗移風相勉，以復興中國文化、創造世界新文化為奮鬥目標。一九五二年秋新亞書院第一屆的畢業生雖然只有余英時和張德民二人，[171] 但在他們的〈臨別的話〉中，已洋溢着成竹在胸、

167　新亞書院「學規」，新亞校史館網頁，http://history.na.cuhk.edu.hk/zh-hk/Home.aspx（2017 年 4 月 17 日檢索）。

168　新亞書院「校訓」，新亞校史館網頁，http://history.na.cuhk.edu.hk/zh-hk/Home.aspx（2017 年 4 月 17 日檢索）。

169　引自新亞書院校刊之〈發刊辭〉，《新亞校刊》（創刊號），期 1，頁 1。

170　新亞書院「學規」，新亞校史館網頁，http://history.na.cuhk.edu.hk/zh-hk/Home.aspx（2017 年 4 月 17 日檢索）。

171　見〔新亞校刊〕編者，〈歡送余英時張德民兩同學〉，《新亞校刊》（創刊號），期 1，頁 30。但在沙田中文大學新亞書院圓環廣場的歷屆畢業生的題名錄中，第一屆畢業生有余英時、張德民、陳栻共三人，其故待考。

真理在手，民族文化復興使命捨我其誰的決心和志氣：

> 我們的師長，為了一種高崇的文化目的，在香港創辦了新
> 亞書院；而我們的同學也是為了要瞭解祖國的文化歷史以及未
> 來人類的前途，而踏入了新亞的校門。在這幾年動亂的歲月裏，
> 我們能始終絃歌不息，潛心研究，摸索着真理的方向。這一點，
> 我們的確是足以引以為驕傲的。雖然，我們的人數很少，淺見
> 者流將會認為我們不可能有什麼大的成就；但，這其實根本無
> 關緊要，問題卻在我們是否能夠獲得真理罷了。文藝復興的少
> 數學者與藝術家開創了輝煌的西方近代文明，老子、孔子、墨
> 子幾位偉大的思想家也倡導了春秋戰國時代的燦爛的平民學術
> 活動。所以然？祇因他們掌握了真理故。
>
> 今天中國的文化正到了一個新的發展的關頭。如何負荷起
> 此一重大的民族文化的復興使命，並進而促成世界文化之新生，
> 顯然是我們天經地義的責任。文化問題，千頭萬緒；過去我們
> 曾在一起，互相切磋地努力過，今天我們離開了，我們還得繼
> 續不斷地，站在不同的崗位上，共同奮鬥下去。一粒小小的種
> 子，十年後便可以長成大樹；我們不是應該有更堅定的自信
> 心嗎？[172]

只要有真理、有志氣，埋頭實幹加苦幹，自可赤手搏龍蛇，扭轉
乾坤，改天換地。若仍以余英時為例，他在新亞書院畢業後赴美，負笈
哈佛大學取得博士學位，曾先後在耶魯和普林斯頓等世界最精英的著
名學府任講座教授，並先後榮膺素有「人文諾貝爾獎」美譽的美國國會
圖書館克魯格人文與社會科學終身成就獎（Kluge Prize）、唐獎（漢學
獎），在國際享有崇高的學術地位。余英時共著書五十九本，論文四百

172　余英時、張德民，〈臨別的話〉，《新亞校刊》（創刊號），期 1，頁 30。

158

餘篇，許多已成為兩岸三地文史哲學者必須參考的重要典籍，而門下弟子亦有多人成為學術重鎮。余英時在兩岸三地人文學科的總體影響力，可謂無人能及。錢穆等在新亞書院播下的文化種子，當然遠不止余英時一人。除了課堂授課之外，新亞書院的教師和友人在一九五○年代初一共舉辦了一百五十五場文化講座，藉以向社會大眾宣揚文化理念。[173] 在新亞書院的學生和文化講座的聽眾中，許多人在學術成就容或不如余英時，但復興中國文化的志氣和努力則同。新亞書院亦因之眾志成城，得道多助，先後獲得美國雅禮協會、亞洲基金會和哈佛燕京學社的捐款，以及香港政府的承認，遂能由小變大，學生人數由一九四九年的四十二人，增加到目前的三千多人；[174] 同時亦由弱變強，由桂林街陋室中的難民學校，在一九五六年遷入了窗明几淨，教學和圖書設備完善的農圃道校園；新亞書院自一九六三年與崇基書院、聯合書院共同組建中文大學，迄今已成為世界級的著名學府。由錢穆等人在一九四九年創辦的新亞書院，已變成了中國文化最重要的復興基地，他們播下的文化種子，許多已長成捍衛民族文化的參天大樹，形成了一支沛然莫之能禦的學術和文化力量。

新亞書院初呈否極泰來，一元來復之象，錢穆等便先後請得亞洲基金會和哈佛燕京學社的資助，在一九五三年秋天着手籌建新亞研究所，藉以為中國文化的偉大復興培養和儲備高校的教學和研究人材。新亞研究所碩士班於一九五五年秋正式招生，博士班在一九八一年開辦，錢穆、唐君毅、牟宗三、徐復觀、嚴耕望、全漢昇等文、史、哲學術大師先後在該所任教，迄至二○一七年，總共培養了碩士三百四十八人、博士八十四人，外國特別研究生三十一人。[175] 這些畢

173 〈書院介紹‧歷史〉，香港中文大學新亞書院網頁，http://www.na.cuhk.edu.hk/zh-hk/aboutnewasia-zhhk/history-zhhk.aspx（2017 年 4 月 17 日檢索）。
174 〈書院介紹‧歷史〉，香港中文大學新亞書院網頁，http://www.na.cuhk.edu.hk/zh-hk/aboutnewasia-zhhk/history-zhhk.aspx（2017 年 4 月 17 日檢索）。
175 新亞研究所歷年來碩士和博士畢業生的總人數，由新亞研究所李啟文博士最近統計後賜知，謹此申謝。

業生大部分在中學任教，小部分在大學和研究機構任職，共同為傳遞中國文化的薪火盡心盡力。

（八）奮筆為故國招魂

在著述方面，錢穆早在二十世紀三十年代末葉，便已通過《國史大綱》的撰寫，尤其是該書〈引論〉的刊布，全面、系統地批駁了反傳統主義的主流話語，有力地為中國文化的辯誣申冤。錢穆指出：反傳統主義者之所以會用「專制黑暗」四個字，粗暴地把中國自秦以來二千年的歷史文化，一筆加以抹殺；[176] 他們之所以會宣稱中國二千年來的歷史，或為儒家所「掩脅」，或為道家所「麻醉」，不僅文化和思想停滯不前，而其他「一切事態，因亦相隨停滯不進」；[177] 他們之所以會視中國的歷史文化，簡直「無一點有價值，亦無一處足以使彼滿意」；[178] 他們之所以會把「我們當身種種罪惡與弱點，一切諉卸於古人」；他們之所以會秉持着偏激的歷史虛無主義和「淺薄狂妄的進化觀」，[179] 鼓吹「打倒孔家店，廢止漢字，一切重估價值，打倒二千年來的學術思想而全盤西化」；[180] 其中一個主要的原因，是緣於對中國的歷史文化的「懵無所知」。錢氏一再強調，儘管「論歷史本身，中國最偉大。論歷史記載，中國最高明。但論到歷史知識，則在今天的中國人，也可說最缺乏。對於自己國家民族以往歷史一切不知道。」[181] 然而，「五四」運動的領袖們卻強不知以為知，他們「雖然最缺乏的是歷史知識，卻又最喜歡談歷史。一切口號，一切標語，都用歷史來作證」，[182]「偏要拿歷史來作理論

176　錢穆，《中國歷代政治得失·序》（香港：自印本，1952），頁 1。
177　錢穆，《國史大綱·引論》，頁 5。
178　錢穆，《國史大綱·凡讀本書請先具下列諸信念》，頁 1。
179　錢穆，《國史大綱·凡讀本書請先具下列諸信念》，頁 1。
180　錢穆，《中國歷史精神》，頁 10。
181　錢穆，《中國歷史精神》，頁 9。
182　錢穆，《中國歷史精神》，頁 10。

的根據，偏要把歷史來作批評對象」，[183] 如此一來，勢必把片面的、虛假的和被扭曲的印象，烙印在「對於自己國家民族以往歷史一切不知道」的國人的頭腦中，誤導着國人越來越憎惡自己的歷史文化。正因為「若一民族對其已往歷史無所了知，此必為無文化之民族。此民族中之分子，對其民族，必無甚深之愛，必不能為其民族真奮鬥而犧牲，此民族終將無爭存於並世之力量。」[184] 故「救亡圖存」必須培育國人對其國族有「甚深之愛」；而「欲其國民對國家有深厚之愛情，必先使其國民對國家已往歷史有深厚的認識。欲其國民對國家當前有真實之改進，必先使其國民對國家已往歷史有真實之了解。」[185] 如何才能讓「知識在水平線以上之國民，對其本國已往歷史，應該略有所知」，並因其所知而「附隨一種對其本國已往歷史之溫情與敬意」，[186] 便成為「救亡圖存」有可能實現的唯一途徑，同時也是錢穆著書立說的存心所在。

流亡香江之後，「亡天下」的困境，又使錢穆深覺為國人提供「今日所需之歷史智識」，甚至遠比抗戰時期更為迫切。一九五五年六月，錢穆在臺灣國立編譯館重新印行了《國史大綱》的特版，用以「分贈海外僑胞」，並為此新撰了一篇〈弁言〉。〈弁言〉首先重申了「歷史影響之至深且遠」、「歷史定理之至明且顯」、「歷史順序之不可顛倒而跨越」，以及「歷史體統之不可汗謾而混淆」這四大原則，繼而痛斥反傳統主義者「妄謂自己站於新時代，便可以打倒舊歷史。妄謂竊取他人歷史陳跡，便可推翻自己歷史傳統。妄謂根據時代意見，便可改造歷史定理。妄謂由於當時努力，便可消滅歷史影響」，把本來絕不容「顛倒」、「跨越」、「汗謾」、「混淆」的四大歷史原則，一一摧毀殆盡。〈弁言〉還嚴正指出，正是因為他們的「無知妄作」「貽禍於人類與國族」，故對於「中國當前國難之深重」，理應負有不可推卸的責任。[187]

---

183 錢穆，《中國歷史精神》，頁12。
184 錢穆，《國史大綱‧引論》，頁3。
185 錢穆，《國史大綱‧引論》，頁3
186 錢穆，《國史大綱‧凡讀本書請先具下列諸信念》，頁1。
187 錢穆，《國史大綱‧本書特版弁言》，頁4。

　　然而，錢穆這本「由感激於國難而造述」，於「上下五千年，由古迄今，系統敍述，絕無一事無確據，絕無一語無明證」的《國史大綱》，儘管在中國當代學術文化思想史，尤其在史學史上，具有劃時代的重要意義，但畢竟屬於學苑中的高文典策；相信絕大部分未曾受大專教育的國人，極可能因其內容的專門、涵意的深刻而讀不進去、或讀不下去。這和錢氏欲使「知識在水平線以上之國民」，通過閱讀此書而對國家已往歷史，產生「深厚的認識」和「真實之了解」的目標，離達成還有相當一段的距離。職是之故，錢穆在剛到香港的頭幾年，便在《民主評論》、《人生》等文化保守主義的雜誌上，奮筆撰寫了大量文章，以明白淺暢的白話文，把《國史大綱》中錯綜複雜的各種文化、社會、經濟、政治制度，尤其是〈引論〉的宗旨，以及自己一以貫之的文化理念，化繁為簡、變難為易，深入而淺出地向略識之無的讀者宣講。這些文章，有許多還是錢穆在香港或臺灣的各種不同場合的講稿。錢氏不愧為當代文章大家，他不僅能把文言寫得情理交融、典雅暢達，而在白話的書寫上，同樣也是風行水上、自然成文。這些生動、活潑而又流麗的文字，娓娓道來，如遊春臺、如話家常，既析之以理、又動之以情，在二十世紀五十年代先後結集成《中國歷史精神》、《中國歷代政治得失》、《國史新論》等小書，[188] 對於港、臺和海外的一般讀者，尤其是香港的中學和大專的學生，影響極深。合而觀之，錢穆這些小書，就內容而言，可視之為《國史大綱》某一部分或某一章節的通俗簡寫本；[189] 就精神和

188　分見錢穆，《中國歷史精神》；錢穆，《中國歷代政治得失》（香港：自印本，1952）；錢穆，《國史新論》（香港：自印本，1952）。

189　錢穆說：「一國家當動盪變進之前，其已往歷史，在冥冥中必會發生無限力量，引導著它的前程，規範著它的旁趨，此乃人類歷史本身無可避免之大例。……中國近百年來，可謂走上前古未有最富動盪變進性的階段，但不幸在此期間，國人對已往歷史之認識，特別貧乏，特別模糊。作者竊不自揆，常望能就新時代之需要，探討舊歷史之真相，期能對當前國內一切問題，有一本源之追溯，與較切情實之啟示。寢饋史籍，數十寒暑，發意著新史三部，……積年所有雜文及專書，亦均就此三部分集中心力，就題闡述。要之根據已往史實，平心作客觀之尋求，決不願為一時某一運動某一勢力之方便而歪曲事實，遷就當前。……診病必須查詢病源，建屋必先踏看基地、中國以往四千年歷史，必為判斷近百年中國病態之最要資料，與建設將來新中國惟一不可背棄之最踏實的基礎，此層必先求國人之首肯，然後可以進讀吾書而無不著痛癢之責難，與別具用心之猜測。……」錢穆，《國史新論・自序》，頁 1-2。

書寫策略而論，則是《國史大綱》〈引論〉的直接繼承和更進一步的發揚。這些通俗讀本，大都能在介引國史的同時，引入世界史的視角，從中西文化分途發展各自取得的許多成就，證實了中國雖在近現代落後於西方，但在進入近現代之前，中國不僅與西方各擅勝場，而且還在許多方面，轉較西方為優。如此一來，反傳統主義者以歐洲中心論的判準，對中國文化的種種肆意攻訐，諸如胡適所謂的「懶惰不長進」、「百不如人」、「罪孽深重」、令人「不能不低頭愧汗」、「閉門思過」、「發下大弘誓來懺悔」等等，[190] 頓時失去了立足點而一時崩塌；各種「將我們當身種種罪惡與弱點，一切諉卸於古人」的論述，當然更不能成立。

上述的通俗讀本，最值得留意之處，端在從中國的各種傳統政制的粲然周備，批駁反傳統主義的「專制黑暗」論。我們知道，德國的社會學巨擘馬克思・韋伯（Max Weber，1864－1920）把政治和商業管治機構的「建制化」（bureaucratization），視作人類有效和合理的社會行為，以及西方由傳統進入現代社會所必經的「理性化」（rationalization）程序。錢穆不諳德文和英文，韋伯的社會學理論在二十世紀五十年代尚未傳入中國，錢穆在撰寫這些通俗讀本之時，應該未受韋伯的影響。令人驚異的是，錢氏所介引的傳統政治體制的各種特色，諸如：由朝廷到州郡到縣的分層管治，禮、戶、吏、兵、刑、工各部的各司其職，御史臺與言官對皇室的勸諫以及對宰相和各級官吏的彈劾，晉用人材必經選舉或考試，各級官員的升降賞罰必符法規而不由私人的好惡等等，與韋伯對建制化所規定的必備要素，亦即：梯級形的機關（hierarchical organization），下級服從上級（formal lines of authority），不可越權（a fixed area of activity），各司其職（rigid division of labor），按章辦事（regular and continuous execution of assigned tasks），依法行政（all decisions and powers specified and restricted by regulations），能者任

190　詳參胡適，〈整理國故與「打鬼」——給浩徐先生信〉，收入歐陽哲生編，《胡適文集》，冊 4，頁 116；以及胡適，〈信心與反省〉、〈三論信心與反省〉，收入氏著，《胡適文存》，冊 4，頁 462－464、477。

職（officials with expert training in their fields），以及論功行賞（career advancement dependent on technical qualifications）等等，[191] 彼此幾乎全部重合。韋伯強調，隨着建制化的深入發展，各級政府機構必定因之孕育出自己的「工具理性」（instrumental reason），各級官員亦因之培養出自己的「職業倫理」（professional ethics），對於不合理或不合法的行為，予以制裁、抗拒、抵制或不合作，從而使得獨裁者的胡作非為，處處遭受掣肘，使得一任己意的獨裁專制（arbitrary dictatorship），變得越來越困難，如果不是全無可能的話。而錢穆在論證中國由秦以來的歷史，並非可以「專制黑暗」四字予以抹煞之時，所秉持的理由，竟與韋伯若合符契。所不同的是，錢穆是以史實來説明道理，並沒有如韋伯那樣，把史實建構為理論，再以理論來評章史實。錢穆是一個歷史學家，是一個胡適口中「從未出國門的苦學者」。在他的筆下，既沒有因襲韋伯或其他人的社會學理論，也沒有使用建制化、理性化、工具理性、職業倫理等韋伯式的術語；但這並不妨礙他和韋伯的不謀而合、異曲同工，他的論述的強度和説服力，也不會因此而有所減弱。如果説，錢穆在《國史大綱》的〈引論〉中，只着重談及了傳統的選舉和考試制度，在政權的開放和人材的選拔上所起的重要作用，但並未能對其餘政治制度的建制化，作出較為充分的闡述；那麼，他在上世紀五十年代初期的著作中，便完全彌補了這一遺憾。他的這種論述策略，卻未能讓反傳統主義者心悦誠服、洗心革面；即使在文化保守主義的營壘中，對於錢氏所謂「中國歷史並非專制」的觀點，也不是所有人都能贊成。徐復觀後來還撰寫過〈良知的迷惘〉一文，與之嚴正商榷。[192] 但無論如何，中國傳統的政制及其機構，在進入近代之前，便早

191　Richard Swedberg and Ola Agevall, *The Max Weber Dictionary: Key Words and Central Concepts* (Palo Alto: Stanford University Press, 2005), pp. 18–21; Max Weber, *Weber's Rationalism and Modern Society,* eds. and trans. Tony Waters and Dagmar Waters (New York: Palgrave MacMillan, 2015), pp. 73–127.

192　徐復觀，〈良知的迷惘——錢穆先生的史學〉，收入氏著，《徐復觀雜文——記所思》（臺北：時報文化出版事業有限公司，1980），頁 104–115。

已充分建制化了，此一歷史事實，通過錢穆的《國史大綱》和它的〈引論〉，以及錢氏的幾本通俗讀物的舉證和疏解，業已彰彰甚明。任何對錢穆的「中國歷史並非專制」論持反對觀點的人，對此一歷史事實，都不應迴避。至於早已充分建制化的中國傳統政制，以及由此衍生的工具理性和職業倫理，能否根本阻絕了人君一任己意的暴政，從而使中國歷史免於陷入「專制黑暗」的深淵，還是只能在「專制黑暗」的深淵中，緩和及沖淡其專制毒素，從而令黑幕中透出一線亮光？錢穆與徐復觀的不同看法，值得吾人的深入省思。

(九) 方法學上的針鋒相對

早在一九三九年六月，錢穆在《國史大綱》的〈引論〉中，便不指名地提到胡適和傅斯年等人所提倡的「以科學方法整理國故」，批評他們「震於科學方法之美名，往往割裂史實為局部窄狹之追究。以活的人事，換為死的材料。治史譬如治岩礦，治電力，既無以見前人整段之活動，亦於先民文化精神，漠然無所用其情。彼惟尚實證，夸創獲，號客觀，既無意於成體之全史，亦不論自己民族國家之文化成績也。」[193] 但當時中國的人文學者正崇拜科學如神，「震於科學方法之美名」者，又豈止胡、傅一系的「考訂派」？故儘管錢穆言者諄諄，然而總是聽者藐藐，絲毫動搖不了「考訂派」的森嚴壁壘。在大陸易幟、國府遷臺之後，執掌着臺灣學界牛耳和引領着人文研究學風的，仍然是奉胡、傅為精神領袖的中研院史語所和臺大。錢穆在一九五五年創辦了新亞研究所的機關報《新亞學報》，為的是要建立一個考據與義理並重，可為學界之典範兼示範的人文學術期刊，以「詔示來學者之方嚮與準繩」，使其「差免門戶之見，或有塗轍可遵」，[194] 從根本上扭轉臺、港學界重考據輕義理，以及大陸學界重義理輕學問的不正學風。

193　錢穆，《國史大綱・引論》，頁 3。
194　錢穆，〈《新亞學報》發刊辭〉，《新亞學報》，卷 1 期 1（1955 年 8 月），頁 8。

　　錢穆特別為《新亞學報》的首期，撰寫了〈發刊辭〉。〈發刊辭〉雖承認考據和義理各有其不可磨滅的價值，但同時嚴正指出，若任何一方把自己的價值強調得過了頭，因之菲薄其他學術，便會產生極大的流弊。〈發刊辭〉首先不指名地對胡適、傅斯年等人「高抬考據，輕視義理」，鼓吹「以科學方法整理國故」、主張「為學術而學術」，提倡「窄而深的研究」所產生的嚴重弊端，[195] 予以嚴厲的批評，斥之為：「見樹不見林，競鑽牛角尖，能入而不能出。所謂窄而深之研究，既乏一種高瞻遠矚，總攬並包之識度與氣魄，為之發蹤指示，其窄深所得，往往與世事渺不相關。即在承平之世，已難免玩物喪志之譏，何論時局艱危，思想徨徬無主，羣言龐雜，不見有所折衷，而學術界曾不能有所貢獻。所謂為學術而學術，以專家絕業自負，以窄而深之研究自期，以考據明確自詡，壁壘清嚴，門墻峻峭，自成風氣，若不食人間煙火。縱謂其心可安，而對世情之期望與責難，要亦無以自解。」[196]

　　除了從玩物喪志，無補於世道人心的角度，批評了胡適、傅斯年等人所提倡「為學術而學術」的考據學之外，〈發刊辭〉還從方法學上的謬誤，再次不指名批判胡、傅的考據學中的「科學方法」：

　　　　此數十年來，所謂以科學方法整理國故，其最先旨義，亦將對中國已有傳統歷史文化，作澈底之解剖與檢查，以求重新估定一切價值。所懸對象，較之晚明清初，若更博大高深。而惟學無本源，識不周至。盤根錯節，置而不問。宏綱巨目，棄而不顧。尋其枝葉，較其銖兩，至今不逮五十年，流弊所極，孰為關心於學問之大體，孰為措意於民物之大倫？各據一隅，道術已裂，細碎相逐，乃至互不相通。僅曰上窮碧落下黃泉，動手動腳找材料。其考據所得，縱謂盡科學方法之能事，縱謂達客觀精神之極詣，然無奈其內無邃深之旨義，外乏旁通之塗轍，

195　錢穆，〈《新亞學報》發刊辭〉，《新亞學報》，卷 1 期 1，頁 1。
196　錢穆，〈《新亞學報》發刊辭〉，《新亞學報》，卷 1 期 1，頁 2。

則為考據而考據，其貌則是，其情已非，亦實有可資非難之疵
病也。[197]

上述引文中「以科學方法整理國故」、「重新估定一切價值」，乃出
於胡適之口；而「歷史學只是史料學」、「上窮碧落下黃泉，動手動腳找
東西」，則見於傅斯年著名的〈歷史語言研究所工作之旨趣〉。[198] 這些人
所共知的名言，使得錢穆的不點名批判，幾乎與點名無異。此外，〈發
刊辭〉對於當時中共學界「鄙薄學問知識，而高談思想理論」的學風，
亦痛加針砭：

> 必先有學問而後有知識，必先有知識而後有理論。學問如
> 下種，理論猶之結實。不經學問而自謂有知識，其知識終不可
> 靠。不先有知識，而自負有理論，其理論終不可恃。猶之不先
> 下種，遽求開花結果，世間寧有此事？此乃學術虛實之辨，而
> 今日學術界大病，則正在於虛而不實。……不悟其思想理論之
> 僅為一人一時之意見，乃不由博深之知識來。其所講知識，皆
> 淺嘗速化，道聽途說，左右采獲，不由誠篤之學問來。若真求
> 學問，則必遵軌道，重師法，求系統，務專門，而後始可謂之真
> 學問。有真學問，始有真知識，有真知識，始得有真思想與真
> 理論。而從事學問，必下真工夫，沉潛之久，乃不期而上達於
> 不自知，此不可刻日而求，躁心以赴。[199]

考據與義理，或知識與理論，合則雙美，離則兩傷。中學與西學，
亦各有所短，各有所長，實不宜妄自尊大，更不應妄自菲薄。正如〈發

---

197 錢穆，〈《新亞學報》發刊辭〉，《新亞學報》，卷 1 期 1，頁 2–3。

198 傅斯年，〈歷史語言研究所工作之旨趣〉，《中央研究院歷史語言研究所集刊》，第一本第
一分（1928 年 6 月），頁 3、9。

199 錢穆，〈《新亞學報》發刊辭〉，《新亞學報》，卷 1 期 1，頁 3。

刊辭〉所強調，《新亞學報》的創辦，正是要「考據義理並重，中學西學，以平等法，融之一爐」，從而矯正時下學界的「偏蔽」，[200]「為中國此後學術開新風氣，闢新路嚮」。[201]

自一九五五年創刊以來，《新亞學報》迄今已出版共三十五卷，在長達六十三年期間，香港、臺灣、西歐、北美以及澳洲之學術大師和鉅子，諸如錢穆、唐君毅、牟宗三、徐復觀、饒宗頤、羅香林、嚴耕望、全漢昇、董作賓、勞榦、陳槃、潘重規、柳存仁、王德昭、余英時、杜德橋（Glen Dudbridge）等人，在《新亞學報》上發表論文不下數十百篇，對於扭轉學界之不正之風，推廣和深化中國的文學、史學、哲學、藝術及宗教方面之學術研究，自有其歷久不磨之功勛與貢獻存焉。

（十）從平視到鄙視

離開北大之後，錢穆日漸鄙薄胡適的所作所為，也越來越瞧不起胡適的學問。此時他觀看胡適的眼神，已慢慢由平視變成了鄙視。步入晚年之後，他在《師友雜憶》中，偶以極巧妙的曲筆，描畫了胡適的好些矯揉造作和裝腔作勢，稍通文章義法者讀後常忍俊不禁。[202] 流亡海外之時，「亡天下」的巨痛深悲，使得港臺新儒家不約而同地把罹禍之根源，歸咎於五四運動對中國的歷史文化及其道德、思想和社會制度的全面毀壞，把中共看成是「五四」的直接繼承者，把中共政體在大陸的建立，視為「五四」的邏輯發展。[203] 錢穆也不例外。[204] 而胡適身為五四運動主要的領袖之一，在錢穆眼中，自然應負「亡天下」的罪責。

200　錢穆，〈《新亞學報》發刊辭〉，《新亞學報》，卷 1 期 1，頁 8。
201　錢穆，〈《新亞學報》發刊辭〉，《新亞學報》，卷 1 期 1，頁 3。
202　錢穆，《八十憶雙親・師友雜憶合刊》，頁 127–128、138–139、154–156、160–162。
203　詳見徐復觀，〈由兩封書信所引起的一點感想〉，收入氏著，《徐復觀雜文——記所思》，頁 389。
204　錢穆，《國史大綱・本書特版弁言》，頁 4。

他在公開撰文之時，有時也會以不指名道姓的方式，對胡適所領導的「五四」反傳統運動予以激烈的批判；在私人的通信中，則毫不掩飾自己對胡適的憎惡與反感。

錢穆在一九五三年一月二十日（或以後）給徐復觀的信中，對胡適的學術作出完全否定的評價：

> 胡君治學，途轍不正，少得盛名，更增其病，其心坎隱微處中病甚深，恐難洗滌。將來蓋棺論定，當遠不如章太炎、梁任公。若彼誠意要求西化，更該於西方文化政教精微處用心，觀其在臺北國聯同志會講演，僅舉美國最近數十年生產財政數字，此乃粗跡，亦是常識，如何能憑此主持一代風氣？當知學問總須在正面講，南北朝高僧大德潛心佛乘，何嘗要大聲呼斥孔孟？而胡君一生不講西方精微處，專意呵斥本國粗淺處，影響之壞，貽害匪淺。[205]

在同一信中，錢穆還向徐復觀透露，他曾於一九四三年在《東方雜誌》發表過〈神會與壇經〉一文，「駁斥」了胡適所謂「《壇經》係神會偽造」的論述。並且，錢穆甚至懷疑胡適近日在臺灣的一場演講，其中關於禪宗的一些看法，其實是飲水掩源地「涉獵」了他的《中國思想史》，且胡適不該在演講中對前賢「以偏鋒肆其輕呵」，影響極壞：

> 又觀其在蔡孑民紀念會，講禪宗乃佛教中之革命；赴日本講中國最近幾世紀儒者，都在為孔佛文化造謠說謊。弟竊疑彼此兩番講演，似是在臺涉獵過拙著《中國思想史》。彼對禪宗實無深造，其謂《壇經》係神會偽造，弟已在重慶出版之《東方雜誌》中為文駁斥。彼向來未講到禪宗乃宗教革命，何以此刻遽

205　引自一九五三年一月二十日（或以後）錢穆致徐復觀函。黎漢基整理，《錢穆致徐復觀佚書一百零四封》（打字稿，未刊），no.27。

然提出此觀點？（彼僅言神會對北禪之革命，而不悟慧能對從來佛學之革命，正由其讀書一枝一節，不肯細細從頭到尾深切體會耳。）至宋明學與孔孟相異處，彼更從未提到過。彼一向乃誤認宋儒與孔孟乃一鼻實出氣也（彼對此只知有顏元與戴震，並未在兩學案用過功）。弟在《近三百年學術史》中雖略有論及宋明、先秦異同，而具體指出則在《思想史》，彼所謂造謠說謊，弟疑證據即如弟所舉耳（弟之所舉則出顏戴之外）。然弟講禪宗，並未輕視臺賢，亦不輕視南北朝空、有兩宗。弟分辨宋明、先秦之異，亦未輕薄宋明儒。如弟《國史大綱》論王安石、司馬光新舊黨爭，亦從未有出主入奴、門戶黨伐之見，此非有心迴護或故作調解。學術異同是非，總該平心而論，不該以偏鋒肆其輕呵。戴東原本有貢獻，其病亦在太走偏鋒耳。從來斷無有輕肆詆呵、專尚偏鋒而能影響一代風氣者；如有影響，則決然是壞影響。[206]

大約一年之後，當徐復觀和他討論胡適的禪宗著述時，錢穆提及了他帶病撰寫〈神會與壇經〉的過程：「來字提及胡氏禪宗各篇，猶憶十年前，在成都病榻，偶繙其論六祖壇經並唐人文字，原義亦誤解了。因絡續於病中草一文駁之，其時也參考了許多書，只有一種在《續藏》中未檢出。那時病情較今年嚴重得多，猶能於病中撰文（即《政學私言》亦病中作）。今年病並不重，然十年以來，精力大非昔比，思之慨然。」[207] 錢穆對自己這篇批評胡適的文章在書信中一再提及，顯見非常重視。當徐復觀索閱此文時，錢穆在覆函中一面向徐氏痛詆胡適「既妄且庸」，一面一再叮囑千萬要把抄稿寄回：

206　引自一九五三年一月二十日（或以後）錢穆致徐復觀函。黎漢基整理，《錢穆致徐復觀佚書一百零四封》（打字稿，未刊），no.27。

207　一九五四年二月十五錢穆致徐復觀函。黎漢基整理，《錢穆致徐復觀佚書一百零四封》（打字稿，未刊），no.39。

> 拙稿〈神會與壇經〉，茲錄出寄上。……舊稿紙已破爛，此
> 稿盼保存，仍以寄回至囑至囑。……如此複雜的問題，而胡氏輕
> 輕以『自由捏造』四字判為定案，真所謂既妄且庸，而居然為一
> 時代之鉅子。若使歸熙甫復生，恐當歎其妄庸更勝於彼前所歎
> 也。並世無英雄，遂使豎子成名。此亦一時學術界之羞恥事矣。[208]

好一個「並世無英雄，遂使豎子成名」。此時錢穆觀看胡適的目
光，似乎已由開始時的有些許鄙視，一變成非常鄙視了。

除了對付胡適之外，錢穆一貫不贊成打筆戰。他曾多次修書勸誡
徐復觀勿作無謂的筆墨之爭。例如他先後兩次修書徐復觀，勸阻徐與
殷海光的筆戰。一九五五年六月二日錢穆致徐復觀函云：

> 兄駁斥海光一函，尚未見到。弟意最好省去此等閒爭論，
> 只求在自己一面更深入、更廣大，別人的暫置不理，靜待第三
> 者來批判。我們必信及社會自有公論一真理，然後才能安身立
> 命。若果信得及此一真理，則真可百世以俟而不惑，又何必急
> 待爭辯乎？……對別人意見與我相異，亦只有置之一旁，不問
> 不聞。此非深禁固拒，能多看古今大著作，自能日有長進，何
> 必理會薄俗妄論乎？[209]

一九五五年六月二十五日錢穆再致徐復觀函又云：

> 關於殷海光一函，已由《民評》金君送來匆匆閱過，弟意此
> 等文字，以不發刊為是。若為討論學術，爭辯是非，亦須選擇
> 對象，殷某殊不值往復，所論亦非學術大體，將來關於此等，鄙

208　一九五四年二月二十日錢穆致徐復觀函。黎漢基整理，《錢穆致徐復觀佚書一百零四封》
　　（打字稿，未刊），no.41。

209　一九五五年六月二日錢穆致徐復觀函。黎漢基整理，《錢穆致徐復觀佚書一百零四封》（打
　　字稿，未刊），no.60。

意只以不理為佳。拈大題目，發大議論，久久自有大影響，只恐我們自己力量不夠。外界是非如殷某之輩，無世無之，想來以前人也等閒看過，不以形之口舌筆墨，故後世遂不知耳。君子隱惡而揚善，青天白日之下，魑魅自爾匿跡。照妖鏡不能比日月光輝，亦須照大妖。豺狼當道，安問狐狸？此非故作鄉愿之意，以上駟競下駟，亦非衛道良策也。[210]

前函是連徐的駁殷信尚未看到，便表示反對刊登，後函是看過了駁殷信後，仍然不贊成刊登。但錢穆對待胡適則是例外的例外。曾經有一個叫宋允的作者投了兩篇文章給《民主評論》，其中一篇是批評胡適的。當時徐復觀可能正考慮新儒家與胡適領導的自由派修好休兵，故不贊成發表。而錢穆知道後不僅堅持要刊登宋允的批胡文，還對徐復觀加以教訓：

　　四月十九日來示拜悉，宋允君兩文亦過目。第一篇所論較是小節，宋君自己認為可不發表，則以不發表為是。第二篇評胡先生論學，關係實不小，態度亦無浮薄、尖刻、俏皮、刁酸種種之時代病。弟意提倡批評風氣，此事甚不易，因大家都講空話，實際上則並無可批評。惟宋君既有此兩篇，似不應瞻前顧後，全擱棄了。至於人之不諒，牽連說閒話，則更非所當慮。兄於政論肆所欲言，而學術討論似太持重。弟意《民評》刊載宋君文，亦可一測時人之氣度與風向也，因此仍將原稿交去了。[211]

同樣是打筆戰，為什麼徐復觀的駁殷函不應刊出，而宋允的批胡文就必須發表呢？為什麼對付殷海光便「最好省去此等閒爭論」，而對

210　一九五五年六月二十五日錢穆致徐復觀函。黎漢基整理，《錢穆致徐復觀佚書一百零四封》（打字稿，未刊），no.63。

211　引自一九五三年四月二十九日錢穆致徐復觀函。黎漢基整理，《錢穆致徐復觀佚書一百零四封》（打字稿，未刊），no.32。

付胡適就必須「提倡批評風氣」和「不應瞻前顧後」呢？這不是雙重標準又是什麼？然而，錢穆卻絲毫並不認為自己所持的是雙重標準。因為，「豺狼當道，安問狐狸」，「照妖鏡不能比日月光輝，亦須照大妖」也；像殷海光這種「殊不值往復」的「狐狸」或「小妖」，為免妨礙「衛道良策」之故，犯不着「以上駟競下駟」，也用不着請出「照妖鏡」，只要相信「青天白日之下，魑魅自爾匿跡」，相信「社會自有公論」就對了；但要對付胡適這樣的「豺狼」或「大妖」，則必須使用盡全力與之抗衡，必須搬出「照妖鏡」照出其原形。並且，只有把胡適這個「既妄且庸」的「時代鉅子」批透批臭，才能洗滌「一時學術界之羞恥事」，才能「一測時人之氣度與風向」；在錢穆心目中，這才真正是「拈大題目，發大議論」，才能「有大影響」於將來。儘管徐復觀不甚贊成，錢穆還是照發了宋允的文章。此時錢穆對胡適的觀看，已經一變為完全鄙視了。

結語

　　中研院的峻宇高牆，雖可把錢穆阻擋在門外近二十年，但卻再也無法阻撓錢穆的門人及再傳弟子的魚貫而入，再也無法阻擋錢氏的學脈，由學術的邊緣向學術的中心轉進。在錢穆當選院士二年之後，嚴耕望隨即在一九七〇年當選了中研院的第八屆院士；錢穆的另一個學生余英時，也在一九七四年順利當選了中研院的第十屆院士。相對於史語所餖飣瑣碎的小考據，嚴耕望的著述可視為大考據，大小雖殊，而考據則一；且嚴氏當時是史語所的資深研究員，是故他的當選，並未撼動中研院的森嚴壁壘。但余英時的當選，卻把當時中研院獨專考據的藩籬，切開了一個不算小的缺口。因為，余英時的專業是中國思想史，所必須處理的正是傅斯年最感厭惡的「傳統的或自造的『仁義禮智』」的觀念及其價值等問題。[212] 他的當選，說明了中研院再也不能把

212　傅斯年，〈歷史語言研究所工作之旨趣〉，《中央研究院歷史語言研究所集刊》，第一本第一分，頁10。

歷史學簡化為史料學，而開始對義理之學予以公開承認。哈佛大學博士、哈佛大學教授，以及耶魯大學、普林斯頓大學講座教授的多重榮銜，又使得余英時在兩岸三地學界發揮了越來越大的影響力，對中研院尤其如此。从一九八〇年代開始，越來越多研究學術、文化和思想史的年輕學者，被中研院的各人文所或社會所延攬；以研究中國文學以及「傳統的或自造的『仁義禮智』」為其核心課題的中國文哲研究所，也在一九八九年在中研院設立籌備處，二〇〇二年正式成所。余英時的學生王汎森和黃進興，和乃師一樣都是治中國思想史的學者，則先後被遴選為中研院院士，先後出任號稱「天下第一大所」史語所的所長，以及中研院的副院長。余英時的另一個學生陳弱水，其學術專長同樣是中國思想史，也在臺大當上了文學院院長。研究中國學術、文化和思想史，在臺灣早已成了顯學。中研院獨專史學的傳統，雖仍能繼續維持下去，但考據學派已門庭冷落，再也無復昔日睥睨一世引領風騷的榮景。

　　錢穆的門人及再傳弟子在學界的顯赫地位，標誌着錢氏一脈，已成功地完成了由學術邊緣向學術中心的轉進。但嚴耕望早就宣示過，自己對胡適的「敬愛」，「決不在敬愛錢先生之下」；而余英時則終身服膺「五四」的德先生和賽先生，[213] 他對胡適立身行事及其學術貢獻，全都推崇備至，[214] 這和晚年錢穆對胡適的種種苛評相對照，簡直判若雲泥。而余英時的學生黃進興，甚至在二〇一八年四月二十五日，還以「機構的宣言：重讀傅斯年〈歷史語言研究所工作之旨趣〉」為題，不遠千里飛到香港城市大學，去發表稱美傅斯年史學思想的演講。無論是錢穆的親傳弟子嚴耕望和余英時，還是錢穆的再傳弟子黃進興、陳弱水和王汎森，都無法被劃入文化保守主義或反傳統主義的營壘。這也證明了文化保守主義與反傳統主義，雖在開始時互相對抗，但時間一久，便不免會互相依存、互相滲透和互相轉化。

213　余英時，《余英時回憶錄》(臺北：允晨文化實業股份有限公司，2018)，頁 70。

214　余英時，《中國近代思想史上的胡適》，頁 1–72。

第四章　胡適與熊十力的分歧

> 萬山不許一溪奔，
>
> 攔得溪聲日夜喧。
>
> 到得前頭山腳盡，
>
> 堂堂溪水出前村。
>
> ——楊萬里〈桂源鋪〉[1]

引言

　　由於堅持對傳統作「整體主義的」的「拒斥」，以陳獨秀、魯迅等人為首的反傳統主義者在思想文化上的主要工作，便是對中國歷史文化的徹底批判和清算。而胡適因深受「文化惰性論」的影響之故，並不相信中國文化會有被「連根鏟除」的可能性，更不相信「全盤西化」會在中國實現；但出於「治沉疴須用猛藥」和「矯枉必須過正」的策略考量，他也時時附和陳獨秀、魯迅等人對傳統作「整體主義的」的攻擊，因之也發表過不少「過激」、「過火」兼「過頭」的言論。如此一來，在時人的眼中，胡適和陳獨秀、魯迅等人的文化主張，其實並無甚差別。[2] 更兼陳獨秀在一九二一年便成為中國共產黨的創始人，其關注早已從文化轉移到政治方面，且在一九四二年便已撒手人寰，而魯迅更早在一九三六年便已棄世，是以碩果僅存的胡適，便理所當然地成為

1　〔宋〕楊萬里，〈桂源鋪〉，收入氏著，《楊萬里集箋校》（北京：中華書局，2007），冊2，頁756。

2　詳參本書第三章〈錢穆與胡適的交涉〉。

「五四」文化革命的唯一旗手，因而也無可避免地成為文化保守主義者尤其是新儒家集矢的鵠的。

由於堅持「守故開新」，文化保守主義者的主要任務，便是在業已被反傳統主義者破壞的文化現場，拯救和重建中國文化的道德和學術傳統。本章擬以「文化破壞」vs.「文化重建」為主線，環繞着胡適和熊十力這兩個中心人物，多面向和多層次地探究和剖析，在近百年來的中國學術文化思想史中，反傳統主義者和文化保守主義者是如何地一方面在互相批駁、互相攻擊和互相否定，但同時卻在另一方面又互相影響、互相滲透和互相依存。本章的書寫策略，就是選取熊十力作為胡適的對立面，並通過呈現胡、熊二人在文化認同上的嚴重分歧，使胡、熊二人的文化認同，各自在對立面的對照和反襯下，變得更為脈絡分明，而其中隱藏的問題也在對立面的放大和照明之下，變得格外凸顯和清晰。

一、文化認同的根本分歧

(一)「百不如人」vs.「各有所長」

胡適與熊十力，一個是「五四」新文化運動的領袖，一個是當代新儒學的理論奠基人，二人在文化認同上簡直是南轅北轍。胡適把整個東方文化認定為「懶惰不長進的文明」，[3] 並把「駢文，律詩，八股，小腳，太監，姨太太，五世同居的大家庭，貞節牌坊，地獄活現的監獄，廷杖，板子夾棍的法庭，……」[4] 作為中國文化的具體表徵。在這種「使我們抬不起頭來的文物制度」面前，胡適強調所有中國人都必須「低頭

3　胡適，〈整理國故與「打鬼」──給浩徐先生信〉，原載《現代評論》，卷 5 期 119（1927 年 3 月 19 日），收入歐陽哲生編，《胡適文集》（北京：北京大學出版社，1998），冊 4，頁 116。

4　胡適，〈信心與反省〉，原載《獨立評論》，號 103（1934 年 6 月 3 日），收入歐陽哲生編，《胡適文集》，冊 5，頁 388。

愧汗」，必須「閉門思過」，深切「反省」，「要誠心誠意的想，我們祖宗的罪孽深重，我們自己的罪孽深重」，[5] 要老老實實承認我們的文化與西洋文化相較的「百不如人」——不僅整體不如人，就連部分也不如人；不僅在現代不如人，就連在古代也不如人。胡適説：

> 我們固有文化實在是很貧乏的，談不到『太豐富』的夢話。近代的科學文化，工業文化，我們可以撇開不談，因為在那些方面，我們的貧乏未免太丟人了。我們且談老遠的過去時代罷。我們的周秦時代當然可以和希臘、羅馬相提比論，然而我們如果平心研究希臘、羅馬的文學、雕刻、科學、政治，單是這四項就不能不使我們感覺我們的文化貧乏了。尤其是造形美術與算學的兩方面，我們真不能不低頭愧汗。我們試想想，《幾何原本》的作者歐幾里得 (Euclid) 正和孟子先後同時；在那麼早的時代，在二千多年前，我們的科學早已太落後了！（少年愛國的人何不試拿《墨子·經上篇》裏的三五條幾何學界説來比較《幾何原本》？）從此以後，我們所有的，歐洲也都有；我們所沒有的，人家所獨有的，人家都比我們強。……[6]

而熊十力和梁漱溟、馬一浮一樣，認為中國文化雖在科學和民主政制遠不如西方文化，但中國文化的德性主體卻又遠優於西方文化。[7]用熊十力自己的話，亦即西方文化的精彩，唯在其「量智」(理智) 的高度發達，而中國文化的精彩，則在其「性智」(本心) 的充分顯發。[8]量智

5　胡適，〈信心與反省〉，頁 388–389。

6　胡適，〈信心與反省〉，頁 388。

7　參看梁漱溟，《東西文化及其哲學》，收入氏著，《梁漱溟全集》(濟南：山東人民出版社，1989)，卷 1，頁 395–488；以及馬一浮，《泰和宜山會語》，收入氏著，《馬一浮集》(杭州：浙江古籍出版社、浙江教育出版社，1996)，冊 1，頁 12–28。

8　熊十力云：「中學以發明心地為一大事 (借用宗門語，心地謂性智)，西學大概是量智的發展。」引自熊十力，〈答謝幼偉〉，收入氏著，《新唯識論》(臺北：廣文書局，1962)，卷下之二〈附錄〉，頁 64a。

的高度發達，使西方文化在科技的發展和民主政制的建構方面都取得驕人的成就；性智的充分發展，則使中國文化在明心見性的修持中成就了至善至美的聖賢人格。熊十力習慣以性智名「體」，以量智名「用」。[9] 按照他的說法，量智高度發達卻不知性智為何物的西方文化是「用強而體弱」，性智充分顯發但量智極不發達的中國文化是「體強而用弱」。「用強而體弱」，生命將失其主宰而顛倒迷妄、盲目逐物而不知返；[10]「體強而用弱」，則有「遺物以耽空，屏事以溺寂」之弊，於利用厚生、治國平天下的外王事業畢竟無多大助益。[11] 從熊十力對中西文化的基本評估，便可知道他無論如何也不會贊成胡適所謂中國文化百不如人的觀點。對熊十力而言，正確的答案應該是：中西文化各有所長，小各有所短。

（二）否定「中體西用」vs. 肯定「中體西用」

正因為深信中國文化百不如人，胡適常常對尊崇東方文化為精神文明和道德文明的話語，尖刻地加以訕笑和挖苦。例如，胡適在〈東西文化之比較〉一文中，以中國城市中的黃包車夫為證據，質問東方精神文明論者：「一種文化容許殘忍的人力車存在，其『精神』何在呢？……一天到晚只知辛苦的工作，這還有什麼精神生活呢？」他又以中國一老年叫化婆子相信死後可到西天為例，質問道：「用一種假的信仰，去欺哄一個貧困的叫化子，使他願意在困苦的生活中生存或死亡，這叫做道德文明精神文明嗎？如果他生在另一種文化裏，會到這種困苦的地步嗎？」胡適還在該文中引申出這樣的結論：「除了用科學與機械增高個人的快樂之外，還要利用制度與法律使大多數人都能得着幸福的生活——這就是西方最偉大的精神文明。我可以問問：婦女解放，民治

9　熊十力云：「玄學見體，唯是性智」；又云：「量智云者，一切行乎日用」，「但此云量智，乃性智之發用」。引自熊十力，〈答謝幼偉〉，頁 63a-63b。

10　熊十力，〈初印上中卷序言〉，《新唯識論》，頁 5b。

11　熊十力，〈答謝幼偉〉，頁 63a-63b。

178

政體，普及教育等，是否從東方的精神文明產生出來的呢？焚燒孀婦，容忍階級制度，婦女纏足，凡此種種，是否精神文明呢？」[12]

對類似「中學為體、西學為用」的論述，胡適更是嗤之以鼻。例如，胡適在〈試評所謂「中國本位的文化建設」〉一文中，對上海薩孟武、何炳松等十位教授於一九三五年一月十日於《文化建設》月刊第一卷第四期上發表的〈中國本位的文化建設宣言〉大加撻伐，認為〈宣言〉中對「中國本位」文化「存其所當存，去其所當去」的宣示，正是張之洞「中體西用」公式的「最新式的化裝出現」。胡適指出：胡適指出：「十教授口口聲聲捨不得那個『中國本位』，他們筆下儘管宣言『不守舊』，其實還是他們的保守心理在那裏作怪。他們的宣言也正是今日一般反動空氣的一種最時髦的表現。時髦的人當然不肯老老實實的主張復古，所以他們的保守心理都托庇於折衷調和的煙幕彈之下。……」為了坐實十教授〈宣言〉的反動性質，胡適還把〈宣言〉與主張尊孔讀經的湖南、廣東軍閥聯繫起來：「十教授的宣言，無一句不可以用來替何鍵、陳濟棠諸公作有力的辯護的。」[13]

至於那些對東方文化，尤其是對中國文化正面肯定的言論，在胡適看來，無非是出於「一時的病態心理」，適足以助長「東方的舊勢力」的凶焰，或者是投合和滿足「東方民族的誇大狂」。[14] 而熊十力則在學成之後，自始至終都堅信中國的精神文明和道德文明都要遠遠高於和優於西洋，並一再稱道張之洞「中體西用」之說「其意甚是」。[15] 儘管以熊十力當時的聲名和在學術界的地位，還不夠資格讓胡適對他直接加以批評。但他的思想言行，卻毫無疑問屬於胡適所厭惡的東方精神文明論者和中體西用論者的範疇。

12　胡適，〈東西文化之比較〉，收入歐陽哲生編，《胡適文集》，冊 11，頁 184-192。
13　胡適，〈試評所謂「中國本位的文化建設」〉，原載《獨立評論》，號 145（1935 年 4 月 7 日），收入歐陽哲生編，《胡適文集》，冊 5，頁 448-450。
14　參見胡適，〈我們對於西洋近代文明的態度〉，原載《現代評論》，卷 4 期 83（1926 年 7 月 10 日），收入歐陽哲生編，《胡適文集》，冊 4，頁 3。
15　熊十力，《讀經示要》（臺北：廣文書局，1967），頁 2-5。

(三) 反對「尊孔讀經」vs. 贊成「尊孔讀經」

　　和中國近代的絕大多數大知識分子一樣，胡適和熊十力都把中國的救亡圖存作為自己的終極關懷。並且，胡、熊二人又都把對中國文化的革命或改造，作為達成救亡圖存大業的根本手段。只不過，胡適把中國的固有文化，視為救亡圖存的最大障礙；而熊十力則把中國固有文化的德性主體，視為救亡圖存不可或缺的精神資源。摧毀中國固有文化是胡適救亡圖存的必要條件，也是胡適引以為傲的「大成績」。[16]憑藉着白話文運動的風靡全國，胡適切斷了中國傳統經典與中國新一代知識分子的血肉聯繫，使得傳統典籍真正變成了歷史。在「五四」文化革命運動中，胡適又與《新青年》同志合力「破壞孔教，破壞禮法，破壞國粹，破壞貞節，破壞舊倫理 (忠孝節)，破壞舊藝術 (中國戲)，破壞舊宗教 (鬼神)，破壞舊文學，破壞舊政治 (特權人治)」，[17]從而使「孔家店」瓦解土崩。胡適當然堅決反對祀孔。他斷言國民政府恢復紀念孔子誕辰，是「可憐而不可恕的」。[18]胡適當然也要「絕對的反對」全國中小學校恢復講授《六經》。[19]除了認定提倡讀經究其實是反動勢力的猖狂反撲之外，胡適還以就連經學大師王國維也自承「於《書》所不能解者殆十之五」為依據，斷言「我們今日還不配讀經」。[20]和胡適完全相反，熊十力是「絕對的贊成」讀經的。熊氏認為「《六經》究萬有之原」，統攝天下一切學術，位天地，育萬物，贊化育，立內聖外王之極，至大中正，實為人類貞常之道，簡直是「無時可離，無地可離，無人可離」。若乃離經叛道，人類日習於凶殘狡詐，強吞弱，智侵愚，殺機日

16　胡適，〈整理國故與「打鬼」──給浩徐先生信〉，頁 118。
17　陳獨秀，〈本誌罪案之答辯書〉，《新青年》，卷 6 號 1 (1919 年 1 月 15 日)，頁 10。
18　胡適，〈寫在孔子誕辰紀念之後〉，原載《獨立評論》，號 117 (1934 年 9 月 9 日)，收入歐陽哲生編，《胡適文集》，冊 5，頁 408。
19　胡適，〈讀經平議〉，原載《獨立評論》，號 231 (1937 年 4 月 25 日)，收入歐陽哲生編，《胡適文集》，冊 11，頁 759。
20　胡適，〈我們今日還不配讀經〉，原載《獨立評論》，號 146 (1935 年 4 月 14 日)，收入歐陽哲生編，《胡適文集》，冊 5，頁 439-443。

熾，則將有「自毀之憂」。[21] 是故熊十力稱許提倡中小學生讀經的有力者為「豪傑之士」。他不僅把讀經作為教授生徒的最重要功課，在日後還撰寫了厚厚一大本《讀經示要》，作為指示後學讀經的津梁。[22]

至於對祀孔的態度，熊十力也和胡適完全相反。熊十力推尊孔子為「聖人」，《六經》為「聖經」，而以「聖人之徒」自居。[23] 聖人之徒又豈有不極端贊成祀孔之理？從學術思想史的角度加以省察，我們便可斷言，如果不是梁漱溟、熊十力、馬一浮等對胡適、陳獨秀們的侮聖毀經深致不滿，如果他們不是立志要替孔子打抱不平，替中國文化洗雪沉冤，當代新儒學便根本不會發生！梁漱溟到北大就是其中一個最著名的例子。據梁氏回憶：「民國六年蔡孑民先生約我到大學去講印度哲學，……我第一日到大學，就問蔡先生他們對於孔子持什麼態度？蔡先生沈吟的答道：我們也不反對孔子。我說：我不僅是不反對而已，我此來除替釋迦孔子去發揮外更不作旁的事！……後來晤陳仲甫先生，我也是如此說。」[24]「天不生仲尼，則萬古如長夜」，雖不一定符合歷史事實，然而卻千真萬確地成了當代新儒家共許的宗教情懷。

(四)「捉妖打鬼」vs.「續絕存亡」

無論是反對讀經也罷，贊成讀經也罷，胡適和熊十力都在研究中國哲學和中國哲學史，因而都離不開「整理國故」，都不能不讀經。當然，二人的讀經，各自懷抱着不同的動機，也各自獲得了不同的結果。胡適的整理國故和讀經，據他自己說，是為了「捉妖」與「打鬼」。因

---

21 熊十力，《讀經示要‧自序》，頁 1–4。

22 熊十力云：「讀經問題，民初以來，常起伏於一般人之腦際，而紛無定論。余雖念此問題之重要，而無暇及此。……去年責及門諸子讀經，諸子興難，余為筆語答之，懼口說易忘也。初提筆時，只欲作一短文，不意寫來感觸漸多，遂成一書。」熊十力，《讀經示要‧自序》，頁 1。

23 熊十力，《讀經示要》，卷 2，頁 1–12。

24 梁漱溟，《東西文化及其哲學》，頁 344。這種對孔子和中國文化秉持孤臣孽子之心，梁、熊、馬如此，唐君毅、牟宗三、徐復觀亦如此，海外新儒家莫不如此。

為，「五四」文化革命雖打倒了孔家店，但中國文化的陰魂卻尚未被徹底肅清。這些有害的妖魂，大都躲在傳統經典中這些「爛紙堆」裏，一有機會便會跑出來吃人、迷人和害人。[25] 要清除這些妖魔鬼怪，必須依靠像胡適一類的「國故學者」，運用科學的方法，把這幾千年的爛賬加以清算。胡適撰寫的《中國哲學史大綱》，其中最偉大的成績，據他自己認定，便是「化神奇為臭腐，化玄妙為平常」，從而讓人們認清長期被吹噓得無限神奇玄妙的中國傳統哲學本來「不過如此」而已。[26] 胡適對於達摩、慧能，以至「西天二十八祖」的歷史考據，其目的便是要把這些人作偽的「原形都給打出來」。據胡適說：「據款結案，即是『打鬼』。打出原形，即是『捉妖』。」[27] 通過讀經和整理國故，胡適自以為揮出了終結中國固有文化的「最後一刀」。[28] 但熊十力之所以讀經和整理國故，借用他的親傳弟子徐復觀的話，為的是在「羣言淆亂」、「學絕道喪，黃炎子孫，迄無以自立」之際，「發前聖之微言，振後生之頹志」，「揮魯陽之戈，以反慧日，負太行之石，用截橫流」。[29] 熊氏為中國固有文化的存亡續絕、繼往開來所展現的苦心孤詣，和胡適相較，又豈止天壤懸隔！

（五）「昔不如今」vs.「今不如昔」

對於後「五四」時期中國社會的整體評估，胡適是「昔不如今」論者，而熊十力則是「今不如昔」論者。胡適熱情謳歌「五四」文化革命後帶來的各種進步，其中包括「廢除了三千年的太監，一千年小腳，

25　胡適說：「我披肝瀝膽地奉告人們：只為了我十分相信『爛紙堆』裏有無數無數的老鬼，能吃人，能迷人，害人的厲害勝過柏斯德（Pasteur）發見的種種病菌。只為了我自己自信，雖然不能殺菌，卻頗能『捉妖』、『打鬼』。」胡適，〈整理國故與「打鬼」——給浩徐先生信〉，頁 117。

26　胡適，〈整理國故與「打鬼」——給浩徐先生信〉，頁 118。

27　胡適，〈整理國故與「打鬼」——給浩徐先生信〉，頁 117。

28　胡適，〈整理國故與「打鬼」——給浩徐先生信〉，頁 116。

29　徐復觀，〈《讀經示要》印行記〉，收入熊十力，《讀經示要》，頁 1。

六百年的八股，四五百年的男娼，五千年的酷刑，……」[30] 包括推翻了
數千年的帝制，包括確立了「無論在量上或質上都比三十年前進步至少
千百倍」的新教育制度，包括家庭革命帶來的兒女的獨立，婦女地位的
提高，戀愛的自由和婚姻的自主，包括社會風俗的改革和政治組織的
試驗……[31] 所有這些，其實都已經「超越前聖，凌駕百王」，都是「古代
聖賢不曾夢見的大進步」。[32] 在這些巨大的進步之中，胡適斷言：

> 平心說來，「最近二十年」是中國進步最速的時代；無論
> 在智識上，道德上，國民精神上，國民人格上，社會風俗上，
> 政治組織上，民族自信力上，這二十年的進步都可以說是超過
> 以前的任何時代。這時期中自然也有不少的怪現狀的暴露，劣
> 根性的表現，然而種種缺陷都不能減損這二十年的總進步的淨
> 贏餘。[33]

僅在道德人格的養成方面，胡適便列舉出高夢旦、張元濟、蔡元
培、吳稚暉、張伯苓、周詒春、李四光、翁文灝、姜蔣佐等一大堆當
代人物，斷言「他們的人格往往比舊時代的人物更偉大，思想更透闢，
知識更豐富，氣象更開闊，行為更豪放，人格更崇高」，「比一切時代
的聖賢，不但沒有愧色，往往超越前人。」[34]

但是，在熊十力眼中，後「五四」時期的中國社會，卻完全是另一
種光景：

> ……清末以來，國人一意自卑，而自毀其固有。《六經》既
> 視同糞土，而吾民族數千年來，依據經學所建立之一切信條，

30　胡適，〈寫在孔子誕辰紀念之後〉，頁410。
31　胡適，〈寫在孔子誕辰紀念之後〉，頁410。
32　胡適，〈寫在孔子誕辰紀念之後〉，頁411。
33　胡適，〈寫在孔子誕辰紀念之後〉，頁410。
34　胡適，〈寫在孔子誕辰紀念之後〉，頁412。

皆破壞盡淨。西化之真，無從移植得來；固有之長，早已捨棄無餘。人皆以其浮淺雜亂之知識，高自矜炫，（此實今日最痛心事，不卜天下有深察及此者否？）莫肯反省為切己之學，何以維繫身心？何以充實生活？而舉世習安之，曾不一悟。貪污、昏闇、猜忍、諂曲、卑靡、偷賤之風日益熾盛，而不成為人。……學校無士氣，社會無生機，世其滔滔，天其夢夢，何竟如斯！[35]

　　至於其道德人格被胡適推尊的當代人物，在熊十力眼中，只不過是一羣中西學術均無根柢，日日爭名於朝，爭利於市，以浮淺混亂的思想，引導炎黃子孫步入亡國滅種之途的「名士」而已。由於認定「名士」應為「亡國滅種」負主要責任，熊十力恨透了名士。除了對蔡元培稍存口德之外，[36] 熊氏對康有為、梁啟超、章太炎、吳稚暉以下大大小小的名士，一有機會就放肆地加以謾罵和攻訐：

　　　　……後生遊海外者，以短少之日力，與不由深造自得之膚泛之見，又當本國政治與社會之衰敝，而情有所激，乃妄為一切破壞之談，則首受攻擊者，厥為經籍與孔子。北庠諸青年教授及學生始掀動新潮，而以打倒孔家店，號召一世。《六經》本棄置已久，至此又剝死體。[37]

　　　　……經學之在中國也，真所謂日月經天，山河行地，其明訓大義，數千年來浸漬於吾國人者，至深且遠。凡所以治身心，立人紀，建化本，張國維者，何一不原於經？則謂吾民族生命，為經義滋潤焉孵育焉可也。今乃欲廢之一旦，將使生命頓絕不復蘇，頓斷不復續，雖欲改胎換骨，而臣之質已死，新胎何所

35　熊十力，《讀經示要》，卷 2，頁 42。
36　因蔡元培曾禮聘渠任北大佛學講席之故，飲水思源，熊十力在罵盡天下名士時，對蔡氏稍稍寬假。
37　熊十力，《讀經示要》，卷 1，頁 11。

寄？新骨何所附乎？[38]

　　……夫叛聖言者，德之賊，是以獷悍禍天下者也，(獷悍
者，由二惡故。一由挾私，故悍；一由無智，故獷。) 必不可與
言變通。清末以來，叛者實繁有徒，而世亂不知所底。輕疑聖
言者，德之棄，是以浮亂禍天下者也，必不可與求理道之真。
今日思想界，習於浮淺、混亂，故士節不修，而天下理亂之原，
終不得而明。國危已亟矣。[39]

　　熊十力罵得性起，甚至罵出「名士亡國滅種」，[40]「凡名流皆狗也！
大名大狗，小名小狗，而狗一也！」[41]諸如此類就以連善於罵人的徐復
觀也認為太過分的話頭。

(六)「充量西化」vs.「會通中西」

　　胡適和熊十力都主張為了救亡圖存中國必須吸收西學。但在如何
吸收西學，以及吸收什麼西學這兩大問題上，胡、熊二人的意見又完
全相左。胡適不僅認為中學無論從部分到整體都不如西學，他還相信
中學與西學在許多方面，存在着不相容性。他說：

　　中國今日最可令人焦慮的，是政治的形態，社會的組織，
和思想的內容與形式，處處都保持中國舊有種種罪孽的特徵，
太多了，太深了，所以無論什麼良法美意，到了中國都成了逾
淮之橘，失去了原有的良法美意。[42]

38　熊十力，《讀經示要》，卷 1，頁 65。
39　熊十力，《讀經示要》，卷 2，頁 27。
40　見一九四九年九月十六日熊十力與徐復觀信，收入翟志成，《當代新儒學史論》(臺北：允
　　晨文化實業股份有限公司，1993)，頁 179。
41　見一九四九年九月七日熊十力與張丕介等信，收入翟志成，《當代新儒學史論》，頁 171。
42　胡適，〈試評所謂「中國本位的文化建設」〉，頁 451。

　　由於中學和西學在許多方面勢不兩立，按照胡適的邏輯，若要引進西學便必須先清除中學。中學若能被多清除一分，西學便才會有可能多被引進一分。又由於西學無論在哪一方面都要比中學高明，所謂「韓信領兵，多多益善」，自然是西學能引進得愈多便愈好。而最理想的狀況，又莫過於把所有的西學全部都引進中國來。是故胡適把在三十年代中葉最努力鼓吹「全盤西化」的陳序經引為同調。但是，胡適畢竟是一個清醒的實驗主義者，他非常清楚地知道，無論他和他的反傳統戰友如何努力，中國文化還是不可能被完全清除掉的。更嚴重的問題還在於，中學在目前並不是被清除得夠多了，而是清除得還很不夠。[43] 中國文化的殘餘和被引進來西方文化互相混合，便自然會形成一種不中不西，亦中亦西的新文化。儘管胡適清醒地知道「全盤西化」的目標是無論如何也達不到的，但這並不妨礙胡適在報刊上一再公開重申：「我是主張全盤西化的」、「我是完全贊成陳序經先生的全盤西化論的」。[44] 原來，胡適正遵循着「取法乎上，僅得其中；取法乎中，風斯下矣」這一條「最可玩味的真理」，定出了「不妨拼命走極端」的策略。[45]
據胡適解釋：

> 　　此時沒有別的路可走，只有努力全盤接受這個新世界的新文明。全盤接受了，舊文化的「惰性」自然會使他成為一個折衷調和的中國本位新文化。若我們自命做領袖的人也空談折衷選擇，結果只有抱殘守闕而已。[46]

43　胡適指出中國舊文化在五四後仍頑強地到處滋長：「政治的形態，從娘子關到五羊城，從東海之濱到峨嵋山腳，何處不是中國舊有的把戲？社會的組織，從破敗的農村，到簇新的政黨組織，何處不具有『中國的特徵』？思想的內容與形式，從讀經祀孔，國術國醫，到滿街的性史，滿牆的春藥，滿紙的洋八股，何處不是『中國的特徵』？」胡適，〈試評所謂「中國本位的文化建設」〉，頁 451。

44　胡適，〈編輯後記〉，《獨立評論》，號 142（1935 年 3 月 17 日），頁 24。

45　胡適，〈編輯後記〉，頁 24。

46　胡適，〈編輯後記〉，頁 24。

　　原來，如果不在清除中學和吸收西學方面「拼命走極端」，其結果便「只有抱殘守闕」。「拼命走極端」的結果反而是恰到好處、公平而且公正。並且，也只有「拼命走極端」，才能獲得恰到好處、公平而且公正的結果。明白了胡適的思維模式，我們才會明白，為何一貫予人以文質彬彬、溫良恭儉讓的印象的胡適博士，會在公開宣言中如此激烈地排斥中國文化。

　　不消說，主張中西文化各有長短的熊十力，是不會同意胡適「拼命走極端」地排斥中國文化的做法，也不會贊成「全盤西化」的主張。熊十力以樹木的嫁接為例，說明若不要吸收西學則已，若真要吸收西學，就勢必不能不保存中學的「本榦」：

> 　　園夫之接木也，必固其本榦，方可以他木之枝，附著其間。因本榦生機之盛也，而後吸收他枝，足以榦運轉化，發榮滋長，迥異其舊焉。若斷絕本榦，令其枯死，無復生意，而欲成接木之功，則雖孩童蒙昧亦知其不可矣。今人不自護持生命，其智反出園夫下，豈不哀哉！[47]

　　並且，熊十力堅信中學和西學不僅不互相排斥，而且還處於「合之則雙美，離之則兩傷」的互補位置。根據熊氏「體用不二」，「即體顯用」和「攝用歸體」的哲學觀點，中國文化充分顯發的「性智」（體），正可救正西方文化性智的欠缺，而西方文化高度發達的量智（用），正可彌補中國文化量智的不足。西洋的量智主要表現為民主政制和科學兩個方面。熊十力對中學如何吸收西方民主政制，其論述似較為簡略。大率而言之，無非是上承孔孟的民本主義，下接晚明王夫之、顧炎武、黃宗羲的啟蒙思想，以與西洋的民主思想接軌，藉以成就中國的民主政治。例如，熊十力在《讀經示要》中談及：

47　熊十力，《讀經示要》，卷 1，頁 65。

經濟之科，自宋陸子靜兄弟，及鄧牧並有民治思想。（黃梨洲《原君》全本鄧牧，子靜兄弟之思想，《十力語要》已言及之。）迄晚明王船山、顧亭林、黃梨洲、顏習齋諸儒，則其持論益恢宏，足以上追孔孟，而下與西洋相接納矣。至於典章度制、民生利病之搜考，自杜佑輩而後，迄晚明諸子，所究亦精博。然則西洋政治思想、社會科學，皆非與吾人腦袋扞格不相入者，當採西人之長，以收明辨篤行之效，誰復於斯而懷猶豫？……綜上所言，吸收西學，在今日固為理勢之必然。[48]

至於吸收科學之必要及科學能帶來的好處，熊十力則說得十分翔實而具體：

……自科學發明以來，其方法與結論，使人類智識日益增進，即人類對於生命之價值，亦大有新意義。略言之，如古代人類對於自然勢力之控制與危害人者，唯有仰其崇偉，而莫敢誰何。科學精，而後人有勘天之勝能，可以控制自然，解其危害，而利用之以厚吾生者，猶日進未已。人類知識之權能日高，遂得昂首於大自然之表。取精多，用物宏，其生命力得以發舒，無復窘束之患。此科學之厚惠一也。古代社會，有治人者、治於人者，及貧富與男女間種種大不平，幾視為定分而不可易。自然科學興，而注重分觀宇宙，與實事求是之精神。於是對於社會上種種大不平，能析觀以周知各方之利害，綜覈以確定改造之方針。向之大不平者，漸有以除其偏敝，而納之均平。人道變動光明，已遠過古昔。此科學之厚惠二也。古代，人類常屈伏於神權之下，如蠶作繭自縛。科學進步，已不限實用，而常為純理之探求。見理明，而迷信自熄。人生得解脫神權之束

縛，而自任其優越之理性。此科學之厚惠三也。……西洋哲學，
其發源即富於科學精神。故能基實測以遊玄，庶無空幻之患，
由解析而會通，方免粗疏之失。西學之長不可掩，吾人盡量吸
收猶恐不及，孰謂可一切拒之以自安固陋哉！[49]

　　熊十力雖高度讚揚西方民主政制與科學的成就，但他又斷言民主
與科學畢竟只是量智（理智）的發用。量智的功用純在成就知識，[50] 因而
不能不假設有客觀、外在之宇宙萬物，進而靜觀之、剖析之、實測之，
以探求其中之理。[51] 其實，吾人與天地萬物，本為一體，故天地萬物與
吾人，本無內外。據熊氏說：「哲學（翟按：即玄學或中國哲學）所窮
究者，則為一切事物之根本原理。易言之，即吾人所以生之理，與宇宙
所以形成之理。夫吾人所以生之理，與宇宙所以形成之理，本非有二，
故此理非客觀的，非外在的。」[52] 熊十力把此理稱之為「玄學之真理」，
把量智所探求之理稱之為「科學之真理」；[53] 而熊門的傳燈高弟牟宗三則
把前者稱之為「內容真理」(intensional truth)，把後者稱之為「外延真
理」(extensional truth)。[54] 由於玄學之真理或內容真理就在吾心之內，
所以必須憑藉吾人的道德修養，以破除形骸之私和小我的自我限制，
泯除內外、物我、一異等種種差別相，真正體認到吾人與天地萬物確
係渾然一體而不可再分，只有真正修到了「天人合一」的境界，吾人才
能真正把握到玄學之真理，脫然離繫而證會本體。[55] 不消說，強調內外、

49　熊十力《讀經示要》，卷 2，頁 29-30。
50　熊十力說：「西人畢竟偏於知識的路向，而距東方哲人所謂修養，不啻萬里矣。」熊十力，
　　《十力語要》（臺北：廣文書局，1962），卷 1，頁 50b-51a。
51　熊十力說：「科學假定外界獨存，故理在外物，而窮理必用純客觀的方法，故是知識的學
　　問。」熊十力，《十力語要》，卷 1，頁 54a。
52　熊十力，《十力語要》，卷 2，頁 23b。
53　熊十力說：「科學尚析觀（析觀亦云解析），得宇宙之分殊，而一切如量，即名其所得為科
　　學之真理。（於一切法，稱實而知，是名如量。）玄學尚證會，得宇宙之渾全，而一切如
　　理，即名其所得為玄學之真理。（於一切法，不取其相，冥證理體，而無虛妄分割，是名
　　如理。）」熊十力，《十力語要》，卷 2，頁 12a。
54　牟宗三，〈熊十力先生追念會講話〉，《時代與感受》，收入氏著，《牟宗三先生全集》（臺北：
　　聯經出版公司，2003），冊 23，頁 280-281。
55　熊十力，《十力語要》，卷 2，頁 21b-22a。

物我、一異等種種差別相，一意向外求理的理智，是永遠無法把握到玄學之真理的。在熊十力的義理系統中，玄學之真理是性智，是體；科學之真理是量智，是用。用無論如何高度發達，都必須匯歸或依附於體，[56] 才有其統御和「安足處所」。[57] 並且，熊十力雖把玄學科學兩造之理，均名為真理，但這兩種真理在熊氏的義理系統中，自有其本末、大小、高下之別。熊十力說：「玄學上真理一詞，乃為實體之代語。科學上真理一詞，即謂事物間的法則。前者（玄學真理）為絕對的真實，後者（科學真理）之真實性只限經驗界。」[58] 職是之故，有用而無體之西方文化，由於大本不立，西洋列國皆持狹隘自私之民族主義，專以侵略欺凌他民族為能事，而「終必有弗戢自焚之憂」。[59] 同樣由於大本不立，西人一意向外追求知識的結果，上焉者玩物喪志，逐物而不返；下焉者沉浸在名利膠膝桶中，知識盡成爭權奪利之資具。[60] 由靜觀測物故，西洋人「無法體會流行的真際」。[61] 由分觀測物故，西洋人析觀宇宙，得其分殊，不免支離破碎，無法識得宇宙之渾全。[62] 總而言之，統而言之，熊十力認為西方文化，儘管其量智發達，仍是未聞大道，不足以與其語「大知」，而只是如莊子所謂「小知閒閒，不覩天地之純全」。[63] 最理想的境界，自然是以中學的性智融攝西方的量智，由修養體認以立其大本，由測實析物以成其大用。大本既立，則一切知識，莫非性智之發用，由是向外求取科學之真理，便再無玩物喪志、支離破碎之弊。而大用既成，則向內證會玄學真理，亦再無淪虛溺寂、空洞枯槁之弊。[64] 由於深信中西文化各有所長，亦各有所短。中方之長，正可補

56　熊十力，《十力語要》，卷 2，頁 13a。

57　熊十力，《十力語要》，卷 2，頁 18a。

58　熊十力，《十力語要》，卷 2，頁 18a。

59　熊十力，《十力語要》，卷 1，頁 11b。

60　熊十力，《十力語要》，卷 1，頁 65b。

61　熊十力，《十力語要》，卷 2，頁 18b–19a。

62　熊十力，《十力語要》，卷 2，頁 13a。

63　熊十力，《十力語要》，卷 1，頁 46a。

64　熊十力，《十力語要》，卷 1，頁 57b–58a。

救西方之短，而西方之長，亦正可補救中方之短。熊十力極力主張中西文化的融會貫通，強調二者皆不容偏廢。[65]

二、新儒家的「根本解決之道」

(一) 投書《獨評》

由以上所引述的材料來看，熊十力對於胡適在中西文化方面的所有基本觀點，幾乎是完全不能同意。換句話說，熊、胡二人在中西文化問題上，根本就沒有共同的語言。按照孔子的教誨：「可與言而不與之言，失人；不可與言而與之言，失言。知者不失人，亦不失言。」[66] 胡適正是熊十力的「不可與言」者；並且胡適又是當時中國天字第一號的大名士，在熊十力所憎惡的名士族羣中理應名列第一。無論是遵循孔子的教誨也好，或者是隨順個人的好惡也罷，熊十力和這個「話不投機」的胡適，簡直是連說話也是多餘的。此即所謂「話不投機半句多」也。然而，出乎意料的是，在胡適主編的《獨立評論》第五十一號、第九十五號和第一〇四號，曾先後刊出了熊十力致胡適的三封長信；而在一九九四年合肥黃山書社出版的《胡適遺稿及秘藏書信》中，收有熊氏致胡適的書信竟有七通之多。[67] 熊十力為什麼要甘冒「失言」之譏，向他最憎惡的名士之首寫了這麼多封信？而胡適又為什麼願意在《獨立評論》登出熊氏的文章？要深入探討這一饒有趣味的問題，恐怕要另寫一篇文章。本文只能簡單地說，熊十力寫信給胡適的最主要目的之一，是希望胡適能把這些信刊登在《獨立評論》上，藉以利用這個全國有影響力的雜誌，向國人宣傳自己關於救亡保種的獨步丹方。

65　熊十力，《十力語要》，卷 1，頁 50b–51a。

66　〔宋〕朱熹，《四書章句集注・論語集注・衛靈公》(北京：中華書局，1983)，卷 8，頁 163。

67　熊十力，〈熊十力信七通〉，收入耿雲志主編，《胡適遺稿及秘藏書信》(合肥：黃山書社，1994)，冊 38，頁 549–636。

　　熊十力的顯赫聲名，全是在身後由其三大弟子唐君毅、牟宗三、徐復觀在海外建立起來的。他在北大任教時，只是哲學系一個地位較低的專任講師。由於他既無科舉功名，又無新式學歷，且極不善於在課堂教書，[68] 而其所著之書也沒有幾個人會有興趣拜讀（許多人即令讀了也多半是不知所謂），[69] 是以選修他的課的學生，常常只有一二人。張中行談及他在北大讀書時，選修熊氏課的學生人數：「……如熊十力先生的新唯識論就真是曲高和寡，據說有一次只有一個人選，如果二人之中有一個人不來上課，另一個人就會白跑一趟，先通知也麻煩，後來索性就到先生家裏去上了。」[70] 由於熊氏在學校沒地位，在社會無影響，以致他曾投書報刊，竟被勢利的編輯退稿，害得他「怵心危亡」，空有「滿肚皮話，不能說出，亦知說來無人肯聽，寫出無人肯看」，[71] 因而不能不慨歎「人微言輕」。[72] 除了極少數的例外，熊十力寫給胡適的信，其實都是在作文章，並且總會在信末或信前寫上「此信可否登《獨立評論》？請酌之。」「如可發表，即請佈之，如不必，即拉碎可耳。」「敢以質之適之先生，佈之《獨立評論》，國人之肯聽與否？一切不計。」[73] 順水推舟地把寄信巧妙地轉變為非正式的投稿。他的致胡適書函，胡適經過斟酌之後，選取了其中三篇登在《獨立評論》上。以熊氏當時在社會上的「孤寒」地位，尤其是他與知識界主流意見的格格不入，能在這份全國舉足輕重的刊物中發表一篇半篇短文，已經是了不得的異數了。

68　牟宗三說：「在課堂上講書，熊先生並不是很好的，因老先生和我們這一代是不相同的，老先生並不宜於公開講演或課堂上的講演，他的好處是在家裏談。……」牟宗三，〈熊十力先生追念會講話〉，頁 276。

69　牟宗三談及他初讀熊著《新唯識論》時，也承認自己「不大看得懂」。（牟宗三，〈熊十力先生追念會講話〉，頁 276。）牟尚如此，其他人能否完全讀懂熊著，便不問可知矣。

70　張中行，〈課程〉，收入氏著，《流年碎影》（北京：中國社會科學出版社，1997），頁 128。熊十力在給胡適的信中，也談及選他的課的學生「不過二、三名」。熊十力，〈熊十力信七通〉，頁 600。

71　熊十力，〈要在根本處注意〉，《獨立評論》，號 51（1933 年 5 月 21 日），頁 28。

72　熊十力說：「力時養疴杭州，念魯案之慘，國人之無恥，而料禍至之無日，曾以上述意思，寫數行，投滬上某報，竟莫敢登；人微言輕，故莫之理，夫復何說！」熊十力，〈要在根本處注意〉，頁 27–28。

73　熊十力，〈熊十力信七通〉，頁 583、584、632。

熊十力的第一篇長文〈要在根本處注意〉在《獨立評論》第五十一號（一九三三年五月二十一日）刊出時，正值熱河失陷，舉國震驚，知識界的意見領袖們正為如何抗日救國而爭執不休。熊十力親歷外患內憂，心怵危亡，「深切感覺中國民族有朝鮮安南之續」，[74] 而又大不滿於時賢們的意見，認為均是枝葉之談，不究根本，[75] 於是便一再在給胡適的書函中，[76] 提出救國保種的根本解決之道。當然，在提出根本解決之道之前，熊氏自不免要揭示由內憂外患帶來的各種深刻危機。揭露危機和根本解決這兩條主線，幾乎貫穿了熊十力致胡適的所有已刊未刊書信，可謂萬變不離其宗。

（二）四大危機、亡國滅種

熊函中揭示的危機是多面向的，但大率言之，又可歸納為國防的積弱、吏治的腐敗、城市的奢靡和農村的殘破這四個大方面。

第一，在國防方面，熊十力認為我軍無論武器、訓練均遠不如日軍，而日軍蠶食鯨吞，亡我之心不死，形勢固然凶險無比，但還不足以使中華民族亡國滅種。蓋喪師失地本尋常之事，只要全國上下同仇敵愾，萬眾一心，自強自奮，以延國族生機於不息，則終有轉弱為強，反敗為勝，收恢失地之一日。當前最大的危險，反而是在東北、熱河斷

74　熊十力所謂「朝鮮安南等等之續」，正是亡國兼滅種的同義語。亡國誠然，滅種云何？熊氏解釋道：「只此便算滅種，因統治者從文化，政治，經濟各方面，用種種毒惡手段，完全消滅其民族意志，而使其生產力完全變為牛馬式，供彼侵略與統治者之服役，直使之萬劫不復，如此民族不謂之已滅，得乎？」熊十力，〈要在根本處注意〉，頁 25。

75　熊十力在〈要在根本處注意〉一文中，一再批評當時知識界的意見領袖尤其是胡適本人的言論「未從根本處著想」、「不中當局之弊」又「不切國人疾痛」，至使他本人對這些「徒作枝節議論」「私懷頗不謂然」。熊十力在〈要在根本處注意〉，頁 27-28、30。

76　在〈要在根本處注意〉書函之前，熊十力尚有一致胡適函，對胡適在《獨立評論》號 46（1933 年 4 月 16 日）上發表的〈我的意見也不過如此〉一文提出批評，認為熱河失陷後胡適還不贊成對日宣戰是「謹慎太過」，並謂「今日已舉世無生人之氣，何待以不抵抗教之耶？」由於胡適並無刊之於《獨立評論》，此函今已不可再見，其零星消息則見於胡適在介引〈要在根本處注意〉一文時撰寫的〈編輯附記〉。胡適，〈編輯附記〉，《獨立評論》，號 51（1933 年 5 月 21 日），頁 30-31。

送之後，「當局只乞憐〔於〕國聯，知識分子總是言外交」，[77] 而國人「乃皆行屍走肉，亡國滅種之禍已至，而漠然無所動於心」。[78] 這種舉國上下不知恥不知懼不知哀不自覺不自計，一心依賴外力的附庸心態，熊十力認為才是亡國滅種的真正禍根。[79]

第二，在史治方面，熊十力認為國民黨取得政權後，以新官僚代替舊官僚，其「暴露浮囂侈靡淫佚種種敗德」，與舊官僚相比，「不獨絲毫沒有改變，且將愈演愈凶」，[80] 而政府的政績，「只有貪污淫侈黑暗欺騙殘酷等等污風迷漫大宇」。[81] 此外，政府還失信於民，「一切標語，一切宣言，一切議案，皆儘極好的説，而觀其行事，則全不相應。」[82] 熊氏斷言欺騙、貪污、淫侈這「三大亡徵」再加上背信，執政當局勢必把國族引向萬劫不復的毀滅深淵。[83]

第三，在城市的奢靡方面，熊十力指出自清末到「五四」以來，文學革命雖對舊文化的種種錮蔽，實有摧陷廓清之功，但中國數千年來賴以立國的傳統道德，亦隨之破壞殆盡。知識分子提倡物質文明，高唱人欲解放，咸視節儉節欲等道德信條為反動落伍。鼓吹縱欲和逐利的結果，直是「率天下以趨於私欲私利之途」，[84] 不僅造成「奢侈空前，貪污因之空前」，[85] 城市官員與知識分子鄙棄國貨，「徒以洋居洋服，矜式國人」，[86] 一方面助長帝國主義者以洋貨行銷於我國，以搾取我之精血，一方面也斷絕了民族工業的生路。長此以往，「有不亡國滅種者耶？」[87]

77　熊十力，〈要在根本處注意〉，頁 29。
78　熊十力，〈要在根本處注意〉，頁 28。
79　熊十力，〈要在根本處注意〉，頁 28–29。
80　熊十力，〈英雄造時勢〉，《獨立評論》，號 104（1934 年 6 月 10 日），頁 11。
81　熊十力，〈要在根本處注意〉，頁 26。
82　熊十力，〈英雄造時勢〉，頁 13。
83　熊十力，〈英雄造時勢〉，頁 11–13。
84　熊十力，〈英雄造時勢〉，頁 12。
85　熊十力，〈要在根本處注意〉，頁 28。
86　熊十力，〈英雄造時勢〉，頁 12。
87　熊十力，〈要在根本處注意〉，頁 29。

第四，在農村的殘破方面，熊十力以其鄉居大半年的切身體驗，斷言今日的中國農民正陷入「無吃無教」的絕境之中。所謂「無教」，即由於新式教育興而鄉間私塾廢，身負領導和教化農民責任的知識分子，為謀求個人出路和發展盡皆遷入都市，如此一來便造成了農村的控制權，完全淪入了貪官、土劣、「匪共」和「剿匪」的官兵手中。所謂「無吃」，乃由於農民沒有知識分子替他們出頭，在貪官、土劣、「匪共」和官兵多層徵課盤剝欺壓劫奪之下，「以至無血無髓，不獨無皮無骨」，簡直是「民無死所」。[88] 熊十力悲憤地指出：「今日鄉村之痛，則以無吃無教互為因果，……無吃故，不能有教。無教故，益不能有吃」，「長此衍進，有能保其種類而不滅亡者耶？」[89]

儘管熊十力在致胡適已刊和未刊書函中，把國族所面臨的亡國滅種的四類危機刻劃得十分驚心動魄，但即令在極度的沉痛和悲憤當中，熊十力的情緒和志氣卻不曾絕望和消沉過。因為，他在致胡適的書函當中，同時也提供了把國族從亡國滅種的危機中拯救出來的「根本解決之道」。熊十力對他的「根本解決之道」，又是那樣的信心十足。所謂「置之死地而後生」，目前的最大危機，未必不會變成最大的轉機。而閱讀熊十力「危言聳聽」的文章，極可能就是轉機的開始。

（三）危機消除、全憑悔悟

什麼又是熊十力的「根本解決之道」呢？熊十力雖自以為是贊成民主政治的，但他對民主政治的認識，究其實還相當有限。如果從〈英雄造時勢〉一文加以考核，便可發現他是一個不折不扣的精英主義者。他堅信領袖人物是創造歷史的主導者，[90] 斷言治權的「自上而

88　熊十力，〈無吃無教〉，《獨立評論》，號 95（1934 年 4 月 8 日），頁 12–16。

89　熊十力，〈無吃無教〉，頁 13、16。

90　熊十力說：「頃閱張佛泉先生〈從立憲談到社會改造〉一文，我贊同『英雄造時勢，時勢造大眾』的說法。……如元末沒有明太祖，我相信當時中華民族決不會恢復神州而成一統太平之業。又若宋太祖如不出，五代的昏亂決定還要延長，也沒有北宋的治平和新儒家文化的發生。」熊十力，〈英雄造時勢〉，頁 11。

下」抑或「自下而上」，是中西政治思想的根本分際。[91] 並且，遵循孔子「君子之德風，小人之德草」的治國原則，以及二三十年來中國共和政治的失敗教訓，他斷言「中國自上而下的主張確有其不可顛撲的真理。」[92]

根據熊十力「英雄造時勢，時勢造大眾」的這種精英主義的英雄史觀，歷史（時勢）既然是領袖人物（英雄）創造出來，人民（大眾）只不過是歷史（時勢）的塑造物。很明顯，被歷史所塑造的人民大眾是不能改變歷史或時勢的。人民大眾並沒有能力把國族從亡國滅種的危機中拯救出來，只有領袖人物才有能力使國族免於亡國滅種，也只有領袖人物才有資格和有義務一肩挑起救亡圖存的神聖責任。熊十力筆下的領袖人物，經常指的是國府的「最高領袖」或「當局領袖」，[93] 但也包括「政治方面，社會方面，文化方面各種領導的人」，[94] 換句話說，熊十力心目中的領袖人物，在古代是居於上位的君相師儒，到了近、現代便是在朝的政府官員和在野的知識分子。目前的危機雖然凶險無比，但只要把握到熊十力所提出的「根本之道」，這些危機不但都可以消解，而且還可以輕易地加以消解。這「根本之道」，就是全國的官員和知識分子一齊「痛切反省」，「通有一個痛入骨髓的自覺」，[95] 反省昔日之恥，自覺過去之非，從而番然悔悟，迷途知返。倘若當局官員和知識分子能把以往「專存依賴外人」的「賤心腸」，「掃得乾乾淨淨」，從而「自覺自計」，自強不息，則倭人可退，失地可復，國防方面便定可「起死回生」。[96] 當局高官若能痛悔昔日欺騙、貪污、淫侈等種種惡習，

91　熊十力說：「我從少年時讀嚴譯《群學肄言》，曾經引發我一個重大的感想。即由彼書，知道西人言治是『自下而上』的。而反觀吾國，即通六經諸子乃至漢以下，迄於近世百家文集，其論治，通同是主張『自上而下』的。彼所謂上者，即君相師儒。在古代，君師合一，君相即兼師儒。春秋以後，師儒漸與君相分席而領導群眾。然師儒雖不必立君相之位，要是社會中之上流分子。持清議，司教化，確是輔助朝廷政教的人物，而立乎全國勞動的群眾即農民之上，而自居優崇的地位的，……」熊十力，〈英雄造時勢〉，頁 11。
92　熊十力，〈英雄造時勢〉，頁 11。
93　熊十力，〈要在根本處注意〉，頁 26–27。
94　熊十力，〈英雄造時勢〉，頁 12。
95　熊十力，〈英雄造時勢〉，頁 12。
96　熊十力，〈要在根本處注意〉，頁 28–29。

從而以身作則,「真正吃苦」,「真正一心公爾忘私,國爾忘家」,[97] 所謂「其身正,不令而行」,各級僚屬便自能奉公守法,便自然能讓政府廉能,吏治澄清。[98] 當局若能深悔昔日對人民之「尚欺詆而無信義」,今後「勿輕有所言,打算實做一事便實說一事,不打算實做者,便絕不提及」,[99] 則民信可復。知識分子若能悔悟昔日引導國人縱欲逐物之非,從而與高官一齊以身作則,「戒除奢侈貪污,用國貨,莫用洋貨」,[100] 則城市之奢靡之風俗可易,而民族工業之生機可復。倘若全國知識分子都能效法領導村治運動的梁漱溟,甘願吃苦而到農村去教化農民,則農村「無吃無教」的惡性循環可止,而農村的清明政治可期。[101] 在熊十力的心目中,國族之所以面臨亡國滅種的各種深刻危機,主要是源於官員和知識分子這些在政治、社會、文化各方面的領導人物的自我迷失;而危機的消除,則全靠這些領導人物的自我覺悟。佛家本有「迷則眾生,悟則成佛」的話語,而王艮的〈樂學歌〉也有云:「人心本自樂,自將私欲縛。私欲一萌時,良知還自覺。一覺便消除,人心依舊樂。」[102]「破迷成悟」本是佛學與宋明新儒學的共法。熊十力會通儒佛,他的「根本之道」,明顯受到佛家和宋明新儒家的深刻影響。明乎此,我們才有可能理解,熊十力為什麼會把無限複雜,無限曲折,無限艱難又無限漫長的國族的救亡保種大業,及其成敗利鈍,完全縛繫於領袖人物的一念之間。

97　熊十力,〈英雄造時勢〉,頁 13。

98　熊十力說:「欲戒百僚之貪淫,必居中央高位者真正吃苦,真正不為過分的蓄積,真正一心公爾忘私,國爾忘家,則精誠之至,金石為開。群僚皆屬人類,皆有人心,又誰忍自甘墮落?否則雖有懲戒貪污之庭,雖有提倡國貨之令,而高官自己不廉不儉,何以服群僚之心,而能以廉儉束之耶?張難先在鄂理財,而各稅局數十年中飽積弊大半廓清。彼去而又如故。張氏何嘗借材異地或異邦耶?唯以身作則,則人莫有不從。今人假託法治,而惡言人治。不知吾人未有法治習慣,端賴在上位者清白乃心,自行守法,而後可以率人於法。此所深望於中央諸公者也。」熊十力,〈英雄造時勢〉,頁 13。

99　熊十力,〈英雄造時勢〉,頁 13。

100　熊十力,〈要在根本處注意〉,頁 29。

101　熊十力,〈英雄造時勢〉,頁 13。

102　〔明〕王艮,〈樂學歌〉,收入氏著,《王心齋全集》(臺北:廣文書局,1987),卷 4,頁 5b。

三、胡適與熊十力的所見與所蔽

龔自珍詩云:「霜毫擲罷倚天寒,任作淋灕淡墨看。何敢自矜醫國手,藥方只販古時丹。」[103] 如果把此詩看作龔氏的夫子自道,則不免稍稍出入於事實。但若用此詩移用來稱道熊十力的致胡適書函,其合適程度,便全等於是量身訂做。這個比龔自珍還要後生一個世紀的當代新儒學開山宗師,在他致胡適書函的醫國藥方中,竟完全是如假包換的國粹,都是些在中國流傳了千年以上的「古時丹」。

鄧小平説:「不管白貓黑貓,逮着老鼠的就是好貓。」此真實驗主義的證道之言。若把鄧小平的名言稍加改變,便可變成「不管中藥西藥,能醫國的就是好藥。」根據這一實驗主義的新原則,在胡適與熊十力這兩個「醫國手」之間,其醫術高下的判分,便不應以他們的施用之藥是舶來的抑或是國粹的為判準,而應以「舶來丸」或「古時丹」在醫國的臨床效驗上的孰優孰劣作為判準。儘管熊十力「藥方只販古時丹」,但他並不否認舶來藥丸的醫國功效,同時也贊同中西合璧的雞尾酒療法。在用藥的態度上,文化保守主義者熊十力無疑要比排斥中藥、鼓吹西化的中國實驗主義開山祖師胡適更為開通,因而也更像一個實驗主義信徒。

(一) 胡適的見與蔽

那麼,胡適和熊十力的藥方,在醫國的臨床效驗上的優劣又是如何?本來,胡、熊二氏醫國的目的,主要是為了「救亡圖存」,而救亡又有三個組成部分,即「救國之亡」、「救種之亡」和「救文化之亡」。國是種繁殖孵育滋潤之所,文化是種之所以為種的「種性」,而種則是文化的載體。正由於國、種、文化三位一體,既互相依存、互相滲透又互相決定,救國、救種、救文化這三個部分,便構成了救亡大業必

---

103 〔清〕龔自珍,〈己亥雜詩〉四四,收入劉逸生、周錫𩛙箋注,《龔自珍編年詩注》(杭州;浙江古籍出版社,1995),頁498。

不可分割的有機整體。文化從來就不是凝固的，而是流動的、發展的，不同文化的接觸和交流，其相互間的影響和刺激，也促使原來的文化不能不有所變革。儘管文化不能不發展，不可不變革，但這些變革和發展應該是長期的、漸進的、和平的、自願自覺的，而且在變革中還必須要有貞常（不變），發展中必須仍保有故我。強勢文化強逼弱勢文化全盤接受自己一切價值的霸道作風，勢必引起弱勢文化非理性的猖狂反撲與拼命報復。謂予不信，請衡之近年來伊朗、伊拉克、阿富汗等國家對西方文化的敵視和反制，以及美國「九一一」撞機事件。

中國傳統文化發展到近代，無論從「體」到「用」，都確有許許多多與現代化積不相容的基因或元素，嚴重地桎梏了國人的心智，妨礙了國人對西方文化的學習和吸收。中國若不要走現代化的道路則已，若中國因救亡圖存而不能不邁入現代化之路，則不能不先滌蕩和清除傳統文化中那些妨礙現代化的基因或元素；又由於沉疴既久、流弊已深，要滌汰傳統文化的積弊，便不能不痛下猛藥。胡適有見於此，遂與陳獨秀、魯迅等同志高舉文化革命的大旗，對傳統文化展開猛烈的總攻擊，鋒芒所向，直如摧枯拉朽，本來已被西潮沖刷得百孔千瘡的中國傳統文化，在陳獨秀、魯迅和胡適等所引領的文化革命軍追猛打之下，自然不免落魄失魂、瓦解土崩。胡適和他的戰友對傳統文化的全面批判，在掃除中國現代化道路上的障礙方面，確有摧陷廓清的大功；在破除傳統對國人心靈上的禁制方面，亦確有啟蒙和解放的實效。只是，胡適出於對西方文化的無限企羨，出於救亡圖存的極度危機感與迫切感，在批判中國文化時提出了「拼命走極端」的過激主張。本來，一個一無好處、一無是處的文化，絕不可能延續數千年，這是人人都可知曉的常識。胡適在公開的文字中，常流露出一種對中國傳統文化的懷疑一切、推翻一切和打倒一切的心態，不僅違背了這一顯而易見的常識，而且也和他日常一貫宣揚的寬容、謹慎、和緩、漸進、枝節點滴改良等為人和治學的宗旨，是如此的格格不入。如此一來，胡適不僅難以自圓其說，不僅無法完全讓國人心服，即使在其同黨之內，也引

發了不少的爭議。針對胡適以「小腳」、「太監」、「姨太太」、「貞節牌坊」來規範中國文化的性質，《獨立評論》的一些固定撰稿者便指出西洋文化也有初夜權、貞操帶、高跟鞋，也有臭蟲，日本文化也有「下女，男女同浴，自殺，暗殺，娼妓的風行，賄賂，強盜式的國際行為」，[104] 社會學家吳景超更指出西方文化自身的高度複雜性及其不同分子間「互不兩立」的衝突。[105] 換句話說，西洋、東洋文化並非樣樣都好，實在沒有理由全盤移植到中國來；即使全盤移植過來，西方文化本身的衝突歧異和水火不相容性，又如何可能都「化」入中國文化之中？胡適「拼命走極端」地提倡西化，即使在同一營壘中也引起了強烈的情緒反彈，他又如何有可能說服不同營壘者，在全國凝聚西化的共識？

再者，胡適為救國救種必須先毀棄中國文化的主張，不僅在人情上讓國人無法接受，並且在道理上也絕對講不通。我們知道，中國文化不是別的，她正是中國人所以為中國人的「種性」，一旦失去其種性，中國人即不再是中國人；沒有了中國人，中國也就不再成為中國。亡國滅種其實有兩種不同的類型。第一類是種族滅絕的亡國滅種，第二類是消滅其固有文化，使其人不成人、國將不國的亡國滅種。真正把所有人都殺個精光的第一類型的亡國滅種在歷史上是極罕見的，最多見的反而是第二類的亡國滅種，即亡文化的亡國滅種。胡適毀棄中國文化的主張，其目標是為了救亡，而其實則同於「自毀」。

救亡圖存必須凝聚國人的信心和志氣。胡適提出中國文化百不如人的論說，究其用心，未嘗不是期望國人因知恥知懼而後發奮有為。但在「拼命走極端」心態下說出來的極為過火過頭的言論，如果還要經常講月月講天天講，卻適足以消沮國人救亡的信心和志氣，並且還會

104　吳其玉，〈讀「信心與反省」〉，《獨立評論》，號 106（1934 年 6 月 24 日），頁 20。

105　吳景超說：「在『西方文化』這個名詞之下，包含許多互相衝突、互不兩立的文化集團。獨裁制度是西化，民主政治也是西化；資本主義是西化，共產主義也是西化；個人主義是西化，集團主義也是西化；自由貿易是西化，保護政策也是西化。這一類的例子，舉不勝舉。所謂全盤西化，是化入獨裁制度呢，還是化入民主政治？是化入資本主義呢，還是化入共產主義？西方文化本身的種種矛盾，是主張全盤西化者的致命傷。」吳景超，〈建設問題與東西文化〉，《獨立評論》，號 139（1935 年 2 月 24 日），頁 4。

動搖了言説者救亡的初衷。因為，自嚴復翻譯的《天演論》在中國萬口流傳之後，「物競天擇，適者生存」的原則已普遍為知識界接受並奉為無上真理。按照這一原則，如果中國文化真如胡適所云，是「罪孽深重」又樣樣都不如西洋，這樣的劣等文化自然應該被西洋文化取代；但國族是中國文化的載體，同樣也是百不如人「罪孽深重」，這樣的劣等民族豈不也活該被淘汰？我為什麼還要去救活她？我又怎麼能救活她？這種疑問在胡適的心中久久盤旋不去，便終於由胡適口中，説出了「中國不亡無天理」的這句「傷心話」。這句話後來還被公開登在《晨報》上，[106] 不僅繼續令胡適傷心，而且還狠狠地傷透了整個中國知識界的心。[107] 儘管胡適辯解道：「我説出那句話的目的，不是要人消極，是要人反省；不是要人灰心，是要人起信心，發下大弘誓來懺悔，來替祖宗懺悔，替我們自己懺悔；要發願造新因來替代舊日種下的惡因。」[108] 但從這話引出了「一頭牛牽着遊五大洲轉還是一頭牛」的反應來看，胡適顯然是事與願違了。以至哲學家張申府不能不深以為憂，站出來加以糾正：「『中國不亡，是無天理』，是害死了中國的話。中國人而説這種話，當然『中國不亡，是無天理』！」[109]

(二) 熊十力的見與蔽

在醫國的處方中，胡適要國人「知恥」和「反省」，熊十力也要國人特別是領袖們「知恥」和「反省」。知恥和反省的行為，固然無分中

106　胡適説：「壽生先生引了一句『中國不亡是無天理』的悲歡詞句，他也許不知道這句傷心的話是我十三四年前在中央公園後面柏樹下對孫伏園先生説的，第二天被他記在《晨報》上，就流傳至今。」胡適，〈信心與反省〉，頁 389。

107　例如，壽生談到他的同學和他自己聽完胡適這句「傷心話」的反應：「我有一個『發下大弘誓』的同學還把牠恭寫在扇子上，我亦是受了牠的刺戟得很利害的一個，我常反省（自己檢討）我們民族的功過，我無時無地不感覺我們的劣點很多。而且『一頭牛牽着遊五大洲轉還是一頭牛』，這話亦嚇壞了不少的人呢！」壽生，〈讀「信心與反省」後〉，《獨立評論》，號 107（1934 年 7 月 1 日），頁 13。

108　胡適，〈信心與反省〉，頁 389。

109　張申府，《所思》（北京：生活・讀書・新知三聯書店，1986），頁 66。

西古今，但知恥和反省這一類的套語，卻絕對是中國先聖先賢和理學家數千年來用熟用爛了的國粹。自以為排斥國粹的胡適，在他所開的醫國藥方中仍禁不住發出復古的幽香，可見對於任何受過中國文化薰習的中國人而言，全盤西化真是千難萬難。我們知道，熊十力是把救亡圖存的成敗，完全縛繫在官員和知識分子是否願意「知恥」和「反省」的一念之間的。或問：官員和知識分子過去為什麼不能「知恥」，不能「反省」呢？熊十力的標準答案是：其心為私欲所遮蔽也。那麼，官員和知識分子在將來為什麼又願意「知恥」、願意「反省」呢？熊十力的標準答案是：遮蔽其心之私欲已被滌除淨盡了也。[110] 於是，救亡圖存的成敗，便完全掛搭在官員和知識分子「滅私存公」的修養功夫上。我們知道，滅私存公是從先秦儒學、宋明理學到當代新儒學的共法，儒門的全部著述，若經過極度約化之後，便只會剩下滅私存公這四個大字。無論理學家們標舉着何種旗幟，揭櫫着何種宗旨，所有旗幟和宗旨都無不指向滅私存公；無論理學家們是如何地互相批判和互相攻訐，所有的批判和攻訐其實都可以化約為這樣的爭論：如何才能最有效地滅私存公，我的功夫才能最有效的滅私存公，或者是你的功夫不能有效地滅私存公⋯⋯關於滅私存公在儒門的重要意義及其限制，筆者在〈宋明理學的公私之辨及其現代意涵〉這篇長文中，已有相當深入的討論，於此不擬贅論。[111] 筆者在此要強調的是，熊十力認識到當代官員和知識分子的德性，實為救亡大業之不可或缺，因而企圖從儒學的傳統資源中汲取營養和力量，以提高官員和知識分子的道德水準，其見識未嘗不高，其用心未嘗不善。只不過，在包括熊十力在內的新儒學系統中，滅私存公的主要動力是良知，而良知又是「依自不依他」的，官員和知識分子若「自欺其良知」，或「知及之而仁不能守之」，以至不能破除私欲之蔽，因而繼續不知恥不反省，任何人包括熊十力在內都拿

110　熊十力，〈要在根本處注意〉，頁 30。
111　參看翟志成，〈宋明理學的公私之辨及其現代意涵〉，收入黃克武、張哲嘉主編，《公與私：近代中國個體與群體之重建》(臺北：中央研究院近代史研究所，2000)，頁 1–57。

他們毫無辦法。並且，這些人又都是「由上而下」的政治結構中的居上位者，在熊十力的醫國藥方中，並沒有提出若他們繼續不知恥不反省時則予以替代或撤換的任何方案。如此一來，他們若善念不萌，中國豈非一定會亡國滅種？按照歷史的和現在的經驗來看，這些人的絕大多數，不知恥不反省是「常態」，而知恥和反省只是極偶然極短暫的「變態」。無論是從歷史的經驗教訓，或是從良知「自作主宰」的獨立特質，我們都絕不可以把中國的救亡圖存大業，完全寄望於官員和知識分子的良知自覺，而必須另行在制度和法律方面立法，以確保官員們無論其良知自覺與否都不能不克盡職守和奉公守法，確保官員們若不稱職不守法時必能及時予以撤換。

其次，儘管救亡大業確實離不開道德，但救亡大業也不能全憑道德。道德只是救亡的必要條件，並不是救亡的充要條件。即使中國的官員和知識分子的良知在一日之間忽然全都能「自作主宰」，中國的救亡大業離成功仍頗有一段距離。因為，要取得救亡的成功，官員和知識分子除了有德，還必須有才，還必須要有道德之外的其他許多重要條件（如能力、經驗、智慧等等）相配合。例如，救亡圖存離不開富國強兵，官員和知識分子除了在道義上予以承認和支持之外，還必須擁有能使國富和兵強的各種本事。德與才之間，並無必然的隸屬關係。有德不必有才，有才亦不必有德。熊十力在致胡適的函件中，似乎把必要條件錯視作充要條件了。

再次，即令我們全部接受熊十力的觀點，願意相信良知無分賢愚人人具足，相信性智（良知）為體，量智（理性）為用，相信「體用不二」而體終能攝用，但中國的德性主體如何能吸納和融攝西方的用（民主和科學），熊十力的疏解卻總令人難以釋疑。因為，眾所周知，無論是要建構民主法制，還是要從事科學研究，都必須憑藉理智，亦即必須運用時空觀念，必須服從主客、能所、因果、人我、同異、一多等思維規律的制約。然而，理智在德性主體的證會中，根據熊十力的說法，卻變成了不僅毫無裨益，而且還極端有害，因而被視為必須首先予以

「遮遣」（驅逐）、「超出」（超越）或「伏除」（清除）的對象。熊十力說：

> 新論根本意思、在遮遣法相、而證會實體。超出知解、而
> 深窮神化。伏除情識、而透悟本心。既悟本真、而後依真起妄、
> 情識亦現。但悟後之識、依真起故。用能稱境而知。離於倒妄。
> 斯與未悟之識、截然異性。故知妄法亦真。[112]

　　引文中的「法相」，所指的是「宇宙萬象」或云「宇宙」，[113]「知解」
所指的是知識與理解力，而「情識」所指的是「思想或知識與理智」。[114]
眾所周知，離開了理智，便不可能認識宇宙、觀察宇宙萬物，而知識、
思想和理解力又都是理智的產物。根據熊十力的說法，證悟道德主體
必須摒除理智，而成就民主與科學又必須憑藉理智。如此一來，道德
主體與民主科學如果還不至於不能相容和不能並存的話，二者便必定
是不能同時建立。為了克服此一難題，熊氏提出了證悟道德主體在先，
成就民主科學在後的二階段說，於是遂有「既悟本真、而後依真起妄、
情識亦現」云云。然而，熊氏的二階段說，依然存在着難以克服的困
難。我們知道，在新儒學的義理系統中，無論是「證會本體」也好，「深
窮神化」也好，「透悟本心」也好，所指涉的都是同一回事，都是「得道」
或「成聖」的同義詞。我們又知道，儘管理學家們都立下了「必為聖人」
的雄心壯志，[115] 但聖人之學畢竟是有限的個體生命向真善美的道體無窮

112　熊十力，《新唯識論》，卷下之二〈附錄〉，頁 43a–43b。

113　熊十力，《新唯識論》，卷中〈功能下〉，頁 57b–58b。

114　熊十力自注云：「情識者、情謂虛妄。情識、猶云妄識。俗所謂思想或知識與理智、及宗
　　門所斥之知見或情見與意計等等、大概屬情識。儒者亦謂之人心。」熊十力，《新唯識論》，
　　卷下之二〈附錄〉，頁 43b。

115　陸象山說：「人皆可以為堯舜。此性此道，與堯舜原不異，……」（〔宋〕陸九淵，〈語錄下〉，
　　收入氏著，《陸九淵集》，北京：中華書局，1980，卷 35，頁 455。）朱熹也說：「惟志
　　乎聖人所示之學，循其序而進焉。」（〔宋〕朱熹，《四書章句集注・論語集注・為政》，卷
　　1，頁 55。）而王陽明則更進一步強調：「務必立個必為聖人之心，時時刻刻，須是一棒
　　一條痕，一摑一掌血，……」（〔明〕王陽明，〈傳習錄下〉，收入氏著，《王陽明全集》，上
　　海：上海古籍出版社，1992，卷 3，冊上，頁 123。）在「學聖──希聖──成聖」的道
　　路上，理學家們勉人自勉，其目標之明確，意志之堅決，以及態度之熱切，可謂相當一致

204

探索和無限逼近的內省過程。個體生命一刻不停息，探索和逼近便一刻不休止。沒有儒者能有資格在自己的有生之年宣稱已經「得道」或已經「成聖」，就連後來被尊奉為「大成至聖先師」的孔夫子也不能。[116] 因為，自稱「得道」或「成聖」的心態，本來就是一種「自伐」、就是一種「我執」和「我慢」。而聖人的境界與「自伐」、「我執」和「我慢」的心態，從來就是水火不相容的。任何儒者若一旦自稱聖人或以聖人自居，正適足以表明了他離「得道」或「成聖」之日尚遠。[117] 正由於聖學的追求和踐履的過程，乃係一至死方休的過程，在這一過程之中，根本就沒有給熊十力的「先證悟道德主體，後成就民主科學」的二階段說留下任何的運作空間。為了解決熊十力留下來的理論困難，熊門大弟子唐君毅提出了良知為了成就民主科學必須先暫時退隱的「自我退卻」說，[118] 熊門另一大弟子牟宗三則提出了良知為了成就民主科學必須先暫時潛伏的「自我坎陷」說。[119] 唐、牟二人的說法在表面上雖稍有差異，但其實質卻完全相同。無論是良知的「自我退卻」說也好，良知的「自我坎陷」說也好，其實都是在繼承熊十力二階段說的基礎上，顛倒了二階段說的順序。亦即把熊氏證悟道德主體在前，成就民主科學在後的論說，更變為成就民主科學在前，證悟道德主體在後的論說。但是，唐、牟二氏對乃師理論的修正，雖可在形式上把成就民主科學納入證悟道德主體的踐履過程，只不過，良知既然被當代新儒學家視為心靈的主宰

116　孔子說：「若聖與仁，則吾豈敢？抑為之不厭，誨人不倦，則可謂云爾已矣。」〔宋〕朱熹，《四書章句集注‧論語集注‧述而》，卷4，頁101。

117　孔子說過「如有周公之才之美，使驕且吝，其餘不足觀也已。」〔宋〕朱熹，《四書章句集注‧論語集注‧泰伯》，卷4，頁105。

118　唐君毅在他起草的〈為中國文化敬告世界人士宣言〉（牟宗三、徐復觀、張君勱、唐君毅聯合簽署）中寫道：「……中國人真要建立其自身之成為一道德的主體，即必當要求建立自其之兼為認識的主體。而此道德的主體之要求建立其自身兼為一認識的主體時，此道德主體須暫忘其為道德的主體，即此道德之主體須暫退歸於此認識之主體之後，成為認識主體的支持者，直俟此認識的主體完成其認識之任務後，然後再施其價值判斷，從事道德之實踐，並引發其實用之活動。……」牟宗三、徐復觀、張君勱、唐君毅，〈為中國文化敬告世界人士宣言─我們對中國學術研究及中國文化與世界文化前途之共同認識〉，《民主評論》，卷9期1（1958年1月），頁12。

119　牟宗三，〈中國文化的特質〉，收入周揚山編，《中國文化的危機與展望──文化傳統的重建》（臺北：時報文化出版事業有限公司，1982），頁30-34。

和人之所以異於禽獸的本質或本性，良知又如何可能暫時放棄其對國人心靈應盡的指導責任？在良知的「自我否定」或「自我坎陷」之際，又如何保證國人在失其本性之後，其理智仍只用來成就民主科學，而不用來肆行其禽獸之行或暴虐之政？

此外，還有另一問題需要留意。張灝曾指出，西方文化之所以能成就民主政治的重要原因之一，乃緣於西人對人性中的陰暗面或「幽暗意識」的戒慎恐懼和克治省察，而儒家文化對人性中的陰暗面或「幽暗意識」的「感受和反省還是不夠深切」，遂使民主政治在移入中國的過程中平添了不少困難和阻力。[120] 我們知道，中國的理學家對「私慾」的戒慎恐懼和克治省察，和西哲相較，恐怕只有過之而無不及。但是，在新儒家的義理網絡中，人性與純粹至善的天理同質而等值，人性中並不存在任何的陰暗面或幽暗意識，私慾也並不是人性中的陰暗面或幽暗意識，而只是人性在發用時的「過」或「不及」。由於對人性的光輝充滿了樂觀和信心，理學家們對私慾的化除，便全憑「復性」的內省修養功夫，而不思及建立外在的社會、政治和法律的機制，對私慾加以疏通、限制和調節。熊十力對人性的看法及其克治私慾的功夫論，其實與宋明理學的共法並無任何的不同。是故在他的思想系統中，同樣地欠缺張灝所謂的「幽暗意識」。儘管熊氏也支持和擁戴在中國實行民主政治，但他對民主政治的理解，卻仍舊脫離不了士大夫「以天下為己任」、「替天行道」、「為民請命」和「與民作主」的傳統老套，究其實只是一種菁英主義和替代主義。至於要如何在制度上設法，以切實保障人民大眾的實際政治參與，並保證他們不僅在名義上而且也能在事實上成為國家的真正主人，這是熊十力不曾想過、也不可能理解的全新課題。

120　張灝，〈傳統與現代——以傳統批判現代化，以現代化批判傳統〉，收入氏著，《幽暗意識與民主傳統》(臺北：聯經出版事業公司，1989)，頁 126。

結語

　　一九四九年共和國成立，熊十力決定留在中國大陸，胡適則遠走美國，去與留的不同抉擇，或多或少緣於二人對民主政治的不同認識及其對民主理想的不同堅持。胡適去國義無反顧，而對民主政治認識不深的熊十力，在廣州躊躇了好一陣之後便終於留了下來。[121] 儘管在五十年代批判胡適的運動中，中共傾一國之力對胡適加以批判，但胡適身在國外，大批判不僅動不了他的一根毫毛，反而大大抬高了他的身價和地位。和胡適相較，熊十力雖頂着全國政協委員的頭銜，但中共和國人對熊氏的學術思想卻掉頭不顧，簡直連批判甚至嗤之以鼻的興致也沒有。由於被徹底邊緣化，熊十力的寂寞和失落感，竟百十倍大於中共立國之前。儘管毛澤東說要批判地繼承傳統文化中的優良遺產，[122] 但又由於他堅持運用「階級分析法」對遺產進行「批判」或「繼承」的篩選，[123] 而文化遺產的創造者的個人成份又幾乎毫無例外地屬於剝削階級，中國文化遺產經過毛氏「階級分析法」的「篩選」之後，竟然盡是些必須揚棄的糟粕。[124] 正因如此，對中國文化遺產的「批判」和「繼

121　詳見翟志成，〈熊十力在廣州（一九四八一一九五〇）〉，收入氏著，《當代新儒學史論》，頁 4-102。

122　毛澤東說：「中國的長期封建社會中，創造了燦爛的古代文化。清理古代文化的發展過程，剔除其封建性的糟粕，吸收其民主性的精華，是發展民族新文化提高民族自信心的必要條件；但是決不能無批判地兼收並蓄，必須將古代封建統治階級的一切腐朽的東西和古代優秀的人民文化即多少帶有民主性和革命性的東西區別開來。中國現時的新政治新經濟是從古代的舊政治舊經濟發展而來的，中國現時的新文化也是從古代的舊文化發展而來，因此，我們必須尊重自己的歷史，決不能割斷歷史。但是這種尊重，是給歷史以一定的科學的地位，是尊重歷史的辯證法的發展，而不是頌古非今，不是讚揚任何封建的毒素。對於人民群眾和青年學生，主要地不是要引導他們向後看，而是要引導他們向前看。」（毛澤東，〈新民主主義論〉，收入中共中央毛澤東選集出版委員會編，《毛澤東選集》，北京：人民出版社，1964，一卷本，頁 667-668。）毛澤東這段話，曾無數次為報刊書籍所引用，變成了最著名的「批判繼承法」。

123　毛澤東說：「在階級社會中，每一個人都在一定的階級地位中生活，各種思想無不打上階級的烙印。」他又說：「就說愛吧，在階級社會裏，也只有階級的愛，但是這些同志卻要追求什麼超階級的愛，抽象的愛，以及抽象的自由、抽象的真理、抽象的人性等等。這是表明這些同志是受了資產階級的很深的影響。應該很徹底地清算這種影響，……」參見毛澤東，〈實踐論〉、〈在延安文藝座談會上的講話〉，收入中共中央毛澤東選集出版委員會編，《毛澤東選集》，頁 260、809。

124　詳見翟志成，〈百花齊放聽新鶯——「抽象繼承法」提出的時機及其失與得（下）〉，《大陸雜誌》，卷 95 期 4（1997 年 10 月 15 日），頁 29-34。

承」，結果演成了只有批判而無繼承。這在毛澤東發動的「文化大革命」的「破四舊」的狂飆之中，[125] 發展到登峰造極。沒有人能否認毛澤東對胡適的入骨憎惡和深刻敵意，[126] 但在鄙棄傳統文化的心態方面，與胡適是靈犀相通的。

　　胡適與熊十力都墓木已拱，關於他們二人對中國文化看法的根本分歧，也該作一結案了。由於胡、熊二氏分別為中國當代反傳統主義與文化保守主義的意見領袖，他們的分歧，也就不僅僅是他們的個人意見，而是當代反傳統主義和文化保守主義的根本分歧。反傳統主義者把整個中國文化視為中國現代化的最大障礙，認為要救亡圖存就必須全盤西化的激烈主張，不僅是不可欲的，而且也是不可能的。所謂「不可欲」，是因為這一主張把「救國」、「保種」和「救文化」這三個絕不能割裂的有機統一體割裂開來，雖欲「救亡」而形同「自毀」。有關這一點上文業已論及。所謂「不可能」，主要是因為這一主張根本不能實行。文化不是一件衣服，可任由人們在不滿意時隨便更換。對於身受某一文化薰習的個人而言，該文化便是他的附骨之疽。中國人若要全盤拋棄自己的文化傳統，如果不是異想天開，便如同用手揪着自己的頭髮希望能飛離地球一樣困難重重。即令在最激烈的反傳統主義者的思想上，我們也一樣可以看到傳統的思維模式的潛移默化，以及傳統價值觀的鮮明烙印。如果檢視當代知識分子的救亡藍圖，熊十力等文化保守主義者認為重建傳統文化的道德主體以吸納西方的民主科學是中國唯一出路的主張，無疑是一種「道德和文化的決定論」；而胡

125　文化大革命時要破除的「四舊」，包括了「舊思想」、「舊文化」、「舊風俗」和「舊習慣」。

126　為了把胡適批臭批透批倒，毛澤東在一九五四年十月十六日修訂政治局，借清算「在古典文學領域毒害青年三十餘年的胡適派資產階級唯心論」為名，以批判俞平伯的《紅樓夢》研究為突破口，親自發動和直接指揮了一場全國範圍的批判胡適運動，在長達一年多的時間內從政治、哲學、史學和文學思想等各方面對胡適進行了總攻擊。一九五八年金門炮戰，毛澤東在親自起草的〈再告臺灣同胞書〉（以國防部長彭德懷名義發佈）中，罵胡適為「洋奴」、「文賊」，並建議蔣介石對胡適加以「制裁」。詳見毛澤東，〈關於紅樓夢研究問題的信〉，收入中共中央毛澤東選集出版委員會編，《毛澤東選集》（北京：人民出版社，1977），卷 5，頁 134–135；〈再告臺灣同胞書〉，收入中共中央文獻研究室編，《建國以來毛澤東文稿》（北京：中央文獻出版社，1992），冊 7，頁 458。

適等反傳統主義者認為必須摧毀傳統文化才能吸納西方的民主科學的主張，同樣也是一種「道德和文化的決定論」。這種習慣於把政治、經濟、社會等問題都化約為文化問題尤其是道德問題，並企圖藉文化力量尤其是道德力量以解決政治、經濟、社會等問題的一元論的思維方式，無論是好是壞，確實是我們行之已久的「國粹」。林毓生就曾精當和令人信服地分析了這種「藉思想、文化以解決問題的方法」的傳統根源，[127] 儘管他把這種來自傳統的「思想模式」歸結為「形式主義的謬誤」，仍需作進一步的釋論。

此外，自宋明以降，把「私」視為絕對的惡，把「無私」的「公」視為絕對的善，強調必須「滅私」始能「存公」的主張，早已深深植根於中國文化的最深層結構裏，成為價值系統根源中的根源、核心中的核心，而這一核心一直到了「五四」時代和後「五四」時代，基本上仍舊維持着原狀，並沒有位移和鬆動的明顯跡象。以無私的公為最高的倫理道德，陶養了中國知識分子「先天下之憂而憂，後天下之樂而樂」的自我犧牲精神，以及「視民之饑溺猶己之饑溺，而一夫不獲，若己推而納諸溝中」的崇高責任感。平時憂國憂民，危時救國拯民，也就成了中國知識分子至可寶貴的優良傳統。中國當代的反傳統主義者和文化保守主義者毫無疑問都是這一傳統的繼承者。儘管他們在如何救亡的方法上存在着根本的分歧，但他們的救亡活動，又都是以無私的公心作為其精神的原動力、正當性的依據和道德的根源。文化保守主義者「守故開新」的精神力量和道德勇氣固然是來自他們所珍愛的中國文化傳統，而反傳統主義「全盤西化」的過激主張，其精神力量和道德勇氣竟然也是來自他們所深惡痛絕的中國文化傳統。[128] 來自傳統而又反傳統，這是中國近、現代思想史上最突出的弔詭之一。

---

127 林毓生，〈兩種關於如何構成政治秩序的觀念──兼論容忍與自由〉、〈胡適與梁漱溟關於《東西文化及其哲學》的辯論及其歷史涵義〉、〈新儒家在中國推展民主的理論面臨的困境〉，收入氏著，《政治秩序與多元社會》(臺北：聯經出版事業公司，1989)，頁 3-48、322-324、337-349。

128 翟志成，〈宋明理學的公私之辨及其現代意涵〉，頁 51-53。

中國文化傳統不僅極深刻地影響了反傳統主義者的思維模式及其價值系統，而且還制約着他們的行為模式。還是以胡適為例，儘管他鼓吹非孝，但並不妨礙他事實上是一位事母至孝的兒子；儘管他鼓吹個性解放和婚姻自主，但卻並不妨礙他既奉母命與江冬秀成親在前，又與之白頭偕老在後；儘管他非湯武而薄周孔，但他的待人接物周旋進退，卻反而要遠比提倡尊孔讀經的新儒學宗師熊十力更為文質彬彬，更為溫良恭儉讓，因而也更像一個儒門的謙謙君子。既然就連像胡適這樣的反傳統主義的先知先覺也無法完全擺脫傳統的羈控，中國的現代化建設，究其實並不存在着是否要從傳統吸取精神資源的問題，而只存在着如何從傳統吸收、以及吸收什麼精神資源的問題。

和任何偉大的文化傳統一樣，中國文化傳統是一個既無限豐富又無限複雜的文化載體。其中自然難免是善與惡雜陳，美與醜同在。既然繼承傳統是我們無可避免的宿命，如果我們從傳統中繼承的不是善或美，便會繼承了惡或醜。在文革中矢志要破盡「四舊」的毛澤東，在滿床滿屋的線裝書中吸取了帝王術，對法家禁錮心智、限制思想和言論自由的「法」和「術」尤有會心。毛澤東在文革後期批孔揚秦、盛讚秦始皇焚書坑儒，不是他一時間的心血來潮，而是日積月累的商、韓思想的表現。

強調中國的現代化必須從傳統吸取精神資源，熊十力等文化保守主義者的看法當然是正確的。因為，不管是好是壞，當代的中國人無論如何總是要從傳統中吸取精神資源的。毛澤東從法家的思想武庫中吸取「法」、「術」以強化他的政體，便是最雄辯的例證！但更根本的問題還在於：中國文化的德性主體是否正如熊十力等所強調的那樣，確係中國的現代化建設不可或缺的精神資源？這一問題須在兩個不同的層面上分別予以回答。如果落實在個人道德修養和國民道德水準的提升這一層面上，熊十力等文化保守主義者的看法當然是正確的。因為，任何現代社會的建設及其維繫，如果其社會成員不能達到一個最低限度的道德水準，是注定不會成功的。中國的傳統文化尤其是儒門的心

性之學所留下來的功夫論,其內容之豐富、境界之高妙、氣象之博大、表現之精彩,以及在實踐上的近情入理和親切有味,都不是世界上任何其他文化傳統可以望其項背的。中國的現代化既離不開提升國人的道德水準和革新國人的精神面貌的心理建設,而國人的心理建設,又斷無屈己而從人,捨近而求遠,棄長而取短,拋棄傳統的功夫論而不加利用的道理。否則,豈不正如王陽明詩中所嘲諷的那樣,變成「拋卻自家無盡藏,沿門持鉢效貧兒」?[129] 但是,如果落實在「以中國的德性為體,以西洋的民主科學為用」這一「中體西用」的層面上,熊十力等人的看法的正確性,就不能不令人有所保留。因為,根據新儒學「體用不二」的原則,無用則體不立,無體則用不成。西方的民主和科學如果不是另有其主體,則西方又如何能有民主和科學之用?若民主另有民主的主體,科學另有科學的主體,則中國的德性主體又將如何吸納融攝之?與之平起平坐乎?置之於附庸之下位乎?抑或併而吞之乎?對於這一極為棘手的理論課題,即令在當代新儒家的內部也難有共識。徐復觀就曾堅決反對把民主政治視為德性主體的直接延伸,而牟宗三在五十年代也曾在其提倡的主體四元論中,大力主張中國的德性主體和藝術主體應與西洋的政治 (民主) 主體和知性 (科學) 主體平起平坐互助合作 (詳見本書第八章〈港臺新儒家對民主政治的反思〉)。徐復觀和牟宗三的論說,其實都修正了乃師熊十力把西方民主科學視為無體之用,並以中國的德性主體收而取之、役而使之的主體一元論。

此外,尚有一問題必須格外留意:並不是所有的傳統道德都可以為我們所繼承。傳統道德中既存在着開放性的普遍性原則,也存在着封閉性的特殊性原則。正如馮友蘭所言:前者是一切社會的普遍之理,在一切社會中都是確當而有效的;後者是中國傳統社會的特殊之理,只有在中國傳統社會中才是確當而有效的。對於前者我們可以而且必

---

129 〔明〕王陽明,〈詠良知四首示諸生〉其四,收入氏著,《王陽明全集》,卷20,冊上,頁790。

須予以繼承，對於後者我們不能也不應予以繼承。[130] 我們在吸收傳統的道德資源時，便必須對其中的普遍之理和特殊之理首先加以鑒別和區分。但困難還在於：傳統道德中開放性的普遍原則又總是和封閉性的特殊原則交纏糾結在一塊，不僅仁、義、禮、智、信、公、忠、勇、直、廉、勤、儉等普遍性原則莫如此，即使是「與天地萬物為一體」這一道德修養的最高原則，也無法完全擺脫傳統社會的特殊性原則的束縛。[131] 而父權主義、家族主義、地域主義、精英主義、替代主義、鄙薄商賈的抑商主義、鄙薄技藝的非專業主義、以及君尊臣卑、男尊女卑等中國傳統社會中封閉性的特殊原則，與開放多元的現代社會總是格格不入的。如果不把普遍原則從特殊原則的糾纏中解脫出來，傳統道德中確實是沒有多少精神資源能讓我們繼承。至於如何離繫而解縛，無論是馮友蘭的「抽象繼承法」，還是林毓生的「創造性的轉化」，都在方法學上提供了啟迪性的思考方向。至於胡適等反傳統主義者對傳統文化暴風驟雨般的猛烈攻擊，其實已毀滅性地重創了傳統文化絕大部分的特殊原則，這不僅為德先生和賽先生的移居中國掃除了許多路障，而且在客觀上也為傳統文化普遍性原則的離繫解縛提供了莫大的助力。

像熊十力等文化保守主義者與胡適等反傳統主義者，除了在理論上互相批判之外，是否也會互相影響、互相滲透和互相轉化？由於在學界勢力的天壤懸殊，熊十力等文化保守主義者對胡適們的直接影響

130　馮友蘭，《新理學》，收入氏著，《三松堂全集》（鄭州：河南人民出版社，1986），冊 4，頁 114–118。

131　最能體現宋明理學的「一體」思想莫過於張載的〈訂頑〉（亦即〈西銘〉），〈訂頑〉云：「乾稱父，坤稱母；予茲藐焉，乃混然中處。故天地之塞，吾其體；天地之帥，吾其性。民吾同胞，物吾與也。大君者，吾父母宗子；其大臣，宗子之家相也。尊高年，所以長其長；慈孤弱，所以幼吾幼。聖其合德，賢其秀也。凡天下疲癃殘疾、惸獨鰥寡，皆吾兄弟之顛連而無告者也。……」（〔宋〕張載，《正蒙·乾稱篇》，收入氏著，《張載集》，北京：中華書局，1978，頁 62–63。）張載的話，充分顯示了宋明儒家的一體，只是把全世界人視為同一家族裏的成員，故成員之間須痛癢相關，互助互愛的一體。在這家族的一體中，自然必須在互愛互助的同時，兼顧到宗法社會中按照倫理順序和社會地位所規定的等差和厚薄。雖然儒家一體觀念的理論，在〈訂頑〉中已頗具規模，但張載並沒有以「以天地萬物為一體」這一明確的口號，作為〈訂頑〉的理論概括。完成這一任務的是程顥。

是相當有限的，但卻絲毫不曾減弱為熊十力等所依托的中國傳統文化，持續地給胡適等反傳統主義者的思想和生命帶來既深且鉅的影響。基於相同的理由，熊十力等弱勢的文化保守主義者則一輩子抗拒和掙扎在胡適們的理論陰影之中。千方百計地為中國文化辯誣申冤、以及不斷地修改自己的理論以證明中國文化可以吸納西方的科學和民主，變成了二十世紀每一代新儒家最主要的理論探索。在反傳統主義的步步進逼之下，熊十力在晚年不僅對其在早年不承認階級鬥爭的「糊塗」思想深表愧悔，[132] 並把古往今來的儒家分為「大道學派」和「小康學派」。熊氏以前者為民主主義、社會主義、共產主義的擁護者，是所謂的「真儒」；以後者為「家天下」的擁護者，是所謂的「奴儒」。在熊氏看來，整個儒家傳統中，就只剩下半個孔子和整個熊十力這麼一個半的「真儒」，其餘所有的先聖先賢包括子思、孟子、程、朱、陸、王都是「奴儒」，而孔門《六經》又全都經過「奴儒」們的篡改，因而都是「偽經」……[133] 熊十力晚年在學術理論上「侮聖毀經」的無窮後退，正為強調對立面必會互相影響、互相滲透和互相轉化的辯證理論，提供了最雄辯的例證。

---

132 見 1946 年 12 月 29 日熊十力致董必武函，該函收入翟志成，《當代新儒學史論》，頁 236–239。

133 參見翟志成，《當代新儒學史論》，頁 276–282。

第五章　胡適與港臺新儒家

滾滾長江東逝水，

　浪花淘盡英雄。

是非成敗轉頭空。

　青山依舊在，

　幾度夕陽紅。

——〔明〕楊慎，〈廿一史彈詞〉[1]

引言

　　中國近代史上反傳統的文化激進主義，與維護傳統的文化保守主義，是一對老冤家。正當文化激進主義在五四運動發展到最高峰的時候，文化保守主義亦隨之應運而生。作為文化激進主義的對立面，文化保守主義從一開始，就鎖定文化激進主義的幾個反傳統的主要議題，作為批判的目標。至於文化激進主義的代表人物胡適與第一代新儒家的代表人物熊十力和馮友蘭等人的主要分歧，以及他們在中共立國之前的筆墨官司，筆者在關於胡適與熊十力，[2] 胡適與馮友蘭的多篇文章中都提過了。[3] 但關於胡適開離大陸之後，與港臺新儒家的分歧及其筆

1　〔明〕楊慎，〈廿一史彈詞〉，《歷代史略詞話（卷上）》，收入王文才、萬光治等編注，《楊升庵叢書（四）》（成都：天地出版社，2002），頁 588。

2　詳見本書第三章，〈胡適與熊十力的分歧〉。

3　詳見本書第一章，〈救亡思潮和胡適的《中國哲學史大綱（卷上）》，與本書第二章，〈胡適的馮友蘭情結〉；以及翟志成，〈師不必賢於弟子——論胡適與馮友蘭的兩本中國哲學史〉，《新史學》，卷 15 期 3（2004 年 9 月），頁 101–145（該文後收入翟志成，《當代中國哲學第一人：五論馮友蘭》，臺北：臺灣商務印書館，2008，頁 1–38）。

墨官司，上述的文章都還來不及處理。為了填補此一空白，本章擬大量引用港臺新儒家的未刊信件，輔以各種已刊的文章、書信、日記及其他相關資料，重建港臺新儒家批判五四反傳統主義運動及其領袖胡適等人的歷史場景。

一、胡適的懺悔與反省

一九四八年十二月十五日，胡適攜帶着其父胡鐵花的遺稿、年譜，以及自己的部分手稿、日記，再加上幾本近年校勘得最多的《水經注》、一部甲戌本《脂硯齋重評石頭記》和其它幾本書籍，在當日下午三時許，踏上蔣中正派來接他的專機，飛離了業已陷入共軍重圍的北平。同機的尚有陳寅恪夫婦和他們的兩個女兒，[4] 以及北大和清華的教授毛子水、劉崇鋐、錢思亮、英千里、張佛泉、袁同禮等人及其眷屬。[5]胡適在該日的日記中有如下的記載：

> 昨晚十一點多鐘，傅宜生將軍自己打電話來，説總統有電話，要我南飛，飛機今早八點可到。我在電話上告訴他不能同他留守北平的歉意，他很能諒解。今天上午八點到勤政殿，但總部勸我們等待消息，直到下午兩點才起程，三點多到南苑機場，有兩機，分載二十五人。我們的飛機直飛南京，晚六點半到，有許多朋友來接。兒子思杜留在北平，沒有同行。[6]

胡適的夫人江冬秀當然也跟隨一道出亡，但胡適的次子胡思杜，因思想左傾之故，卻拒絕與父母同行，寧願留在北平，靜待中共的「解放」。

4　一九四八年十二月十四日胡適的日記，曹伯言整理，《胡適日記全編》（合肥：安徽教育出版社，2001），冊 7，頁 726–727。

5　胡明，《胡適傳論》（北京：人民文學出版社，1996），冊下，頁 933。

6　曹伯言整理，《胡適日記全編》，冊 7，頁 727。

　　為個人的安全、名譽、尊嚴、自由和前途計，以及為中國自由派知識份子的命脈和傳承計，胡適飛離北平，大可不必像馮友蘭或其他選擇留在大陸的大知識份子那樣，在共和國建立後一波未平一波又起的思想改造運動中，受盡了人所難堪的精神凌遲和肉體摧殘。這種永無休止的靈魂和身體的雙重凌虐，是任何圓顱方趾的血肉之軀，都無法負荷和無法忍受的。[7] 對於胡適這條漏網的「吞舟之魚」，共和國在立國之初，即使傾盡全黨全國之力，開動一切宣傳機器，對他發動了長達一年多的批判、謾罵、誣蔑，乃至人身攻擊，但事實上卻無法撼動他的一根汗毛。皇皇八大鉅冊的《胡適思想批判》，缺席宣判的「戰犯」頭銜，連同毛澤東親自欽點的「洋奴」、「文賊」，[8] 都不能使遠在美國或臺灣隔岸觀火的胡適身敗名裂斯文掃地，反而大大提升了他在蔣氏父子心目中的分量，以及他在臺灣、香港和海外的「中華文化圈」的聲名、地位和身價。馮友蘭的女兒，中國著名的女作家宗璞（馮鍾璞），在比較中共對乃父及胡適的批判時，曾寫下一段發人深省的話：

　　　　二十世紀的學者中，受到見諸文字的批判最多的便是馮先生。甚至在課堂上，學生們也先有一個指導思想，學習與批判相結合，把課堂討論變成批鬥會。批判胡適先生的文字也很多，但是他遠在海外，大陸這邊越批得緊，對他可反而是一種榮耀。對於馮先生來說，就是坐在鐵板上了。在這樣的情況下，當時

7　詳見翟志成，〈馮友蘭的抉擇及其轉變〉，《中國文哲研究集刊》，期 20（2002 年 3 月），頁 479-505。該文後收入翟志成，《當代中國哲學第一人：五論馮友蘭》，頁 59-112）。

8　一九五八年十月十三日，毛澤東以國防部長彭德懷的名義起草了〈再告臺灣同胞書〉稿，把孫立人和胡適同醜詆為美國走狗，稱孫為「武賊」，胡為「文賊」，並稱：「你們靠美國人吃飯，靠得住嗎？肯定靠不住，遲早他們要把你們拋到東洋大海裏去的。下毒手要一下子置你們領導人於死地的，不是美國人嗎？那個美國走狗孫立人將軍，不是被你們處置了嗎？他是你們的一個武賊。洋奴胡適，組成派別，以自由、民主為名，專門拆倒民黨的臺。你們不是大張撻伐，拼命抵抗過一陣子嗎？他算是一個文賊，仗美反華，餘威尚在，我看你們還難安枕吧。你們看，美國人有一毫一釐一絲一忽所謂仁義道德嗎？……」參見中共中央文獻研究室編，《建國以來毛澤東文稿》（北京：中央文獻出版社，1992），冊 7，頁 458。

的哲學工作者，除了極少數例外，幾乎無人不在鐵板下加一把火。⋯⋯[9]

不過，此一聰明和正確無比的抉擇，卻給胡適帶來了說不盡的羞慚和愧疚。因為，當時的胡適，其身分不是別的，而恰好正是北京大學的校長；他的隻身離開，而整個北京大學的師生卻陷在危城，此一境況，一貫重視名譽珍惜羽毛且自律甚嚴的胡適，是不可能不作自我反省的。圍城中許多崇拜胡適的北大師生，知悉胡適已平安離去後，大都以手加額，為其脫險而慶幸。當然，也會有一些左翼或中間人士大不謂然。當時已為中共地下黨掌控的北大學生自治會，便向已飛到南京的胡適發出電報，「促其即刻籌款歸來主持校務」，一些左翼教授主張給胡適寫一封長信，「問他走了還要不要照顧學校」？歷史系教授向達深悔「上了胡校長的一個當」；東語系教授季羨林更憤怒地表示：「胡適臨陣脫逃，應該明正典刑」；而北大秘書長鄭天挺則面對着前來挽留的學生代表大發雷霆，因為他決不會棄校逃走，也從來未考慮過棄校逃走，而同學們謠傳他將效法胡校長南飛，「對他簡直是一種侮辱」。[10]

也許是內疚神明、外慚清議的緣故吧，胡適飛到南京後，一連好幾天在蔣中正給他安排的赤峰路招待所內深自愧恨。即使蔣中正夫婦在總統府特別為胡適置酒暖壽，[11]也無法讓胡適稍稍高興起來。他對特地前來探訪的胡頌平說：「我現在住在這裏，這座房子，這些煤，都要花國家錢的。像我這樣的人，也要國家花錢招待嗎？」[12]在胡適自己看來，像他這樣的「逃兵」，實不配享受國家供給的房子甚至生火取暖的

9　宗璞，〈向歷史訴說〉，收入馮鍾璞、蔡仲德編，《馮友蘭先生百年誕辰紀念文集》（北京：清華大學出版社，1995），頁11。
10　均見羅榮渠，《北大歲月》（北京：商務印書館，2006），頁424–429。
11　胡頌平編著，《胡適之先生年譜長編初稿》（臺北：聯經出版事業公司，1984），冊6，頁2063–2064。
12　胡頌平編著，《胡適之先生年譜長編初稿》，冊6，頁2065。

煤炭。十二月十七日，南京的北大同學會假中央研究院禮堂慶祝北大
五十周年校慶，胡適因「不能與多災多難之學校同度艱危」，在致辭中
一再表示：「我是一個棄職的逃兵」、「我是一個不名譽的逃兵」、「實在
沒有面子再在這裏説話」……説着説着便不禁痛哭失聲。胡適在校慶
日的痛哭，經陳雪屏的電報和《申報》的報導被圍城中的北大師生所知
悉，[13] 不同政見者自然會有不同的反應。自由派當然慶幸胡適飛出了中
共的天羅地網，左派自然罵聲不絕。當時北大的左翼學生羅榮渠便在
日記中寫道：

> 　　今天報上説，胡適在南京舉行的北大校慶會上哭了起來。
> 真是不害臊，是獨效包胥之哭呢？還是貓哭老鼠呢？又聽説他
> 以擅離職守故向教育部自請處分，果真如此的話，那真虧他做
> 得出來了。大人物們多是沐猴而冠，善於演戲也。[14]

　　可能是因為心境太壞，胡適逃到南京後，一連十六天沒有寫日
記。他再寫日記時已是次年的元月一日。該天的日記劈頭第一句便是：
「南京作『逃兵』，作難民，已十七日了！」[15] 次日的日記則全抄了陶潛的
〈擬古〉詩第九首：

> 　　　　種桑長江邊，三年望當採。
> 　　　　枝條始欲茂，忽值山河改。
> 　　　　柯葉自摧折，根株浮滄海。
> 　　　　春蠶既無食，寒衣欲誰待？
> 　　　　本不植高原，今日復何悔。[16]

13　見〈胡適自認是逃兵〉，《申報》，1948 年 12 月 18 日。
14　羅榮渠，《北大歲月》，頁 422。
15　曹伯言整理，《胡適日記全編》，冊 7，頁 731。
16　曹伯言整理，《胡適日記全編》，冊 7，頁 731。

　　據胡頌平的記載，胡適與傅斯年當時同在南京度歲，相對淒然，一邊喝酒，一邊共誦陶潛的這首〈擬古〉詩，兩人都泣不成聲。胡頌平認為胡、傅二人新亭對泣的時間，「似是陽曆除夕」。[17] 但從胡適的日記看來，把胡、傅揮淚的時間訂在一月二日似更為合理。亡國亡校兼亡家的大悲大痛，當然要找出宣洩的渠道，胡適和傅斯年只不過是借陶淵明的酒杯，澆淋自己胸中鬱結的塊壘。學者胡明曾嘗試詮釋胡、傅共誦陶詩時的心境：

　　　　北大復員，傅斯年、胡適接辦正好「三年」，「三年望當採」，正期望北大有所建樹，有所收獲，有所成就時。「忽值山河改」，現實的河山變色，「事業」付諸東流。「枝條」、「柯葉」、「根株」經此大「摧折」，種桑的人恐怕只能「浮滄海」——「乘桴浮於海了」。「本不植高原」，「种桑」選錯了地理，忠悃所寄，生命所託，到今日還有什麼可以後悔的？[18]

　　胡明的詮釋，似乎有些沾滯拘謹。所謂「詩言志」，中國的古詩，最忌解釋得太過實在，太過死板，其意涵也不宜說得太過淺露和狹窄。竊以為胡、傅誦詩的涵意還可另作解釋：「種桑」不僅指胡、傅接長北大，還可指他們在整個思想文化教育「革命」中的努力和功業；「三年」其實是指「多年」，並非一、二、三的三年，[19] 蓋在中國古代語法中，「三」往往是言其多，如《論語》中的「三月不違仁」、「三年無改父母之道」，皆是其中的顯例；「柯葉自摧折，根株浮滄海」，浮海的明明是「根株」，並無「種桑人恐怕只能『浮滄海』」之義，其所指的應是胡、傅多年的努力和心血功敗垂成；「本不植高原，今日復何悔」，正由於把桑種在「長

17　胡頌平編著，《胡適之先生年譜長編初稿》，冊6，頁2060–2605。
18　胡明，《胡適傳論》，冊下，頁936。
19　北大在一九四六年五月四月始正式開始復員，要一直等到一九四九年五月四日才能說是「正好三年」。

江邊」，沒有種在「高原」，山河變色江水泛濫一切便不免盡付流水，如今再多的愧恨，也於事無補了。

如果上述的疏解不誤，胡適心目中的「本」，指的是他原來應當從事的本業，「高原」則指政治思想文化的制高點。「本不植高原」，意即放棄對政治思想文化陣地的佔據。以上的判斷，絕非信口開河穿鑿附會，而是從研判胡適當時的懺悔和反思材料所得出來的結論。一九四八年十一月九日胡適在日記中寫道：「我治《水經注》五整年了。」[20] 十二月四日胡適在日記中又寫道：「我過了十二月十七日（〔北大〕五十周年紀念日），我想到政府所在地去做點有用的工作，不想再做校長了。不做校長時，我也決不做《哲學史》或《水經注》！」[21] 十二月十七日，胡適對前來訪談的新聞記者王洪鈞說，他這幾天正在反思自己「三十年來所走的非政治的文化思想的救國路線是走對了，（還）是走錯了」。[22] 他甚至曾老淚縱橫地向美國駐華大使司徒雷登坦承：他不該在抗戰勝利後，只知埋頭於自己最感興趣的考據，而未曾在思想戰場上努力，以致共產主義在中國橫行。他還向司徒大使表示：如果還有任何事他能作而能挽救中國，他一定去做。[23]

胡適身負天下重望，是繼梁啟超之後，在近代中國最具影響力的大知識份子之一。所謂「春秋責備賢者」，中國歷史文化一向對「國士」或大知識份子的期望極高，因之對其責備亦極為嚴苛；而「國士」或大知識份子也一向以國家民族的興衰存亡為自己分內的責任。如果說，何晏的清談要背負亡國的責罵，胡適的考據又如何能夠自外？蓋國、共兩大黨逐鹿中原，不僅在槍桿子的戰場上殺得昏天黑地，而且在筆桿子的思想戰線上同樣也殺得黑地昏天。胡適考據了「五整年」的《水

20　曹伯言整理，《胡適日記全編》，冊 7，頁 724。
21　曹伯言整理，《胡適日記全編》，冊 7，頁 726。
22　胡頌平編著，《胡適之先生年譜長編初稿》，冊 6，頁 2065。
23　胡適與司徒雷登的談話，原載於美國國務院的外交檔案，轉見於邵玉銘，〈二十世紀中國知識分子對國家功勞的檢討〉，《聯合報》，1981 年 7 月 22 日；胡頌平編著，《胡適之先生年譜長編初稿》，冊 6，頁 2066。

經注》，試問對瓦解中共的文宣攻勢，遏止共產主義思潮在社會和校園的傳播，曾起過一毫一釐一絲一忽的作用嗎？胡適在當時已把共產政權視為極權政體，把共產主義視作自由民主思想的死敵，但他身為當時中國自由民主思想的最大領袖，卻一頭鑽進故紙堆，在與世道人心毫不相干的領域，去弄那些與國計民生完全無關的小考據，而任由赤色的洪流行將吞沒整個中國，難道這還不算是捨本逐末？還不是玩物喪志？亡國亡校兼亡家的大悲大痛，為胡適帶來了大懺悔和大反省。胡適背誦陶詩時的眼淚，以及他在司徒雷登面前的自白，都是大懺悔和大反省的應有之舉。

二、港臺新儒家的集結

當然，對國破家亡進行深切反思的並不只限於胡適。因避秦而流亡到香港和臺灣兩地的新儒家唐君毅、牟宗三和徐復觀諸人，在痛定思痛之中，也對中共何以能「赤化」整個大陸，開始有系統地進行反省。如果說，胡適在反省中，認為自己對國民政府在大陸的覆亡，負有不可推卸的責任；那麼，唐、牟、徐等新儒家們則認為，中共之入主大陸，對一切反共的知識份子而言，不僅是「亡國」而已，而且還是「亡天下」；他們還斷言，「五四」反傳統主義的領袖如陳獨秀、魯迅和胡適等人，不僅應負「亡國」的罪責，而且還應負上「亡天下」的罪責。

然則，什麼是「亡國」，什麼是又「亡天下」呢？港臺的新儒家常喜引用顧炎武的話加以分疏。顧氏的原話是：

> 有亡國，有亡天下，亡國與亡天下奚辨？曰：易姓改號謂之亡國；仁義充塞，而至於率獸食人，人將相食，謂之亡天下。魏晉人之清談，何以亡天下？是孟子所謂楊、墨之言，至於使天下無父無君，而入於禽獸者也。昔者嵇紹之父康被殺於晉文王，至武帝革命之時，而山濤薦之入仕。紹時屏居私門，欲辭

不就。濤謂之曰：「為君思之久矣，天地四時猶有消息，而況於
人乎？」一時傳誦，以為名言，而不知其敗義傷教，至於率天下
而無父者也。……自正始以來，而大義之不明遍於天下。如山
濤者，既為邪說之魁，遂使嵇紹之賢且犯天下之不韙而不顧。
夫邪正之說不容兩立，使謂紹為忠，則必謂王裒為不忠而後可
也，何怪其相率臣於劉聰、石勒，觀其故主青衣行酒，而不以
動其心者乎？是故知保天下，然後知保其國。保國者，其君其
臣，肉食者謀之；保天下者，匹夫之賤與有責焉耳矣。[24]

　　港臺新儒家把顧炎武的話再加以引申發揮，把「天下」定義為中
國的歷史文化，以及由此一歷史文化所規定的道德、思想和社會制度。
五四運動既以「整體主義」或「全盤化」地摧破中國的歷史文化及其道
德、思想和社會制度為其目標，[25]而陳獨秀、魯迅和胡適等五四運動主
要的領袖，在港臺新儒家眼中，自然應歸入楊、墨、山濤及魏晉清談
家一類，難逃其使國人「大義不明」和「仁義充塞」之「亡天下」的罪責。
既然「亡天下」必造成「亡國」，港臺新儒家不約而同地把中共看成是
「五四」的直接繼承者，把中共政體在大陸的建立，視為「五四」的邏輯
發展。這種看法，可以徐復觀為代表。他說：

　　　　但百十年來，浮薄文人，仗西方某些勢力的聲威，以反孔
反中國文化，作嘩眾取寵的資具，此乃五四運動後，中國文化
活動中的主流。毛〔澤東〕生長於此一主流之中，耳濡目染數十
年。他今日蓋亦乘此主流之勢，故悍然無所忌憚。換言之，毛

24　〔清〕顧炎武著，〔清〕黃汝成集釋，《日知錄集釋》（長沙：嶽麓書社，1994），卷 13，頁
　　471。
25　林毓生，〈二十世紀中國激進化反傳統思潮、中式馬列主義與毛澤東的烏托邦主義〉，
　　收入林毓生主編，《公民社會基本觀念》（臺北：中央研究院人文社會科學研究中心，
　　2014），卷下，頁 790。

今日之所作所為，乃百十年來文化發展潮流之應有結果。[26]

　　既然「保天下」而後能「保國」，而「保天下」又是每個中國人所應肩負的神聖責任，故港臺新儒家都自覺地把對「五四」主流話語的反駁和批判，作為他們「救國」和「救天下」的重要工作。當時「五四」的主要領袖陳獨秀和魯迅墓木已拱，而只有胡適碩果僅存，且又與港臺新儒們一同棲身海外，便理所當然地成為集矢的鵠的。

　　當代新儒學的大師梁漱溟、馬一浮與馮友蘭，在中共易幟前夕，和當時絕大多數的大知識份子一樣，選擇留在大陸；[27] 而熊十力則在廣州徘徊了一年半之後，最後還是決意回到北京。[28] 由於第一代的代表人物都沒有出來，港臺的新儒家，便以熊十力的逃亡到海外三大傳燈弟子唐君毅、牟宗三和徐復觀為首，形成了新儒學在海外的新的中心。三人當中，只有牟宗三在北大時直接修過胡適的課，而牟宗三因切齒痛恨胡適之故，即使當着胡適的面，也拒絕承認自己是胡適的學生。[29] 唐君毅最初負笈北大時，並沒有修過胡適的課，後來他因不滿北大的學風轉到了當時尚在南京的中央大學，如此一來他當着胡適的面，不承認自己是胡的學生時，可以不必像牟宗三那樣傷感情。[30] 徐復觀由於

26　徐復觀，《徐復觀雜文──記所思》(臺北：時報文化出版事業有限公司，1980)，頁389。

27　關於大知識分子在中共易幟前夕「去」與「留」的心路歷程，參看翟志成，〈馮友蘭的抉擇及其轉變〉，頁447-478

28　關於熊十力在廣州期間為「去」與「留」計度思量、舉棋不定的心路歷程，請參看翟志成，〈熊十力在廣州，1948-1950〉，《中央研究院近代史研究所集刊》，期21 (1992年6月)，頁555-597。

29　一九五八年十二月八日胡適應邀到臺中演講，並至東海大學參觀，在吳德耀的招待茶會上說，他曾教過牟宗三，故牟應是他的學生，而牟宗三卻答以「我不是你的學生」，弄得場面非常尷尬難堪。此事筆者親聞於曾在東海大學任教的劉述先先生。

30　一九五七年六月七日唐君毅在紐約曾至胡適寓所探訪。(唐君毅，《日記(上)》，收入氏著，《唐君毅全集》，臺北：臺灣學生書局，1988，卷27，頁284。) 據其在一九五八年十二月十四日致徐復觀函云：「惠示談胡適先生所說者已拜讀，……弟在美時聞其病後仍一往訪，……見面即說我不及當其學生，他旋即說宗三兄他教過，日記上記有云云。他很會適應人與時代之若干方面。……」唐君毅，〈致徐復觀〉之第四十二，收入氏著，《書簡》，《唐君毅全集》(臺北：臺灣學生書局，1990)，卷26，頁123。唯編者把日期錯繫於十一月。

畢業於師範學校，故無論在實際上還是在名義上，都與「胡適的學生」
無緣。

　　和牟宗三一樣，唐君毅也認為胡適是「亡國」與「亡天下」的罪
人；和牟宗三一樣，唐君毅也認為胡適的學問簡直是全盤皆錯；和牟
宗三一樣，唐君毅也相當的不喜歡胡適。但和牟宗三不一樣的是，唐
君毅是被所有老師捧在手掌心的明星學生。許多師長都爭着把他羅致
在自己的門牆之下，據說就連目空一切的佛學大師歐陽漸（竟無），為
了要把自己的所學傾囊相授，曾不惜降尊紆貴，竟然與唐君毅對拜。[31]
唐君毅畢業之後，更是一帆風順，不僅所任教的都是名校，其「少作」
《道德自我的建立》，更差點榮獲了教育部的評選的抗戰以來最佳學術
著作獎的一等獎——如果他不是為了禮讓他的老師湯用彤而自願降為
二等的話。[32] 少壯年的春風得意，使得唐君毅根本欠缺牟宗三特有的被
打壓和被迫害情結。[33] 正因如此，他能夠用較為平易、寬容、不為已甚
的態度待人接物，較能設身處地替人設想，包括對待自己在思想與文
化上的論敵。這種心態，常表現於唐君毅致友人的信函中，例如他在
一九五七年六月二十八日致牟宗三、徐復觀函就說過：

　　　　今吾人所能為者只有由人性與中國人性之呼喚，以使中
　　共去其黨性與馬列主義，中國乃有出路。故學術上正當方向之
　　樹立確最為亟須，意氣只有平下，以從事真正之說服。……吾
　　人必須跳出一切圈子之外，乃能影響圈子中之人。吾人亦當本
　　與人為善之心，不抛棄任何人。前在紐約，亦去看了胡適之先
　　生一次。……弟近感人與人直接交談，亦為吾人之責任，不管

31　見唐端正編撰，《唐君毅先生年譜》，收入《唐君毅全集》，卷 29，頁 40–41。

32　《唐君毅先生年譜》云：「至於《道德自我之建立》一書出版後，當時學術委員會對之評價
　　甚高，決定給予第一等獎，並擬將第二等獎給予《漢魏兩晉南北朝佛教史》作者湯用彤先
　　生。但因湯先生為其老師，故先生稍加考慮，表示如此安排，不能接受，只有將第一等獎
　　與第二等獎之名次對調，才便於接受。結果學術委員會尊重先生意見，將兩書之得獎名
　　次互調。」《唐君毅全集》，卷 29，頁 58–59。

33　關於牟宗三特有的被打壓和被迫害情結，詳見本書第六章〈牟宗三眼中的相適〉

有效無效，總是自盡其誠。今日之中國之問題蓋當為自有人類以來世界中從無一國如此複雜者。此中之種種矛盾方面，皆須一一分別設身處地去想，先使自己苦惱，乃能進而激出大家共同之悲願，否則終將同歸於盡。[34]

一九五七年六月唐君毅訪美時路過紐約，秉持着中國文化中的「敬老」的「厚道」，在該月七日還特別到胡適寓所探訪，和正在寂寞與病中的胡適，一談就是兩個多小時。[35] 次日，他又在旅館中修書，再向胡適「補充昨日所談未盡之意」。[36] 由於胡適在一九五七年的六月份，只在二十日那天記有日記，而胡亦未有答唐的回函，故胡適對唐君毅來訪的態度，以及彼此談話之是否投機，似不得而知。但唐君毅六月八日的日記中，極簡略寫下了他向胡適進言的內容：「……與胡適之一函，補充昨日所談未盡之意，我謂講自由民主不當反中國文化，亦不當忽略國家民族，並望其勸《自由中國》之朋友勿只說反面的話，同時彼亦當對蔣先生盡忠告勿以黨與領袖置國家之上。」[37] 而他在後來致徐復觀的信中，則把他之所以謁胡的來龍去脈，以及他對胡適的真實看法和盤托出：

> 惠示談胡適先生所說者已拜讀，並轉錢先生與潤蓀兄看了。彼是把學術文化當成私人事了。實則由五四至今，中國人之思想已翻進了許多層次，彼仍欲以其三十歲前之思想領導人，如何可以？彼實仍賴中國文化中之包涵一敬老之成份乃有今日。三十年彼無成績乃一事實，如在西方早已被打倒了。弟在美時聞其病後仍一往訪，當時亦只想國家多難，彼仍為一老人。

34　唐君毅，〈致牟宗三〉之第十二，收入氏著，《書簡》，頁 175。
35　見一九五七年六月七日唐君毅的日記，收入唐君毅，《日記（上）》，頁 284。
36　見一九五七年六月八日唐君毅的日記，收入唐君毅，《日記（上）》，頁 284。
37　一九五七年六月八日唐君毅日記，收入唐君毅，《日記（上）》，頁 284。

弟亦在北大讀過書，但未上其課，……他很會適應人與時代之若干方面。弟後曾與之一信要其勸勸《自由中國》社之人不要反對中國文化與國家，彼亦未回信。在美國教書一二十年者說：美國師生及前輩後輩之間絕無情義。中國人畢竟還是於此厚道許多，日本人亦有。如兄信及弟信稱其為胡先生即無形中皆中國文化之表現。然受此中國文化之惠者反罵中國文化即不可恕也。唯彼未正式寫文章，則亦不必管他，亦胡說而已。[38]

原來唐君毅之所以仍要稱自己所憎惡的胡適為「先生」，仍要去拜訪這個「三十年無成績」、「如在西方早已被打倒了」的「老人」或「前輩」，不為別的，完全是因為胡適的年紀比自己大，服膺儒家之教的唐君毅不能不「敬老」；而胡適之所以在港臺尚未被「打倒」，實全是依賴「中國文化中之包涵一敬老之成份乃有今日」；僅僅憑這一點，身「受中國文化之惠」的胡適，居然還不知感恩地「反罵中國文化」，在唐君毅眼中，簡直是罪「不可恕」。然則，胡適慣常把中國歷史文化視為救亡圖存的障礙，[39]把提倡中國歷史文化者，與「愚蠢」、「反動」、「保守」、「擁護集權」畫上等號，[40]他對念茲在茲、開口閉口都是中國文化的唐君毅的來訪，以及唐氏「與人為善」的規勸信函，從他連信都不回的「無禮」的舉措，其態度如何究其實已是不卜可知了。但是，囿於「敬老」的信條，唐君毅即使明知胡適繼續在罵中國文化，甚至辱及自己，[41]但

38　唐君毅，〈致徐復觀〉之第四十二，頁 123。

39　詳見詳見本書第一章，〈救亡思潮和胡適的《中國哲學史大綱》〉。

40　胡適在一九四三年十月十二日的日記中，對提倡傳統歷史文化的《思想與時代》月刊的編者和主要撰稿者張其昀、錢穆、馮友蘭、賀麟、張蔭麟等人大加批判：「張其昀與錢穆二君均為從未出國門的苦學者，馮友蘭雖曾出國門，而實無所見。他們的見解多帶反動意味，保守的趨勢甚明，而擁護集權的態度亦頗明顯。」曹伯言整理，《胡適日記全編》，冊 7，頁 539-540；並參看本書第二章，〈胡適的馮友蘭情結〉。

41　一九五八年十二月八日胡適分別到臺中農學院和東海大學演講，當場痛批中國歷史文化，並公開點了徐復觀、牟宗三、張君勱、錢穆和唐君毅之名，詆為「不懂中國文化」，要學生不要聽信他們的話。此事徐復觀曾飛函向唐君毅報告。見一九五八年十二月九日徐復觀致唐君毅函，黎漢基〔整理〕，〈徐復觀致唐君毅佚書六十六封〉，no.40。

仍對胡適葆有表面的尊重和禮數。例如他在一九五九年七月初赴夏威夷參加東西哲學會議時，便曾和與會的中國學者一道，親赴機場迎接胡適的到來，[42] 後來又與胡適同臺報告，[43] 並出席了日後胡適的講演會。[44] 唐君毅諸如此類「與人為善」和「不為已甚」的做法，在「正邪不容兩立」的牟宗三眼中，有時簡直是「鄉愿」與「和稀泥」。[45]

　　三人之中，唯有徐復觀一貫地承認，胡適在倡導自由和民主的思想方面，確有不可磨滅的功勛；三人之中，唯有徐復觀一貫地希望，港臺新儒家與胡適所領導的自由派人士，能把彼此的分歧，尤其是在如何對待中國歷史文化上的分歧，暫時擱在一邊，好讓雙方締結成互助合作的同盟軍，從而在爭取自由民主的運動裏共同打拼。不過，徐復觀良好的願望，在現實的運作中並沒有多少可以落實的可能性。因為，新儒家最主要的工作，究其實離不開從歷史文化的視角，對「亡國」與「亡天下」進行反省，因而也無法迴避或無法停止對胡適等人，及其所領導的五四運動，進行直接的或間接的批判。而奉胡適為其精神領袖的臺灣自由派，也常把中國的傳統政治和歷史文化，視作蔣氏父子和國民黨政府箝制自由民主的各種心態與行為的根源，及其直接的伸延。並且，為了避免政府的鎮壓與取締，他們往往採用借古諷今取絃而歌的論述策略，藉批判中國的傳統政治和歷史文化之名，行攻擊蔣氏父子和國府反自由反民主之實。如此一來，新儒家與自由派的分歧不僅無法暫時擱置，而且還隨着彼此論述的逐步開展而互相碰撞，由激烈碰撞發展為直接論戰，再由全面論戰變質為彼此的人身攻擊。徐復觀戎馬半生，長期的軍旅生活所養成的豪邁鑫率，兼之性如烈火且

42　一九五九年七月四日唐君毅日記：「下午會中中國同人同至機場接胡適之，彼即住我對門。」收入唐君毅，《日記（上）》，頁354。

43　一九五九年七月六日唐君毅日記：「晚開會由胡適之及我與日人 Kishimoto 報告論文。」收入唐君毅，《日記（上）》，頁345。

44　一九五九年七月十六日唐君毅日記：「晚參加胡適之講演會。」收入唐君毅，《日記（上）》，頁355。

45　諸如此類的不滿之辭，筆曾多次親聞於牟宗三先生。

沉不住氣，[46] 偏偏其手中之筆，又鋒利如干將莫邪，[47] 一出鞘就得見血傷人。這個曾多次被錢穆稱許的「聖門子路」，[48] 在論爭中殺得性起，竟然搖身一變，由原來兩派的調人，變成了胡適及自由派最主要、最恣肆、最張狂和最可怕的敵手。由徐復觀的參戰所造成新儒家與自由派的裂痕，反而比以往任何時候都要來得更大和更深。有關這一點，下文還要詳加討論。

　　除了唐、牟、徐三人之外，港臺新儒家的主要人物，還須加上一個錢穆，才算完整。關於錢穆是否應劃入新儒家營壘，時下學界尚有爭議。錢穆的親傳弟子余英時就堅決不承認錢穆是新儒家，[49] 而新儒家第三代的代表人物劉述先則堅持錢穆就是新儒家。[50] 竊以為錢穆是否新儒家，須看新儒家如何定義。如果從狹義的角度說，只有由熊十力系統直接開出的哲學流派，才有資格被稱為港臺新儒家的話，錢穆當然不是。因為錢穆不僅與熊十力同輩，錢穆究其實是歷史家而非哲學家，而錢穆對儒家義理的某些重要看法，例如他在《四書釋義‧論語要略》中，以人情之「好惡」來詮釋孔門的「仁」，便與熊十力一系有着嚴

46　對自己的火爆與衝動，徐復觀甚有自知之明，例如他在給陳伯莊公開信中就承認：「惟弟平日性情偏急，數度幾以此殺身。……弟素無涵養，性易衝動，以此在朋友處負咎良多。然好善服義之心，亦未敢後人。……」〔徐復觀，〈由兩封書信所引起的一點感想〉，收入氏著，《徐復觀雜文──記所思》（臺北：時報文化出版事業有限公司，1980），頁394-395。〕但反省歸反省，卻總是改不了，此所謂「知及之，而仁不能守之，雖得之，必失之」也。

47　徐復觀在懷念殷海光的文章中，對自己和殷海光的性格，曾寫過一段十分傳神的話：「我和海光的情形，要便是彼此一想到就湧起一股厭惡的情緒，要便是彼此大談大笑，談笑得恣肆猖狂。假定我們精神中也藏有干將莫邪的光芒，只有在我們的對談中，才真能顯現出來，使一般人不可逼視。」徐復觀，〈對殷海光先生的憶念〉，收入氏著，《徐復觀雜文──憶往事》（臺北：時報文化出版事業有限公司，1980），頁169。

48　一九五四年二月十九日錢穆致徐復觀函云：「舊作〈神會與壇經〉已於今晨付郵，若須留案頭則儘留下；若不須留，盼仍付回，因底稿已爛，不能復存也。足下謂神會乃一壞和尚，不期慧眼一語說破。拙文只詳事狀，不置臧否，雖是渾厚，然讀者未必能自此窺入。弟常謂足下乃聖門子路，弟則僅堪儕游夏，姑相稱道，以博一粲。」黎漢基〔整理〕，〈錢穆致徐復觀佚書一百零四封〉，no.40（未刊）。

49　余英時，〈錢穆與新儒家〉，收入氏著，《猶記風吹水上鱗──錢穆與現代中國學術》（臺北：三民書局，1991），頁31-98。

50　劉述先，〈對於當代新儒學的超越內省〉，《中國文哲研究通訊》，卷5期3（1995年9月），頁1-46。

重的分歧。[51] 但如果從廣義的角度説，凡是從正面承認和肯定中國歷史
文化，尤其是儒家文化之永久價值，並對五四反傳統運動及其領袖胡
適等人進行嚴厲的批判者，均可視為新儒家的話，錢穆不僅是新儒家，
而且還是在二十世紀五十年代前期和中期，一直被港臺新儒家所擁戴
的盟主。錢穆、唐君毅、牟宗三、徐復觀等流亡在港、臺的新儒家，
都自覺地把自己視作中國文化的載體，把自己的流亡視作中國文化薪
火在海外的續絕存亡，把自己創辦香港新亞書院、新亞書院面向社會
大眾的定期文化講座、臺中東海大學中文系、臺北師院培育青年學子
的人文友會，以及創辦《民主評論》與《新亞學報》的講學與著述活動，
視為「救亡」或「救天下」的重要工作。[52]

三、結盟的失敗

《民主評論》的經費，是徐復觀向蔣中正討來的，一如雷震的《自
由中國》，其經費也是向蔣氏要來的。稍稍不同的是，《民主評論》的撥
錢單位是侍從室，而《自由中國》則是教育部。[53] 誰籌到錢誰就當老大，
無論在商界、政界或是文化學術界，都鮮有例外。故《民主評論》的真
正老闆是徐復觀，《自由中國》則是雷震——儘管前者的發行人是錢穆，
後者名義上的發行人是胡適。

蔣中正既出錢辦了兩個雜誌，當然不是希望《民主評論》向國府
爭「民主」，《自由中國》向自己爭「自由」。所謂「民主」與「自由」，原

51　徐復觀對錢穆以「好惡」釋「仁」痛加駁斥，認為立足於好惡，「便只有主觀上的個人衝
　　動，而根本否定了向客觀真理的努力」，因為，「天理可表現而為好惡，人欲也可以表現
　　而為好惡。好惡只是一般，而所以好惡者則是兩樣，所以功夫不在好惡上而在好惡後面
　　的根據是天理或是人欲。若只就好惡立論，則根本用不上存天理去人欲的功夫。取消了
　　這一段功夫，則孔孟程朱陸王的精神便會一齊垮掉。」(徐復觀，〈儒家在修己與治人上
　　的區別及其意義〉，《民主評論》，卷 6 期 12，1955 年 6 月，頁 315-320。) 而錢穆也
　　在同期的《民主評論》上撰寫了〈心與性情與好惡〉加以自辯。詳見該期《民主評論》，頁
　　310-314、320。在徐、錢的爭論中，唐君毅和牟宗三在私底下全都站在徐復觀那一邊。
52　港、臺新儒家講學與著述活動，詳見本書第三章〈錢穆與胡適的交涉〉。
53　見徐復觀，〈「死而後已」的民主鬥士——敬悼雷儆寰(震)先生〉，收入氏著，《徐復觀雜
　　文——憶往事》，頁 214。

來只是針對中共「鐵幕」下的不民主和不自由而提出來的口號，其鬥爭的矛頭是純粹向外的——起碼在蔣中正的心中認為是應該如此。但是，這兩個本來是為了專門向中共宣傳和鬥爭而創建的刊物，在創刊不久後，其主導方針便發生了重大的變化。《民主評論》的主要筆陣錢穆、唐君毅和牟宗三，一面批判「五四」，一面發揚中國傳統文化；而徐復觀則在批判「五四」維護中國傳統文化的同時，更十分強調民主自由。如此一來，《民主評論》便被徐復觀等人辦成了有點像是新儒家的機關報。[54] 與此同時，以胡適為精神領袖的《自由中國》，卻把鬥爭的矛頭，逐漸由外轉內，由原先的專門鎖定中共，變成了主要在針對國府。《自由中國》經雷震之手，轉型為最早的黨外雜誌。

在錢、唐、牟、徐四人當中，錢穆對民主政治並多大的興趣，而唐君毅和牟宗三對民主政治的興趣，只限於書齋中作純學理的分疏。唐君毅鄙薄民主人士的人品，他在一九五六年十二月四日致徐復觀函云：

> 《自由中國》刊上兄之文亦見到，……此刊中兄文自有極真切之見，其他文字亦不壞。但弟自臺歸來後，平心反省在臺所見之著重向政府爭民主自由之人及此間此類人，仍不能發見其可敬之處。這些人亦只是口頭講講，仍無真性情，底子上仍是要政權，故只能批評破壞，並不能真建立民主。在人品上說與國民黨差不多。在臺時，兄曾說可與《自由中國》多取相近之態度之話，弟記不清楚，但此中仍須有一界限，在接觸時仍當勸他們多有些正心誠意之工夫，並不要亂反對中國文化。此類型之人在此間者皆對兄常提到，對弟亦並不壞，但弟總覺其不可敬。本與人為善之意，連殷海光弟亦曾略盡忠告，對其他此類人亦如此。但弟內心限界仍分明。對只有理智與功利心之人，

54　徐復觀，〈「死而後已」的民主鬥士——敬悼雷儆寰（震）先生〉，頁214。

弟總是不喜歡，亦無可奈何也。[55]

　　而牟宗三則與反中國文化的民主人士「道不同不相為謀」；由於不願與民主人士往來，牟宗三對於徐復觀找殷海光人等人替《民主評論》寫稿之事極為不滿。他在一九四九年十二月十九日致唐君毅函云：「胡適最近要組自由黨，此間大部知識份子（亦所謂自由份子）可參加進去，以較接近也。吾人之宗旨很少能接近者，即有，亦幾無一能積極地肯定者。一個反思想、反理想的時代，很難提醒他們的眼目。為《民主評論》寫文的那些人，如殷海光、戴杜衡輩，皆相隔如萬重山。兆熊兄當能言之，弟對此事亦無所謂。此本由佛觀所聯絡發起。他可以肯定這幾個觀念，但他所聯絡的人又大都是相隔太遠者。他糾合在一起，直是一團吵雜。……」[56] 唐、牟兩人都不曾也不願參與現實中的民主運動。

　　四人當中，只有徐復觀一人，對民主政治的學理分疏和對民主運動的實際參與，一直保持着極大的興趣和熱忱。和當代許多文化保守主義者一樣，徐復觀早期，曾經是個激烈的反傳統主義者，他對中國文化的態度，曾經歷過「正」──「反」──「合」三個階段。在一篇紀念友人的文章中，徐復觀談到自己思想的轉變過程：

　　　　我在二十歲以前，讀了些線裝書。中間二十年，視線裝書如仇敵。不過，因為我是中國人，不願以罵中國文化的方法來騙聲名、地位。後來在重慶遇見熊十力先生，始回復了我對中國文化的感情。不過，只要有時間讀書時，還是讀日人所譯的西方有關思想方面的著作，很少翻閱線裝書；這一直到民國四十四年，還是如此。來臺灣後，因經過大陸的慘痛教訓，對各種問題，自然會引起我的重新思考。在重新思考中，常常片斷地接觸到中國文化，尤其是儒家思想，而發現它有許多地方，

55　唐君毅，〈致徐復觀〉之第三十一，收入氏著，《書簡》，頁 108。
56　黎漢基〔整理〕，〈牟宗三致唐君毅佚書六十七封〉，no.3。

對時代依然有其啟發性；於是便常常在文章中提到，或在口頭提到。……我到大學裏教中文，才把自己的主要精力，放在線裝書上；……[57]

徐復觀最大的願望及其全部的努力，用他自己的話來説，就是「漸漸形成要以中國文化的『道德人文精神』，作為民主政治的內涵，改變中西文化衝突的關係成為相助相即的關係」。[58] 出於與自由派人士結盟的願望，徐復觀在《民主評論》最初的筆陣中，把殷海光、戴杜衡、張佛泉、毛子水等帶有強烈反傳統文化底色的自由派大都羅致在內。為了率先表示對胡適的善意，他在五十年代初期，曾經企圖運用自己的影響力，力圖使《民主評論》在胡適歸國時，暫不刊登批評胡適的文章。[59] 當唐君毅表示胡適等民主派不值得尊敬時，徐復觀還苦口婆心地修函相勸：「兄謂今日向政府爭民主自由之人士，多無可敬之處，此點弟深知之。唯每一統治集團腐爛以後，一切流於虛偽，一切陷於自私。既無自拔之理，決無起生之望。此時惟有希望能由社會方面發生制衡作用，為國家稍留周旋之餘地。否則，結果將一如大陸，依然會和根拔盡也。」[60] 徐復觀常強調，爭取自由民主的運動可以超越學術上的是非；他無論在公開的文章還是在私人的信函，都多次主張代表新儒家的《民主評論》與代表民主派的《自由中國》，不應因學術上的爭論，影響到爭取自由民主同盟內部的團結。據徐復觀説：「我曾很天真地試圖説服胡先生，今日在臺灣，不必在學術的異同上計錙銖，計恩怨；應當從民主自由上來一個團結運動。」[61] 為了團結，徐復觀曾多次抑制着

57　徐復觀，〈一個偉大地中國地臺灣人之死──悼念莊垂勝先生〉，收入氏著，《徐復觀雜文──憶往事》，頁 145。

58　徐復觀，〈「死而後已」的民主鬥士──敬悼雷儆寰（震）先生〉，頁 214。

59　徐復觀，〈一個偉大書生的悲劇──哀悼胡適之先生〉，收入氏著，《徐復觀雜文──憶往事》，頁 142。

60　引自一九五六年十二月八日（或以後）徐復觀致唐君毅函，黎漢基〔整理〕，〈徐復觀致唐君毅佚書六十六封〉，no.31。

61　徐復觀，〈一個偉大書生的悲劇──哀悼胡適之先生〉，頁 141–142。

自己一激就跳的猛張飛火氣，好幾次忍不住拿起筆後來又放下，極力避免與胡適等人發生文化上的爭論。[62] 對於別人的批胡文章，徐復觀曾試圖壓下，[63] 實在壓不下也主張從嚴審查，力求「在理論水準（或材料）上站得住腳」。[64]

此外，徐復觀聽到胡適說其連夜校對亡父遺稿，不禁「深為感動，於此以見其性情之厚」。[65] 他也曾在一段時間之內，以「每一月三分之一的收入買新印之《胡適文存》」，並自稱「對胡先生之尊重，並不後於」他人。[66] 他因接受胡適的意見，後來「與朋友通信，除記明月日外，同時也記下年分」。[67] 他聽說胡適有集火柴盒之嗜好，於是出外旅行時便處處留心，前後為胡適收集得不同的火柴盒數十個。[68] 徐復觀向以自己所獨擅的「新考證」——亦即義理再加上考據——超越時賢，但他在給屈萬里的書函中，居然否定自己的「孔子先於老子」舊說，承認自己經過考訂所得出來「老子先於孔子」的新說，反與胡適的說法最為接近，[69] 並對胡適「勤、謹、和、緩」四字訣中的「緩」字大加讚歎。[70] 新儒家向來把臺大與中研院史語所，看成是胡適等人的勢力範圍和反中國傳統文化的兩大基地，[71] 唯有徐復觀敢於不避嫌疑，樂於和臺大與史

62 徐復觀，〈一個偉大書生的悲劇——哀悼胡適之先生〉，頁 142。

63 一九五三年一月二十日（或以後），錢穆致徐復觀函，黎漢基〔整理〕，〈錢穆致徐復觀佚書一百零四封〉，no.27。

64 一九五三年四月十九日徐復觀致唐君毅函云：「胡適之先生曾向我說，老子繼殷而主柔（係亡國民族），孔子除繼殷外，更吸收了許多東西，所以才有剛義的轉變。他舉『犯而不校』這一段，說『昔無吾友』之友，指的是老子。此係臆說，不足以為證（他之所以這樣的向我說，因為我去年在儒家精神上批評了他）。然弟意，饒先生之文，望請錢先生看一次。批評人家的，總要在理論水準（或材料）上站得住腳。我們應提倡良好的批判精神。」黎漢基〔整理〕，〈徐復觀致唐君毅佚書六十六封〉，no.12。

65 徐復觀，〈由兩封書信所引起的一點感想〉，頁 393。

66 徐復觀，〈由兩封書信所引起的一點感想〉，頁 394。

67 徐復觀，〈由兩封書信所引起的一點感想〉，頁 390。

68 一九六〇年五月四日徐復觀致屈萬里函。黎漢基校注，〈徐復觀致屈萬里佚書十九封〉，《中國文哲研究通訊》，卷 6 期 2（1996 年 6 月），頁 104。

69 一九六一年三月十八日徐復觀致屈萬里函。黎漢基校注，〈徐復觀致屈萬里佚書十九封〉，頁 108。

70 一九六一年四月四日徐復觀致屈萬里函。黎漢基校注，〈徐復觀致屈萬里佚書十九封〉，頁 109。

71 詳見本書第三章〈錢穆與胡適的交涉〉，以及第五章〈牟宗三眼中的胡適〉。

語所的同人來往。為此，還惹得牟宗三頗不高興。一九五三年十二月
十一日牟宗三致唐君毅函亦云：

> 佛觀總是隨世俯仰（應世）意味多，樹立有守意味少，故
> 其評判是非，常隨時間效用說。他在《民評》一文此間振動力
> 甚大。他又要隨胡談自由民主了，不願談文化了，又落下來
> 了。……反共集團，文化意識總是提不起，朝野如此，不可言
> 也。只看胡來臺，除向政府要自由外，還是講治學方法、杜威
> 的思維術。此人可謂無出息之尤。大家一起無出息，所以才捧
> 這種無出息的人。[72]

　　一九五六年胡適回臺灣談自由，曾引起國府宣傳單位的大為緊
張，出動了許多御用媒體進行消毒。[73] 徐復觀挺身而出為胡適與自由派
仗義執言，先後揮筆撰寫了〈為什麼要反對自由主義〉和〈悲憤的抗議〉
這兩篇文章。前者從中西學術文化思想史的角度，正面論證自由主義
正是一切真正的知識份子的「知識和人格成長過程中」，「一定要通過」
的途徑。[74] 後者則措辭強烈地抗議《中央日報》社論，「直截了當的用
栽誣的方法，誘導着隱伏的殺機」，把在臺灣爭取自由民主的言論「一
概指為是共產黨思想的走私」，把臺灣的民主派誣陷為「共產黨的同路
人」。[75] 這兩篇刀頭舐血的文章，即使在今時今日讀到，仍使人為徐復
觀不顧其個人身家性命的勇氣捏上一把冷汗。而徐復觀在事隔兩年之

72　黎漢基〔整理〕，〈牟宗三致唐君毅佚書六十七封〉，no.27。
73　詳見胡明，《胡適傳論》，冊下，頁 1002–1008。
74　該文撰於一九五六年十月十七日，於十一月一日刊於《民主評論》七卷二十一期，是徐復
　　觀對臺灣教育部所屬刊物首先攻擊胡適與自由派的即時回應。見徐復觀，〈為什麼要反對
　　自由主義〉，收入氏著，蕭欣義編，《儒家政治思想與民主自由人權》（臺北：八十年代出
　　版社，1979），頁 283–293。
75　該文是徐復觀對《中央日報》一九五七年二月七日社論〈共產主義破產之後〉的強烈抗議。
　　其時臺灣當局對胡適與自由派的圍剿正迅猛升級，徐復觀自知這篇針鋒相對的文章，極
　　可能因之破家殺身，故只能借香港《華僑日報》（一九五七年二月十二日）刊出，藉以減低
　　臺灣當局對《民主評論》可能帶來的毀滅性的報復和打擊。詳見徐復觀，〈悲憤的抗議〉，
　　收入氏著，蕭欣義編，《儒家的政治思想與民主自由人權》，頁 295–301。

後，仍不忘為胡適分辯，認為胡適自由的招牌，可變為國府對中共宣傳的一張王牌，且胡適曾替國府批駁叛逃讒黨的吳國楨，「其力量實勝於十萬雄師」，國府當局實不必小題大做。[76]

一九五〇年代末葉，《自由中國》的創辦人雷震在臺灣組織在野黨的活動，徐復觀本來也參與其中，後來因感受到胡適對他「有相當的敵意」，深怕因他之故而令胡適不願加入，便知趣地自動離開。據徐復觀後來在悼念雷震的一篇文章提到：

> 雷先生便經常邀集民青兩黨及國民黨中志趣相同的若干人士，在他家中交換意見，我也是其中的一分子。當時的構想，是希望在美的張君勱胡適之兩位先生合作，當新黨的領導人。張先生回信贊成，並願與胡先生見面；胡先生回信則含糊其辭，根本不提張先生。過些時候，胡先生回臺灣來了，雷先生特約集大家在他家中晚餐，歡迎胡先生，並正式談組黨的問題。當晚到了二十多人，胡先生一進來，和大家還沒有好好打招呼，便挨着我坐下，和我爭論文化上的問題，……以後大家雖然把話頭設法轉到政治上去了，但胡先生始終沒有表示一種明確意見。我發覺胡先生不會陪着大家搞現實政治而對我又有相當的敵意。假定我繼續參加，則將來謀事不成，大家會感到我應負責任，所以自此以後，便不再參加。[77]

徐復觀雖認為以胡適當時在臺灣的地位，對於黨外民主運動的支持，還可以「更勇敢一點」，談自由民主時也不必如此地「凌空而又委婉」；[78] 但他一貫尊重胡適對民主政治的追求，也從不懷疑其真誠。[79] 即使

76　徐復觀，〈從宣傳問題看我們的前途〉，收入氏著，《徐復觀雜文——記所思》，頁283–284。
77　徐復觀，〈「死而後已」的民主鬥士——敬悼雷儆寰（震）先生〉，頁215–216。
78　徐復觀，〈從宣傳問題看我們的前途〉，頁283。
79　徐復觀，〈一個偉大書生的悲劇——哀悼胡適之先生〉，頁140。

到了胡適的晚年，徐、胡兩人的關係，已因胡適批評東方文明「沒有多少靈性」而變得最為惡劣，徐復觀幾乎把胡適的為人和學問都罵得不值一文之後，[80] 但他還是在胡適逝世之時，在那篇〈一個偉大書生的悲劇——哀悼胡適之先生〉的悼文中，公開承認胡適「在民主之前，從來沒有變過節；也不像許多知識份子一樣，為了一時的目的，以枉尺直尋的方法，在自由民主之前要些手段」，因而仍推許胡適為「一個偉大書生」。[81]

當然，徐復觀對胡適和胡適的追隨者的示好、退讓與自我克制，並不是毫無邊界，更不是全無原則。這原則和界限，就是絕不可辱及中國的歷史文化和國家民族。徐復觀把文化和國族視為自己之父，其思想淵源還是得自胡適的啟示。他在〈答陳伯莊書〉中談到：

> 胡適之先生，負天下之重望，逢人類文化生死存亡鬥爭之會，顧〔願〕以五年精力，為戴趙爭水經注之誰屬，此與爭謝公墩同一雅興。然其自解之辭謂，戴東原為其「同鄉」先輩，故彼不能不為其伸冤。又弟於前歲晤會胡先生於臺北時，彼以連夜校對其先父遺著見告，弟深為感動，於此以見其性情之厚。中國歷史文化，乃「同鄉」之推，而為與吾「同國」「同族」，亦為每一人父親之推，而為吾先聖先賢心血之所流注。推胡先生不忍其「同鄉」受冤，欲為其先父留名之用心，則弟等不忍其「同國」「同族」之受冤，欲其同國同族聖賢之心血，仍能對人類有所貢獻，此當為胡先生所矜諒。[82]

正由於視文化與國族為父，為人子女者又豈能忍受其父任人凌辱！故徐復觀激昂地說對陳伯莊說：

80　詳見徐復觀，〈中國人的耻辱 東方人的耻辱〉，收入氏著，《徐復觀雜文續集》（臺北：時報文化出版事業有限公司，1981），頁 376-382。

81　徐復觀，〈一個偉大書生的悲劇——哀悼胡適之先生〉，頁 140。

82　徐復觀，〈由兩封書信所引起的一點感想〉，頁 393-394。

顧亭林謂「易姓改號，謂之亡國。仁義充塞，而至於禽獸〔獸〕食人，人將相食，謂之亡天下」。痛哉此言。亡國乃政治之事，亡天下乃文化之事，弟本亭林之意而申之曰：「有政治之敵，有文化之敵。政治之敵，極於殺身。歷史文化之敵，極同弒父。殺身不可忍，殺父又豈可忍乎？」[83]

好一個「歷史文化之敵，極同弒父」。殺父之仇不共戴天，凡侮辱中國文化與國族的人，便極有可能在徐復觀心目中，變成了不共戴天的死敵。徐復觀對「歷史文化之敵」出手之重，語言之毒，與纏鬥之韌之狠，在港臺新儒家之中，無人能出其右。他的激烈言行，也只有在為報「弒父」之仇的心理背景中，才能得到更為合理的解釋。又因為在徐復觀等港臺新儒家的心目中，以胡適為首的自由派，向來就把中國的歷史文化，視作自由民主的大敵；爭取自由民主與批判中國文化，尤其是藉着批判中國文化以影射現實政權，對「胡黨」來說，本來就是同一錢幣的兩個側面；若要他們永不對中國歷史文化口出惡言，便等同於請他們自廢武功。更兼徐復觀性情之剛烈，脾氣之火爆，及其對原則之執着，本來就非常不適合扮演兩派調人的角色；他的努力調停，不僅沒有使新儒家與胡適為首的自由派息爭止紛，在爭取自由與民主的大纛下締結成統一戰線；反而因他的沉不住氣，拋開了調解者的身份赤膊上陣，和殷海光、張佛泉、毛子水等「胡黨」逐一捉對廝殺，使得《民主評論》與《自由中國》的戰火變得一發不可收拾，也使得港臺本來就為數不多的真正的知識分子，及其爭取自由民主的力量，在彼此的論戰中互相抵銷。這樣的結果，用徐復觀的原話，「實在是萬分的不幸」。[84]

83　徐復觀，〈由兩封書信所引起的一點感想〉，頁 394。
84　徐復觀，〈一個偉大書生的悲劇──哀悼胡適之先生〉，頁 142。

四、文化宣言的撰寫

關於《民主評論》與《自由中國》論爭的來龍去脈及其爭論的要旨，時下學界已有黎漢基的專書，[85] 尤其是李淑珍的博士論文，[86] 作了比較全面的梳理；並且，胡適本人並沒有親自加入論戰；為免枝蔓，實在沒有必要再特別追踪論戰的過程，以及評斷論戰雙方的誰是誰非。本章的重點，端在呈現港臺的新儒家，尤其是徐復觀，在論戰之前、論戰之中和論戰之後，是如何針對以胡適為首的自由派對中國歷史文化的各種批評和攻訐，作出其整體的回應，以及其回應在論述上的理據、策略和技巧。

由於痛感於外國人對中國文化的許多誤會與誤解，主要是誤信了胡適等人的論述，為了與胡適等人爭奪代表中國文化對外的發言權，並匡正外國人對中國文化的許多不正確看法，[87] 港臺新儒家決定聯名發表——〈為中國文化敬告世界人士宣言〉。此事首倡於學政雙棲的前輩張君勱；張氏當時正旅居於美西三藩市，他的「一人之聲音必不能聞於世界」的提醒，讓來訪談的唐君毅心有戚戚焉。唐君毅因之就文化宣言事函商於牟宗三與徐復觀，一九五七年三月七日唐君毅致牟宗三、徐復觀函云：「君勱先生在後一次談後，彼提議一事囑與兄等商，即彼謂當今之世，一人之聲音必不能聞於世界，可否約若干人思想大體相同者，共向世界發表一 manifesto。弟當時謂為求對世界影響仍須中國人自己多有著作。彼意此二者皆所亟須。弟對此事無一定意見，不知兄等以為如何是好。」[88] 徐復觀與牟宗三對發表宣言一事欣然同意，覆函共推其任文化宣言初稿之起草人。一九五七年四月十七日徐復觀致唐君毅函云：

85　詳見黎漢基，《殷海光思想研究：由五四到戰後臺灣，一九一九——一九六九》（臺北：正中書局，2000），頁 88–212。

86　Su-san Lee（李淑珍），"Xu Fuguan and New Confucianism in Taiwan (1949–1969): A Cultural History of the Exile Generation." Ph. D. Dissertation, Brown University, 1998.

87　唐君毅，〈致牟宗三〉之第十一，收入氏著，《書簡》，頁 172–173。

88　唐君毅，〈致牟宗三〉之第十一，收入氏著，《書簡》，頁 173。

奉到三月七日手教後，……君勱先生有信給宗三兄，亦提
對中國文化問題共發一宣言事，其用意甚善。……宗三兄昨晚
來弟處商量，如何復君勱先生之信，弟意此稿不妨由兄起草，
經君勱先生商酌後，如僅以英文發表，即可由弟及宗三兄參加，
在美發出，即可。此一問題，以兄把握得最清楚、最週〔周〕到，
故以兄動筆為宜。[89]

唐君毅在旅美途中，花了半個月的時間，在一九五七年五月下旬
撰成了一篇四萬餘字的宣言初稿。該草稿的內容，多為三人平日思想
之交流，其中亦採納了徐復觀在一九五七年四月十七日致唐君毅函中
的好些重要建議，[90] 然亦有數點是唐氏「臨時觸發者」。[91] 張君勱嫌初稿
太長，且批評西方文化的缺點亦似「話太露骨」，建議加以刪節；[92] 徐復
觀與牟宗三亦針對初稿提出許多修正的建議，但同意唐君毅有作「最後
決定」之權。一九五七年八月二十一日徐復觀致唐君毅云：

關於〈文化宣言〉事，宗三兄與弟皆贊成。兄在旅途中肯寫
此文，此乃真出於對文化之責任感。弟擬刪去數段，並在文字
上有少數之修改刪改之用意，在於凸顯出最主要之意思，不使
次要者及最容易引起爭論者影響到所欲講之中心問題。為節省
時間，已照刪改者油印十餘份。凡經宗三兄同意刪去者即未印
上；宗三兄不甚同意者，原文及刪改者皆印上，以便去取。……
但一切由兄作最後決定，故將原稿奉上，望讀細看一遍，何者

89　黎漢基〔整理〕，〈徐復觀致唐君毅佚書六十六封〉，no.33。

90　一九五七年四月十七日徐復觀致唐君毅之書函中，內有徐對如何起草宣言數點重要意見，
　　唐以四括弧在其後，加上「同意」、「甚是」等字。黎漢基〔整理〕，〈徐復觀致唐君毅佚書
　　六十六封〉，no.33。

91　一九五七年六月二十八日唐君毅致牟宗三、徐復觀云：「學術文化宣言承兄等囑草初稿，
　　弟於上月曾費半月之力，草了四萬餘字。以太長，不甚類一般宣言。用意在針對西方人
　　對中國文化及政治之誤解求加以說服，內容則多是平時吾人所談，亦有數點是臨時觸發
　　者。兄等一看如何，……」唐君毅，〈致牟宗三〉之第十二，收入氏著，《書簡》，頁174。

92　見唐君毅，〈致牟宗三〉之第十二，收入氏著，《書簡》，頁174。

應改回，何者仍應保留，兄可逕行處理，弟毫無他見。為節省時間，油印稿由宗三兄直寄君勱先生二份，……印時以中、英文並舉為宜（如太貴，則分印亦可）。簽名人數恐不會多，亦不必多。[93]

文化宣言定稿後，大家都首先考慮到請錢穆領銜簽名，由徐復觀先修函詢問其意願；不料錢穆竟一如既往，視之為「漢宋之爭」，[94] 以「恐更引起門戶壁壘」為由，在回信中大加反對。一九五七年八月一日錢穆致徐復觀函云：

> 君毅約於八月底返港。君勱先生意欲對中國文化態度發一宣言，私意此事似無甚意義。學術研究，貴在沉潛縝密，又貴相互間各有專精。數十年學風頹敗已極，今日極而思反，正貴主持風氣者導一正路。此決不在文字口說上向一般群眾蘇聲視聽而興波瀾，又恐更引起門戶壁壘耳。[95]

徐復觀只得把「出師不利」的消息，修函向唐君毅報告。[96] 由於錢穆的拒簽，使得唐、牟、徐三人深感聲應氣同者之難求；且多徵求一人簽名，則其人對宣言之意見亦未必能全同；如此一來，「字句斟酌書信往返得一最後結論，恐非數年不辦」。為了節省時間，徐復觀和牟宗三都贊同唐君毅的意見，以牟宗三、徐復觀、張君勱和唐君毅四個人的名義，把宣言只用英文發表，而不再徵求在臺、港和海外如吳經熊、

93　黎漢基〔整理〕，〈徐復觀致唐君毅佚書六十六封〉，no.34。
94　早在兩年前，錢穆即把唐、牟、徐等人視為宋學家，把徐復觀撰文批評他的「以好惡釋仁」，視為來自宋學的批評，他在一九五五年八月十七日給徐復觀的信中寫道：「私見近來宋、漢之爭又起，若要提倡宋學，千萬勿陷入空疏主觀，更不宜騰為口說。」黎漢基〔整理〕，〈錢穆致徐復觀佚書一百零四封〉，no.65（未刊）。
95　黎漢基〔整理〕，〈錢穆致徐復觀佚書一百零四封〉，no.99（未刊）。
96　一九五七年八月二十一日徐復觀致唐君毅云：「錢先生處，弟已試探其意見，彼乃大為反對，此自在意中，故兄不必再提。」黎漢基〔整理〕，〈徐復觀致唐君毅佚書六十六封〉，no.34。

陳康、方東美等其他中國學人的簽署。[97]

　　要把宣言用英文發表，首先得把已定稿的宣言翻譯成英文。四人之中，只有張君勱一人有洋博士學位，且向洋人宣傳之事亦係由他首先提起，翻譯的工作本非他莫屬。張君勱事前亦答允「自任譯事」，怎奈事到臨頭卻推三阻四，讓唐君毅「不甚謂然」。一九五七年十一月二十五日唐君毅致徐復觀、牟宗三函云：

> 文化宣言事，弟曾將佛觀兄寄來各件及四、五二節抄寄君勱先生，請其改正。彼回信謂不必再在文字上苛求，但主張先以中文發表，以後再謀翻譯；並要《再生》編者劉君來索稿，在《再生》專刊登載。弟於此不甚謂然。因彼在美迭與弟函，都說要對世界人士說話，並主先以英文發表，由彼自任譯事，而弟初草此稿時，亦是先針對西方人對中國文化之誤解寫。故弟曾一函告之，謂最好中英文同時發表，……仍請彼改正後依大意翻譯。彼後又回信謂彼以生活忙，說在港先找人作初譯，寄彼修正，再覓刊物發表。弟亦不便相強。唯此間覓譯筆好者亦不易。……[98]

　　張君勱後來找到一個旅美的青年學人趙自強代譯，怎奈趙自強的「程度太淺」，不能勝任此一工作；而能勝任此一工作的施友忠，不知何故又不願拔刀相助；由於譯者難求，宣言最後只能以中文版率先在一九五八年元月號的《民主評論》刊出。如此一來便如牟宗三所言，失去了只向洋人宣傳之「初衷」。一九五七年十月十二日牟宗三致唐君毅函云：

97　一九五七年九月二十九日唐君毅致徐復觀函云：「兄將此稿與吳、陳、方等看，引起多人注意此問題亦甚佳，但如要人簽名，則彼此處處同意實難，如此長文字句斟酌酬書信往返得一最後結論，恐非數年不辦。……此事初由君勱先生發動，其本意仍是有感於西方人對中國學術文化之認識足以生心害政，……弟建議：一法是只用英文發表，便不須多徵在臺、港之中國人簽署以減少麻煩；……」唐君毅，〈致徐復觀〉之第三十五，收入氏著，《書簡》，頁113。

98　唐君毅，〈致徐復觀〉之第三十六，收入氏著，《書簡》，頁114。

近接君勱先生函，言文稿譯事，初欲託趙自強（在美）譯，須有酬，後復謂依原意重寫，不能直譯，並謂中文稿可先在《民評》發表，中、英文不必同時印行。如此，則失初衷，無意義矣！此公謀事總是疲軟失機。弟意能在港找一譯者否？如此則比較集中。本施友忠可譯，然他不必願任勞，君勱先生亦不肯強他。趙自強程度淺，不理解也。究不知他如何處理？……[99]

　　大約是出於對張君勱「疲軟失機」的極度不滿，並深恐張氏之「政黨背景」，會引起「他人政治上之聯想」，唐君毅在刊登宣言之時，竟不顧及張氏的「老輩」身份，把張君勱的名字列在牟宗三和徐復觀之後；[100] 而唐君毅為了自我謙抑之故，把自己的名字列在最後。

　　然而，即使宣言只能以中文先行發表，它那種面對着全世界洋人發聲的態勢，實際已取得了「出口轉內銷」的效用。當時的中國學術研究，在西方學界事實上只居於邊陲中的邊陲。為數極少的「漢學家」或「中國通」，其興趣也僅僅限於中共的政治和經濟政策。既然新儒家「玄之又玄」的文化宣言，就連旅美青年學人趙自強的「程度」，都不能夠理解；那麼，它無論以何種文字發表，對於「程度」「更淺」的洋人，都不啻是無法讀懂的天書。牟宗三當時任教東海大學，他在一九五八年六月二十五日致唐君毅函云：「此間洋人聽說有此〈宣言〉，曾約討論一次，但他們程度太淺，根本不入。時下人，無論國人或洋人，誠如〈宣言〉中所示，皆是考古與近代史，連傳教士都不可得。」[101] 牟宗三的判斷，真是「不幸而言中」。這從〈文化宣言〉後來終於譯成英文發表，竟沒有得到任何的回應，便可得到了最充分的證明。

　　不過，在當時港、臺正極端「崇洋媚外」的文化界和知識界，任何

99　對於張君勱的「疲軟失機」，牟宗三甚為不滿，其黎漢基〔整理〕，〈牟宗三致唐君毅佚書六十七封〉，no.59（未刊）

100　一九五七年十二月十六月唐君毅致徐復觀、牟宗三函。唐君毅，〈致徐復觀〉之第三十八，收入氏著，《書簡》，頁117–118。

101　黎漢基〔整理〕，〈牟宗三致唐君毅佚書六十七封〉，no.61。

沾得上西洋味的東西，其身價立增十倍，就連古色古香的新儒學亦不例外。〈文化宣言〉「出口轉內銷」的性質，立刻引起了國人的關注。它雖沒有達成它的既定目標，亦即對外與胡適爭奪代表中國文化的發言權；然而卻誤打誤撞地造成了意外的，但更令港臺新儒家喜出望外的戲劇效果，亦即對內與胡適爭奪代表中國文化的發言權。牟宗三原先以「失初衷」即「無意義矣」的估計實為大錯，後來為事實所證明了的，反而是唐君毅正面而樂觀的預言。[102]〈文化宣言〉竟然也「振動」了甫剛返臺出任中央研究院院長（「國子監祭酒」）的胡適。徐復觀致唐君毅的信中提到：「胡適之先生對〈文化宣言〉非常注意，曾多次提到，但未表示贊成或反對，大約以反對之意為多耳。」[103] 牟宗三也在致唐君毅的書函中提到：

> 胡適之回國很注意此〈宣言〉，他認為我們要革他的命，所以他心中略有振動，讓他的隨從者注意。其實他是多餘，他的徒眾根本無觀念，被他的科學方法封死了，連他的科學方法之來歷也不過問了。他還怕什麼？弟常發感慨，自由世界已到無觀念的境地了，已進入涅槃了，進入純現實感覺層面而窒息死的涅槃，真所謂『天地閉，賢人隱』了，只讓共產黨天天耍魔術。弟書能銷二百餘部已是甚好，……本亦無幾人能看，但擺在那裏，究亦是一種迷糊的力量，善導寺和尚買了好多部，但看不懂，仍是〈文化宣言〉中那類問題可以感動有心人，功不唐捐也。……[104]

102　一九五七年十一月二十八日唐君毅致徐復觀、牟宗三函云：「此文本意是在教訓西方人治漢學者，今雖不能即譯為英文，但仍表示吾人之一聲音與態度。同時間接可端正若干中國人之態度。」唐君毅，〈致徐復觀〉之第三十七，收入氏著，《書簡》，頁116。

103　一九五八年六月二日徐復觀致唐君毅函。黎漢基〔整理〕，〈徐復觀致唐君毅佚書六十六封〉，no.37。

104　一九五八年六月二十五日牟宗三致唐君毅函。黎漢基〔整理〕，〈牟宗三致唐君毅佚書六十七封〉，No.61。

五、文化宣言的論旨

刊載在《民主評論》的文化宣言，全稱為〈為中國文化敬告世界人士宣言——我們對中國學術研究及中國文化與世界文化前途之共同認識〉（以下簡稱〈文化宣言〉）。全文約四萬字，共分為十二節。[105] 第一節為「前言」，申明四人發表該宣言的理由。由第二至第四節，則着重說明中國文化與西方文化之主要不同之所在，以及西洋人慣從自己的文化立場，來衡斷和批評中國文化所造成的種種不幸的誤解。第五節說明中國文化與西方文化一樣，自有其超越的宗教精神。第六節說明中國的心性之學乃中國文化根本之根本，核心之核心，西洋人欲要對中國文化有正確瞭解則必由此通路進入。第七節說明了中國文化何以能延續了數千年而從不中斷。由第八至第十節，則反覆重申中國文化何以會不反科學和民主，且不缺科學與民主之萌蘗，然而卻一直不能從中產生出近代科技與民主政治的最根本理由。第十一和第十二節，則一再強調中國文化不僅有萬古常新之永恆價值，而且有非常重要的現代意義；不僅中國文化必須善學西方文化，而西方文化亦必須善學中國文化，兩者必須互相觀摩互相學習，以取長補短，各自救濟自己之欠缺與不足。

如果從更宏觀的角度，宣言可視為港臺新儒家對胡適等人的「五四」論述的全面反駁。新儒家的駁詰，又可分為三個部分。第一部分由宣言的第一至第七節，主要是通過對中國文化的特殊性，尤其是國

105　由中國人民大學出版社二〇〇六年九月出版的張君勱遺著《新儒家思想史》，亦收入此一宣言。唯出版社在沒有作出任何說明的情勢下，擅自把〈文化宣言〉中的第十節「我們對中國現代政治史之認識」，以及第十一節「我們對西方文化之期望及西方所應學習於東方之智慧者」中的第三至第五段，以其內容涉及對中共所宗奉的馬列主義和中共所施行的政治有極其嚴厲批評之故，全部予以刪除。我們並不願抹煞該出版社編者向大陸讀者流布和介紹當代新儒學的良好願望，也不敢奢求該出版社編者把〈文化宣言〉中所有犯忌的文字都一字不刪地全部刊出。但是，作為大陸著名大學的出版機構的編者，在對當代新儒學史上最重要的文本作出如此重大的刪節之時，至少應該負責任地告訴讀者，他們在什麼地方作了刪節，並刪去了多少個字。如此一來，才不會誤導無法閱讀到〈文化宣言〉原文的大陸讀者，使讀者對〈文化宣言〉和撰寫該宣言的當代新儒學家，產生不必要的誤會和曲解。

人對其國族文化的特殊情感的強調，藉以否認由西方啟蒙理性所建構的帶有普遍性和普世性的規範、法則或標準，正如胡適等人所言，可以完全移植和套用到中國來，而不會因之衍生出各式各樣的流弊和毛病。這種以特殊性 vs. 普遍性，以感情 vs. 理性的論述策略，究其實並非新儒家的首創。法國啟蒙哲學家盧騷（Jean Jacques Rousseau, 1712–1778）、伏爾泰（François-Marie Arouet Voltaire, 1694–1778）、狄德羅（Denis Diderot, 1713–1784）、孟德斯鳩（Baron de Montesquieu, 1689–1755）等人強調每一個人的理性的同一性，而由此理性所建構出來的法規和制度，便不僅帶普遍性，而且還帶有唯一性。所謂普遍性，是指這些法規和制度，無論應用到歐洲或美洲，或者是亞洲和非洲，只要應用到有人類的地方，就一定會產生相同的偉大功用。所謂唯一性，是指任何其他不同的法規和制度，和它們相較，都是不正確的或錯誤的。只有它們才是唯一正確的和獨一無二的。這種以普遍性抹煞特殊性，以理性吞沒情感的啟蒙主義思潮，早在十八世紀，便受到德國的浪漫主義和民族主義的猛烈抵抗和強力批判，堅持民族文化和民族情感的不可化約和不容抹煞的特殊性，便成了他們反制的最大利器。赫德 (Johann Gottfried von Herder, 1744–1803) 所謂「寧願當一個第一等的日耳曼野蠻人，也不要當一個第二等的法蘭西文明人」，至今讀來，仍令人熱血沸騰情難自禁。[106] 如果說，「全盤西化」的主張，可視之為法國的啟蒙主義經由陳獨秀、魯迅等「五四」領袖之手在中國的複製；那麼，新儒家宣言中對中國歷史文化的特殊性和民族情感的訴求，也與德國的浪漫主義和民族主義異曲同工。

港臺新儒家最有創見和最具特色的地方，端在其第二部分，亦即在宣言的第八、第九和第十節中所討論的科學與民主這個部分。本來，科學與民主，原是啟蒙主義最核心和最重要的成分，港臺新儒家既然可以通過對中國文化與國情的特殊性的強調，藉以論證西方的某些法

---

106 Isaiah Berlin, Henry Hardy eds., *Three Critics of the Enlightenment: Vico, Hamann, Herder* (New Jersey: Princeton University Press, 2000), pp. 168–169。

則不一定能適用於中國，他們也大可以沿用相同的論述策略，論證科學與民主同樣也不適用於中國。梁漱溟與馮友蘭就都曾以中國文化的純粹「向內求善」為理據，證明中國古代之所以沒有產生科學，完全是緣於中國的古人對於「向外求知」的科學的「毫不需要」。[107] 不過，港臺新儒家卻捨此道而不由。因為，經過了陳獨秀、魯迅和胡適等「五四」領袖數十年來的教育和宣傳，科學與民主已成為中國人的共同要求。港臺新儒家希望科學與民主在中國能早日落實之心，與胡適等自由派其實並無不同。徐復觀對臺灣黨外民主運動的參與和支持，有時可能要比胡適還要更加激烈一些。[108] 承認中國文化在過去並沒有發展出民主和科學，承認科學與民主，為今日中國的救亡圖存所亟需，這是港臺新儒家與胡適等自由派極為少有和極為難得的共識。[109]

然而，陳獨秀、魯迅等人自「五四」以來，即把中國文化在整體上與科學及民主的水火不相容，作為其全面毀棄中國文化及主張全盤西化的邏輯依據。而胡適因深受「文化惰性論」之影響，並不完全贊同陳獨秀、魯迅等人的觀點，但因出於「矯枉必須過正」的考量，也時時為之推波助瀾。[110] 對於「五四」的主流論述，港臺新儒家當然萬不能同意。港臺新儒家絕不承認「中國文化是反科學的，自古以來即輕視科學及實用技術」。他們在〈文化宣言〉中特別指出：中國文化「傳說中之聖王，都是器物的發明者。而儒家亦素有形上之道見於形下之器的思想，而

107　詳參梁漱溟，《東西文化及其哲學》（上海：商務印書館，1922），頁 75–77；馮友蘭，〈為什麼中國沒有科學〉，收入氏著，《馮友蘭學術文集》（北京：北京大學出版社，1984），頁 23–42。

108　例如，上文曾談及徐復觀在國民黨的宣傳機關攻擊以胡適為首的自由派之時，曾不顧個人安危公開撰寫了兩篇文章予以反駁；又例如，雷震被逮後，徐復觀曾多次到獄中探望，並給雷震送書，而我們尚未發現胡適曾到獄中看望過雷震的記錄。徐復觀，〈「死而後已」的民主鬥士—敬悼雷儆寰（震）先生〉，頁 213–220。

109　新儒家在文化宣言中說：「我們承認中國文化歷史中缺乏西方之近代民主制度之建立，與西方之科學，及現代之各種實用技術，致使中國未能真正的現代化工業化。」「中國需要真正的民主建國，亦需要科學與實用技術，中國文化須接受西方或世界之文化。……而使中國人之人格有更高的完成，中國民族之客觀的精神生命有更高的發展。」牟宗三、徐復觀、張君勱、唐君毅，〈為中國文化敬告世界人士宣言—我們對中國學術研究及中國文化與世界文化前途之共同認識〉，《民主評論》，卷 9 期 1（1958 年 1 月），頁 12。

110　胡適與陳獨秀、魯迅等人的同異，詳見本書第三章〈錢穆與胡適的交涉〉。

重『正德』『利用』『厚生』。天文數學醫學之智識，中國亦發達甚早。在十八世紀以前，關於製造器物與農業上之技術知識，中國亦多高出於西方。」通過列舉這些「人所共知之事」，港臺新儒家引申出「中國古代之文化，分明是注重實用技術」的結論。[111] 那麼，人們不禁要問：「分明是注重實用技術」的「中國古代之文化」，為什麼不能像西方文化那樣產生出科學？港臺新儒家的答案，不像梁漱溟與馮友蘭那樣，以中西心靈的「向內求善」與「向外求知」的方向不同答之，而是乾脆爽快地承認，中國古代文化之所以不能產生科學，完全是由於它欠缺了西方文化那種「為知識而知識」的科學精神。那麼，什麼又是西方「為求知而求知」的科學精神？〈文化宣言〉指出：

> ……西方科學之根本精神，乃超實用技術動機之上者。西方科學精神，實導原於希臘人之為求知而求知。此種為求知而求知之態度，乃是要先置定一客觀對象世界，而至少在暫時，收斂我們一切實用的活動及道德實踐的活動，超越我們對於客觀事物之一切利害的判斷與道德價值之判斷，而讓我們之認識的心靈主體，一方如其所如的觀察客觀對象，所呈現於此主體之前之一切現象；一方面順其理性之運用，以從事純理論的推演，由此以使客觀對象世界之條理，及此理性的運用中所展現之思想範疇，邏輯規律，亦呈現於此認識的心靈主體之前，而為其所清明的加以觀照涵攝者。[112]

港臺新儒家強調，中國文化之所以欠缺西方「為求知而求知」的科學精神，並非如「五四」反傳統人士所攻訐的那樣，是由於國人太過

111　牟宗三、徐復觀、張君勱、唐君毅，〈為中國文化敬告世界人士宣言—我們對中國學術研究及中國文化與世界文化前途之共同認識〉，頁12。

112　牟宗三、徐復觀、張君勱、唐君毅，〈為中國文化敬告世界人士宣言—我們對中國學術研究及中國文化與世界文化前途之共同認識〉，頁12。

沉迷於八股文和詩詞歌賦等無用之學，而忽略了實用知識和國計民生。恰恰相反，中國文化之所以欠缺科學精神，完全是由它太過重視實用的知識，太過重視「正德」「利用」「厚生」的價值，因之難以「放縱」自己進行任何「無用」的活動；而西方人「為求知而求知」的活動，在過去的中國人眼中，看起來反而是一種「無用」的活動，反而是一種「玩物喪志」；因為，這一類的活動，無論和實用方面，還是和「正德」「利用」「厚生」方面，都無任何直接的關連。它們其實是莊學的「無用之用」。然而，唯有「無用之用」，始堪「成其大用」，這是莊學的一個弔詭。西方人正是從「為求知而求知」的，看似「無用」的活動中，發展出現代科學技術和富國強兵的「大用」；而中國過去的文化卻正是由於它太過着重實用，所以才會發展不出現代科學精神和富國強兵的「大用」。所謂「有心栽花花不發，無心插柳柳成蔭」，暫時不再思及實用和正德利用厚生者，反能大大地成就和發展了實用和正德利用厚生；而念念不忘實用和正德利用厚生者，卻反而使實用和正德利用厚生，不能取得更大的成就和更高發展。這是莊學的又一個弔詭。有鑒於此，港臺新儒家在〈文化宣言〉中指出：

> 中國人欲具備此西方理論科學精神，則卻又須中國人之能暫收斂其實用的活動，與道德的目標，而此點則終未為明末以來之思想家所認清。而欲認清此點，則中國人不僅當只求自覺成為一道德的主體，以直下貫注於利用厚生而為實用活動之主體，更當兼求自覺成為純粹認識之主體。當其自覺求成為認識之主體時，須能暫忘其為道德的主體，及實用活動之主體。而此事則對在中國之傳統文化下之中國人，成為最難者。但是中國人如不能兼使其自身自覺為一認識的主體，則亦不能完成其為道德的主體與實用活動之主體。由是而中國人真要建立其自身之成為一道德的主體，即必當要求建立其自身之兼為認識的主體。而此道德的主體之要求建立其自身兼為一認識的主體時，

此道德主體須暫忘其為道德的主體,即此道德之主體須暫退歸
於此認識主體之後,成為認識主體的支持者,直俟此認識的主
體完成其認識之任務後,然後再施其價值判斷,從事道德之實
踐,並引發其實用之活動。此時人之道德的主體遂升進為能主
宰其自身之進退,並主宰認識的主體自身之進退,因而更能完
成其為自作主宰之道德的主體者。然後我們可以說,人之道德
的主體,必須成為能主宰其自身之進退與認識的主體之進退者,
乃為最高的道德的主體,此即所謂人之最大之仁,乃兼涵仁與
智者。而當其用智時,可只任此智之客觀的冷靜的了解對象,
而放此智以彌六合,仁乃似退隱於其後。當其不用智時,則一
切智皆卷之以退藏於密,而滿腔子是惻隱之心,處處是價值判
斷,而唯以如何用其智,以成己成物為念。[113]

　　同樣地,港臺新儒家也坦白承認「中國歷史文化中缺乏西方近代
之民主制度之建立」,坦白承認因之中國之政治歷史,「遂長顯為一治
一亂的循環之局」,坦白承認中國今後政治之光明前途,「只有繫於民
主政治制度之建立」。但他們絕不承認「五四」反傳統主義者的指控,
絕不承認「中國政治發展之內在要求,不傾向於民主制度之建立」,
絕不承認「中國文化中無民主思想之種子」。[114] 為了證明這一點,新
儒家在〈文化宣言〉中不厭其煩地列舉了中國政治史上的宰相制度、
御史制度、徵辟制度、選舉制度和科舉制度,以及由這些制度表現出
來的制衡和監督的力量,說明中國古代的專制君主的權力並非絕對的
無所限制。〈文化宣言〉中也不厭其詳地以儒典中所推尊的堯舜禪讓、
湯武革命、「民之所好好之,民之所惡惡之」和「民貴君輕」等理想

113　牟宗三、徐復觀、張君勱、唐君毅,〈為中國文化敬告世界人士宣言—我們對中國學術研
　　究及中國文化與世界文化前途之共同認識〉,頁 12-13。
114　均見牟宗三、徐復觀、張君勱、唐君毅,〈為中國文化敬告世界人士宣言—我們對中國學
　　術研究及中國文化與世界文化前途之共同認識〉,頁 13。

為例，證明中國文化中存有「天下為公、人格平等之思想」，而此一思想「即為民主政治思想根源之所在，至少亦為民主政治思想之種子所在」。[115]

由於科學與民主的欠缺，港臺新儒家在〈文化宣言〉中承認中國必須學習西方。〈文化宣言〉云：

> ……近代西方人之心靈，乃一面通接於唯一之上帝之無限的神聖，一面亦是能依普遍的理性以認識自然世界。……此二者即結合為個人人格尊嚴之自覺，與一種求精神上的自由之要求。由此而求改革宗教，逐漸建立民族國家，進而求自由運用理性，形成啟蒙運動；求多方面的了解自然與人類社會歷史，並求本對自然之知識以改造自然；本對人類社會政治文化之理想，以改造人間。於是政治上之自由與民主、經濟上之自由與公平、社會上之博愛等理想，遂相緣而生。而美國革命、法國革命、產業革命、解放黑奴運動、殖民地獨立運動，社會主義運動，亦都相繼而起。由科學進步之應用於自然之改造及對社會政治經濟制度之改造，二者相互為用，相得益彰。於是一二百年之西方文化，遂突飛猛進，使世界一切古老之文化，皆望塵莫及。凡此等等，蓋皆有其普遍永恆之價值，而為一切其他民族所當共同推尊讚歎學習仿求，以求其民族文化之平流競進者也。[116]

儘管港臺新儒家充分稱美西方文化，但對胡適等人所謂「中國文化百事不如人」的說法，他們又絕對不能承認。他們強調，中國文化

115　均見牟宗三、徐復觀、張君勱、唐君毅，〈為中國文化敬告世界人士宣言─我們對中國學術研究及中國文化與世界文化前途之共同認識〉，頁 13。

116　牟宗三、徐復觀、張君勱、唐君毅，〈為中國文化敬告世界人士宣言─我們對中國學術研究及中國文化與世界文化前途之共同認識〉，頁。

亦有許多西方文化所亟須學習和引進之寶物。〈文化宣言〉的最後兩節，集中提出了西方人至少在五個方面，亦應向中國文化學習。其一是「『當下即是』之精神，與『一切放下』之襟抱」，其二是「圓而神的智慧」，其三是「溫潤而惻怛或悲憫之情」，其四是「如何使文化悠久的智慧」，其五是「天下一家之情懷」。[117] 通過對中國文化的學習，西方人將能克服其權力意志和征服意志，以及學會重視其他民族文化的特殊性，珍惜其他文化的價值，並恒對其他民族及其歷史文化自身發展之要求，表示出一種敬意與同情。只有做到這一點，近代之宗教戰爭、民族國家之衝突、經濟上階級之衝突，才能逐漸緩和甚至避免，歐美國家與亞、非、拉國家的關係才有可能調整，而西方文化才有可能長久興盛發達，世界和全人類才有可能謀求真正的和平。[118]

港臺新儒家在〈文化宣言〉中，以良知或道德主體的是否「坎陷」或「隱退」，來闡釋中國文化何以在過去未能孕育出民主和科學，以及在未來將如何孕育出民主和科學，這種論述，無疑要比他們的前輩如梁漱溟和馮友蘭的價值系統不同說，顯得更為細密、更加周延、更有系統、也更富於哲學的思辨性和趣味性。然而奉胡適為精神導師的臺灣自由派，並沒有針對港臺新儒家在〈文化宣言〉中的新說，站在學理的立場上一一加以駁詰。他們毋寧是在複製二十世紀上半葉科玄論戰中，以「玄學鬼」罵倒對手的故智，繼續用謾罵和譏諷的語言，對港臺新儒家及其〈文化宣言〉加以攻訐和抹煞。由於當時臺灣文化界和學術界，仍舊籠罩在非常濃厚的反傳統氣氛之中，故自由派以罵陣代替論辯的因應策略，在一時之間，便具有非常強大的威懾力和殺傷力。然而，以力服人和以勢壓人，只可壓服一般人之口，卻無法壓服一般人之心，對於其中的強項者，便極可能連其口也不能壓服。「惡

117　牟宗三、徐復觀、張君勱、唐君毅，〈為中國文化敬告世界人士宣言─我們對中國學術研究及中國文化與世界文化前途之共同認識〉，頁 17-20。

118　牟宗三、徐復觀、張君勱、唐君毅，〈為中國文化敬告世界人士宣言─我們對中國學術研究及中國文化與世界文化前途之共同認識〉，頁 17、20-21。

聲至，必反之」的徐復觀，便是港臺新儒家中特出的強項者。徐復觀
採取了「射人先射馬，擒賊先擒王」的策略，緊緊揪住胡適不放，同樣
用謾罵和譏諷的語言，對胡適的為人和胡適的學術加以全盤的攻訐和
抹煞。[119] 徐復觀的「灌夫罵座」，結果便造成了他自己與胡適，以及港
臺新儒家與自由派的兩敗俱傷。而此一罵胡事件，也使得港臺新儒家
在〈文化宣言〉中許多重要論述，尤其是中國文化與現代化關係的新
說，在彼此的對罵中失語和失焦，從而失去了廣為當時學界所深入批
判、探究和剖析的機會。缺乏了新儒學系統之外的學理上的批評和刺
激，港臺新儒家在營造和建構自己的理論體系時，不免更為滯寂與偏
枯。這既是當代新儒學的不幸，同時也是當代學術文化思想發展史上
的不幸。

六、胡適的「拜訪」

　　胡適對港臺新儒家的〈文化宣言〉的發表，雖然「非常注意」和「多
次提到」，但一開始並沒有公開發表自己的看法。[120] 而以胡適為馬首
是瞻的自由派，由於其精神領袖按兵不動之故，一時之間也沒有發表
批駁〈文化宣言〉的文章。然而，按照時下論辯或「打筆戰」的通則，
新儒家的〈文化宣言〉既已從中國文化的特殊性，中國文化與民主科
學相助相即的關係，以及中國文化對西方文化回流反哺的互補功能，
在整體上全面批駁了民主派的「全盤化反傳統」和「全盤西化」的主要
論述，自由派如果長時期不予以回應，便有默認甚至認輸之嫌。但若
由胡適親自撰文反駁，以胡適當時在臺灣和海外的地位，又似是「以
上駟對下駟」，白白便宜和抬舉了港臺新儒家。有關這一點，一輩子

119　參見徐復觀，〈中國人的恥辱　東方人的恥辱〉，頁 376–377。
120　見一九五八年六月二日，徐復觀致唐君毅函，黎漢基〔整理〕，〈徐復觀致唐君毅佚書
　　六十六封〉，no.37；以及一九五八年六月二十五日，牟宗三致唐君毅函黎漢基〔整理〕，
　　〈牟宗三致唐君毅佚書六十七封〉，no.61（未刊）。

打過無數筆戰的胡適當然一清二楚的。經過差不多一年的沉寂，胡適藉着演講中國文化的名義，親自到臺灣新儒家的大本營，徐復觀曾任教過的臺中省立農學院，以及徐復觀和牟宗三當時任教的私立東海大學——「登門拜訪」，並和徐復觀爆發劇烈的口角。關於胡適來訪的經過，徐復觀在一九五八年十二月九日致唐君毅的書函中，有相當細部的描述：

　　昨日胡適之先生到東海大學，當吳校長茶會招待時，他告訴我：「今天早上在農學院講中國文化，對學生說，中國文化沒有價值，不要听徐復觀、牟宗三兩頑固派的話」云云。他越說越起勁，接着說：「包小腳的文化，是什麼文化？你們講中國文化，只是被政治的反動份子所利用。儒家對中國影響，不過千分之一，有什麼值得講？宋明新儒學，完全是佛教的化身，烏煙瘴氣，你們還守住它。我忍了十年，現在要講話了。……」弟嘗答以「胡先生不懂什麼東西可稱為文化？包小腳是從儒家思想中出來的？還是從道家思想中出來的？反動份子還把官給胡先生做，但並未給我們做。文化問題，不能用數目字表示。即使是千分之一，為什麼不能講？《水經注》值幾分之幾？你知不知道宋明理學主要是從佛教影響中翻出來？你在什麼地方看到我們以佛教解釋中國先秦的文化？你現在遇着的對手，不是幾個英文字母可以嚇倒的，他要追查英文字母裏面有些什麼。願意接受胡先生的挑戰」等等。今天晚上，遇見昨天聽到胡先生講演的幾位朋友，才知胡先生指出姓名來罵的一共是五人，除弟與宗三外，還有張君勱，錢賓四兩先生及兄。不是罵的「頑固」，而是罵的「不懂中國文化」。此公之語無倫次，全無心肝，一至如此，真出人意外，大概以後還有一套花頭出來。當然，胡有胡的苦心，既不敢明目張膽以高唱自由民主來維持自己的地位，又不能拿出學問來維持自己的地位，只好回到打倒

孔家店的老路上去維持自己的地位。但這恐怕也很難達到他的
願望。[121]

　　胡適以前輩教訓後生的口吻，又在徐復觀的同事和學生的面前，
對港臺新儒家予以批評，以徐復觀「惡聲至，必反之」的火爆脾氣，哪
能受得了？他的反唇相譏乃事所必至理有固然。而他原先與胡適及自
由派結盟的初衷，也一下子全都丟到瓜哇國去了。不僅性情暴躁的徐
復觀忍不下這口氣，即使一貫性情溫和的謙謙君子唐君毅，在答覆徐
復觀的信中，也直斥胡適的談話為「不必管」的「胡說」，[122] 可見徐復觀
的來信也勾動了他的無名真火。

　　說起來，也難怪徐復觀憤怒和唐君毅斥之為「胡說」。如果徐復
觀信中的覆述不誤，胡適的說法確實有些過份。任何人只要稍稍具有
一點點的邏輯知識，再加上一點點中國歷史和中國哲學史的常識，都
應該知道，宋明理學明明是對佛教的反動，怎麼會「完全是佛教的化
身」？儒家文化明明是中國文化的主流，它對中國的影響，又豈止「千
分之一」？一部《水經注》，在整個中國文化中，又佔了多少個千「千分
之一」？為什麼胡適可以花上數年功夫，去研究不及中國文化千「千分
之一」的《水經注》，而新儒家就不能去研究大於《水經注》不止千萬倍
的儒家文化？「反動份子」利用科學，利用民主，利用自由主義，被其
利用者又豈止「中國文化」？普天之下，還未見過有任何事物，是「反
動份子」所不會、不能或不敢加以利用的。可見事物的良窳，並不在於
其曾否為「反動份子」所利用！為什麼科學、民主、自由主義被「反動
份子」利用之後，胡適們仍然可以照講不誤；而中國文化被「反動份子」

121　一九五八年十二月九日，徐復觀致唐君毅函，黎漢基〔整理〕，〈徐復觀致唐君毅佚書
　　六十六封〉，no.40。同日的《中央日報》和《新生報》，亦刊有胡適在臺中農學院演講的
　　簡介，其中提及胡適常掛在嘴邊用以攻擊中國文化的纏足、鴉片、駢文與八股，但沒有
　　提到胡適批判唐君毅、牟宗三、徐復觀、張丕介和錢穆五人的話。胡頌平編著，《胡適之
　　先生年譜長編初稿》，冊 7，頁 2766-2767。
122　唐君毅，〈致徐復觀〉之第四十二，頁 123。

利用之後，便不再容許新儒家置喙呢？「包小腳」確實是不仁之至，但它並不是中國文化的全部，而整個中國的歷史，也有許多時候並不「包小腳」，僅僅以「包小腳」否定整個中國文化，至少也是犯了邏輯上「以偏蓋全」的謬誤。

然而，諸如此類的「胡說」，並不是胡適在一時一地心血來潮的信口開河，而是數十年來胡適及其反傳統主義的同志藉以否定中國文化的一貫理由。但自從逃離北平後，胡適差不多有將近十年的時間，甚少再就中國文化的問題發表高見，這和胡適所謂「忍了十年」的說法是基本相符的。然而，由國破家亡所引起的大懺悔和大反省，並沒有使胡適改變其反傳統主義的立場，甚至也沒能讓他不再繼續研究《水經注》。由大懺悔和大反省所引起的大悲大痛，只不過是胡適心頭上一閃而過的靈光，閃過後一切依如故我。徐復觀認為胡適之所以要「回到打倒孔家店的老路上去」，是因為政治上不敢大膽地向蔣中正爭民主，而在學術上又拿不出新的東西。徐復觀的看法，有對，也有不對。對的是胡適在最近十年的政治和學術表現上確係乏善可陳，不對的是反傳統思想早已溶化入胡適的血液中，內化為胡適文化生命中最要的一種基因，故反傳統的行為，乃係胡適最自然而直接的反應，胡適並不需要特別揭櫫反傳統的大旗，來合理化他在政治上和學術上的兩無成就。

七、徐復觀的反擊

不過，在到臺中「拜訪」之前，胡適的「胡說」雖不算多，但他在臺灣的追隨者，尤其是《自由中國》的筆陣，所聯手仿傚和複製的「胡說」，卻又十分不少。對於這種「極同弒父」的反傳統「惡言」，徐復觀便不免完全忘卻了自己的「調人」的身分，常忍不住拍案而起與之肉搏，一如他在臺中對胡適的當面嗆聲。若非如此，他又怎配被錢穆稱之為「聖門子路」！對胡適及「胡黨」的反傳統「胡說」的批判，在徐復觀的雜文和學術論文中，簡直多得不勝枚舉。為了節省篇幅，僅從整

體的角度，勾勒出徐復觀批判「胡説」的幾個較為重要的面向，而不再一一涉及具體的人物、時間和情節。

首先，胡適及其追隨者對中國文化，習慣於挑出中國文化中的短處和壞處加以批判，而不顧及中國文化中的長處和好處。徐復觀對這種「選擇性的判案」手法大表不滿。他憤憤不平地説：「吳胡諸先生，好以隻言片語抹煞祖國數千年之文化，抹煞千百聖賢之心血；……中國文化誠有缺憾誠有流弊；然豈無日月經天之大義，以維繫民族精神於不墜？今人於流離喪亂之際，對自己之祖先，何以不先從好的方面去想，而必先從壞的方面去想；並必以壞的一方面，去抹煞好的一方面；仁人君子之用心，固當如是乎？」[123]

其次，胡適及其追隨者對中國文化的攻擊，常以個別或部分的惡例，當成是中國文化的全部或整體。其中的駢文、律詩、八股、小腳，太監和貞節牌坊，就曾無數次被胡適及其追隨者舉證，[124] 藉而得出中國乃至整個東方文化是「懶惰不長進的」、[125] 令人「不能不低頭愧汗的」[126]，以及「百事不如人」[127] 和「很少或沒有靈性的」文明的結論。[128] 胡適們「攻其一點，不及其餘」和「以偏蓋全」的論述策略，如果從最正面和最好的一面看，或有其棒喝和獅子吼的用心，其目的端在希望國人在這種「使我們抬不起頭來的文物制度」面前，「要誠心誠意的想，我們祖宗的罪孽深重，我們自己的罪孽深重」，從而「閉門思過」和深切「反省」。[129] 徐復觀則以胡適舉證得最多的「包小腳」為例，痛批胡適把「包小腳」當作中國文化的「全稱判斷」，是一種「違反邏輯的推論」的「以偏蓋

123　徐復觀，〈由兩封書信所引起的一點感想〉，頁 393。

124　胡適，〈信心與反省〉，原載《獨立評論》，號 103（1934 年 6 月 3 日），收入歐陽哲生編，《胡適文集》（北京：北京大學出版社，1998），冊 5，頁 388。

125　胡適，〈整理國故與「打鬼」——給浩徐先生信〉，原載《現代評論》，卷 5 期 119（1927 年 3 月 19 日），收入歐陽哲生編，《胡適文集》，冊 4，頁 116。

126　胡適，〈信心與反省〉，頁 388。

127　胡適，〈介紹我自己的思想——《胡適文選》自序〉，原載《胡適文選》，1930 年 12 月上海亞東圖書館初版，收入歐陽哲生編，《胡適文集》，冊 5，頁 515。

128　胡適，〈科學發展所需要的社會改革〉，《徵信新聞報》，1961 年 11 月 7 日。

129　胡適，〈信心與反省〉，頁 388-389。

全」。因為，他只要輕易地舉出中國文化除了「包小腳」之外，尚有其它的事物，或只要在中國整個歷史時間中能舉出某一段時間不曾包小腳，就可以把胡適作為「全稱判斷」的根據推翻，「即可證明他的全稱判斷為偽」。[130] 此外，徐復觀一點也不認同胡適所謂的「我們祖宗的罪孽深重」，而一再強調把罪過歸於古人，只是胡適等反傳統的不肖子孫為洗刷自己的無能和不爭氣的脫罪之辭。有關這一點，下文還要繼續討論。

再次，胡適及其追隨者幾乎把中國目前所直面的各種困境和危機，都視為是中國歷史文化所造成的；[131] 把中國文化與西方文化，看成是水火冰炭不能同爐；[132] 對肯定中國文化的新儒家，在胡適及其追隨者眼中，就是「保守心理在那裏作怪」，就是「今日一般反動空氣的一種最時髦的表現」，就是「主張復古」，就是為反動勢力「作有力的辯護」，[133] 就是滿足「東方民族的誇大狂」和助長「東方舊勢力」的凶焰。[134] 徐復觀對此種論調，極端的不以為然。他除了在〈文化宣言〉中明白表態之外，還曾借一個臺灣友人莊垂勝的口，證明胡適們的中國文化與現代化不能並存的言論，是如何地傷害了臺灣族羣的對故國文化的感情：

> ……他有一次和我談到剛光復時的心境：「……等到日本投降，大家不約而同的心花怒放，以為平日積壓在心裏，書櫃裏，衣箱裏的故國衣冠文物，現在才算出了頭，大家可以稱心

130　徐復觀，〈過份廉價的中西文化問題——答黃富三先生〉，收入氏著，蕭欣義編，《徐復觀文錄選粹》（臺北：臺灣學生書局，1980），頁 129-156。

131　胡適說：「中國今日最令人焦慮的，是政治的形態，社會的組織，和思想的內容與形式，處處都保持中國舊有種種罪孽的特徵，太多了，太深了，所以無論什麼良法美意，到了中國都成了逾淮之橘，失去了原有的良法美意。」胡適，〈試評所謂「中國本位的文化建設」〉，原載《獨立評論》，號 145（1935 年 4 月 7 日），收入歐陽哲生編，《胡適文集》，冊 5，頁 451。

132　詳見胡適，〈東西文化之比較〉，收入歐陽哲生編，《胡適文集》，冊 11，頁 184-192。

133　均見胡適，〈試評所謂「中國文化的本位建設」〉，頁 449-450。

134　胡適，〈我們對於西洋近代文明的態度〉，原載《現代評論》，卷 4 期 83（1926 年 7 月 10 日），收入歐陽哲生編，《胡適文集》，冊 4，頁 3。

地發抒了。那裏知道政府大員來臺後，有形無形地告訴我們，所謂中國歷史文化，乃至其中的文物衣冠，早經落伍。今日我們的成就和努力的方向是現代化；不取消這些落伍的東西，便不能現代化。我們想，為什麼現代化和中國文化不能並存呢？假使所要的只是現代化，則在我們心目中，日本人究竟比祖國的某些先生們高明多了。想起來更令人沮喪的是：日本人要我們忘記中國的文化，內心裏認為中國文化對我們是有價值的。而我們祖國的先生們，希望我們忘記中國文化，公開地是認為中國文化對我們是沒有價值的。[135]

當然，徐復觀也並不認為中國文化什麼都是好的。在港臺新儒家之中，他最願意正視並承認中國文化中的「缺憾」和「流弊」，[136] 尤其是政治文化中幾千年的專制毒素對儒家的「歪曲」，並認為若不滌除這些「缺憾」和「流弊」，糾正這些「歪曲」，中國文化將難以浴火重生。但他絕不承認「儒家思想是專制的護符」，並強調儘管在經過「歪曲」之後，儒家殘存的「道德精神的偉大力量」，仍然能「修正緩和專制的毒害，不斷給與社會人生以正常的方向與信心」。徐復觀說：

　　儒家思想，為中國傳統思想之主流。但五四運動以來，時賢動輒斥之為專制政治的維護擁戴者。若此一顛倒之見不加平反，則一接觸到中國思想史的材料時，便立刻發生厭惡之情，而於不知不覺之中，作主觀性的惡意解釋。這與上述的研究態度相關連，也成為今日研究思想史的一大障礙。……中國專制政治的規模之大，時間之久，在人類歷史中殆罕有其匹。處於

135　徐復觀，〈一個偉大地中國地臺灣人之死——悼念莊垂勝先生〉，頁 146。
136　徐復觀在〈答陳伯莊書〉說：「中國文化誠有缺憾誠有流弊」，「中國文化應平心氣靜的從理論上，從事實上加以批判。弟絕不贊成中國文化什麼都有，什麼都好的態度。然決不可從感情上與以抹煞。」徐復觀，〈由兩封書信所引起的一點感想〉，頁 393-394。

此種歷史條件之下，一切學術思想，不作某程度的適應，即將歸於消滅。……儒家思想，乃從人類現實生活的正面來對人類負責的思想，他不能逃避向自然，他不能逃避向虛無空寂，也不能逃避向觀念的遊戲，更無租界外國可逃，而只能硬挺挺地站在人類的理實生活中以擔當人類現實生存發展的命運。在此種長期專制政治之下，其勢須發生某程度的適應性，或因受現實政治趨向的壓力而漸被歪曲；歪曲既久，遂有時忘記其本來面目，如忘記其「天下為公」、「民貴君輕」等類之本來面目，這可以說是歷史中的無可奈何之事。這只能說是專制政治壓歪，並阻過了儒家思想正常的發展，如何能倒過來說儒家思想是專制的護符。但儒家思想，在長期的適應，歪曲中，仍保持其修正緩和專制的毒害，不斷給與社會人生以正常的方向與信心，因而使中華民族，渡過了許多黑暗時代，這乃由於先秦儒家，立基於道德理性的人性所建立起來的道德精神的偉大力量。研究思想史的人，應就具體的材料，透入於儒家思想的內部，以把握其本來面目；更進而了解他的本來面目的目的精神，在具體實現時所受的現實條件的限制及影響；尤其是在專制政治之下，所受到的影響歪曲，及其在此種影響下所作的向上的掙扎，與向下的墮落的情形，這才能合於歷史的真實。[137]

對於胡適的追隨者對中國文化和維護中國文化人士的各種抨擊，徐復觀則以其人之道，還治其人之身，用同樣粗暴的語言惡狠狠地還以顏色，既涉及人身，也猜及動機。《自由中國》的筆陣辱罵《民主評論》的新儒家為「復古主義」，他除了以「洋奴主義」罵回去之外，還重申即使是談論和研究《自由中國》所最厭惡的中國的歷史文化，也是任何人的一種不容剝奪的自由和不容侵犯的民主權利，進而反控打着民

---

137 引自徐復觀，〈研究中國思想史的方法與態度問題（代序）〉，收入氏著，《中國思想史論集》（臺北：臺灣學生書局，1974），頁 7-9。

主招牌的辱罵者，其實是一羣反民主的「文化暴徒」。徐復觀嚴正指出：

> 《自由中國》半月刊自刊出以來，倡導自由民主，為各方所推重。但他們一談到文化問題，則常常是偏狹武斷，不免使人懷疑寫這類文章的人，恐怕根本缺乏自由民主的氣質。尤以最近十六卷九期〈重整五四精神〉的社論，其態度的橫蠻，對於中國的歷史文化及中國歷史文化的研究者所加的辱罵，只有用「文化暴徒」四字，才可加以形容。政治暴徒，是自由民主的大敵；我們有什麼根據可以相信文化暴徒能夠成為自由民主的友人？[138]

徐復觀緊接着痛罵道：

> ……但你們，對於外國人講外國人自己的歷史文化的宗教，對於外國人在中國，在世界各個角落講人類幾個偉大傳統的宗教，你們不認為妨礙了科學民主，不認為是出於自卑心理，不認為是玄天玄地，不認為是自我防衛的機械作用；並且還有人想冒充教徒去換飯吃；為什麼對極少數的中國人講點中國傳統中的聖賢道理，便要用你們大腦所有的思考能力為來想盡你們所能想到的罵人字句來辱罵呢？揭穿了說，有洋爸爸在後面的東西，有金錢，有麵包，你們是又愛又怕；於是只好把中華民族的根源——歷史文化，及研究這種根源的少數學人，儘量的辱罵，以見整個中華民族都是沉淪在下界，只有你這種寶貝是翹立在下界的上面，以獨承洋爸爸的恩寵，這樣，你便可以縱橫馳聘，大出風頭。……[139]

138　徐復觀，〈歷史文化與自由民主——對於辱罵我們者的答覆〉，收入氏著，《(新版) 學術與政治之間》(臺北：臺灣學生書局，1985)，頁 525、532。
139　徐復觀，〈歷史文化與自由民主——對於辱罵我們者的答覆〉，頁 532。

　　此外，徐復觀還嘲笑胡適的追隨者之所以要攻擊中國文化，主要是為了替自己的無用和無能卸責：

> 於是又有若干知識份子說：這是由於中國的文化有毛病，所以害得大家這樣苦。他如此一說，便把責任推到幾千或幾百年以前的死人身上去了。……在政府和學校裏，負重要責任的，十分之九以上，都是洋學生、洋博士。尤其是這幾年受美國教育的洋學生、洋博士，更特別走紅。我們不願因為這些洋貨，把國家弄壞了，而一口說西洋文化、美國文化，要負中國當前局勢的責任。為什麼可以一口咬定中國文化，要負中國當前局勢的責任？即此一端，可見中國知識份子之缺反省精神。[140]

　　徐復觀甚至認為目前海峽兩岸的不民主，以陳獨秀和胡適為首的「五四」反傳統主義者難辭其咎。因為，陳獨秀及追隨他的一大批「五四」反傳統主義者，後來直接組織了共產黨，理所當然應為中共今日的極權負責；而追隨着胡適的「五四」反傳統者，後來也大多加入了國民黨陣營，同樣要對臺灣當局今日種種的反民主的所作所為，負有不可推卸的責任。徐復觀說：

> 五四運動的陣容〔營〕，不久即告分裂。一為以陳獨秀氏為首的社會主義一派；……一派是以胡適氏為首，依然是守着民主自由的立場不變。但他手下的大部分，多加入到國民黨，在國民黨內，開始形成一個新的官僚集團。同時，民主的精神面貌，此時已被革命的口號所壓倒；胡氏自己和極少數的人，雖並不贊成國民黨之所謂革命，但亦很少積極的主張。「好人政治」的口號，沒有時代的積極意義，當然喊得沒有力量。他們的

140　徐復觀，〈現在應該是人類大反省的時代〉，收入氏著，《徐復觀雜文——記所思》，頁269。

自由主義，當時似乎只限於保持自己個人的興趣；對當時的政治社會，大體上是採取一種旁觀妥協的態度。[141]

徐復觀甚至放肆地嘲笑胡適的追隨者之所以攻擊中國文化，是因為不敢為爭民主得罪當局，十足十的欺軟怕硬和欺善怕惡的懦夫：

中國的洋學士們，頂神氣的是指着墳裏的骨灰去咒罵刻薄一頓，以表示自己是新的、西方的，這便夠了。他們知道得清楚，墳裏的骨灰，根本不會爬起來辯是非，更不會站起來賭狠氣，那有什麼顧慮。至於看見有勢力的活人，其世故的程度比「老京油子」還要利害，這有什麼不容易應付。[142]

為了嘲罵胡適的追隨者，徐復觀殺得性起，批判的刀鋒甚至橫掃到了他一向敬重的梁啟超：

梁啟超住在租界裏面寫〈異哉所謂國體問題者〉，卻在《中國歷史研究法》中，大罵無租界可住的古人，何以會由臨文不諱，變而為臨文有諱？今人常在他們所不願意的宣言上簽上自己的名，常在他們所不願意的場合說上連自己也不相信的話；卻怪無外國可跑，無憲法可引的古人，何以不挺身而起，對專制政治作革命性的反抗？此皆由顛倒之見未除，所以常常拿自己在千百年以後所不能作之事，所不敢自居之態度，以上責於千百年前之古人，這如何能與古人照面呢？對古人的不忠不恕，正因為今日知識份子在其知識生活中，過於肆無忌憚。[143]

141　徐復觀，〈三十年來中國的文化思想問題〉，收入氏著，《(新版)學術與政治之間》，頁424-425。

142　徐復觀，〈從宣傳問題看我們的前途〉，頁284。

143　徐復觀，〈研究中國思想史的方法與態度問題(代序)〉，頁9。

　　所謂「相罵無好口」，徐復觀在內心之中，雖承認胡適「在民主之前，從來沒有變過節」，但有時罵得忘其所以，竟把胡適與他最瞧不起的政治掮客章士釗列為同類，並影射胡適口中的「自由」、「民主」，只不過是些「機謀的運用」的「名詞」：

> 　　這些知識份子，對「勢力」的分野只計算其大小，決無左右之分，前進與反動之別。縱然他們在口頭上常常說到這些名詞，也只算是機謀的運用，實際他們是非常圓通，非常超然的。但一到他們所標榜的某種學術乃至詩文字畫上面，則出主入奴，好勇鬥狠，非將自己所標榜以外的東西，完全打倒不可。這從康有為到胡適之，都無例外。在「勢力」上圓融，在學術上狠戾，對活著的人客氣，對墓中的朽骨發威，現代中國知識份子在這種地方表演得太出色了。[144]

　　最後，徐復觀指斥胡適所提倡的以科學方法「整理國故」，其最主要和最終目的，只是為了從根本上取消整個中國文化，替「全盤西化」掃清障礙。於是在〈三十年來中國的文化思想問題〉一文中，左批傅斯年和他的史語所，右打顧頡剛和他的《古史辨》，中間刺向胡適的「整理國故」，把胡適和他的兩大弟子都一齊照顧到了。[145]

八、罵胡風波

　　自從胡適上大度山拜訪之後，新儒家與胡適的關係下降到冰點。即使如此，一心與胡適及自由派結盟的徐復觀，仍企圖努力修補本來已無可補救的惡劣關係。最明顯的例證，是他在胡適上山半年之後，

144　徐復觀，〈現代中國知識份子的特性——悼念章士釗先生〉，收入氏著，《徐復觀雜文——憶往事》，頁 187。

145　徐復觀，〈三十年來中國的文化思想問題〉，頁 427。

還努力地為胡適收集了數十個火柴盒。[146] 他也與臺大和史語所的同仁繼續交往，儘管他明顯地感受到自胡適回國出長中研院之後，周圍的氣氛，已變得愈來愈不友好。一九五九年三月二日徐復觀致唐君毅函云：「自胡適回來後，近來臺北學術風氣，更是不像話，連大陸都不如。整個人的地位都動搖了。」[147] 一九六二年一月十八日他在致屈萬里的信函中，也在抱怨：「在適之先生未主中研院以前，大家還可以在一塊兒聊聊天，說笑說笑。自他主中研院後，所形成的氣雲，大家不期然而然的隔絕起來了。」[148]

　　一九六一年十一月六日，胡適應美國國際開發總署之邀，在「亞東區科學教育會議」開幕時，作 "Social Changes Necessary for the Growth of Science"（科學發展所需要的社會改革）的主題演講，其中文譯文刊登在一九六一年十一月七日臺灣的《徵信新聞報》上。其中有一段話說到：「科學和技術，並不是唯物的，它具有很高的理想和精神的價值。它們確實代表着真的理想和靈性。」「在東方文明中，靈性不多。在那種忍受着殘酷，無人性的規定，和相沿一千多年的婦女纏足的文明中，有什麼靈性？在那種容忍階級制度達數千年之久的文明中有什麼靈性？在那種把人生看為痛苦，沒有價值，崇拜貧窮和行乞，把疾病歸之於神的作為的文明中，有什麼靈性？」「現在正是我們東方人開始承認在那種古老的文明中，很少有靈性，或者沒有。那種古老文明是屬於一個人類體力衰弱，頭腦遲鈍，感到自己無力相抗衡的時代。」[149] 徐復觀不諳英文，他從《徵信新聞報》所刊登的中譯中，讀到胡適講話中「極同弒父」的內容後，不禁怒從心上起，惡向膽邊生，揮筆寫出了〈中國人的耻辱 東方人的耻辱〉，把胡適的人格和學問罵得不值

146　一九六〇年五月四日徐復觀致屈萬里函，黎漢基校注，〈徐復觀致屈萬里佚書十九封〉，頁 104。
147　一九五九年三月二日徐復觀致唐君毅函黎漢基〔整理〕，〈徐復觀致唐君毅佚書六十六封〉，no.43。
148　一九六二年一月十八日徐復觀致屈萬里函，黎漢基校注，〈徐復觀致屈萬里佚書十九封〉，頁 112。
149　胡適，〈科學發展所需要的社會改革〉，《徵信新聞報》，1961 年 11 月 7 日。

一文。徐復觀在該文劈頭便罵：

> 　　自從政府任命胡適博士充當中華民國的中央研究院院長以
> 後，我一直有兩句話想公開說了出來。但因為胡博士害了一場
> 大病，便忍住不曾說。今天在報上看到胡博士在亞東科教會的
> 演說，他以一切下流的辭句，來誣衊中國文化，誣衊東方文化，
> 我應當向中國人，向東方人宣佈出來，胡適博士之擔任中央研究
> 院院長，是中國人的耻辱，是東方人的耻辱。我之所以如此說，
> 並不是因為他不懂文學，不懂哲學，不懂史學，不懂中國的，
> 更不懂西方的；不懂過去的，更不懂現代的。而是因為他過了
> 七十之年，感到對人類任何學問都沾不到邊，於是由過份的自
> 卑心理，發而為狂悖的言論，想用誣衊中國文化，東方文化的方
> 法，以掩飾自己的無知，向西方人賣俏，因而得點殘羹冷汁，來
> 維持早經掉到廁所裏去了的招牌；這未免太臉厚心黑了。[150]

　　徐文繼續以「灌夫罵座」的語言，逐點痛批了胡適「誣衊」中國文化
和東方文化的所有例證之後，最後還特別勾勒出胡適的「三大戰略」。
徐復觀說：

> 　　第一大戰略是：以誣衊中國文化，東方文化的方法，來掩
> 飾他為什麼不懂中國文化，東方文化。以讚頌自然科學的方法，
> 來掩飾他為什麼不懂西方人文科學方面的文化，因為他是志在
> 自然科學。以懺悔少年走錯了路的方法來掩飾他為什麼又不懂
> 自然科學。
> 　　第二大戰略是以「無稽之談」，「見機而作」的方式來談自
> 由民主。

150　徐復觀，〈中國人的耻辱　東方人的耻辱〉，頁376–377。

第三大戰略是以院士作送居留美國或已入美國國籍的學人的人情，因而運用通訊投票的魔術，提拔門下士，使中央研究院變為胡氏宗祠。[151]

那麼，是不是臺灣的中文報刊，錯譯了胡適的英文講話，才引起了徐復觀的衝冠大怒呢？答案是否定的。因為，若把徐文中所引用的胡適所講的那幾段話，和業經胡適本人「校改」過的徐高阮的中譯本比較，[152] 兩者除了文氣與遣辭用字稍有不一樣之外，基本的意思是完全一樣的。

那麼，是不是胡適在講話中，臨時添加了前所未有的「誣衊中國文化，東方文化」的新內容，才使徐復觀感到「極同弒父」而不能再容忍呢？答案也是否定的。以「包小腳」來「誣衊」中國文化，本是胡適的老生常談，而所謂「東方文化」沒有「精神」或「靈性」，也早就見於胡適之文。[153]

既然如此，讓徐復觀勃然大怒的原因到底是什麼呢？竊以為真正的原因，是胡適以中華民國的中央研究院院長的官方身分，在國際學術會議上向外國人發言，讓徐復觀覺得把臉丟到外國去，不曾為「中國人，東方人，留半分面子」。[154] 徐復觀和他的新儒家同道一樣地瞧不起胡適的學問，一樣地認為胡適既沒有資格，也不配當中央研究院的院長，一樣地對史語所和臺大的學風多所指責；但這絲毫也不能證明徐復觀和他的新儒家同道，同樣地輕視中研院院長，以及史語所研究員和臺大教授的名位。恰恰相反，正是因為出於對這些名位的高度重視，他們才認為胡適及胡黨不配享有這些名位。若非如此，張君勱便不會因錢穆自云受到胡適的阻撓而當不成中研院的院士而大表不平。[155] 學

151　徐復觀，〈中國人的恥辱　東方人的恥辱〉，頁382。
152　徐高阮的譯文，轉見胡頌平編著，《胡適之先生年譜長編初稿》，冊10，頁3802-3806。
153　參見胡適，〈信心與反省〉，頁388；〈東西文化之比較〉，頁192。
154　徐復觀，〈中國人的恥辱　東方人的恥辱〉，頁382。
155　詳見本書第三章，〈錢穆與胡適的交涉〉

術邊緣人對「名不副實」的學術主流派所加諸自己身上的各種孤立、排擠、打壓，當然是極端的不平、不甘和不忿；但偶然受到學術主流派承認和肯定，他們也會情不自禁地引以為榮。例如徐復觀就曾因受到臺大文學院院長沈剛伯的讚許，便頗為高興地在書函中向唐君毅報告：「弟文發表到臺後，臺大文學院及社會上頗多稱道。沈剛伯諸先生，認為數十年談中國文化之第一篇文章。此不僅為過情之譽，且亦可見今日文化水準之不夠。」[156] 在徐復觀眼中，中央研究院既是最高學術機構，中央研究院的院長，便是學界最高的領袖。正因如此，胡適在「亞東區科學教育會議」上的主題演講，並不是胡適個人的事，而是代表包括徐復觀及其新儒家同道在內的中華民國整個學界，面向外國人發聲。本來，港臺新儒家平日與胡適們的爭吵，便等同於同胞兄弟把大門關起來，吵得再大聲都無所謂。但今天胡適竟以代表中華民國整個學界的官方身分，當着外國人的面前，「以一切下流的辭句，來誣衊中國文化，誣衊東方文化」，實在令徐復觀這個徹底的民族主義者忍無可忍，[157]「中國人的耻辱、東方人的耻辱」便不免脫口罵出。

　　也許氣昏了頭，徐復觀行文雖一貫講求邏輯嚴整，但在此文中，他對胡適的學問同樣作出「全稱判斷」，因而也同樣犯下了他所批評胡適的在邏輯推理上「以偏蓋全」的謬誤。他斥罵胡適「不懂文學，不懂哲學，不懂史學，不懂中國的，更不懂西方的；不懂過去的，更不懂現代的」，其中的每一樣「不懂」，都是最可怕的「全稱判斷」。胡適或胡適的支持者大可「以子之矛，攻子之盾」，只要在「文學」、「哲學」、「史學」、「中國的」、「西方的」、「過去的」，或者「現代的」任何領域和任何地方，找出胡適尚有一點點的知識，就可以把徐復觀的「全稱判斷」

156　一九五二年五月十七日徐復觀致唐君毅函。黎漢基〔整理〕，〈徐復觀致唐君毅佚書六十六封〉，no.5。

157　關於「徹底的民族主義者」，請參看翟志成，〈馮友蘭徹底的民族主義思想的形成和發展（1895–1945）〉，《大陸雜誌》，卷 97 期 5–6（1998 月 11 月至 12 月），頁 201–223、252–264；卷 98 期 1–5（1999 年 1 月至 5 月），頁 29–36、61–69、114–127、175–185、193–215。

根本推翻。而胡適無論怎樣的「不學」，但畢竟是個讀了一輩子書的留洋博士，若只要在他身上找到一點點知識的話，實在是太輕而易舉了。由於罵得實在過了頭，徐復觀的文章，受到了四面八方的反擊；特別是徐文發表後不到半個月，胡適即因嚴重的心臟病住進了臺大醫院，足足躺了一個半月才出院，出院後不到一個半月，便因心臟病死在中央研究院院士會議的會場；於是有不少人便認定胡適是被徐復觀的文章氣病的和氣死的。國失棟樑，在羣情洶洶和人人喊打的悲憤氣氛之中，徐復觀的日子特別難過。雖然他立刻抽回了另一篇繼續抨擊胡適的文章，並撰寫了〈一個偉大書生的悲劇〉一文，哀悼胡適的逝世。[158]但是，所有的補救已經來不及了。徐復觀另有一篇文章，記錄了自己當時艱難的處境：

> 去年十一月，胡適博士在一個國際性會議的場合，以中央研究院院長的身份，發表正式演說，宣佈東方文明很少靈性，乃至沒有靈性。因為我是東方人，是中國人，便以一文向胡適博士作了不客氣的答覆；這一來，亂子可鬧大了，胡派人士不待說；社會上有的人希望以對我誣蔑醜詆的方式，獲得外人的青睞；有人則想藉胡博士昇天之際，以這種方式，也能雞犬皆仙；有的人則因為《民主評論》沒有採用他的文章，有的人則因為想打秋風沒有達到目的；凡此種種，平日對我所積的煩冤忿怒，無機會發洩的，都要借胡博士的威靈來發洩一番。能寫文章罵的便寫文章罵；寫不出文章的，便不斷向我發動匿名信的攻勢。而這些人中間的大多數，平時當着我都是以維護中國文

158　徐復觀在悼文中說：「剛才從廣播中，知道胡適之先生，已於今日在中央研究院院士會議的酒會後，突然逝世，數月來與他在文化上的爭論，立刻轉變為無限哀悼之情。臺北《文星》雜誌三月號，將有我和胡秋原先生，答覆二月份向我們攻擊的文章，裏面自然會牽涉到適之先生。我除了急電《文星》的編者，請其將此類文字，一律停刊，以誌共同的哀悼外，更禁不住拿起筆來，寫出對於這一個偉大書生悲劇的感觸，稍抒我此時的悲慟。」徐復觀，〈一個偉大書生的悲劇——哀悼胡適之先生〉，頁 140。

化自命的。交情較好的朋友，此時望見我，便遠遠的避開；總
角之交，特別上山來向我提出警告，……這一年來，裏裏外外，
要合力把我一棒子打死，以達到各種不同的目的。這在我個人，
固然只是付之悲憫地一笑；但在社會上，能屹立不動，深信不
疑，一貫地以自己的精神、人格來支持我的，只有這位莊遂性
先生。[159]

事實確如徐復觀所言：「假定我對文化沒有一點責任感，假定我多
考慮一點私人的利害問題，對無理的反孔反中國文化的情形，不加以
抗拒，不抱為中國文化伸冤的傻念頭，則這些年來會少吃許多苦頭，
在名譽和生活上，不致受到許多打擊。」[160] 當時臺灣的文化界、學術界
和思想界，仍然是以反傳統反中國歷史文化為其主流。有限幾個以維
護中國歷史文化為職志的新儒家，只不過處於孤臣孽子的地位。「殺
敵一千，自損八百」、「剃人頭者人亦剃其頭」、「傻念頭」再加上「強
出頭」，又哪能不付出代價！在橫逆襲來之前，徐復觀是否真如他所說
的，鎮定地「只是付之悲憫地一笑」，已難以稽考。但在整個臺灣只剩
下一個堅定的支持者，那也未免太過淒涼了。臺灣不是還剩下幾個中
國文化的孤臣孽子嗎？這些人在徐復觀受苦受難時都到哪裏去了呢？
平時當着徐復觀的面「都是以維護中國文化自命」，結果都變了臉的，
又都是些什麼人？這些問題，筆者目前再無心情，也無能力加以探究，
雖然這實在是一個相當值得深入探究的課題。

結語

「滾滾長江東逝水，浪花淘盡英雄」。胡適與跟他有過論爭的港
臺新儒家都墓木已拱，他們之間的恩恩怨怨，也隨着他們的逝去而雲

159　徐復觀，〈一個偉大地中國地臺灣人之死──悼念莊垂勝先生〉，頁 147-149。
160　徐復觀，〈由兩封書信所引起的一點感想〉，頁 390。

散煙消。不過，他們的爭論的核心問題，亦即中國歷史文化的前途，也開始有了答案。正如港臺新儒家的樂觀預言，中國歷史文化在最近二三十年之中，正呈現出一種一元來復的氣象。在正統馬列主義全面退潮之後，後毛澤東時代的共和國，必須重組其官方意識形態，以證明政權統治的合法性。而唯一能拿得出檯面而又能激勵人心的，便只剩下了民族主義（亦即中共口中的愛國主義）。如眾所周知，中國的民族主義，必須與中國的歷史文化相結合，才能夠正常發展。因為，中國歷史文化不是別的，而正是激勵民族自豪感和發揚民族自尊心的源頭活水；蘊藏在其中的記憶、符碼、以及關於先聖先賢、英雄豪傑、忠臣孝子、義夫節婦的傳奇故事，正是國家動員和社會動員取之不盡用之不竭的精神資源。由於中共對中國文化態度的根本改變，研究和發展中國文化，已成了國家文教宣傳機構重點支持與投資的主要項目。先由第三代新儒家杜維明開其端緒，後由中國國家對外漢語教學領導小組辦公室（簡稱「漢辦」）籌辦的孔子學院，在世界各地竟多達四百多個。當代新儒家的主要論著，都已在中國大陸重新印行，成了學術的暢銷書，以及大陸學者爭相學習觀摩和仿傚的新經典。研究港臺新儒家的博士論文與專書如雨後春筍般在大陸湧現。錢穆、唐君毅、牟宗三和徐復觀等人若泉下有知，應該不必再憂心中國文化的被打壓，被污蔑，被妖魔化；而他們的學生和繼承者也開始認真思考，如何才能讓中國文化，避免為專制政治所歪曲，所利用，如何才可躲開余英時所憂慮的 kiss of death（死亡之吻）。[161] 和新儒家相較，胡適雖也被大陸官方正式平反，但他反中國文化傳統的民族虛無主義的論述，在中國大陸已越來越沒有市場。

　　如果把場景切換回臺灣，胡適生前曾拼命反對「尊孔讀經」，「尊孔讀經」成了胡適生前的最大夢魘。因為，胡適知道，孔子、孟子的幽

161　二〇一四年九月二十七月余英時為紀念新亞書院成立六十五週年發表「新亞書院與中國人文研究」視像講座。https://www.facebook.com/NewAsiaCollegeCUHK/photos/a.175314989318304/283035011879634/?type=1&theater。

靈，會在耶耶的讀書聲中，從被胡適稱許的老英雄吳虞所打倒的地方冒出來，再在中國未來主人翁的心靈中復活。然則，港臺新儒家的學生輩，通過與民間宗教的長期合作，舉辦了數以千計的讀經班，目前臺灣讀經的中小學生的人數超過五十萬。港臺新儒家還把臺灣的經驗複製到中國大陸，目前大陸讀經的中小學生的人數據說已有千萬之多。港臺新儒學的影響力還滲入到臺灣的人間佛教。只要稍稍留心到臺灣佛教界的領袖如靜嚴、星雲、聖嚴等大師的著述或演講，就會發現他（她）們大都在勸仁勸義說忠說孝，而對於佛教的空理，或根本不講，或講得甚少。以前人批評宋明儒學為「陽儒陰釋」，這種批評恐未必應理；但臺灣的人間佛教，如果被說成是「陽釋陰儒」，恐怕很難反駁。臺灣人間佛教力量之大，不僅使得藍、綠兩大派的天王無不頂禮膜拜，而且在族羣撕裂藍綠惡鬥的臺灣社會中，成了最重要的安定因素和最大的穩定力量。港臺新儒學也通過「陽釋陰儒」的「致曲」，間接發揮了它對社會的正面力量。

　　胡適及其追隨者對臺灣學術資源的壟斷和控制的力量，也隨着他們的逝去而急劇減退。幾個被孤立，被打壓，被排擠到學術邊緣的中國文化的孤臣孽子，憑着不斷的著述和在教學上的默默耕耘，由他們教出來的學生，以及學生的學生，有些在世界第一流大學任教，有些則在港臺各大學繼續傳遞新儒家的薪火。今日臺灣的哲學界，事實上已是新儒家、分析哲學和天主教的士林學派三分天下的格局。新儒家已成功地完成了從學術的邊陲邁向中心的大躍進。就連一向被視為胡派禁臠的中央研究院，其專任研究人員之中，也有了港臺新儒家的弟子和再傳弟子的身影。而錢穆的再傳弟子王汎森和黃進興，都分別先後出任史語所的所長和中研院副院長。昔日在中研院被視為禁忌和異端的義理之學，現已有多人在從事研究，而思想史更早已成了中研院和臺大的顯學。反觀胡適的考據學派，在中研院已門庭冷落，再也無復昔日的榮景。

第六章　牟宗三眼中的胡適

子曰：「當仁不讓於師。」

——《論語・衛靈公》[1]

引言

　　港、臺新儒家在學術文化思想上最主要的論敵，實非胡適莫屬。如果我們從更宏觀的角度審視唐君毅、牟宗三和徐復觀的著作，大率可視之為直接地或間接地對「五四」反傳統論述的回應。儘管在「五四」反傳統運動的最主要領袖之中，胡適批判傳統文化的言論，要比陳獨秀和魯迅等人來得溫和，但第二代新儒家在港、臺成軍時，陳獨秀和魯迅墓木早拱，而港、臺新儒家又恆把中共的在大陸建國，視之為「亡天下」，並認定「五四」反傳統運動是「亡天下」的禍首罪魁，[2] 如此一來，作為「五四」文化革命僅存的「碩果」，胡適便無可避免地，或順理成章地，成為港、臺新儒家在學術文化思想上必須首先批判和清算的鵠的。而身為胡適「教過的學生」，牟宗三對胡適的憎惡，在港、臺新儒家當中，簡直是無人能出其右。

1　〔宋〕朱熹，《四書章句集注・論語集注・衛靈公第十五》（北京：中華書局，1983），頁168。

2　詳參本書第五章〈胡適與港臺新儒家〉。

一、牟宗三與胡適的交涉

一九七三年至一九七五年筆者負笈香港新亞研究所，適逢唐君毅、牟宗三和徐復觀這三位港、臺新儒學大師同時在該所講學。筆者曾修讀過三位先生所開的課，並聽過他們多次的演講。唐君毅是儒門的謙謙君子，因胡適是年長於己的「前輩」之故，在提及胡氏時必尊稱「胡先生」；徐復觀一貫承認胡適在中國倡導自由和民主思想的功績，對胡適並未全盤加以否定；[3] 而牟宗三則在課堂或演講的開講之前，照例會先痛斥胡適的種種「謬誤」之後，才轉入正題。如果有一天他居然不罵胡適，同學們便會莫名驚詫，大大出乎意料之外了。

牟宗三對胡適的入骨憎惡，既形諸筆墨，更流於口舌，遠非唐君毅和徐復觀所能企及。然而三人之中，只有牟宗三一人在北大修讀過胡適的課。依照吾國的「學案」或學術系譜，牟宗三師承自胡適確是「貨真價實」，比起胡門為數眾多的「私淑」弟子，牟更有資格被稱為胡適的學生。不過，此一「殊榮」，牟宗三即使當着胡適的面也拒絕承認。一九五八年十二月八日胡適曾應邀到臺中演講，演講之後順便到東海大學參訪。在東海大學校長吳德耀的歡迎茶會上，胡適提及他曾在北大教過牟宗三，而牟宗三卻當場答以「我不是你的學生」，弄得場面非常尷尬難堪。[4]

在此之前，胡適也曾向唐君毅提及自己曾教過牟宗三，並有日記為證。事緣一九五七年六月七日，唐君毅在紐約曾至胡適寓所探訪，據其在一九五八年十二月十四日致徐復觀函云：「惠示談胡適先生所說者已拜讀，……弟在美時聞其病後仍一往訪，……見面即說我不及當其學生，他旋即說宗三兄他教過，日記上記有云云。」[5] 查胡適一九三一年八月二十八日的日記，載有胡適在北大所開的「中古思想史」一科的

3　詳參本書第五章〈胡適與港臺新儒家〉。
4　此事筆者親聞於曾在東海大學任教的劉述先先生。
5　唐君毅，〈致徐復觀〉之第四十二，收入唐君毅，《書簡》，《唐君毅全集》（臺北：學生書局，1991），卷 26，頁 123。唯編者把日期錯繫於十一月。

考試成績表，參加考試並取得學分者為七十六人。[6] 牟宗三名列其中，所得分數為八十分。七十六人當中，成績低於牟宗三者為四十五人，與牟宗三同分者十四人，成績優於牟宗三者為十七人，其中八十五分者九人，九十分者六人，九十五分者二人。[7] 胡適還在成績表之前加了按語：

> 這七十五人中，凡九十分以上者皆有希望可以成才。八十五分者尚有幾分希望。八十分為中人之資。七十分以下皆絕無希望的。此雖只是一科的成績，然大致可卜其人的終身。[8]

以胡適按語的內在理路加以推斷，凡得八十分者，雖不致於成才「絕無希望」，但也達不到「尚有幾分希望」的標準；而治哲學和思想史又需處理較為抽象的義理，至少須有中人以上的資質方能勝任，故像牟宗三等在該科得八十分者，能成才的希望是微乎其微的。

在十四個獲得八十分的同學中，唯有牟宗三一人得到胡適在其名下評點的「殊榮」。胡適的評語是：「頗能想過一番，但甚迂。」[9] 牟宗三顯然是以其「能想」與「甚迂」特別引起了胡適的注意。「能想」本來是學習哲學者最可寶貴的潛質，但胡適當時正高唱着「哲學關門論」，認為哲學不過是「壞的科學」，對牟宗三富於哲學的「能想」潛質並沒有特別珍惜。「甚迂」則因牟宗三在北大時常從熊十力、林宰平、蒙文通、錢穆等文化保守主義者遊，思想上自然會受到影響，而胡適聽到別人稱許中國歷史文化的正面價值時常難免生氣。反哲學兼反傳統的偏見，使胡適過分低估了牟宗三，把牟宗三劃歸入幾乎沒有成才希望的類別。

6　胡適在日記中誤作「七十五人」。見胡適著(下略)，曹伯言整理，《胡適日記全編》(合肥：安徽教育出版社，2001)，冊 6，頁 150。

7　曹伯言整理，《胡適日記全編》，冊 6，頁 150–151。

8　曹伯言整理，《胡適日記全編》，冊 6，頁 150。

9　曹伯言整理，《胡適日記全編》，冊 6，頁 151。

然而，牟宗三卻是在全班所有的學生中，唯一能以其不世出的哲學天才，在中國哲學史上留下其豐功偉業的人。在牟宗三之後，凡治中國哲學者，對牟宗三的學術觀點可以贊成，也可以不同意，但卻不能置之不理，一如治西方哲學者絕不可繞過康德。天才大都是敏感的，而敏感的自尊心更容易受到傷害，敏感的自尊心一旦受到傷害之後，尤其是受到不公平和不公正的傷害之後，其創傷便永難癒合。當然，我們目前還未能找到直接的證據，證明胡適不公平且不公正地把牟宗三歸入平庸一類，已在這哲學天才的心靈中，割下了多長和多深的傷口。但至少有一點可以證明，為人絕頂聰明而又一貫以聰明自負的胡適，僅憑「一科的成績」來「卜其人的終身」，「卜」到牟宗三身上無疑是「卜」錯了。

當然，牟宗三把章太炎「謝本師」的情節搬到東海大學重演，並不僅僅是因為他在北大課堂上沒有獲得胡適的特別青眼。原來牟宗三對胡適的不滿和反感，還緣於胡適曾阻撓牟宗三論文的發表。當時牟宗三剛好二十四歲，已在北大預科唸了二年，哲學系本科唸了三年，正把他關於胡煦與周易哲學的長篇論文，投到哲學系的系刊中，豈料過了年餘還無出版消息，不得已向主事者追問，始知文稿仍壓在負責審查的文學院院長胡適之處。據牟宗三多年後的回憶：

> 吾即到院長辦公室見胡先生。胡先生很客氣，他說：你讀書很勤，但你的方法有危險，我看《易經》中沒有你講的那些道理。我可介紹一本書給你看看，你可先看歐陽修〈易童子問〉。我即答曰：我講《易經》是當作中國的一種形而上學看，尤其是順胡煦的講法講，那不能不是一種自然哲學。他聽了我的話，很幽默地說：噢，你是講形而上學的！言外之意，那也就不用談了！繼之，他打哈哈說：你恭維我們那位貴本家（胡煦），很了不起，你可出一本專冊。我說謝謝！遂盡禮而退。回到宿舍，青年人壓不下這口氣，遂寫了一封信給他，關於方法有所辯說，

辯說我的方法決無危險。大概說的話有許多不客氣處，其實也無所謂不客氣，只是不恭維他的考據法，照理直說而已，因為我的問題不是考據問題。但無論如何，從此以後，就算把胡先生得罪了！這是鄉下青年人初出茅廬，不通世故，在大邦學術文化界，第一步碰釘子。[10]

胡適曾對清華哲學教授金岳霖表明自己「不懂抽象的東西」，並完全否認世間上有所謂對中西形上學都至為重要的 necessary，使得金岳霖從根本上質疑他作為「哲學史教授」的資格，以及「搞哲學」的能力。金岳霖的原話是：

> 這位先生我確實不懂。我認識他很早的時候，有一天他來找我，具體的事忘了。我們談到 necessary 時，他說：「根本就沒有什麼必需的或必然的事要做」。我說：「這才怪，有事實上的必然，有心理上的必然，有理論上的必然。……」我確實認為他一定有毛病。他是搞哲學的呀！還有一次，是在我寫了那篇〈論手術論〉之後。談到我的文章，他說他不懂抽象的東西。這也是怪事，他是哲學史教授呀！[11]

金岳霖因之斷定胡適對世界觀、本體論、認識論，以及宇宙、時空、無極、太極等中西傳統哲學的最根本的問題毫無興趣。[12] 而胡適則常自誇自己有「歷史癖」和「考據癖」，但他一生最感興趣、最引以為傲和最努力從事的工作，只是關於歷史人物的生平和歷史文物真偽的

10　牟宗三，《周易的自然哲學與道德函義‧重印誌言》，收入氏著，《牟宗三先生全集》（臺北：聯合報系文化基金會，2003），冊 1，頁 3-4。

11　金岳霖評胡適的原話是：引自金岳霖，〈回憶錄‧胡適，我不大懂他〉，收入金岳霖學術基金會學術委員會編（下略），《金岳霖文集》（蘭州：甘肅人民出版社，1995），卷 4，頁 740。

12　金岳霖，〈回憶錄‧胡適，我不大懂他〉，收入《金岳霖文集》，頁 740。

考證，故他的「歷史癖」其實只不過是「考據癖」。余英時曾指出：「胡適學術的起點和終點都是中國的考證學」，[13] 真是一語中的。胡適的泛科學主義的「考據」或「實證」心靈，使他特別拙於談玄說理，因而從事中國哲學或哲學史的研究，對他的學術性向本是非常的不合適。「考據癖」加「狹義的」歷史家的訓練，使他即使在研究中國哲學或哲學史的時候，常常不知不覺地把哲學或哲學史最核心的義理和價值問題，轉換成了外緣性的考據問題，然後再用外緣的考據企圖解決——但其實是掩蓋——核心的義理和價值問題。由於對一切形上學毫無會心，毫無興趣，維也納學派在二十世紀三十年代初期傳入中國，使得胡適如聞空谷足音。該學派斷言一切形上學都沒有實證上和認知上的意義，從根本上否定和推翻以形上學為基礎的傳統哲學的一切合理性和合法性，極度強化了胡適的考據心靈以及泛科學主義的信仰。既然世界觀、本體論、宇宙、時空、無極、太極等等形上學的抽象問題，都不能通過考據予以實證，因而都沒有認知上的或學術上的意義，那麼，胡適的拙於談玄說理，以及他身為「哲學史教授」在「搞哲學」方面的無知兼無能，便不僅不應感到不安或愧歉；恰恰相反，這是一種非常可貴的「先見之明」，一種足以驕人的學術稟賦。明乎此，我們便會恍然大悟，為什麼早年憑一本《中國哲學史大綱（卷上）》起家的胡適，會在三十年代初期如此起勁地鼓吹「哲學關門論」，為什麼他要用「思想」取代「哲學」，為什麼要把他在北大所開的「中古哲學史」正名為「中古思想史」，為什麼他曾打算把北大的文學院改辦成歷史系，為什麼他見到哲學家便會苦口婆心地勸諭別人改行，否則飯碗難保。[14] 牟宗三的論文，究其實是「順胡煦的講法」，把《易經》「當作中國的一種形而上學看」，卻偏偏要在此時送到胡適手中審查，只能怨自己運氣不好。

站在胡適反形而上學的立場，牟宗三在「形而上學」既已被維也納學派證明了是「壞的科學」的時候，還要緊抱着「形而上學」不放，

---

13 余英時，《中國近代思想史上的胡適》（臺北：聯經出版事業公司，1984），頁 72。
14 詳參本書第二章〈胡適的馮友蘭情結〉。

在方法上不僅是錯誤的，而且還有誤入歧途的「危險」，退稿是理所當然的。然而牟宗三根本就不承認傳統哲學或「形而上學」已被維也納學派推翻，對牟氏而言，傳統哲學或「形而上學」中的核心價值和義理，永遠在貞定人生向上向善的方向，是永遠不可能被任何學派推翻的；故傳統哲學或「形而上學」不僅不應被抹煞（或胡適的「不用談」），而且還須大談特談，大講特講。自稱「鄉下人」的牟宗三，一輩子都保有着來自草間的狂放疏朗的「野氣」，「惡聲至必反之」，於是在謁見之後給胡適寫了一封抗辯的信，力陳自己的論文在方法上「決無危險」；該函不僅「說的話有許多不客氣處」，而且還牽扯到胡適一輩子最顧盼自雄的「考據法」。事後牟宗三自我反省，認定自己此一「不通世故」的抗辯，算是「把胡先生得罪了」。正緣於如此的認定，牟宗三把自己在北大畢業後數年間因工作無着而流離顛沛，受盡人所難堪的屈辱與辛酸，[15] 都歸咎於胡適的打壓和封殺。而熊十力代他向北大求職失敗的一椿往事，更讓牟宗三落實了自己對胡適的指控。據牟氏在《五十自述》的回憶：

> 抗戰時期，生活艱困。……吾在昆明，日處斗室之中，草寫《邏輯典範》。……時熊先生在重慶，函湯錫予先生謂：「宗三出自北大，北大自有哲〔學〕系以來，唯此一人為可造，汝何得無一言，不留之於母校，而讓其漂流失所乎？」湯先生答以胡先生（案即胡適之先生也）通不過。時胡氏在美，早離北大。猶遙控校事，而校中人亦懾服於其陰威下，而仰其鼻息。吾從不作回北大想。因吾根本厭惡其學風與士習。吾在流離之中，默察彼中人營營苟苟，妾婦之相，甚厭之，又深憐之。吾固為學風

15　牟宗三曾在一九三九年流落昆明「絕糧」，賴張之洞之曾孫張遵騮之周濟度日，長達一年之久。據牟宗三回憶：「昆明一年、重慶一年、大理二年、北碚一年，此五年間為吾最困厄之時，亦為抗戰最艱苦之時。國家之艱苦，吾個人之遭遇，在在皆足以使吾正視生命，從『非存在的』抽象領域，打落到『存在的』具體領域。」牟宗三，《五十自述》（臺北：鵝湖出版社，2000 年 3 版），頁 102。

士氣衰。胡氏只能阻吾於校門外，不使吾發北大之潛德幽光。
除此以外，彼又有何能焉？此固不足縈吾懷。求仁而得仁，又
何怨哉？惟吾所耿耿不能自己者，學風士習為其所斲喪耳。[16]

由於目前無法見到熊十力為牟宗三在北大謀職致湯用彤的函件原
件，尤其是湯用彤的答書，我們不能進一步知悉湯用彤在此一事情中
的責任。不過，牟宗三的回憶，也留下了一些疑點。首先，一九三七
年「七七」事變後北大校園也旋即落入日軍手中，一大羣不願做亡國奴
的師生逃出北平後，與清華和南開師生首先於一九三七年九月底在湖
南合組國立長沙臨時大學，一個學期後戰火逼近長沙，該校遷移到昆
明改名為國立西南聯合大學。胡適在「七七」事變不久即為中國政府所
「徵召」，赴美出任大使，並沒有隨校到過臨大或聯大，他的文學院院
長的職位很快便被馮友蘭所取代。西南聯大名義上是由北大、清華和
南開三校共治，但由於北大校長蔣夢麟、南開校長張伯苓長期離校在
重慶當官，聯大的領導權從一開始便掌握在清華校長梅貽琦的手中；
而聯大的行政系統更是由清華人當家，所實行的又是清華由美國引入
的教授治校制度，舉凡教師新聘、續聘、升職、解聘等等較為重要的
事務，都要經過各院系的教授會議的集體商議及票決。抗戰時聯大的
權力運作，已根本不同於戰前北大的「一言堂」，文學院的事由胡適一
人說了算。牟宗三所謂胡適「在美」「猶遙控校事」，並不甚符合當時聯
大的實情。

其次，能直接影響到牟宗三在聯大哲學系謀職成敗的人，首先是
文學院院長馮友蘭，其次才是湯用彤。馮友蘭於一九三七年十月五日
被長沙臨大常委會推定為哲學心理教育系教授會主席（後改名為系主
任），一九三八年四月十九日代胡適出任文學院院長，系主任一職由湯
用彤接任，但其後湯氏因病離休，馮友蘭又於一九三九年九月十一日

16　牟宗三，《五十自述》，頁91–93。

起以文學院院長代理湯氏職務，一直到一九四三年七月二十三日始由馮文潛接手，是以馮氏在臨大和聯大主持哲學系共約四年半。[17] 馮友蘭是清華系的大老，在聯大位高權重，素有「首席院長」之稱。他在中國哲學史上公然和胡適唱對臺戲，並因力主「孔先老後」和主張「老先孔後」的胡適大打筆戰，[18] 胡適對他莫可奈何，他在聯大文學院和哲學系根本就不會買胡適的賬。湯用彤出掌聯大哲學系還不到一年半，他是中國當時最負盛名的佛教史大家，其崇高的學術地位和嚴肅方正的待人處事，備受包括胡適在內的全國學界的一致推許和尊敬。他和牟宗三「甚厭之，又深憐之」的「營營苟苟，妾婦之相」，完全對不上號。若說連他對胡適也不免「懾服於其陰威下，而仰其鼻息」，以至於不敢聘用牟宗三，委實令人不敢相信。

　　湯用彤是一個文化保守主義者，在北平時與熊十力、林宰平、蒙文通、錢穆等文化保守主義者聲應氣求，極為相得，按理並不可能因學術立場，把牟宗三拒於聯大校門之外；而牟宗三在回憶錄中，也沒有特別說明自己是否親眼看過湯用彤的答書。其中是否有所誤會？還是另有其他更深層或更複雜的因素？在未找到湯用彤的答熊十力函之前，實不宜妄下結論。退一萬步，即使湯用彤真的是因胡適之故而不敢聘用牟宗三，胡適對此事也沒有多大的責任。因為，所謂「胡先生通不過」，純是湯氏的臆測而已，胡適對熊代牟向湯求職之事，究其實是毫不知情。

　　一九七〇年代後期筆者在柏克萊加州大學歷史系攻讀博士學位，杜維明當時正好在該系任教。杜氏是港、臺新儒家第三代最重要的代表人物之一，又是牟宗三在臺灣東海大學教過的親近學生，但連他也不甚相信胡適會有打壓和封殺牟宗三之事。因為，杜維明向筆者解釋，牟宗三當時剛從北大哲學系本科畢業，學問未成，聲名不顯，恐怕還

17　清華大學校史研究室編，《清華大學史料選編》(北京：清華大學，1991)，冊3 (下)，頁289。

18　詳參本書第二章〈胡適的馮友蘭情結〉。

未具備被胡適打壓和封殺的條件或資格。順着杜維明的理路，我們還可以再想深一層。如果把牟宗三認定胡適打壓和封殺他的原因分析到最後，還是緣於他那封「把胡先生得罪了」的抗辯函。但是，把「把胡先生得罪了」，只不過是牟宗三自己的臆測；這和他是否真的「把胡先生得罪了」，並不能立刻劃上等號。胡適不僅當了一輩子「青年導師」，而且心中也真的對當「青年導師」之事十分受用；對於青年人，胡適從來都是非常客氣、特別禮遇和格外寬容。林毓生曾告訴過筆者，他還在臺北唸書的時候，曾因慕名到南港拜訪胡適。胡氏當時任中央研究院院長，日理萬機，但卻能抽出許多時間和一個不知名的年輕學生懇談，讓林毓生在許多年後提及此事還十分感激。必須指出，胡適接見當時還是年輕學生的林毓生，絕非特例或個案。隨便翻看胡適的日記，或者是胡頌平編著的《胡適之先生年譜長編初稿》，胡適對自己認識或不認識的青年人的關懷、幫助、保護或接濟，簡直多得不勝枚舉。有鑒於胡適善待青年人的一貫心態和作風，我們似乎也有理由臆測，對於牟宗三的「不受教」，胡適也極有可能因「鄉下青年人初出茅廬，不通世故」而一笑置之，事情過後也就完全忘記了。如果此一可能性不能被排除，牟宗三在《五十自述》中對胡適曾打壓和封殺他的指控，便值得慎思和再商榷。

二、北大罪人

胡適是否真的打壓和封殺過牟宗三是一回事，牟宗三認定自己確曾被胡適所打壓和所封殺又是另一回事。當然，牟氏對胡適的憎惡，最主要還是緣於「學風士習為其所斷喪」，[19] 緣於文脈、道脈和國運等「大是大非」和「公是公非」的原因。

19　牟宗三，《五十自述》，頁93。

（一）背離新文化運動和北大的「原初動機」

北大人鮮有不以自己畢業於北大而顧盼自雄，唯有牟宗三是例外中的例外。牟宗三經常罵臺大和中央研究院，因為，在牟宗三眼中，這兩個臺灣的最高學府或最高學術機構，無論從精神到學風都是民國時期北大的複製。北大是五四新文化運動的發源地，牟宗三雖長時期地和整體性地對五四新文化運動作出非常嚴苛的批判，但他也承認新文化運動「原初動機」，「是在復興或改革中國之文化生命，以建設近代化之新中國」，而北大在時人的心目中，又是「中國的，而又有文化意識與學術意識的學府」，因而不同於「殖民地的教會學校」，牟氏認為這是「北大唯一可取處」。[20] 牟宗三還承認，北大最初在蔡元培主持校政時，確實有過一番令人振奮的新氣象：

> 當年蔡元培先生氣度恢弘，培養學術自由，思想自由，能容納有真性情，真生命之學人，藏龍臥虎，豪傑歸焉，雖駁而不純，蕩而無歸，然猶有真人存焉。[21]

令人遺憾的是，牟宗三進一步指出，新文化運動的「內容是消極的、負面的、破壞的、不正常之反動的、怨天尤人的」，其中「並沒有積極的健康的思想與義理」，不僅不能達成「暢通自己的文化生命，本著自己的文化生命以新生與建國」的「原初動機」，反而因「建設的」「思想」（即「原初動機」）和「破壞的」「內容」的「背道而馳」，使得「思想」很快便被淡出乃至像「一陣風過去了」。[22] 作為北大的當權派和新文化運動的最重要領袖之一，胡適當然難辭其咎。然而，牟宗三對胡適的責備並沒有到此止步。牟宗三認為，由於「思想」的淡出和消失，逐漸使得胡適等新文化領袖「根本無文化意識」，再「也不講運動了，也不

20　牟宗三，《五十自述》，頁93。
21　牟宗三，《五十自述》，頁95。
22　牟宗三，《五十自述》，頁93-94。

講文化了」,「此所以新文化運動後一跤跌入零碎的考據中」。[23] 而北大
文學院在胡適及其追隨者主持和控制之下,學人的思辨能力也就「隨
那紛馳散亂的特殊內容而膠著了,而僵化乾枯了」,[24] 其學風也就不能不
「轉為淺薄的乾枯的理智主義,餖飣瑣碎的考據」。[25] 在胡適等人眼中,
「思想義理只是空而無實之大話」,而只有典籍文獻的訓詁校讎和史料
的考據,才是「真實而踏實之學問」,[26] 甚至是真正的乃至唯一的學問。
他們不僅自己再也不講思想和義理,同時不允許別人講思想和義理,
遂在北大乃至在全國的主流學界,建立了根深柢固的「對於思想與義理
來一個反噬,對於『文化』與『運動』來一個反噬」的學術霸權。[27]

(二) 排除異己,窒塞聰明,敗壞士風

聯繫到當時北大的校史,牟宗三的指責並非無的放矢。胡適的
學術性向本是長於實證考據而拙於談玄說理,他在二十世紀一〇年代
末葉以半部哲學史「暴得大名」,究其實是出於「歷史的誤會」。到了
二十年代,他由哲學家向歷史家的學術轉型已全部完成。當時維也納
學派對一切形上學的摧陷廓清,適足以挑激起他對哲學以至對思想和
義理的極度蔑視;而在考據上的得心應手、左右逢源,又大大強化他
作為專業史家的「歷史的傲慢」情結。他在二十年代初掌文學院,便
一口氣解聘了包括辜鴻銘在內的八個他認為「不適任的」教師。[28] 他在

23　對於五四新文化運動為何會發生此一根本轉析,牟宗三曾有相當獨到的疏解:「五四時的
　　新文化運動,本無在生命中生根的積極的思想與義理,只是一種情感的氣機之鼓蕩。它
　　只要求這,要求那,而並無實現『這』或『那』的真實生命,與夫本真實生命而來的真實思
　　想與義理。情感的氣機鼓蕩不會久,自然是一陣風。而且無思想義理作支持的鼓蕩亦必
　　久而生厭,因為其中本無物事故。此所以新文化運動後一跤跌入零碎的考據中,以為唯
　　此考據方是真實而踏實之學問,以前之擾嚷只是造空氣之虛蕩,今空氣已成,自不需再有
　　那種思想上的鼓蕩了。」牟宗三,《五十自述》,頁94。
24　牟宗三,《五十自述》,頁94。
25　牟宗三,《五十自述》,頁94。
26　牟宗三,《五十自述》,頁94。
27　牟宗三,《五十自述》,頁94。
28　胡適,〈致顧孟餘〉,收入耿雲志、歐陽哲生編,《胡適書信集》,冊上,頁305。

一九三一年北大歷史系的第一次系務會議上，以文學院院長的身分，公然宣稱「辦文學院其實則只是辦歷史系」。[29] 胡適當時正起勁地鼓吹「哲學關門論」，北大哲學系便理所當然地成了被「關門」的首選。據賀麟回憶，胡適當時曾一度「打算取消北京大學哲學系，想把個別順着他作哲學史考據的教授轉移到歷史系，而迫使其他哲學教師『改行』或『沒有飯吃』」；而胡適「每遇見一個專門研究哲學的人」，也不忘一再提醒，「你何不早些改行？」[30] 北大哲學系最終雖未被胡適「關門」，但以新觀點講左派王學的稽文甫，尤其是廖平的傳燈高弟、文史哲一身兼通的學術大師蒙文通，以及中文系的舊派老教授如許之衡和林損等人，紛紛因各種名義被解聘或被逼走。那些經過胡適「整頓」和「改革」之後仍留在北大文學院的教師，是否真如牟宗三所言，為保住衣食飯碗「懾服於其陰威下，而仰其鼻息」，在胡適面前裝扮出一副「營營苟苟」的「妾婦之相」，讓牟宗三「甚厭之，又深憐之」，進而「為學風士氣哀」，這恐怕只是牟宗三個人的感受和看法；個中真實情況為何，須由專治北大校史的學者進行專案研究之後，才能最後確定。至於熊十力和梁漱溟這兩個為牟宗三素所推尊的具有「真性情、真生命之學人」，他們留在北大繼續宣講思想和義理，自然難免被排擠、被冷遇和被邊緣化，甚至還有人質疑熊十力在北大當教授的資格。牟宗三晚年回憶及此，仍不禁火冒千丈：

> 彼等墮落而歪曲了北大，乃是北大之罪人，篡竊了北大。吾焉得不悲。……而今胡氏輩排除異己，窒塞聰明，斲喪生命。依草附木，苟且以偷生之無恥無知之徒，竟謂北大當年何故請熊十力為教授。此喪心病狂之壞種，竟爾竊據學府，發此狂吠。殊不知北大之所以為北大，正在其能請熊先生與梁漱溟先生諸

29　錢穆，《八十憶雙親‧師友雜憶合刊》（臺北：東大圖書公司，1986），頁147。
30　賀麟，〈兩點批判，一點反省〉，收入生活‧讀書‧新知三聯書店編，《胡適思想批判》（北京：生活‧讀書‧新知三聯書店，1955），輯2，頁90。

人耳。庶孽無知，不但北大之罪人，亦蔡氏之罪人也。而彼恬
不知恥，猶假「北大」以偷生。彼區區者何足道，正為其謬種充
塞，瞎卻天下人眼目耳。[31]

　　罵人可以罵得如此的狂肆，如此的暴烈，如此的刻毒，可見牟宗
三是動了真怒！牟宗三的衝冠大怒，當然不會僅僅因為熊十力是牟氏
的授業恩師，而梁漱溟也是牟氏欽敬的師長。牟宗三的憤怒，乃緣於
新文化運動和北大的「原初動機」，亦即牟宗三念茲在茲的「在客觀實
踐中復活創造的文化生命」，以及藉「本自本自根的創造的文化生命以
建設近代化的新中國」，[32] 已被胡適等人誤導向反思想反義理的「淺薄的
乾枯的理智主義」，因而遭到了根本的歪曲；而熊十力和梁漱溟，又是
北大唯一能以自己的「真實生命與夫本真實生命而來的真實思想與真
實義理」，對後來新文化運動和北大的「負面的破壞的思想內容」，「再
來一個否定而歸於撥亂反正」的兩個人。[33] 他們在北大講學，本有可能
「恢弘北大之真德與真光」，使北大重新成為「有文化意識與學術意識之
北大」，以及「承載中國文化生命之北大」；但他們在北大的被排擠、被
冷遇和被邊緣化，使得「北大之潛德幽光」，從此失去了「再有發皇」的
機遇。[34] 一念及此，牟宗三又焉得不怒！

(三) 對熊十力「沒有盡責任」

　　相較於梁漱溟，熊十力在牟宗三心目中的地位和分量無疑要重要
得太多。當代新儒學家對盛清的乾嘉考證學有着相當嚴苛的批評和指
責。他們斷言中國的學統亡於乾嘉考證學，使得中國文化在晚清面對

31　牟宗三，《五十自述》，頁 95。
32　牟宗三，《五十自述》，頁 94。
33　牟宗三，《五十自述》，頁 94-95。
34　牟宗三，《五十自述》，頁 94-95。

西方文化的入侵和挑戰時不知所措，遂衍生出中國近代史的思想上和知性上的極其嚴峻和深刻的危機。此種論述，正是當代新儒學家的共識或「共法」。牟宗三身為港、臺新儒學復興運動的三大鉅子之一，當然也不會例外。牟宗三之所以特別尊崇熊十力，是因為他認為在當代學人當中，熊十力是把已亡於乾嘉考證學的中國學統重新建立起來的第一人：

> 自明朝一亡，乾嘉學問形成以後，中國學統便斷絕了。所以至清末民初，中國人都不會用思想，儘管中國人有聰明，但並不會用思想。所以我常說：中國人不會運用觀念，沒有觀念，便沒有生命（no idea therefore no life）。思想不能是胡思亂想，不論是要解決那一方面的問題，都要有所根據。如要解決政治問題，便要根據政治的傳統，要解決科學的問題，便要根據科學的傳統，其他一切皆然。中國自清朝以來，全部學問都沒有了，只剩下《說文》、《爾雅》，《說文》、《爾雅》能代表什麼呢？能代表科學、政治、經濟、宗教、哲學乎？都不能！那中華民族的生命憑什麼來應付環境，應付挑戰呢？所以恢復這生命的學問、恢復儒家這中國的老傳統，大漢聲光、漢家威儀，把從堯、舜、禹、湯、文、武一直傳下來的漢家傳統重建起來，這是熊先生的功勞，是熊先生開始把這傳統恢復過來的，⋯⋯他把這漢家威儀的傳統復興起來，我們便可以順著往前進，這便是將來中國各個人生命的道路、國家生命的道路、文化生命的道路，這道路不是憑空可以講的。[35]

正因為熊十力在中國文化的存亡續絕中起着如此關鍵的作用，他在北大的被排擠、被冷遇和被邊緣化，便再也不僅僅是北大自身的問

35　牟宗三，〈熊十力先生追念會講話〉，收入氏著，《時代與感受》，《牟宗三先生全集》，冊23，頁293-294。

題，而是關係到整個「中華民族的生命」能否再度「發皇」，關係到先
聖先哲一脈相承的「生命的學問」或「漢家傳統」能否恢復和重建的問
題。我們知道，由於熊十力所講授「生命的學問」，和當時北大整個講
求實證精神的學術氛圍，是如此的格格不入和渺不相應，往往一個學
期下來，堅持把他的課唸完的學生便只剩下一二個。[36] 熊十力自謂有「遺
精」的老毛病，故冬日不能「衣裘與向火」，[37] 而北平刺骨的朔風，再加
上在北大那股讓他入心透肺的冷漠和孤寂，驅策着他在每年的冬季必
會離開北大到南方取暖。後來即使不是冬季，他也會以「養疴」或「講
學」等名義長期留在外地。在漫長的八年抗戰期間，熊十力一直留在
四川，並沒有跟隨着北大遷移到昆明，在由北大、清華和南開三校合
併而成的西南聯大任教。抗戰勝利後西南聯大解散，北大於一九四六
年秋遷回北平復校，熊十力才回北大不足一年，在一九四七年九月又
再度離校南下，設法在四川的黃海化學社，以及武漢的武漢大學和杭
州的浙江大學，籌建由他自己主持的哲學研究所。在淮海戰役開打之
時，熊十力為避戰禍於一九四八年十一月底或十二月上旬移居廣州。
一九四九年十月十四日廣州被中共「解放」，熊十力不久即收到了董必
武和郭沫若聯名「歡迎北上」的電報，於一九五〇年一月底在中共廣州
市長葉劍英的禮送之下，乘火車北歸，途經武漢停留了約一個月，又
受到了中南軍政委員會主席林彪的禮遇和款待，其後於三月回到北京，
繼續在北大哲學系任教。[38] 牟宗三把熊十力在廣州停居時沒有赴臺，歸
咎於胡適的掌門大弟子，當時的臺大校長傅斯年的「沒有盡責任」：

> 熊先生不到香港，既不到香港，那到臺灣來最好，……這
> 時便要看台大，台大此時便應當有所表示。因熊先生是北大的

36　張中行，〈課程〉，收入氏著，《流年碎影》(北京：中國社會科學出版社，1997)，頁 128。

37　熊十力，〈陳白沙先生紀念〉，收入氏著，《十力語要初續》(香港：東昇印務局，1949)，
　　頁 202。

38　翟志成，〈熊十力在廣州(一九八四——一九五〇)〉，收入氏著，《當代新儒學史論》(臺
　　北：允晨文化實業公司，1993)，頁 13-64。

教授，北大的教授沒幾個肯出來。只有胡適之先生出來，他是
國民政府派飛機接出來的。傅斯年則是早就出來了，但當時他
已在作旁的事情，已不是北大的教授。傅先生來接收台大，來
安排北大那些人，但那些人都不肯出來，那為什麼不安排熊先
生？這便不對了，這便是沒有盡其所應當盡。傅斯年最看重、
最崇拜的是陳寅恪先生，盡量設法請他出來，但無論怎樣，陳
先生一定不肯來，只是到了廣州。到廣州是表示他不左傾，不
到臺灣是表示他不右傾；……傅斯年便最推崇這些人。傅先生
腦子裏根本沒有熊十力三個字，在他眼中熊先生是沒有什麼價
值的。還有他們的系統下有一個人還說北大當年為什麼請熊十
力這個人當教授呢？說這話的人實在太可惡！熊十力不配當北
大教授，只有你們這些人才配？真是愚妄之極！當時教育部沒
有盡責任，台大也沒有盡責任，……[39]

　　牟宗三這段話，有對也有不對。「傅斯年最看重、最崇拜的是陳寅
恪」，「傅先生腦子裏根本沒有熊十力三個字，在他眼中熊先生是沒有什
麼價值的」，這是人所共知的事實；傅斯年曾「盡量設法」，在大陸易幟
前夕一再請求滯留在廣州的陳寅恪赴臺大任教，而偏偏對同時流落在廣
州的熊十力不理不睬、不作安排，這也是不可諱言的事實。我們知道，
傅斯年不僅是五四新文化運動時北大的學生領袖，反傳統雜誌《新潮》
的創辦人，而且還是胡適在一九二〇年代至三〇年代改革和整頓北大的
最重要輔翼和推手；他在一九四六年北大復校最初的一段時間，曾代胡
適暫掌北大，大刀濶斧地對「不適任」的教員肆行解聘，一舉敲碎了許
多人的飯碗，震驚了北平這座「文化城」；他在一九四八年十二月中旬
接收原屬日本人的臺北帝國大學時，也是按照北大的模式大刀濶斧地進
行整頓和改革，一口氣解聘了七十多名「不適任」的教職員。傅氏儼然

39　牟宗三，〈熊十力先生追念會講話〉，收入氏著，《時代與感受》，頁 288。

是當時國立臺灣大學的「太祖高皇帝」，臺大正門入口的右側，至今仍留下一片紀念他的小公園「傅園」，以及轟立在文學院對面的「傅鐘」。由於他是按照北大的精神和模式來管治臺大的，使得今天的臺大和臺大人還以其在傳統上和制度上直接繼承當年北大的香火而顧盼自豪，也使得牟宗三罵北大時經常捎帶上臺大，罵胡適有時也會牽扯到傅斯年。聯想到錢穆的《國史大綱‧引論》於抗戰期間在報章刊出，陳寅恪曾向學界極力推薦，譽為是當時「必一讀」的「一篇大文章」，但傅斯年卻聲稱「向不讀錢某書文一字」；抗戰勝利後傅斯年代胡適暫掌北大，曾召集星散在各地的教師返回北京，而其名單中亦無錢穆之名，[40] 在他所擬定的「安排」北大舊人來臺大任教的名單中，自然也不會有錢穆的份。錢穆曾是北大和西南聯大文學院「最叫座」的教授之一，每逢錢氏上課之時，就連大教室的門口和走道都常坐滿了前來聽課的學生，使他先得由窗口爬入室內再踏書桌而過，才能登上講壇授課。[41] 對於和自己的學術文化思想以及價值取向相衝突的學者，傅斯年就連最受學生歡迎的名教授錢穆也尚且如此；若要傅氏特別為素來乏人問津又長期離校的熊十力，「盡其所應當盡」而作出「安排」，又何異於緣木求魚！

不過，牟宗三卻錯罵了「當時教育部」。熊十力通過柯樹平及吳俊升的說項，被教育部禮聘為「特約編纂」，在職等上相當於國立大學的教授。並且，教育部還應允，如果熊十力選擇由廣州到重慶上任，「機位由〔教育〕部設法」，選擇由廣州赴臺北上任，教育部「亦可設法機船」。[42] 可見「當時教育部」確實對熊氏「有盡責任」。只不過，熊十力斷言赴渝只是一條絕路，赴臺雖「總有三個月可玩玩」，但三個月過後仍是死路一條。[43] 然則，赴臺為什麼仍是一條死路呢？熊十力在較早之

40　錢穆《八十憶雙親‧師友雜憶合刊》，頁 201、229。
41　錢穆《八十憶雙親‧師友雜憶合刊》，頁 200–201。
42　熊十力，〈與徐復觀、牟宗三〉（一九四九年八月二十六月），收入翟志成，《當代新儒學史論》，頁 162–163。
43　熊十力，〈與徐復觀〉（一九四九年八月二十八月），收入翟志成，《當代新儒學史論》，頁 164–165。

前，就曾給當時仍攜眷暫住香港的徐復觀發了一封信，把個中原因解釋得一清二楚：

> 你眷赴臺，吾覺不必。大戰不能久延，轟炸不能避，城市離之半步，臺人必加害，此必然也。即大戰稍緩，而當道人心全失，臺灣決不能固。兵敗如山倒，古語可玩。胡適不留其間，他也聰明。日人似已在運動臺人，前天報上有此消息。吾意，你以暫不動為是。有警時，即同吾一起，艮庸當盡力維護。秩序定時，仍可一同回鄂。據北平情形，共產黨似欲和緩人心。一則大破壞，他經濟無法。二則他似準備對美之戰，也不能不收拾民心，不能破壞太狠。故平定後，吾儕宜返鄂。韓裕文之家屬，今均回去了。你未作負責之官，恐非大目標，家眷回去，或不必有礙也。吾意如此，請您參考（當局只作守臺計，必不能守臺）。[44]

臺灣既「必不能守」，而在「二二八」流血之後，外省人在臺的居留環境又是如此險惡，實在不宜涉足。「聰明」的胡適不是「不留其間」而選擇去了美國嗎？再加上共產黨正在建立全國政權，「不能不收拾民心，不能破壞太狠」，此時返回共區「或不必有礙」。熊十力最親近的弟子韓裕文已把家屬送回共區，也不見有什麼麻煩，就是再好不過的證據。原來熊十力早就立下了在廣州「暫不動」，俟中共「平定」整個大陸後再回湖北老家的主意。正因如此，熊氏既不肯赴渝，也不願赴臺，而繼續徘徊在廣州觀望，一直等到廣州被中共「解放」。必須指出，認為國民黨政權氣數已盡，臺灣必不能守，而中國在立國之初為了「和緩人心」，極可能對知識分子推行寬大和懷柔的政策，並不是熊十力的「獨

44　熊十力，〈與徐復觀〉（一九四九年四月十日），收入翟志成，《當代新儒學史論》，頁151–152。

具隻眼」，而是當時中國大知識分子的「共識」。[45] 明乎此，我們才會明白，為什麼在抗戰期間願意跟隨國民黨政府播遷於中國大西南的一大批大知識分子，在大陸易幟前夕絕大部分人都選擇留在大陸，靜待中共的「解放」。極少數追隨國民黨政府到臺灣的大知識分子，大都懷着「義不帝秦」的志節，以及臨危蹈海的氣慨。傅斯年當時隨身攜帶着安眠藥，以便危急時自殺，赴臺後又大書「歸骨於田橫之島」以自勵，隨時準備投海。[46] 傅斯年身受蔣中正國士之遇，決意以身相殉，這本是恪守傳統道德對國士的要求，可見傅氏雖身為五四反傳統的健將，但在價值的判斷和取向上依然是一個非常傳統的讀書人。以此一判準衡之，沒有像傅斯年那樣受過蔣中正的國士禮遇的大知識分子，是沒有責任和義務到臺灣為國民黨政權殉葬的。例如陳寅恪與胡適一起，搭上國民政府搭救大知識分子的專機飛離被共軍包圍的北平，再遷居廣州之後，無論傅斯年如何勸說，就是不肯赴臺。最後實在不堪傅氏的糾纏，陳寅恪便把一個密封箱子寄給了傅斯年，說箱內有自己重要文稿，而自己不久亦會舉家遷臺云云。一直到傅斯年與陳寅恪都相繼逝世之後，中研院史語所打開了陳寅恪的箱子，發現箱裏裝的只不過是一些舊報紙和幾塊磚頭。[47] 連一貫身受傅斯年極端禮遇及多次資助的陳寅恪尚且如此，我們有理由相信，即使傅斯年把熊十力禮聘為臺大教授，熊十力還是會選擇留在大陸的。職是之故，熊十力因為不曾赴臺而「失陷」在「竹幕」之內，完全是他經過深思熟慮之後所作出的自認為是最為有利的個人抉擇。這恐怕和胡適的學生傅斯年的「沒有盡其所應當盡」無關，也和臺大的「沒有盡責任」無關。至於當時已經把熊十力聘為「特約編纂」的教育部，由於「有盡責任」之故，當然更和熊氏的「失陷」無關。

45　翟志成，〈馮友蘭的抉擇及其轉變〉，收入氏著，《當代中國哲學第一人：五論馮友蘭》（臺北：臺灣商務印書館，2008），頁 61–67、84–87。

46　俞大綵，〈憶孟真〉，收入傅孟真先生遺著編輯委員會編，陳槃等校訂增補，《傅斯年全集》（臺北：聯經出版事業公司，1980），冊 7，頁 240–241。

47　此一故事筆者在中研院近史所服務時，曾親聞於史語所研究員王汎森兄。

（四）只知討好學生，敗壞校風和學風

教授對學生的禮遇和客氣，儼然是臺大的傳統。在中國傳統社會中，老師的地位極為尊崇。不僅家家戶戶供奉着「天地君親師」的牌位，而「一日為師，終身為父」的觀念，亦早已深入人心。「師」與「父」常被合併為「師父」，作為學生對老師的稱謂；而老師在與學生通信時，稱學生為「弟」，已是了不得的謙抑和客氣。但臺大教授與學生通信時，稱學生為「兄」者，竟然所在多有。「師尊」才能「道重」，「嚴師」才出「高徒」。「教不嚴，師之惰」，老師對學生的人格和學業的成長，必須嚴加管教督束，不如此便是瀆職。如果以此一判準來權衡，臺大「嚴師」並不多見，更多的教授所奉行的，是一套以鼓勵和表揚學生為主導的教學法。凡在臺大上過殷海光課的學生，大都不會忘記殷海光習慣性地對學生的大力表彰：「這一問題某某同學懂得比我多，您們可向他請教！」「某某同學是這方面的專家，您們何不下課後去問他？」徐復觀對臺大這種老師「討好」學生的校風和學風，極其不以為然。但他把其中的原因，歸咎於臺大教授的學術水準低落，為保住飯碗之故不能不「討好」學生，則未免失諸過苛。因為，在臺灣的高校中，談到教授的學術水準，普遍而言還是以臺大為最高，此其一也。「討好」學生的校風和學風，並非臺大所創，而是傳承和複製自北大，此其二也。牟宗三身為「過來人」，對當時北大的校風和學風，有甚為鮮活的描述：

> 那時在北大（不只是北大，整個北平，及山東濟南的中學也是如此），先生在學校是一點地位都沒有的。北大的學生都囂張得很，根本不常去上課，先生講什麼，學生都不聽。而且不上課已經是很客氣的了，那時北大的學生會權威性很大，每學年開始，要聘先生，須預先徵求學生會的意見，問學生要些什麼先生來教課，然後去請回來，十分開明。……上課時先生點名，很是客氣，都說 Mr. 某某，這種作風，在以前是沒有的。剛開始時，我們都感到不習慣，鄉間的老夫子不但不叫你 Mr. 還

要打你呢。這種風氣是從北大，從胡適之先生開始的，胡先生
對學生很是客氣。青年人初時會感到有點受寵若驚，但久而久
之，便認為當然，久假而不歸，焉知其非固有也，你叫我這樣我
就是這樣吧。囂張狂妄之極，沒有一個先生敢對學生說你不對，
沒有敢教訓學生的。這種風氣不完全是共產黨開的，胡適之先
生也要負一部分的責任。這種風氣一形成，便沒有先生敢教
學生。[48]

　　牟宗三指出，此一由胡適在北大「開始」的貌似「自由」、「民主」
和「開明」的風氣，實質上是一種「泛自由主義」。牟宗三強調：自由
和民主本是政治上的概念，如果不能在政治上得到應有的表現，而只
能表現在社會上的日常生活之中，便會變成了「先生不能教學生，父母
不能教子女」的「泛自由主義」。職是之故，新儒家不反對自由和民主，
但卻不能不反對「泛自由主義」。[49] 因為，遵從父母和師長的教誨，是
孝道和師道的最起碼要求；而孝道和師道，又是中國傳統文化的兩大
支柱，一旦孝道和師道被破壞，整個中國傳統文化便會倒塌。當時北
大濃烈的「泛自由主義」氛圍，使得北大那些「實則憧憧往來，昏沈無
覺，實無所知」的學生，包括當時的牟宗三在內，被驕寵得「個個自命
不凡」，[50] 人人「囂張狂妄，兩眼只看天上」。[51]

　　自由和民主，是否如今天的常識告訴我們的那樣，其實是一整套
的生活方式，一整套必須體現在人倫日用中的身體力行？抑或它們正
如牟宗三所言，只能適用於政治的範疇，若一旦只表現在社會上的日
常生活之中，便會衍生出「泛自由主義」的弊端？這些問題在思想史、
社會史和生活史都饒有意義，值得用多篇文章從不同的層面和多重的

48　牟宗三，〈熊十力先生追念會講話〉，收入氏著，《時代與感受》，頁 278-279。
49　牟宗三，〈熊十力先生追念會講話〉，收入氏著，《時代與感受》，頁 279。
50　牟宗三，《五十自述》，頁 86。
51　牟宗三，〈熊十力先生追念會講話〉，收入氏著，《時代與感受》，頁 278。

角度深入地加以剖析。但無論我們是否同意牟宗三對於自由和民主的適用範圍的限定，他所指陳的北大學生的「囂張狂妄」，以及師道尊嚴的淪喪，卻是千真萬確的事實。早在牟宗三考入北大的十多年前，他的學長馮友蘭和傅斯年便分別在哲學門（哲學系的前身）和國學門（中文的前身）帶頭驅逐過「不夠格」的老師；[52] 而胡適當時也剛從美國哥倫比亞大學畢業回到北大任教，他的太過年輕再加上教學內容太過新潮，[53] 如果沒有得到當時的學生頭子傅斯年、顧頡剛、羅家倫等人認可的話，恐怕也有被驅逐的可能。[54]

　　如果不是先後兩次被熊十力「霹靂一聲」的獅子吼驚醒，牟宗三恐怕一輩子都在會失陷在「浮薄雜亂矜誇邀譽之知解」的追逐之中。牟宗三在《五十自述》中，活靈活現地書寫了熊十力的兩次獅子吼。第一次發生在牟到北平中央公園的茶座晉謁熊，這是兩人的第一次會面：

> 　　第二天下午，我準時而到。林宰平先生、湯同彤先生、李證剛先生俱在座。不一會看見一位鬚鬢飄飄，面帶病容，頭戴瓜皮帽，好象一位走方郎中，……那便是熊先生。……忽然聽見他老先生把桌子一拍，很嚴肅地叫了起來：「當今之世，講晚周諸子，只有我熊某能講，其餘都是混扯。」在座諸位先生喝喝

52　馮友蘭帶頭驅逐哲學門教師事，見馮友蘭，《三松堂自序》，收入氏著，《三松堂全集》（鄭州：河南人民出版社，1985），卷1，頁296-297；傅斯年帶頭驅逐國學門教師事，見羅家倫，〈元氣淋漓的傅孟真〉，收入氏著，《羅家倫先生文存》（臺北：國史館，1989），頁74-75。

53　胡適是在一九一七年九月十日始出任北大教授，還不滿二十六歲。他因鼓吹文學革命，未入北大已是全國聞人，來北大後，他提倡白話文能讀中國最深奧的古書，身為「洋博士」卻在上庠講中國學問，這巨大的反差，自然格外引人注目，客觀上造成了未講先轟動的宣傳效果。更兼他是採用西方的學術方法來講授中國哲學史的第一人，其許許多多的「非常可怪之論」，常使聽講者駭得「撟舌而不能下」。正因如此，對他授課的評價便難免呈兩極化。守舊者謾罵胡適「膽大妄為」、「膽大臉厚」……而陳漢章等舊派教授也在自己的課堂上公開譏笑胡適的「不通」。馮友蘭，《三松堂自序》，頁187、202。

54　據胡適晚年回憶，他第一次在北大講授中國哲學史時，哲學門的學生們曾為是否應該驅胡爭持不下，當時在北大國學門讀二年級的傅斯年旁聽了他幾天的課，他對哲學門的同學們說：「這個人書雖然讀得不多，但他走的這一條路是對的。你們不能鬧。」胡適，〈傅孟真先生的思想〉，收入氏著，《胡適演講集》（臺北：胡適紀念館，1978年修訂版），冊中，頁339-340。

一笑，我當時耳目一振，心中想到，這先生的是不凡，直恁地不客氣，兇猛得很。我便注意起來，見他眼睛也瞪起來了，目光清而且銳，前額飽滿，口方大，髗骨端正，笑聲震屋宇，直從丹田發。清氣、奇氣、秀氣、逸氣：爽朗坦白。不無聊，能挑破沈悶。直對着那紛紛攘攘，卑陋塵凡，作獅子吼。[55]

熊十力的霹靂一聲「獅子吼」，立刻把牟宗三從昏沈無知的虛驕夢境中驚醒，並使得他不禁把熊十力和胡適等人作一比較：

一般名流教授隨風氣，趨時式，恭維青年，笑面相迎。以為學人標格直如此耳。今見熊先生，正不復爾，顯然凸現出一鮮明之顏色，反照出那些名流教授皆是卑陋庸俗，始知人間尚有更高者，更大者。我在這裏始見了一個真人，始嗅到了學問與生命的意味。反觀平日心思所存只是些浮薄雜亂矜誇邀譽之知解，全說不上是學問。真性情，真生命，都還沒有透出來，只是在昏沈的習氣中滾。我當時好像直從熊先生的獅子吼裏得到了一個當頭棒喝。使我的眼睛心思在浮泛的向外追逐中回光返照：照到了自己的「現實」之何所是，停滯在何層面。這是打落到「存在的」領域中之開始機緣。[56]

第二次獅子吼，是發生在牟拜熊為師多日之後。且看牟宗三的描述：「此後我常往晤熊先生。他有一次說道，你不要以為自己懂得了，實則差得遠。說到懂，談何容易。這話也對我是一棒喝。因為在北大的氣氛中，學生方面從來沒有能聽到這種教訓的，教授方面也從沒有肯說這種話的，也不能說，也不敢說。這也是一個很明顯的對照。我由此得知學問是有其深度的發展的，我有了一個未企及或不能企及須

55　牟宗三，《五十自述》，頁 85–86。

56　牟宗三，《五十自述》，頁 86。

待努力向上企及的前途。我以前沒有這感覺，……我只是在平面的廣度的涉獵追逐中。我現在有了一個超越而永待向上企及的前途。這是個深度發展的問題。……」[57]宋明理學家習慣於把知識分為兩種，一種是「德性之知」，一種是「聞見之知」。牟宗三以往「在平面的廣度的涉獵追逐中」的知識，相當於「聞見之知」，在熊十力的「棒喝」後始感悟到的「超越向上」和「深度發展」的知識，相當於「德性之知」。在宋明理學的義理系統中，「德性之知」是「根」、是「本」，是「主」、是「體」，是「精」，而「聞見之知」只不過是「枝」、是「末」，是「從」、是「用」，是「麤」。宋明理學究其實是一種「大人之學」或「聖人之學」，其根本宗旨，端在教人如何通過內在的道德修養和踐履，克服和超越形骸及軀殼的限制，從而變化氣質，使自己的每一言動視聽，都完全符合天道的律則，成為孟子所開示的「大人」，[58]或儒門所企慕的「聖人」。然而宋明理學的學脈，在中國現代的高等教育系統中，已被攔腰斬斷。現代大學所傳授的，只是「屬於故實的、材料的、經驗的、知識的」或科學的「聞見之知」，「德性之知」是不會被承認的。熊十力的棒喝，使牟宗三醒悟到在「聞見之知」之外，還有另一種更可貴、更高級、更值得追求的學問，這就是由「德性之知」所開啟的「生命的學問」。此一感悟，從根本上改變了牟宗三的世界觀和價值觀，扭轉了他人生的歷程和生命的方向。所謂「迷則眾生，悟則成佛」，對於儒、釋、道的求法者而言，破迷成悟等於起死回生。由熊氏的棒喝而悟道的牟宗三，忍不住痛批由當時胡適所代表的主流學界：

> 一般人只是停在平面的廣度的涉獵追逐的層面上。他們也

57　牟宗三，《五十自述》，頁 86-87。

58　公都子問曰：「鈞是人也，或為大人，或為小人，何也？」孟子曰：「從其大體為大人，從其小體為小人。」曰：「鈞是人也，或從其大體，或從其小體，何也？」曰：「耳目之官不思，而蔽於物。物交物，則引之而已矣。心之官則思，思則得之，不思則不得也。此天之所與我者，先立乎其大者，則其小者弗能奪也，此為大人而已矣。」引自〔宋〕朱熹，《四書章句集注‧孟子集注‧告子章句上》(北京：中華書局，1983)，頁 335。

知道學問無限，也知道自己有所不能，有所不知。但他們的這
個知道只是屬於故實的、材料的、經驗的、知識的。這種知道
實在不能說「前途」的。所以他們都是無所謂的，他們的有所謂
只是炫博鬥富。他們不承認有德性義理的學問，他們也不知道
人格價值是有層級的。他們也知道，但他們所知的，只是某人
有多少考據知識，學問有多博，這和某人有錢，某人有權有位，
是一樣，都是外在的、量的，平面的。所以他們可以看不起聖
人，可以詆諆程朱陸王。這種卑陋無知，庸俗浮薄，實在是一
種墮落。這癥結，我知道得很清楚。因為他們始終未感覺到有
深度發展的問題。他們只是廣度的增加或減少。只有德性義理
的學問才有深度的發展。他們不承認這種學問，所以他們沒有
深度發展的感覺。他們的生命永遠是乾枯的、僵化的，外在化
於材料中而吊在半空裏，他們永不會落在「存在的」現實上，所
以他們也永不會正視現實，只藏在他那教授的乾殼中以自鳴清
高。實則是全無器識，全不知學問為何物。[59]

無獨有偶，與牟宗三、唐君毅鼎足而三，在港、臺重新點燃當代
新儒學薪火的徐復觀，其所以能破迷成悟，也是緣於熊十力「起死回生
的一罵」。一九四三年春，徐復觀身着陸軍少將戎服，晉謁熊十力於重
慶勉仁書院，侃侃而談王夫之《讀通鑑論》，並對王論多所譏評。熊氏
為學素來推尊船山，聞言後怒不可遏，批了徐一記耳光。孰料徐竟大
為心折，立拜熊氏為師，從此改弦更張，一變而為錢穆口中之「聖門子
路」。據徐氏自云：「我決心叩學問之門的勇氣，是啟發自熊十力先生。
對中國文化，從二十年的棄厭心理中轉過來，因而有多一點認識，也
是得自熊先生的啟示。」[60]此段當代新儒學史上極重要之公案，與禪宗

59　牟宗三，《五十自述》，頁87-88。
60　徐復觀，〈我的讀書生活〉，收入氏著，《徐復觀文錄選粹》（臺北：學生書局，1980），頁
315。

真正的棒喝幾乎一模一樣，筆者因親聞於徐復觀之故，印象極為鮮活深刻。但徐復觀撰文時，提及此一公案，不知何故把熊氏之「打」，改寫為「起死回生的一罵」。[61]

　　儘管熊十力的獅子吼和棒喝，對徐復觀和牟宗三都有破迷成悟起死回生之功，但兩人所悟者畢竟大不相同。同樣一句「你不要以為自己懂得了，實則差得遠」，徐復觀所感悟者是「讀書是先要看出他的好處，再批評他的壞處」，這是關於閱讀者所應秉持的心態和方法的問題；而牟宗三所感悟者是只有「德性義理的學問才有深度的發展」的「向上一機」，這是事關如何糾正中國現代教育制度對傳統學脈的車裂和扭曲的問題。徐復觀的感悟，可同時適用於「聞見之知」和「德性之知」這兩個不同領域和範疇的探索與追求，而牟宗三的感悟，卻只有在「德性之知」的層面才會確當而有效。正因為領悟到知識和人格存在着高低不同的層級，牟宗三對於不知「德性之知」為何物的中國現代教育制度，對於胡適等把學生引領到只知追逐「聞見之知」的中國高校教授，忍不住痛加抨擊：

61　徐復觀寫道：「第一次我穿軍服到北碚金剛碑勉仁書院看他時，請教應該讀什麼書。他老先生教我讀王船山的讀通鑑論；我説那早年已經讀過了；他以不高興的神氣説，『你並沒有讀懂，應當再讀。』過了些時候再去見他，説讀通鑑論已經讀完了。他問：『有點什麼心得嗎？』於是我接二連三的説出我的許多不同意的地方。他老先生未聽完便怒聲斥罵説：『你這東西，怎麼會讀得進書！任何書的內容，都是有好的地方，也有壞的地方。你為什麼不先看出他好的地方，卻專門去挑壞的；這樣讀書，就是讀了百部千部，你會受到書的什麼益處？讀書是先要看出他的好處，再批評他的壞處，這才像吃東西一樣，經過消化而攝取了營養。譬如讀通鑑論，某一段該是多麼有意義；又如某一段，理解是如何深刻；你記得嗎？你這樣讀書，真太沒有出息！』
　　這一罵，罵得我這個陸軍少將目瞪口呆。腦筋裏亂轉著；原來這位先生罵人罵得這樣兇！原來他讀書讀得這樣熟！原來讀書是要先讀出每一部書的意義！這對於我是起死回生的一罵。恐怕對於一切聰明自負，但沒有走進學問之門的青年人、中年人、老年人，都是起死回生的一罵！近年來，我每遇見覺得沒有什麼書值得去讀的人，便知道一定是以小聰明耽誤一生的人。以後同熊先生在一起，每談到某一文化問題時，他老先生聽了我的意見以後，總是帶勸帶罵的説，『你這東西，這種浮薄的看法，難道我不曾想到？但是……這如何説得通呢？再進一層又可以這樣的想，……但這也説不通。經過幾層次的分析後，所以才得出這樣的結論。』受到他老先生不斷的錘鍊，才逐漸使我從個人的浮淺中掙扎出來，也不讓自己被浮淺的風氣淹沒下去，慢慢感到精神上總要追求一個什麼。」徐復觀，〈我的讀書生活〉，收入氏著，《徐復觀文錄選粹》，頁 315–316。

這表示那些僵化了的教授的心思只停在經驗層上，知識層上。只認經驗的為真實，只認理智所能推比的為真實。這一層真實形成一個界線，過此以往，便都是假定，便都是虛幻。人們只是在昏沈的習氣中滾，是無法契悟良知的。心思在昏沈的習氣中，以感覺經驗來膠着他的昏沈，以理智推比來固定他的習氣。自胡適以來，一般名流學者，只停在這層次上。大家亦只處在這層次上，來衡量學問之高低，實則無所謂高低，只有多少。實則亦不只自胡氏以來，自明亡後，滿清三百年以來，皆然。滔滔者天下皆是，人們的心思不復知有「向上一機」。由熊先生的霹靂一聲，直復活了中國的學脈。[62]

結語

不過，如果容許我們作深一層的慎思，熊十力的棒喝和獅吼，真的「霹靂一聲，直復活了中國的學脈」嗎？答案恐怕極難是肯定的。因為，禪宗式的棒喝或獅吼，只有對「有緣人」才會發生感應；[63] 並且，即使同是「有緣人」，每個人的所感所悟也可以大不相同。上文所述的牟宗三和徐復觀的不同感悟，便是再好不過的證明。熊十力在北大教書多年，當然不會只對牟宗三一個人發過棒喝或獅吼；但從熊氏的課堂上往往只剩下一兩個學生，到最後乾脆改在熊家上課的事例來看，北大的「有緣人」委實是少之又少。事實上，北大學生真正能與熊十力在精神相感通者，只有一個牟宗三，再加上半個韓裕文，而就連韓裕文在後來也與熊氏漸行漸遠。在熊十力的棒喝或獅吼之後，北大「不承認

---

62 牟宗三，《五十自述》，頁 88。

63 徐復觀說：「熊先生對人的態度，不僅他自己無一毫人情世故；並且以他自己人格的全力量，直接薄迫於對方，使對方的人情世故，亦皆被剝落得乾乾淨淨，不能不以自己的人格與熊先生的人格，直接照面，因而得到激昂感奮，開啟出生命的新機。所以許多負大名的名士學者，並沒有真正的學生，而熊先生到〔倒〕有真正的學生，其原因在此。」引自徐復觀，〈悼念熊十力先生〉，收入氏著，《徐復觀文錄選粹》，頁 341。

有德性義理的學問」的學術氛圍依然如故，北大廣大師生「只認經驗的為真實，只認理智所能推比的為真實」的心態依然如故，熊氏的「霹靂一聲」所能「復活」的，恐怕只是牟宗三一個人內心裏的「中國的學脈」。

如果我們再作更深一層的追問：為什麼熊十力的棒喝和獅吼在北大的廣大師生身上幾乎不發生效用？問題便不能不追究到「中國的學脈」的本身。在「中國的學脈」中，由德性主體所成就的「內聖」，以及由知性主體和政治主體所成就的「外王」的同時充量發達，本是「內聖外王」的最高和最理想的形態。但由於大一統的君主專制政治從根本上阻絕和壓縮了政治主體的發展空間，而長期對德性主體的高度強調和過分偏重，又不可避免地忽略了對知性主體的培育和涵養；一方面是德性主體的充量發達，另一方面卻是知性主體以及政治主體相對萎縮，其結果便不可避免地造成了中國文化的「內聖強」而「外王弱」的嚴重流弊。這是當代新儒家、尤其是牟宗三本人一貫承認的。面對中國文化在西潮的全面衝擊下節節敗退以及由此衍生的亡國滅種的嚴峻危機，把西方的知性主體（即科學）和政治主體（即民主）移植到中國，業以成為當代中國知識人的共識。這也是牟宗三在他著名的《政道與治道》一書中，以及在他與唐君毅、徐復觀及張君勱四人共同簽署的〈為中國文化敬告世界人士宣言〉中公開贊成的。[64] 既然如此，以現代西方的教育制度取代中國傳統的學制，正是把西方知性主體移植到中國的最根本和最重要的步驟；而西方的學制的根本精神和操作方式，正是「只停在經驗層上，知識層上」，「只認經驗的為真實，只認理智所能推比的為真實」，「只是停在平面的廣度的涉獵追逐的層面上」，從心外認取「物理」或「聞見之知」。至於傳統「中國的學脈」的超越的、縱向的、深度的，從心內印證的「天理」或「德性之知」，在西歐和北美自有宗教和教堂專門負責，本來就不是現代西方學制中的大學、中學和

64　牟宗三、徐復觀、張君勱、唐君毅，〈為中國文化敬告世界人士宣言──我們對中國學術研究及中國文化與世界文化前途之共同認識〉，《民主評論》，卷 9 期 1（1958 年 1 月），頁 12–13。

小學所應講授和探究的範圍。牟宗三相當敏銳地指出了「中國的學脈」的由「德性之知」向「聞見之知」的轉向，始於「自明亡後，滿清三百年以來」的考據之學，使得「滔滔者天下皆是，人們的心思不復知有『向上一機』」。但新亞書院第一屆畢業生余英時，卻從思想史的「內在理路」，強調此一改變，完全順應了中國文化由「尊德性」往「道問學」轉進的內在發展的要求。儘管牟、余兩人對清代考據學的評價南轅北轍，但他們都共同指出了中國近現代「學脈」或「學統」的轉向，其實在「滿清三百年以來」已由考據學導乎先路。

和宋明理學一樣，當代新儒學在本質上也是一整套教人如何成賢成聖的「大人之學」或「聖人之學」，新儒學家對中國現代學制的不滿和反感是完全可以理解的。位列第一代新儒學的「三聖」之一的馬一浮，就曾在中國現代學制之外，以宋明書院為雛形，另外建立了復性書院；但他高揚「尊德性」和忽略「道問學」的辦學宗旨，就連另一個「三聖」熊十力也不能同意。結果是熊十力退出復性書院，馬、熊兩人長期聲應氣求、風雨同舟的情誼，也幾乎完全破裂，而復性書院也因無法吸引到秀異學生入學，開辦了不到幾年便無疾而終。熊十力一直在努力籌辦能讓自己自由講學的「哲學研究所」，結果也是鏡花水月，一事無成。至於另一個「三聖」梁漱溟所創辦的勉仁書院，其聲勢及規模尚難望復性書院項背，而其無聲無臭、辦學無成的結局則一。由第二代新儒家唐君毅等人在香港經營的新亞書院，除了在講學精神上「上溯宋明書院」之外，在制度上和課程的設置方面所採用的卻是西歐近現代大學的模式，已根本不同於第一代新儒家所創辦的復性書院和勉仁書院。在新亞書院成立不久即接受「美援」之後，在學生人數激增和辦學規模日漸正規化之後，就連這不絕如縷的宋明書院講學精神也愈來愈難以為繼了。在加入了中文大學之後，就連財政權、人事權、教學權和招生權等等也統統收歸中央，新亞書院變成了名存實亡的空殼。當代新儒家兩代人在現代學制之外重建傳統書院的種種努力和嘗試，由是以全軍盡墨而告終。

中國的現代學制並非由胡適從西方引進，但胡適畢竟是現代學制在中國建立時期重要的領軍人物；北大一貫是現代中國高校的領頭羊，而胡適又長期在北大有着舉足輕重的影響力。如果只知「道問學」、不管「尊德性」的中國現代學制，真的是一無好處和一無是處，胡適當然難辭其咎，而北大也合該挨罵。但如果中國的現代學制有好處也有壞處，甚至好處大於壞處，又如果從西方移入現代學制，究其實是在救亡圖存的氛圍中全民族的共同要求，我們要評價胡適和北大在中國現代教育史上的功過，便須持平和慎重。並且，無論情願或不情願、喜歡或不喜歡，牟宗三和他的第二代新儒家同道，以及他們第三、第四和第五代的傳人，一輩子都在中國的現代學制中謀生。他們必須不斷地自我修正和自我調整，讓自己和現代學制相適應，而現代學制卻從未有因應他們的需求，作出過哪怕是最微小的更變。這也是我們在評價胡適和北大的功過之時，不能不面對的事實。

還有一事亦須特別留意，胡適與當時的北大教授對待學生非常地客氣和禮遇，稱呼學生為 Mr. 某某，在教學上以揄揚和鼓勵為主，究其實正是西方現代學制尤其是美國學校行之既久的教學法。任何方法都不可能只有優點而毫無缺憾，任何方法都不可能對所有人都一體適用。胡適們所奉行的那套由泰西傳入的教學法，與熊十力動輒以斥罵、棒喝和打耳光的教學法相較，恐怕還是會更合符人情和人性一些，更有可普性和效用性一些，因而也更高明一些。遠的不說，在今天香港或臺灣的大、中、小學的教師當中，倘若有誰敢於把熊十力非罵即打的那一套「獅子吼」和「棒喝」，施諸素有「草莓族」之稱的學生身上，試想他或她會不會被家長告上法庭？會不會被學校解聘？

至於胡適在牟宗三眼中，還有「中國哲學的罪人」、「中國文化的罪人」、「亡天下的罪人」、「替中共極權政治開路」等等的許多重面相，由於這都是港、臺新儒家的共識，且已具見於本書各章之中，於此毋庸再贅。

第七章　徐復觀在方法學上的挑戰

> 茫茫墜緒苦爬搜，
>
> 劌腎鐫肝只自仇。
>
> 瞥見莊生真面目，
>
> 此心今亦與天遊。
>
> ——徐復觀，《中國藝術精神・自敘》[1]

引言

　　徐復觀與唐君毅、牟宗三並列，是當代新儒學第二代最重要的三大宗師。關於當代新儒學運動的緣起、發展和演變，以及由第一代到第三代新儒學代表人物的心路歷程和學思經緯，時下學界已出版了數以百計的專書。[2]但若僅允許用四個字，便須把當代新儒學家一脈相承的精神方向和治學宗旨概括在內，這四個字便不可能是別的，而只能是「守故開新」。「守故」與「開新」，既是當代新儒學家的共法，又是整個當代新儒學運動中不可分割的最重要的兩個面向。堅信中國傳統的歷史文化，不僅有永恆的普世價值，而且還有非常重要的現代意義，這當然是當代新儒學家之所以要「守故」的最重要原因之一。但除此之外，當代新儒學家之所以要「守故」，還有另一個同樣重要的原因，這

1　徐復觀，《中國藝術精神・自敘》（臺北：學生書局，1984），頁 10。

2　僅筆者一人便出版了專書三本。它們分別為翟志成，《當代新儒學史論》（臺北：允晨文化實業股份有限公司，1993）；翟志成，《馮友蘭學思生命前傳（1895–1949）》（臺北：中央研究院近代史研究所，2007）；以及翟志成，《當代中國哲學第一人：五論馮友蘭》（臺北：臺灣商務印書館，2008）。

原因正是為了要「開新」。所謂「開新」，就是推動中國的全面現代化；而中國全面現代化的實現，又絕對離不開對西方文化資源的借鑑和吸收。正因如此，在贊成和提倡西方文化輸入的這一方面，當代新儒學家與五四反傳統主義者不僅不是殺得眼紅的論敵，而且還是頗為「志同道合」的朋友。不過，當代新儒學家又斬釘截鐵地斷定：若無中國歷史文化作為主人迎迓接引，西方文化這個外來的客人，是絕不可能在中國落戶生根的。「從外入者，無主於中，不止」這句話，由是便成了當代新儒學話語系統中的老生常談。[3] 正因為當代新儒學運動，同時肩負着「守故」和「開新」的歷史使命，這就不僅注定了新儒學家們的「守故」，絕不能如懼怕「以夷變夏」的晚清以來的頑固派那樣，為抱殘守闕而拒絕任何的改革和變通；[4] 而必須對中國傳統歷史文化的各種優點和弊端，作一番徹底的檢討和清算。並且，這也注定了他們的「開新」，絕不能如鼓吹「全盤西化」的五四反傳統悍將那樣，在一竹篙打翻整個中國文化的同時，對西方文化的各種優點和弊端統統照單全收；[5] 而必須根據舶來文化各種元素的良窳，有系統地為中西文化的融合進行嚴格的揀擇與篩選。而中國文化和中華民族的前途，甚至世界文化與全人類的前途，若從新儒家的觀點看，又均繫於中國和西方這兩大文化

3　西方文化之移入中國，必須先經中國文化的主體作一番篩選和過濾，始能與中國文化融合生根，這本是各國文化交流史上的通例。陳寅恪在〈馮友蘭《中國哲學史》審查報告三〉中，言之甚詳。〔詳參馮友蘭，《中國哲學史・附錄三》（重慶：商務的書館，1944 年重印），後附頁 2–5。〕牟宗三、徐復觀、張君勱、唐君毅一九五八年元旦在香港《民主評論》發表聯合宣言，也對此特別加重申。該文題為〈為中國文化敬告世界人士宣言——我們對中國學術研究及中國文化與世界文化前途之共同認識〉，《民主評論》，卷 9 期 1（1958 年 1 月），頁 2–21。

4　五四期間，國粹派或國故派因維護中國文化之故，常把自己和當代新儒家引為同調。但後者卻因前者對國故不分精華糟粕一概維護，又反對學習西方的心態而深惡痛絕，避之唯恐不及。詳參梁漱溟，《東西文化及其哲學》，收入中國文化書院學術委員會編，《梁漱溟全集》（濟南：山東人民出版社，1989），卷 1，頁 532；熊十力，《讀經示要》（臺北：文明書局，1984 年重印），頁 452。

5　吳其玉，〈讀信心與反省〉，《獨立評論》，期 106（1934 年 6 月 24 日），頁 20；吳景超，〈建設問題與東西文化〉，《獨立評論》，期 139（1935 年 2 月 24 日），頁 4；並參見本書第四章〈胡適與熊十力的分歧〉。

的優良因素的融和與綜合。[6]

　　儘管當代新儒學家無不鼓吹「守故開新」，但他們在身體力行之中，難免有人偏重於「守故」，有人偏重於「開新」，極少人能像徐復觀那樣，自覺地把大致相同的時間和心力，灌注於「守故」和「開新」這兩個方面，並取得同樣豐碩的驕人成績。關於徐復觀在政治和政治學方面「守故」和「開新」的貢獻，時下學界着墨頗多，筆者也曾有專文論及。[7]但徐復觀畢竟是一個專業的思想史家，對於徐復觀在歷史學方面「守故」和「開新」的創獲，據筆者所知，時下學界到目前為止尚未有專書或專文予以細究。這顯然是徐復觀在時論和政論上的顯赫聲名和耀眼光芒，使得讀者和研究者的注意力，一旦被吸引過去便再難脫開。筆者不辭鄙陋與以管窺天之嫌，擬就徐復觀在批判胡適、傅斯年等以「科學方法」「整理國故」所衍生的弊端的同時，如何建構了一套義理與考據緊密結合的新方法學；而他的新方法學，又如何繼承自胡、傅一系的考據派及熊十力系統的義理派，同時又超越了考據派和義理派；以及他如何把其史學思想中的「傳統」(「守故」)與「現代」(「開新」)因素，呈現在方法學和人格培養這兩大方面的，作一扼要之分疏。

一、方法學上的批判

　　徐復觀對於胡適的考據成績，有時也會加以肯定。例如，他在給屈萬里的書函中，就曾否定自己的「孔子先於老子」舊說，承認自己經過考訂所得出來「老子先於孔子」的新說，反與胡適的說法最為接

6　關於這一點，陳寅恪在〈馮友蘭《中國哲學史》審查報告三〉中，有極精到的見解：「竊疑中國自今日以後，……其真能於思想上自成系統，有所創獲者，必須一方面吸收輸入外來之學說，一方面不忘本來民族之地位。此二種相反而適相成之態度，乃道教之真精神，新儒家之舊途徑，而二千年吾民族與他民族接觸史之所詔示者也。」引自馮友蘭，《中國哲學史‧附錄三》，後附頁4。

7　翟志成，〈儒門批判與抗議精神之重建——徐復觀先生對當代新儒學之貢獻〉，收入《徐復觀學術思想國際研討會論文集》(臺中：東海大學，1992)，頁437 458。

近；[8] 他對胡適「勤、謹、和、緩」四字訣中的「緩」字，也曾大加讚歎。
例如，他在一封致屈萬里的書函中，就曾這樣說過：

> 簡言之，即缺乏歷史的發展觀念。因上二因，故肯定傳統
> 者，只是籠統的肯定；否定傳統者，亦係籠統的否定。以至數
> 十年來，考據工作，可資採信者甚少。至於力不勤，立說太速
> 太悍，又係此一代之風氣。適之先生曾提倡一『緩』字，實中數
> 十年學風之弊。惜其自身亦未能完全做到也。（胡先生太固執
> 於其初步之假設，因此浪費時間不少，故似緩而非緩。）[9]

（一）「整理國故」是為了取消中國文化

但無論如何，徐復觀始終認為胡適和傅斯年等人提倡以「科學方
法」「整理國故」之最終目的，是為了從根本上取消整個中國文化，替
「全盤西化」掃清障礙。徐復觀在更多的時候，常把批判的矛頭，指向
了胡適和傅斯年等人的「整理國故」。徐復觀指出：

> 胡氏們的另一工作是「整理國故」；他們整理國故的目的，
> 乃在證明「國故」之一錢不值，使國人不再想到「國故」，……此
> 一工作，除胡氏自己寫了若干文獻考證性的文章之外，正面擔
> 當此一重任的是傅斯年氏及他所領導的歷史語言研究所。他們
> 採取最狹隘的實證方法，首先否定文化中的價值觀念，所以認
> 為仁義禮智等是人造的名詞，在研究過程中要與它們絕緣。名

8　一九六一年三月十八日徐復觀致屈萬里函云：「近寫成〈老子其人其書的考證〉一文，否
　　定自己過去之觀點（舊說中以汪中、梁啟超、顧頡剛、馮友蘭、錢穆諸先生之說為最難
　　成立），而與胡先生之觀點極為接近。由此益知材料批判之難，立說之不易也。」黎漢基
　　校注，〈徐復觀致屈萬里佚書十九封〉，《中國文哲研究通訊》，卷 6 期 2（1996 年 6 月）
　　頁 108。
9　一九六一年四月四日徐復觀致屈萬里函。黎漢基校注，〈徐復觀致屈萬里佚書十九封〉，
　　頁 109。

詞──概念，都是人造的；人類文化的成就，總是要通過概念而
表現出來。傅氏既否定人造的名詞，於是他自然只承認「材料就
是史學」。在傅氏這一方針之下，歷史語言研究所，除了考古學
及語言學有相當的成就外，其他的工作，大體上只好停頓在文
獻校勘之上；以校勘之學來否定中國文化，當然很難達到他們
原先的目的。並且胡傅兩氏，既不承認文化中的價值觀念，但
要否定中國文化，這依然是人的一種價值活動，在否定價值觀
念中的價值活動，只有通過半生不熟的考據上的武斷結論來滿
足自己的要求。像這樣的整理國故工作，其無補於全盤西化的
積極目標，幾乎可以說是自明之理。至於此一時期，為疑古而
疑古的「古史辨」派，他們的業績雖然印成了七大厚本的論集，
但只要一讀繆鳳林氏〈與某君論古史書〉一篇文章（見《學原》一
卷一期），其鑿空臆斷的情形，已昭然若揭，更不足致論了。[10]

　　徐復觀這段文字，左打傅斯年和他的史語所，右批顧頡剛和他的
《古史辨》，中間直指胡適的「整理國故」。他的「否定價值觀念中的價
值活動」，「依然是人的一種價值活動」的駁詰，也確實讓自稱治學「價
值中立」的胡氏師徒難以招架。不僅如此，徐復觀還斷定胡適等人在年
少暴得大名之後，其學問便不僅沒有進步，並以自己的不進步，「阻礙
到整個學術的不進步」。徐復觀說：

　　　　我們只要想到胡適先生在二十多歲時寫的中國古代哲學
史，到六十多歲在臺灣重印時，不僅不曾改動一個字，並且也
不曾對自己少作〔年〕之作，表示一點不滿。當民國四十一年自
由中國的青年以最大的熱情，歡迎他的時候，他依然當着大家
背誦他三十多年以前的紅樓夢考證和杜威的知識論的入門；並

10　徐復觀，〈三十年來中國的文化思想問題〉，收入氏著，《(新版) 學術與政治之間》(臺北：
　　臺灣學生書局，1985)，頁 427。

把他的老秘書毛子水，當眾宣稱「這是當代聖人」。李濟先生在三十歲左右寫了幾篇田野報告，到了七十多歲，還以為那點從鋤頭上出來的東西，就是史學的一切，就是人文學科的一切；凡是他所不了解的學問，都是他所不承認的學問。……由於這些人缺乏對學問探索的真誠，便以浮名虛聲為學問，便一生一世，陶醉在浮名虛聲之中；於是由他們自身不進步，實際是在退步，而阻礙到整個學術的不進步。[11]

尤有進者，徐復觀還進一步把批判的矛頭，指向了胡適內心中最引以為得意的「科學方法」，以及胡適最為着迷的「考據」。因為，兩者是胡適賴以「整理國故」的兩大法寶。徐復觀雖未曾留學歐美，但留日的訓練，使他能從日文譯本中，大量閱讀到西方近現代學術思想的名著，正因如此，他自覺有理由瞧不起胡適的西學。他在給屈萬里的一封信中，把自己在西學上對胡適的輕視表露無遺：

> 兄治學之態度與方法，承襲傳統者為多，（在此，兄或不自覺。）接納西方者為少。此一責任，胡、傅兩先生應負其咎。（胡先生在學術上，對西方所了解者實太少。）弟半路出家，讀書不多，然亦不輕陷入過去之窠臼，（如此次《中庸》一文，在分章及「中和」等之解釋上，主要為批評程、朱之說。）而對西方有關之文獻，通過日人譯本，似較兄接觸為多。我國治文史者，若在治學之態度與方法上，沒有一反省，實甚難有新的貢獻。此區區之用心之所在也。[12]

11　徐復觀，〈對殷海光先生的憶念〉收入氏著，《徐復觀雜文——憶往事》（臺北：時報文化出版事業有限公司，1980），頁 170。

12　一九六二年五月一日徐復觀致屈萬里函。黎漢基校注，〈徐復觀致屈萬里佚書十九封〉，頁 112–113。

(二)「科學方法」只不過是「空洞口號」

對於胡適由杜威的「科學方法」而提鍊出來的「大膽的假設,小心的求證」這十字真言,徐復觀更是嗤之以鼻,認為只不過是「空洞口號」。他在他的一本書的序言中説:

> 五四運動以來,時賢特別強調治學的方法,即所謂科學方法,這是一個好現象。……不過,憑空的談方法,結果會流為幾句空洞口號。方法是研究者向研究對象所提出的要求,及研究對象向研究者所呈現的答復,綜合在一起的一種處理過程。所以真正的方法,是與被研究的對象不可分的。今人所談的科學方法,應用到文史方面,實際還未跳出清人考據的範圍一步,其不足以治思想史,集中已有專文討論。[13]

易言之,徐復觀認為人文學的治學方法,主要繫於研究者和研究對象的「內在對話」,胡適及其追隨者就連兩者間的「不可分」性都一無所知,這説明了他們既不懂什麼是「科學」,也不懂什麼是「方法」,何「科學方法」之有哉?徐復觀繼續批評道:

> ……但從胡適之先生起,對於科學方法,始終未曾脱離「估計」的性質;中研院實際負責的先生們,沒有一個人切實地研究過科學方法。尤其是自十九世紀末期以來,西方的思想家,對於人文方面,如何運用自然科學的方法;以及自然科學的方法,在人文方面受到了些什麼限制,作過不斷地反省、開闢,這更非中研院,尤其是史語所的諸先生所曾與聞。於是由胡適之先生起,一直到屈翼鵬先生的這一代,對於科學方法,只不過是朦朧中的口號。再由這種口號的應用,説「我這一派是科學的;

---

13 徐復觀,〈研究中國思想史的方法與態度問題(代序)〉,收入氏著,《中國思想史論集》(臺北:臺灣學生書局,1974),頁1‧2。

不屬我這一派的是非科學的」，想由此以壟斷國家的學術市場。
這便成為抹煞學術良心的派系毒素化。派系毒素化的影響是今
日臺灣每一個文史系，都成為童山濯濯的獨立山頭，作反淘汰
的競賽。……[14]

在徐復觀看來，胡適及其追隨者運用其「科學方法」的目的和結
果，都只不過是在假借科學之名，行劃分勢力範圍，以壟斷國家學術市
場之實。通過凡屬我派者皆「科學」，凡不屬我派者皆「非科學」的「科
學方法」的照明，中國文化中一切為他們厭惡的價值和思想，自然都被
劃入「非科學」的一類，再也不允許其他人學習和研究了。[15]

(三)「無義理之考據」的致命缺憾

徐復觀對胡適、傅斯年所主導的史語所的考據成績，同樣地嗤之
以鼻，認為「實際還未跳出清人考據的範圍一步」。他藉着對清人考據
的批評，達到摧破胡適派考據的目的。他說：

> 戴東原曾說：「義理者，文章考覈之源也。熟乎義理，然後
> 能考覈，能文章。」……但段玉裁卻接着說：「義理文章，未有
> 不由考覈而得者」，這便把他先生的意思完全弄顛倒了。今人表
> 面上標榜戴氏，實則並不足以知戴氏，而僅承段氏之末流。……
> 但由段氏以至今日標榜考據的人所犯的毛病是：一則把義理之
> 學與研究義理之學的歷史（研究思想史），混而不分；一則不了
> 解要研究思想史，除了文字訓詁以外，還有進一步之工作。僅

14　徐復觀，〈多為國家學術前途著想〉，收入氏著，《徐復觀雜文——記所思》(臺北：時報文
化出版事業有限公司，1980)，頁 81。
15　徐復觀說：「我和胡先生及李先生（翟按，指李濟）都當面「抬槓」過幾次，他兩位先生對
學問的態度，我相當清楚，而李先生尤為狹隘歸高。凡是有價值性的東西，凡是有思想性
的東西，在他們看來，都不能成為學問的對象。李先生甚至認為書本上寫的歷史皆不可
信，要用地下材料來代替書本上所寫的歷史。……」徐復觀，〈多為國家學術前途著想〉，
頁 82。

靠着訓詁來講思想，順着訓詁的要求，遂以為只有找出一個字的原形，原音，原義，才是可靠的訓詁；並即以這種訓詁來滿足思想史的要求。這種以語源為治思想史的方法，其實，完全是由缺乏文化演進觀念而來的錯覺。從阮元到現在，凡由此種錯覺以治思想史的，其結論幾無不乖謬。……因中國文字的特性，從語源上找某一思想演變的線索，並不是沒有一點益處；但不應因此而忽略了每一思想家所用的觀念名詞，主要是由他自己的思想系統來加以規定的。即使不是思想家，也會受他所處的時代流行用法的規定。[16]

徐復觀這段話，指出了文字與思想的辯證關係。文字是思想的載體，要讀懂思想家的文章，必須要先懂得思想家所使用的文字，這本來是沒有什麼可爭論的。乾嘉學者為了明經，通過「考覈」弄清經文每個字的原形、原音和原義，本是應有之舉。但是，任何事物若被強調得過了頭，便無不變成誤謬。若認為只要弄清楚了經文中每個字的原形、原音和原義，就能理解經文中的「全部」內容，並把弄清楚了經文中每個字的原形、原音和原義的「考覈」或「訓詁」，視為解經的「唯一」工作，則又不免大錯而特錯。因為，從文化演進的歷史，我們可清楚地看出，文字的意義是不斷改變的。例如 idea 在古希臘文的意涵是 form 或 pattern，在現代英文則是 knowledge 或 suggestion 或 belief，文字雖完全相同，但古今意義則完全改變。即使在相同的時代，相同的關鍵字，在不同的思想家的義理系統中，其意義也有可能大不相同。例如「心」之於朱熹和陸象山。並且，根據我們每個人的閱讀經驗，我們常讀到一些看不懂的文章，看不懂的原因，並不是我們不懂得文章中的每一個字，而是因為我們對文章的內在理路和作者的思想過分隔膜；我們也常讀到一些文章，雖有些不認得的字，但憑藉着對文章的內在

16　徐復觀，〈研究中國思想史的方法與態度問題（代序）〉，頁 3-4。

理路和作者的思想的熟習，我們不僅能讀懂這些文章，同時也能猜出那些不認得的字的真正意思。可見「訓詁明然後章句明」，與「章句明然後訓詁明」，是我們在閱讀中同時運用並且不可偏廢的兩個側面。這兩個側面，前者代表文字（訓詁），後者代表思想（義理）；文字與思想，合之則雙美，離之則兩傷。任何企圖強調其中一個側面而抹煞另外一個側面，都是愚不可及的。徐復觀認為，胡適及其追隨者承順着段玉裁「義理文章，未有不由考覈而得者」的理路，正是企圖藉着強調文字（訓詁）而抹煞思想（義理），因之大力予以抨擊。

（四）徐復觀的批判筆鋒

儘管胡適及其追隨者的考據，在徐復觀看來有如此致命的缺憾和錯誤，但卻是當時學術界的主流。考據，成了當時主流學界的「硬道理」。不諳考據的新儒家，由於欠缺「硬道理」，在主流學術界眼中，咸被認為是不懂學問為何物的胡說八道者，他們的著作，則成了無人理睬的野狐禪。徐復觀年輕時，曾在湖北國學院跟隨黃侃等國學大師苦學三年，打下了極其紮實過硬的國學根基，不僅通詞章和義理，也懂得考據的門徑。除了錢穆之外，他是港臺新儒家中唯一有能力從事考據工作的人。為了替新儒家爭取與胡適們在主流學界平等對話的發言權，徐復觀除了撰寫雜文維持生計之外，也一頭紮進考據中去，運用手中的「硬道理」，以他獨創的訓詁加義理的新考據，去斥破主流學界藉訓詁排斥義理的舊考據。所謂「一着佔先，全盤皆活」。幾乎每一篇發表的新考據文章，都是徐復觀的發憤之作，也都是徐復觀射向胡、傅營壘的挑戰書。由於徐復觀以考據的「硬道理」登門挑戰，主流學界便不能再以野狐禪目之，而只得被迫倉卒應戰。李濟、毛子水、屈萬里、勞榦等史語所或臺大的「大老」或「上駟」，一一被自稱「丘八」的徐復觀拉出來捉對廝殺。一場場「下駟」對上「上駟」的戰績，收入徐復觀的學術論文集中，構成了《中國人性論史》和三大鉅冊的《兩漢思

想史》重要內容。無論學界對論戰的評判如何,僅從徐復觀的入室操
戈,拔趙幟,樹漢幟,從一個「學術與政治之間」的邊緣學人,一路闖
入學術主流的最核心位置,把胡適、傅斯年派的「上駟」們,打得只有
招架之功,再無還手之力的案例來看,徐復觀又豈止是贏家而已。

值得注意的是,徐復觀批判的筆鋒,除了向外直指胡、傅及史語
所的「無義理之考據」,還向內直指熊十力等新儒家以「六經注我」方
式來詮釋傳統經典。因為,他所建構的新方法學,除了非常強調義理
對材料的統帥和照明作用之外,同時也十分強調材料對義理的支撐功
能。徐復觀總是強調人文學科的研究,首先應通過對全部相關材料縝
密而嚴苛的分析審查,然後儘量運用歸納法一一分類總結,最後才可
在「只能如此,不能如彼」的權衡中,逼出確鑿難移的結論。[17] 正因如
此,他對只立基於部分或片面的材料,憑演繹法的極度推衍,藉以建
構出一套思想體系的許多哲學著作,常難掩其不滿與反感。[18] 例如,他
認定乃師熊十力的《新唯識論》,已離開了對《周易》基本材料的整體
把握,而只拮取其中乾坤二卦的片言隻語作過度引申發揮,便不惜公
開予以批評:

> 我國過去,常有借古人幾句話來講自己的哲學思想的,一
> 直到熊十力先生的體大思精的新唯識論,還未脫此窠臼。所以
> 他曾告訴我:「文字借自古人,內容則是出自我自己的創造。」
> 所以新唯識論只能視為熊先生個人的哲學,不能當作中國哲學
> 思想史的典據。但在今日,我主張個人的哲學思想,和研究古
> 人的哲學思想史,應完全分開。可以用自己的哲學思想去衡斷
> 古人的哲學思想;但萬不可將古人的思想,塗上自己的哲學。[19]

---

17 徐復觀,〈評訓詁學上的演繹法——答日本加藤常賢博士書〉,收入氏著,《中國思想史論
　　集》頁 203-204。
18 徐復觀,〈我的若干斷想〉,收入氏著,《徐復觀雜文——記所思》,頁 10。
19 徐復觀,〈我的若干斷想〉,頁 10。

二、徐復觀學術思想的傳統與現代

　　中國學術由傳統向現代轉型，始於胡適的《中國哲學史大綱 (卷上)》。誠如余英時所言，胡書在現代中國的學術轉型中，起着「典範」和「示範」的雙重作用。[20] 中國之有現代學術，實由胡書開其端緒。[21] 儘管胡適以哲學史「暴得大名」，但胡適究其實是歷史家而非哲學家，而與胡適一道壟斷着中國學術主流的話語權，以及主宰着權力與資源再分配的胡門賓客和弟子們，也泰半為歷史家。職是之故，中國的學術是追隨着歷史學的步履而邁向現代化之路的，由胡適及其追隨者為中國現代史學所建立的一整套規則、框架與範式，因而也就順理成章地變成了中國現代人文學科的規則、框架與範式。

(一) 學術思想的「現代」與「西化」

　　當徐復觀在二十世紀五十年代初期正式進入學術界之時，已屆不惑之年，而由胡適等人建立的規則與範式，實際上已行之多時了。徐復觀在師範學校求學時，接受了「五四」反傳統思潮的洗禮，曾一度「視線裝書如仇敵」；[22] 他在日本留學時，又深受日本馬克思主義經濟學家河上肇的啟發與影響。儘管他在四十年代初期，被當代新儒學的理論奠基者熊十力的當頭棒喝所懾服，已放棄了全盤性反傳統主義的激烈立場，並開始向中國歷史文化回歸，[23] 但他年輕時大量閱讀日譯經典馬克思學派著述的堅實訓練，以及中年以後通過日文翻譯對西方哲學、社會學、政治學，尤其是史學的各種重要典籍的刻苦鑽研，已使他的整個頭腦，就像一把在西方學術砥石上打磨出來的利刀，[24] 無論從思維

20　余英時，《中國近代思想史上的胡適》(臺北：聯經出版事業有限公司，1984)，頁 19-21、52、77-90。

21　參見本書第一章，〈救亡思潮和胡適的《中國哲學史大綱》〉。

22　徐復觀，〈一個偉大地中國地臺灣人之死——悼念莊垂勝先生〉，收入氏著，《徐復觀雜文——憶往事》(臺北：時報文化出版事業有限公司，1980)，頁 145。

23　詳見本書第六章，〈牟宗三眼中的胡適〉。

24　徐復觀，〈我的若干斷想〉，頁 11。

模式到分析框架,都變得相當的現代,甚至相當的西化。在當代新儒學諸位大師中,徐復觀最為強調傳統和現代學術的分疏,最為強調在研究與重建中國古代史、尤其是思想史之時,一刻也不能忽略推理的邏輯性、論述的系統性、徵引的全面性,以及「基本材料」的優先性甚至決定性,徐復觀指出:

> 研究工作,必須建立在問題自身的基本資料的探索、解釋、批評之上。(這包括直接間接的第一手、第二手資料。)參考資料,可以幫助、啟發對基本資料的了解批評;但決定參考資料價值的,還是基本資料。必須在基本資料上下了功力,才能檢別有關的參考資料。若不分青紅皂白地把參考資料擺出來,以炫耀自己涉獵的廣博,便常疏於基本資料的把握,不僅容易陷於雜亂,矇混了問題,妨礙了進一步作精密的研究;並且常常陷於拿着雞毛當令箭的境地。[25]

在當代新儒學諸位大師中,徐復觀最為強調選取思想史研究專題必須首先估量其歷史的重要性 (historical significance),徐復觀指出:

> 人類當艱苦困難的時代,總希望從自己乃至他人的歷史文化中,求得對我們當前的行為,方向,有若干正面或反面的啟示,或教訓,這是無間於古今中外的人類自然地要求,而為研究歷史文化者的一種自然職責。由歷史文化所求得的啟示,或教訓,隨各人研究的態度,深度而有不同,這是可以作具體討論的;但誰能抹煞人類自身的這種自然地要求和研究者所應當負的責任?[26]

---

25 徐復觀,〈有關周初若干史實的問題〉,收入氏著,《兩漢思想史:周秦漢政治社會結構之研究‧附錄一》(臺北:臺灣學生書局,1975),卷 1,頁 409。

26 徐復觀,〈歷史文化與自由民主——對於辱罵我們者的答覆〉,收入氏著,《(新版)學術與政治之間》,頁 529。

在當代新儒學諸位大師中，也只有徐復觀不斷地提醒我們，在衡斷和評價古人及其思想之時，一刻也不能違反歷史主義的觀點。徐復觀強調：

> 歷史的演變，常常走的是曲折的路。尤其人自身的智慧與行為，常不能以簡化的進化觀念來加以推論。假定對於自己所生存的「現代」，把握得並不完全；對於現代事物關連的合理性，把握得非常有限；但卻以此為基點，倒推上去，認為站在進化的立場，有些事情，在古代是不應出現的；同時，有些事情，又覺得在現在是不合理；所以在古代便不應當存在的，這便是不能通古今之變。[27]

由於學術思想是如此的「現代」和「西化」，使得徐復觀這個儒學大宗師，像極了一個在歐、美大學講壇上傳道授業的專業史家。

並且，在當代新儒學諸位大師中，徐復觀也最為強調經濟、社會和政治等各種客觀條件對傳統思想的制約，以及傳統思想對經濟、社會和政治的反作用或反制，最為強調離開了運動、發展與演變的軌跡和視角，則無法理解和把握傳統思想的實相，如此一來，又從他那襲新儒學的峨冠博帶之中，折射出一抹辯證唯物論的炫光。

此外，在當代新儒學諸位大師中，徐復觀也最為強調思想的普遍性，最為強調離開了今人頭腦中的既有觀念，則無以處理和組織古代的歷史資料。徐復觀以建屋為例以闡明之：

> 對於一部書，一個人的思想來說，好似把做房子的磚瓦等材料，搬運到了現場。但這些材料還缺乏以一個圖案為導引的安排，因此便不易確定這些材料的相互關係，因而不能確定每

27　徐復觀，〈與陳夢家屈萬里兩先生商討周公旦曾否踐阼稱王的問題〉，收入氏著，《兩漢思想史：周秦漢政治社會結構之研究・附錄三》，頁 422。

一材料的價值。因為各個材料的價值,是要在相互關係中與以
確定的。所以僅有這步工作,並不能得出古人的思想。以實物
活動為基礎,以建立概念為橋樑,由此向前再進一步,乃是以
「意」為對象的活動;用現在的術語說,乃是以概念為對象的思
維活動。概念只能用各人的思想去接觸,而不能用眼睛看見。
概念的分析,推演,在沒有這種訓練的人,以為這是無形無影,
因此是可左可右,任意擺佈的。但是凡可成為一家之言的思想,
必定有他的基本概念以作其出發點與歸結點。……概念一經成
立,則概念之本身必有其合理性、自律性。……將某書某家的
概念,由抽象的方法求得以後,再對其加以分析、推演,這是
順著某種概念的合理性自律性去發展。愈是思想受有訓練的人,
愈感到這種合理性自律性的精細、嚴密,其中不容許有任何主
觀的恣意。某種東西為此一概念之所有或可能有;某種東西為
此一概念之所無,或不可能有;概念與概念之間,何者同中有
異?何者異中有同?何者形異而實同?何者形似而實異?異同
之間,細入毫釐,錙銖必較,其中有看不見的森嚴地鐵律。在
此種精密地概念衡斷之下,於是對於含有許多解釋的字語,才
能斷定它在此句此章此書此家中,係表現許多解釋中的某一解
釋,確乎而不可移。[28]

更值得留意的是,在當代新儒學諸位大師中,最為強調離開了時
代的迫切要求和個人的深刻體驗,則無法理解古人的思想和古代的歷
史,甚至願意相信「一切歷史都是現代史」的說法,也還是徐復觀。徐
復觀說:

在治思想史中言考據,必然地向另外三個層面擴展。一是

---

28 徐復觀,〈有關思想史的若干問題──讀錢賓四先生老子書晚出補證及莊老通辨自序書
後〉,收入氏著,《中國思想史論集》,頁 114–115。

知人論世的層面。思想史的工作，是把古人的思想，向今人後人，作一種解釋的工作。我深深體悟到，解釋和解釋者的人格，常密切相關，這在當前的中國，表現的最為突出，不必一一舉例。由此可斷言，古人的思想，必然與古人的品格、個性、家世、遭遇等有密切關係。我更深深體悟到，在二十餘年的工作中，證明了克羅齊 (Croce 1866−1952)「只有現代史」的說法。沒有五十年代臺灣反中國文化的壓力，沒有六十年代大陸反孔反儒的壓力，我可能便找不到了解古人思想的鑰匙，甚至我不會作這種艱辛的嘗試。江青輩以鹽鐵論為儒法鬥爭的樣版，郭沫若馮友蘭也加入在裏面，由厚誣賢良文學以厚誣孔子、儒家，我便在他們的聲勢煊赫中，寫了〈鹽鐵論中的政治社會文化問題〉，徹底解答了此一公案。這是最突出的例子。[29]

如此一來，新儒學宗師似乎又變成了卡西勒 (Ernst Cassirer，1874−1945) 或克羅齊 (Benedetto Croce， 1866−1952) 的信徒。

(二)「為己之學」的傳統思維

儘管徐復觀既富於西方史學教授的風範，又染上唯物辯證法的底色，而且還散發出新康德主義 (卡西勒) 和新黑格爾主義 (克羅齊) 的氣味，但徐復觀的史學思想，卻又時時透發出濃烈的中國傳統的氣息而使他迴異於西方的同行。西方學術的終極關懷，在於成就知識，故為學術而學術的思想，向為西方學界的正宗。而中國傳統學術的終極關懷，在於成就德行，故知識的追求反成了第二義，而修、齊、治、平才是傳統學人終極追求之鵠的。中國傳統學術思想的正宗，一言以

29　徐復觀，〈中國思想史工作中的考據問題 (代序)〉，收入氏著，《兩漢思想史》(臺北：臺灣學生書局，1979)，卷 3，頁 3−4。

蔽之，就是為人生而學術。若從成就知識的西方觀點而言，學者的德行和他的學術成就並沒有必然的關連性，一個鮮廉寡恥敗德喪倫的人，絲毫也不會妨礙他成為一個偉大的學問家。像培根這樣的例子在西方學術史上屢見不鮮。但這種事情若發生在傳統中國，便一定會變得令人完全無法置信。因為，在以成就德行為終極目的之傳統中國，個人的德行和他的學術關連之緊密，即使用寶刀利劍也無法割斷。徐復觀終其一生都是為人生而學術的鼓吹者和身體力行者。徐復觀最為強調歷史家對國家、對民族和對社會負有無可迴避的神聖職責，最為強調為國家、為民族和社會而治史的必要性和重要性，最為強調歷史家的史德與其史識和史才的不可分割性，最為強調歷史家必須通過永不停息的人格和道德修養，藉以培育和提升自己的史德。如果說，西方史學對史家的嚴格要求，主要落實在史識和史才這兩方面，而徐復觀除了對史家的史識和史才同樣也提出嚴格要求之外，還進一步把史家的史德，置於統御史識和史才的最高位階。孔子曾慨乎言：「如有周公之才之美，使驕且吝，其餘不足觀也已。」[30] 這既是兩千多年以前中國聖人對德才關係的宣言，同時也是兩千多年以來中國人對德才關係的定論。在國人的思維模式中，最理想的形態當然是德才兼備；但德與才在價值系統上從來都處於不平等的地位。倘若德與才不能同時兼備，價值的天平立刻便會往德性的那一邊傾斜。先德後才甚至重德輕才，便會成了國人再自然不過的選擇。無論是從新儒學祖師陸象山所提倡的「先立其大」，抑或是從號稱「與傳統作最徹底決裂」的中共黨人在文革前所鼓吹的「先紅後專」，甚至是從江青集團在文革時期對學人一再逼問的「姓無還是姓資」，均可看出此一籠罩古今的中國式的思維模式，在不同時期和不同人等所呈現出來的驚人一致性。徐復觀先史德、後史識和史才的史學思想，毫無疑問，也同樣深受此一思維的制約。

30　〔宋〕朱熹，《四書章句集注・論語集注・泰伯》(北京：中華書局，1983)，卷4，頁105。

　　孔子曾説過：「古之學者為己，今之學者為人。」按照程頤的解釋：「為己，欲得之於己也。為人，欲見知於人也。」[31] 由於「欲得之於己」，「為己之學」所成就的是德性，因為個人德行的完滿不假外求而只與自身的修為最為密切相關；由於「欲見知於人」，「為人之學」所成就的主要是知識，因為知識的成長必求之於外同時亦必待別人的印可和承認。如果説，以「成就德性」為目標的「為己之學」，就是「立德」；那麼，以「成就知識」為目標的「為人之學」，就等同於「立言」。「成就德性」抑或「成就知識」（「立德」抑或「立言」），既是中西為學方向的根本分際，也是傳統與現代學術的最重要區別。在並世新儒學諸大師當中，徐復觀無疑是首先揭櫫孔門「為己之學」的重要性，並對其中的現代意義弘揚最力和發揮最多的第一人。但和並世新儒學諸大師一樣，徐復觀對當代新儒學的最根本和最重要貢獻，卻並不落實在「為己之學」上，而是落實在「為人之學」上。換句話説，包括徐復觀在內的整個當代新儒學流派，所成就的主要是知識而不是道德，是「立言」而不是「立德」；包括徐復觀在內的所有當代新儒學家，其之所以能在當代新儒學運動中佔有一席之地的最主要憑藉，端在學術上的成就而不在德性上的完善，端在「立言」而不是「立德」。[32] 新儒學運動發展到近現代，除了繼續發展和強化其「為己之學」或「立德」的功能之外，亦必須發展和強化其「為人之學」或「立言」的功能，建構出一整套現代化的知識和理論體系，藉以為傳統儒學永恆的普世價值和重要的現代意義，作出系統性的闡釋和強有力的論證。亦唯有如此，才有可能在多種思想和價值並存的多元開放社會的眾聲喧嘩中，延續和光大傳統儒家「為己之學」的香火。如果説，宋、明新儒學賴有由魏、晉、南北朝、隋、唐一直發展到五代的佛教浸注，始能成其大和深，向佛教的歧出與回歸，是中古時期中國文化向前發展的必要條件；那麼，向「為人之學」或「立言」的歧出與回歸，也是近現代中國文化向前發展的必

31　〔宋〕朱熹，《四書章句集注‧論語集注‧憲問》，卷 7，頁 155。
32　翟志成，〈研究當代新儒學的幾點省思〉（代序），收入氏著《當代新儒學史論》，頁 i-xiii。

要條件。當代新儒家由道德家向學問家的身份暗換,既是現代性的必需,又是中國文化發展的內在要求。其實,「為己」與「為人」,或「立德」與「立言」,在學理上不但不應矛盾和對立,而且還應相輔與相成。孔子的前輩叔孫豹把「立德」、「立功」和「立言」並稱為「三不朽」,[33] 孔子本人也對「立言」極為重視,甚至斷言「言之無文,行而不遠」。[34] 而代表「立言」的「文」,還位列於孔門「四教」之首。[35] 但處身在強調「為己之學」絕對優先於「為人之學」的宋明儒學的強勢話語籠罩之下,[36] 包括徐復觀在內的當代新儒家,大都對「立言」的必要性和重要性,強調得並不足夠;對自己的身份業已從道德家暗換為學問家的事實,尚未能有充分的自覺。

三、義理加考據的新方法學

由於實際上是學問家而平日苦思冥想的又主要是學術問題,徐復觀對由「為己之學」的思維模式所建構的傳統學術,有極深刻的體會和全面的把握。但從徐復觀的著書立說之中,卻找不到模仿或複製傳統學術的明顯意願和痕跡。他在撰寫研究傳統學術,尤其是古代思想史的專書和論文之時,所遵循的基本上還是由胡適及其追隨者為中國現代史學所建立的那一套規則、框架和範式。儘管他批評胡適的火力,比所有新儒家都來得更猛烈,而他白話文書寫技巧之出神入化,不僅

33　《左傳》襄公二十四年,穆叔曰:「大上有立德,其次有立功,其次有立言,雖久不廢,此之謂不朽。」引自楊伯峻編著,《春秋左傳注(修訂本)》(北京:中華書局,1990),冊 3,頁 1088。

34　《左傳》襄公二十五年,仲尼曰:「《志》有之,『言以足志,文以足言。』不言,誰知其志?言之無文,行而不遠。」引自楊伯峻編著,《春秋左傳注(修訂本)》,冊 3,頁 1106。

35　《論語‧述而》:「子以四教:文,行,忠,信。」引自〔宋〕朱熹,《四書章句集注‧論語集注‧述而》,卷 4,頁 99。

36　首先把「為己之學」與「為人之學」對立起來,並讚揚前者而貶低後者的是程頤。他在解釋《論語‧憲問》之「古之學者為己」條云:「古之學者為己,其終至於成物。今之學者為人,其終至於喪已。」朱熹更在按語中附和道:「聖賢論學者用心得失之際,其說多矣,然未有如此言之切要者。於此明辨而日省之,則庶幾乎不昧於所從矣。」引自〔宋〕朱熹,《四書章句集注‧論語集注‧憲問》,頁 155。

任何新儒家都不能望其項背，甚至還超過首倡白話文的胡適。如果把白話文之取代文言，視為在胡適主導下的傳統學術向現代轉型的重要標誌，徐復觀便不僅應視為胡適的學生，而且還是一個「青出於藍而勝於藍」的好學生。正由於徐復觀所建構的是現代學術，[37] 對照和比較傳統與現代學術的同異，便不僅是順理成章的，而且還是必不可免的。對於傳統學術在「立言」方面的各種缺憾與不足，徐復觀也常從現代學術的標準和視角，一一加以批評。

（一）舊學商量加邃密

除了用字不嚴格，表達欠缺組織條理之外，[38] 傳統學術最為徐復觀詬病的，是抽象性、系統性和構造形式的欠缺與不足。徐復觀說：

> 中國的先哲們，則常把他們的體認所到的，當作一種現成事實，用很簡單的語句，說了出來，並不曾用心去組成一個理論系統。尤其是許多語句，是應機、隨緣，說了出來的，於是立體的完整生命體的內在關連，常被散在各處，以獨立姿態出現的語句形式所遮掩。[39]

> 因為中國文化，很早便重體認，重實用，而不重思辨；所以古人表達其思想時，常是片斷的，針對某一具體事實而說的，缺乏由思辨而來的抽象性及構造形式。[40]

37　徐復觀說：「我寫這部書的動機，是要通過有組織地現代語言，把這一方面的本來面目，顯發了出來，使其堂堂正正地匯合於整個文化大流之中，以與世人相見。」徐復觀，《中國藝術精神・自敘》（臺北：臺灣學生書局，1966），頁 2。

38　徐復觀說：「我常覺得古人用字不甚嚴格，其表達思想之方式亦不夠組織；所以在許多地方，只能根據某一人，某一書中前後互相關連的話，以確定一個字或一句話的意義。」徐復觀，〈中庸的地位問題——謹就正於錢賓四先生〉，收入氏著，《中國思想史論集》，頁 72–73。

39　徐復觀，《中國人性論史・先秦篇・再版序》（臺北：臺灣商務印書館，1988），頁 3。

40　徐復觀，〈孟子政治思想的基本結構及人治與法治的問題〉，收入氏著，《中國思想史論集》，頁 133。

322

　　由於中國傳統學術如此明顯地帶有上述的缺憾，徐復觀在撰寫中國古代思想史時，首先便必須負責任地加以説明：中國先哲們是否產生過具備了真正學術意義的思想和理論系統，因而具有成為思想史研究對象的資格或合法性。馮友蘭在撰寫《中國哲學史》之時，也必須對中國是否有哲學這一問題，首先予以説明。馮友蘭以「持之有故而又言之成理」來給哲學下定義，[41]並以中國先哲的論述，雖欠缺了哲學的「形式系統」，但卻從不欠缺哲學的「實質系統」，而其「實質系統」在論述上完全可以同時滿足「持之有故」而又「言之成理」這兩大條件，相當成功地證明了中國有哲學。[42]徐復觀的論述策略，究其實和馮友蘭十分相似。徐復觀強調，即使在先哲們具體、簡單、片斷、分散的各種語句之中，仍潛存着一種「立體的完整生命體的內在關聯」，以及「邏輯的結構」和「普遍的意義」。[43]這分明是馮友蘭的雖無「形式系統」但卻有「實質系統」説法的更新版。在證明了中國有哲學之後，作為中國哲學史家馮友蘭的責任，便是「要在形式上無系統之哲學中，找出其實質的系統」。[44]而在證明了中國有真正學術意義的思想和理論系統之後，作為中國思想史家徐復觀的責任，也是要在形式上無系統之中國傳統

41　馮友蘭説：「哲學乃理智之產物；哲學家欲成立道理，必以論證證明其所成立，荀子所謂『其持之有故，其言之成理』是也。」(馮友蘭，《中國哲學史》，冊上，頁6。)按照馮友蘭的解釋：所謂哲學，就是以理智的辯論，有系統地證成一中心觀念(作者自注：即哲學家之見)。中心觀念(「見」)就是「持之有故」，系統地證成這一中心觀念便是「言之成理」。約言之，凡是能同時滿足「持之有故」和「言之成理」這兩個條件的論説，便都是哲學。馮友蘭，《中國哲學史》，冊上，頁6、25、26。

42　馮友蘭強調：在中心觀念的證成方面，有形式上的系統，有實質上的系統，兩系統能兼者(如亞理士多德的哲學)的哲學固然是哲學，但無形式系統而有實質系統者，亦成哲學。即如蘇格拉底和柏拉圖的哲學，便只有實質系統而無形式系統，但普天之下，任誰都不會説蘇格拉底和柏拉圖的哲學不是哲學。同理，中國文化誠然有許多弱點，但這只能證明中國文化欠缺哲學的形式系統，不能證明中國文化欠缺哲學的實質系統。事實上，在中國學術史中，能同時滿足「持之有故」和「言之成理」這兩大條件的學派或學説所在多有。馮友蘭，《中國哲學史》，冊上，頁14。

43　徐復觀強調，凡是中國先哲「只要是成了『家』的思想，在他各個片斷的語言中，依然會有其內在的關聯，含有邏輯的結構；否則便只能算是一個『雜家』。並且在他們針對某具體事實所陳述的語言中，有的沒有普遍的意義，有的則在具體事物的後面，含有普遍的意義。」徐復觀，〈孟子政治思想的基本結構及人治與法治的問題〉，收入氏著，《中國思想史論集》，頁133。

44　馮友蘭，《中國哲學史》，冊上，頁14。

思想中，重建其實質的系統。中國思想史實質系統的重建，首先必須理解、釐清和把握先哲思想中如命、性、心、情、才、道、德等核心觀念。徐復觀有時又把核心觀念稱之為「重要抽象名詞」或「思想」。他說：

> 先哲的思想，是由他所使用的重要抽象名詞表徵出來的。因此，思想史的研究，也可以說是有關的重要抽象名詞的研究。[45]

> 人性論是以命（道）、性（德）、心、情、才（材）等名詞所代表的觀念、思想，為其內容的。人性論不僅是作為一種思想，而居於中國哲學思想史中的主幹地位，並且也是中國民族精神形成的原理、動力。要通過歷史文化以了解中華民族之所以為中華民族，這是一個起點，也是一個終點。文化中其他的現象，尤其是宗教、文學、藝術，乃至一般禮俗、人生態度等，只有與此一問題關連在一起時，才能得到比較深刻而正確的解釋。[46]

（二）新知培養轉深沉

然而，要理解、釐清和把握先哲思想中的核心觀念，又必須做到以下六點。

1. 內在關連性的緊密把握

在欠缺形式系統的文本中，核心觀念常以分散、獨立的姿態出現，因而必須把各種與核心觀念相關的語句「集合在一起，用比較、分析、

45　徐復觀，《中國人性論史：先秦篇・再版序》，頁 1–2。
46　徐復觀，《中國人性論史：先秦篇・序》，頁 2。

『追體驗』的方法，以發現其內在關連，並順此內在關連加以構造」，[47] 必須「根據某一人，某一書中前後互相關連的話，以確定一個字或一句話的意義」，[48] 必須「多費一番爬搜組織的工夫，須要在他全般相關的語言中來把握他的思想；並且也只有在全般相關的語言中，才易於確定某一句話的意義」。[49] 在核心觀念通過文本的整體衡斷而得以確定之前，最容易犯的錯誤，就是執取文本中的吉光片羽或一鱗半爪作隨意的猜測，或者依傍西方的理論框架作過度的推衍，甚至輕率地遽下某一觀念「只是如此，決不是如彼」的結論。[50] 徐復觀認為自己治思想史的重要特色之一，就是「在內在關連的發現中，使散布在各處的語句（例如《論語》中的「仁」），都能在一個完整的生命體中，盡到一份構成的責任，佔一個適當的位置，並彼此間都可以發揮互相印證的作用」。[51]

2. 避免演繹法的濫用

在邏輯推論上，有演繹法，有歸納法。而對片言隻語作過度的推衍，以致犯下了「魯莽、滅裂」的大錯，主要是緣於演繹法的濫用。由於演繹法可執取極有限的材料，依據既有的理論和範式，作極度的推衍，不僅可充分馳騁自己的思辨力，而且可大大節省了耗費在資料的蒐集、梳理、鑑別和審定的時間和辛勞，因而學人從阮元、傅斯年到日本的加藤常賢等，多以演繹法為宗。但把演繹法應用在先哲思想的實質系統的重建中，則往往會把核心觀念的「多義」化約成「一義」，把「可能性」誤判為「必然性」，從而得出武斷而又難以成立的結論。徐復觀對由阮元、傅斯年到加藤常賢的訓詁演繹法有相當精到的批評。徐復觀說：

47　徐復觀，《中國人性論史：先秦篇·再版序》，頁 3。

48　徐復觀，〈中庸的地位問題──謹就正於錢賓四先生〉，頁 72-73。

49　徐復觀，〈孟子政治思想的基本結構及人治與法治的問題〉，頁 133-134。

50　徐復觀，《中國人性論史：先秦篇·再版序》，頁 3。

51　徐復觀，《中國人性論史：先秦篇·再版序》，頁 4。

所謂訓詁學之演繹法者，乃不待上下文句之參證，不由有
關資料之歸納、勾稽，而僅以由某字之原形原聲所得之義，為
推論之依據。若本字之原形原聲不能與所期之結論相應，則由
通假以濟其窮。……但此中之問題，一在於忽視文字之字義，
常在引伸演變之中。一在於由上一步以推下一步，其中僅有「可
能性」，而無「必然性」；故尚待資料上之歸納證明。阮元系統之
學風，則將此種「可能性」視為「必然性」。將多義之前提條件，
視為一義之前提條件。於是預定結論之下，反而對資料作武斷
之解釋。阮元與傅斯年對「性」字所作之解釋，即其顯證。[52]

3. 儘量採用歸納法

為了避免演繹法的濫用，徐復觀提出研究中國古代思想，應該「儘
量使用歸納方法，以歸納出各家各人所用的抽象名詞的具體內容，為
他們補出一種明確地定義；把各家各人雖用了相同的抽象名詞，但其
關涉所及的範圍並不相同的情形，明確的指陳出來」，[53] 並以歸納法從所
判讀的文本中「抽出結論的層面」。他說：

在此一層面中，首先須細讀全書，這便把訓詁、校勘、版
本等問題概括在裏面。我不信任沒有細讀全書所作的抽樣工作，
更痛恨斷章取義，信口雌黃的時代風氣。仔細讀完一部書，加
以條理，加以分析，加以摘抄，加以前後貫通，左右比較，尚且
不一定能把握得周到、真切，則隨便抽幾句話來作演繹的前提，
盡量演繹下去，這只能表現個人思辯之功，大概不能算是為學
術做了奠基工作。我最多的工夫，常常是花費在這一層面上，

52　徐復觀，〈評訓詁學上的演繹法──答日本加藤常賢博士書〉，頁 203–204。
53　徐復觀，《中國人性論史：先秦篇・再版序》，頁 2。

這是古人所易，卻為今人所難的。[54]

　　由歸納法所求得的結論，經常與由演繹法所求得者格格不入，甚至完全相反。徐復觀特別舉例指出：「《論語》中『命』與『天命』，從傳統的訓詁上，不能發現二者間的差異，因而對孔子『五十而知天命』的意義，發生許多不相干的爭議」，但經過他用歸納的方法，把二者不同的內容界定出來之後，便使此一「不必要的歷史混亂」終於得到了「澄清」。這也證明了歸納法的使用，可「補傳統訓詁之不足」。[55] 儘管徐復觀表示，自己由歸納法得出的許多研究結論，並非百分之百地「可全資信賴」，但研究中國古代思想若使用了歸納法，不僅可強化研究者「親讀原典的興趣」，而且還會比使用演繹法更可能求得「可信賴的結論」。[56] 正因如此，徐復觀一再強調治中國思想史絕不可有好逸惡勞、捨難取易、偷懶取巧和撿便宜的心理，一再強調必須在原典上狠下功夫，一再強調對原典的抄錄和再三覆案的「笨辦法」其實是似慢而實快、似拙而實巧，[57] 一再強調中國古代思想實質系統的重建，必來自「由歸納方法所求得的系統」，必待於各種思想資料的全面收集和整理之後的「集腋成裘」。徐復觀說：

　　　　我為了收拾自己精神的散亂，也養成了抄書的習慣；便斷
　　續地將注記好的這種材料加以抄錄。……我自己並沒有什麼預
　　定的美學系統；但探索下來，自自然然地形成為中國地美學系

54　徐復觀，〈中國思想史工作中的考據問題（代序）〉，頁 4–5。
55　徐復觀，《中國人性論史：先秦篇・再版序》，頁 2。
56　徐復觀，《兩漢思想史・自序》，卷 3，頁 5。
57　徐復觀說：「這幾年來，頗有好學之士，向我問到治思想史的方法。在這裏特鄭重說一句：我所用的，乃是一種笨方法。十年以前，我把閱過的有關典籍，加以注記，先後由幾位東海大學畢業的同學為我摘抄了約四十多萬字，其中有關兩漢的約十多萬字。等到我要正式拿起筆來時，發現這些摘抄的材料，並不能構成寫論文的基礎。於是又把原典拿到手上，再三反覆；並盡可能的追尋有關的材料，這樣才慢慢地形成觀點，建立綱維；有的觀點、綱維，偶得之於午夜夢廻，在床上窮思苦索之際。」徐復觀，《兩漢思想史・自序》（臺北：臺灣學生書局，1976），卷 2，頁 1–2。

統。雖然我為了避免懸擬虛構之嫌，所以不順著理論的結構寫了下來，而是順著歷史中有關事實的發展寫了下來，以致在形式上有的不免於顯得片斷或重複；但決不因此而妨礙其由內在關連而來的系統性。站在資料的立場來說，這一系統是「集腋」所成的「裘」，也就是由歸納方法所求得的系統。[58]

4. 採取「發展」、「比較」和「動進」的觀點

　　核心觀念或思想都是社會的產物，社會是變動和發展的，因而核心觀念或思想也是變動和發展的。[59]核心觀念或思想的變動不居，不僅是因為不同的時期、不同的哲人會有不同的核心觀念或思想，同時亦因為同一時期也會有不同的核心觀念或思想，[60]而同一哲人頭腦中的核心觀念或思想也不會一成不變。正因如此，徐復觀一再強調：研究中國思想史必須在方法學上採取「發展」、「比較」和「動進」的觀點，「只有在發展的觀點中，才能把握到一個思想得以形成的線索。只有在比較的觀點中，才能把握到一種思想得以存在的特性」，[61]「從動進的方面去探索此類抽象名詞內涵在歷史中演變之跡，及在演變中的相關條件，由此而給與了『史』的明確意義」。[62]而徐復觀自己在治中國思想史時之「所以容易從混亂中脫出，以清理出比較清楚的條理，主要是得力於『動地觀點』、『發展地觀點』的應用」。[63]不過，在採取「發展」、「比較」和「動進」的觀點之時，除了必須從歷史演變的脈絡，將政治社會結構

58　徐復觀，《中國藝術精神・自敘》，頁 3–4。
59　徐復觀指出：「古人與人自身有關的思想，都是適應於他當時社會的某種要求，也受到當時社會各種條件的制約。社會環境是變的。我們只能先從某一思想家所處的社會環境中去了解他的思想，估計他的思想價值。」徐復觀，〈孟子政治思想的基本結構及人治與法治的問題〉，頁 133。
60　徐復觀指出：「過去研究思想史的人，常常忽略了同一抽象名詞的內涵，不僅隨時代之演變而演變，即使在同一時代中，也因個人思想的不同而其內涵亦因之不同。」徐復觀，《中國人性論史：先秦篇・再版序》，頁 2。
61　徐復觀，《兩漢思想史・自序》，卷 2，頁 2。
62　徐復觀，《中國人性論史：先秦篇・再版序》，頁 2。
63　徐復觀，《中國藝術精神・自敘》，頁 7。

的「大綱維」──亦即形成思想的大背景──弄得一清二楚之外，[64] 還必須留意核心觀念或思想的內容與形式的發展和演變，以及古今觀念的轉換問題。徐復觀說：

> 在歷史中探求思想發展演變之跡的層面。不僅思想的內容，都由發展演變而來；內容表現的方式，有時也有發展演變之跡可考。只有能把握到這種發展演變，才能盡到思想史之所謂「史」的責任，才能為每種思想作出公平正確的「定位」。[65]

> 這裏面還有一個古與今的觀念轉換的問題。有的在古代認為很神聖的事物，有如天、天命、天道、陰陽、五行之類，在今日則並不神聖。我們的責任，是要在時間之流中，弄清楚它們的起源、演變，在當時的意義及現代的意義。既不回頭去扮演古人，也不把古人拉到現在來改造。[66]

5. 留意共性與個性、兼顧變動與貞常

在採取「發展」、「比較」和「動進」的觀點之時，還必須十分留意核心觀念或思想的創造者的共性與個性。徐復觀說：

> 作為一個人，總有其共性。有了共性，然後天下的人，都可在某一基點之上（如人性），作互相關聯底考察，因而浮出世界史的觀念。但人的生活環境，既不能完全相同；而人的本身，

更有其主動性和創發性。各個人的想法作法，並非完全由環境
所塑造，在同一環境之下，也可以有不同的想法作法，這是人
與其他動物之最大分別，也便是說明人除了其共性之外，還有
其個性。並且愈是發育完成的人，其個性愈明顯。個性與個性
之間，互相影響。影響的結果，一方面是共性的增大，同時也
是個性的完成。一不礙多，多不礙一──與多是互生互成的。這
在人性的關聯上可以得到顯明的例證。[67]

　　共性是一，個性是多。儘管個性千差萬別千變萬化，而人之所以
為人，總賴有貞常恆久始終不變的共性，作為聯結交通不同族羣、性
別和階級的凝聚力與向心力。徐復觀不僅在強調發展與變化的辯證觀
點，而且在發展與變化之中，同時兼顧到不變與貞常。他在論及人性
時是如此，在論及核心觀念或思想時更是如此。徐復觀說：

　　　　任何思想的形成，總要受某一思想形成時所憑藉的歷史條
　　件之影響。歷史的特殊性，即成為某一思想的特殊性。沒有這
　　種特殊性，也或許便沒有誘發某一思想的動因，而某一思想也
　　將失掉其擔當某一時代任務的意義。歷史上所形成的思想，到
　　現在還有沒有生命，全看某一思想通過其特殊性所顯現的普遍
　　性之程度如何以為斷。換言之，即是看其背後所倚靠以成其為
　　特殊性的普遍性真理，使後世的人能感受到怎樣的程度。特殊
　　性是變的，特殊性後面所倚靠的普遍性真理，則是常而不變。
　　歷史學之所以能成立，以及歷史之所以可貴，正因它是顯現變
　　與常的不二關係。變以體常，常以御變，使人類能各在其歷史
　　之具體的特殊條件下，不斷的向人類之所以成其為人類的常道
　　實踐前進。有的人不承認在歷史轉變之流的後面有不變的常道，

67　徐復觀，〈文化的中與西・答友人書（二）〉，收入氏著，《（新版）學術與政治之間》，頁
　　89-90。

便蔑視歷史，厭惡傳統，覺得他自己是完全站在歷史範疇之外，純靠自力以創造其人生；而不知道這種橫斷面的想法，正自儕於無歷史意識的一般動物，以為今日唯物的共產黨開路。在另外一方面，則有的人死守時過境遷的歷史陳跡，死守著非變不可的具體的特殊的東西，而想強納於新的具體的特殊條件之下，這是把歷史現象混同為自然現象，不僅泥古不可以通今，而且因其常被歷史某一特殊現象所拘囚，反把構成特殊現象後面的普遍性的常道也抹煞了。這名為尊重歷史，結果還是糟蹋歷史。最壞的是這種錯誤的努力，很易被野心家所利用。有的野心家喜歡利用革命的名詞，也有的野心家喜歡利用復古守舊的心理。有的野心家更喜歡把兩者結合起來，作左右逢源的利用。所以我們對中國文化的態度，不應該再是五四時代的武斷的打倒，或是顢頇的擁護。而是要從具體的歷史條件後面，以發現貫穿於歷史之流的普遍而永恆的常道，並看出這種常道在過去歷史的具體條件中所受到的限制。因其受有限制，於是或者顯現的程度不夠，或者顯現的形式有偏差。今後在新的具體的條件之下，應該做何種新的實踐，使其能有更完全更正確的顯現，以匯合於人類文化之大流，且使野心家不能假借中國文化以濟其大惡，這才是我們當前的任務。[68]

6. 抽象思維能力的運用

在重建中國思想史的實質系統之時，無論是把思想資料排到一起，用「比較、分析、『追體驗』的方法，以發現其內在關連，並順此內在關連加以構造」系統也好，「由歸納方法所求得系統」也好，抑或採取「發展」、「比較」和「動進」的觀點審視系統也好，全都離不開抽象

68　徐復觀，〈儒家政治思想的構造及其轉進〉，收入氏著，《〈新版〉學術與政治之間》，頁 47−48。

思維能力的運用。即使是訓詁、考據、疑古與辨偽等工作，同樣也得依賴抽象思維的導引。這不僅因為「對資料的追求、發現，必受有某種觀念的誘導；與觀念無關的資料，經常是視而不見的。尤其是對資料的解釋，常要憑藉相關的觀念作分析與綜合的鑰匙。任何觀念都沒有的人，也就是對擺在面前的資料完全不能作解釋的人」；[69] 更重要的，還因為訓詁、考據、疑古與辨偽，都立足於材料的蒐集、檢別、組織和審定之上，因而無一能離開研究者的思想操作。例如，徐復觀強調：「一個字，可以作許多解釋，只有在一句話中才能確定應採某種解釋。一句話，也可以作不同的解釋，只有在相關的前後文句中才能確定應作某種解釋。」[70] 我們之所以能確定一個字、一句話的意義，所依據的正是這一句話及其前後相關文句的思想脈絡。[71] 由此可見，以訓詁、考據、疑古和辨偽為主要內容的考證工作，和以抽象思維能力為憑藉的義理照明，實有其不可分割性。並且，考證工作除了必須有由局部積聚以把握全體之意的第一步之外，還必須邁出由全體返照以確定局部意義的第二步。由第一步轉向第二步的最大關鍵，實離不開抽象概念的建立。徐復觀指出：

> 我們所讀的古人的書，積字成句，應由各字以通一句之義；積句成章，應由各句以通一章之義；積章成書，應由各章以通一書之義。這是由局部以積累到全體的工作。在這步工作中，用得上清人的所謂訓詁考據之學。但我們應知道，不通過局部，固然不能了解全體；但這種了解，只是起碼的了解。要作進一步的了解，更須反轉來，由全體來確定局部的意義；即是由一句而確定一字之義，由一章而確定一句之義，由一書而確定一章之義；由一家的思想而確定一書之義。這是由全體以

69　徐復觀，〈與陳夢家屈萬里兩先生商討周公旦曾否踐阼稱王的問題〉，頁 421。
70　徐復觀，〈答輔仁大學歷史學會問治古代思想史方法書〉，頁 5。
71　徐復觀，〈答輔仁大學歷史學會問治古代思想史方法書〉，頁 5–6。

衡定局部的工作，即趙岐所謂「深求其意以解其文」(孟子題辭)
的工作；此係工作的第二步。此便非清人訓詁考據之學所能概
括得了的工作。這兩步工作轉移的最大關鍵，是要由第一步的
工作中歸納出若干可靠的概念，亦即趙岐之所謂「意」。這便要
有一種抽象的能力。但清人沒有自覺到這種能力，於是他們的
歸納工作，只能得出文字本身的若干綜合性的結論，而不能建
立概念。因此便限制了他們由第一步走向第二步的發展。[72]

職是之故，由考據上升到義理，便成為學術研究內在規律所蘊涵
的必然要求。[73] 一個人若欠缺抽象思維的能力，是不能也不配作訓詁、
考據、疑古與辨偽等考證工作的，即使勉力去做，也一定做不好。但
自乾嘉以來，中國學術主流所崇尚和標榜的正是考證，而由乾嘉到近
現代中國學人所最欠缺的，根據徐復觀的說法，偏偏也正是抽象思維
的能力。徐復觀嘗慨乎言：「治學最重要的資本是思考力；而我國一般
知識分子所最缺乏的正是思考力，亦即是缺乏在分析綜合中的辨別推
理能力，連許多主張西化的人也不例外。」[74]「近兩百年來，治中國學問
的人，多失掉了思想性及思考的能力，……」[75] 徐復觀更進一步指出：

　　一談到考據，大家會立刻聯想到乾嘉學派。以考據為專門
之學，的確是出自乾嘉學派。但他們在以漢學打宋學的自設陷

72　徐復觀，〈有關思想史的若干問題——讀錢賓四先生老子書晚出補證及莊老通辨自序書
　　後〉，頁113–114。
73　徐復觀指出：「姚姬傳把中國學問分為義理、考證、詞章三大部門，這只是就當時學術界
　　的情形，為此概略之論。假定方便上承認姚氏的說法，則考據與詞章，可兩不相干；但若
　　把義理作思想來理解，則考據與詞章，如何可以與義理割席？就研究的對象來講，假定被
　　研究的對象是人，此人行為的後面必定有他的思想或時代思想的背景；而此人的言語，
　　或即是直接表達他的思想，或者不自覺地是由某種思想而來。由考據到義理，乃是研究
　　上不可缺少的歷程。某人的思想，固然要透過考證（包括訓詁、校勘等）而始能確定；但
　　考證中的判斷，也常要憑思想的把握而始能確定。」徐復觀，〈答輔仁大學歷史學會問治
　　古代思想史方法書〉，頁5。
74　徐復觀，〈我的若干斷想〉，頁11。
75　徐復觀，《中國人性論史：先秦篇·序》，頁1。

阱中，不僅不了解宋學，且亦不了解漢學。更糟的是，他們因
反宋學太過，結果反對了學術中的思想，既失掉考據應有的指
歸，也失掉考據歷程中重要的憑藉，使考據成為發揮主觀意氣
的工具。……其中在訓詁校勘上卓有成就的，又都餖飣零碎，
距離思想的層次很遠。此種風氣，為現代學人所傳承，更向古
典真偽問題上發展，應當是好現象。但發生影響最大的「古史
辨」派，鹵莽滅〔滅〕裂，更從文獻上增加了中國傳統學問的
困擾。[76]

7. 抽象思維能力的培養和訓練

　　既然抽象思維能力對研究傳統學術，尤其對研究中國思想史是如
此的重要，那麼，它又是如何被培養和訓練出來的呢？徐復觀認為，
唯一的辦法就是刻苦鑽研有代表性的中西學術經典。徐復觀強調：「只
有讀組織嚴密的思想性的著作，才能養成自己的思考能力，邏輯教科
書是沒有大用處的。只有讀論證精詳的考證性的著作，才能養成自己
的考證能力，決不應僅靠方法上的說教。同時，真要看懂他人的著作，
要靠自己的功力。而選擇名著，反覆用心去精讀熟讀，一寸一寸的把
握其中的綱要、條理、及取材、推演的方式，是培養功力的不二法門。
依傍門戶，道聽途說，便什麼也談不上了。」[77] 而在中西著作中，徐復
觀又強調必須先向西方學術名著取經。徐復觀說：「思考力的培養，讀
西方哲學家的著作，較之純讀線裝書，得來比較容易。我常常想，自
己的頭腦好比是一把刀，西方哲人的著作好比是一塊砥石。我們是要
拿在西方的砥石上磨快了的刀來分解我國思想史的材料，順着材料中
的條理來構成系統，但並不要搭上西方某種哲學的架子來安排我們的

76　徐復觀，〈中國思想史工作中的考據問題（代序）〉，頁 1–2。
77　徐復觀，〈答輔仁大學歷史學會問治古代思想史方法書〉，頁 3。

材料。」[78] 必須注意的是，徐復觀有意把研讀西方名著置放在中文經典
之前，這個次序只是時間次序的先後，而決不是重要性次序的先後。
徐復觀研究的畢竟是中國的思想史，從他無數次強調充分消化和整體
把握原典（即徐氏口中的「基本材料」）對研究成果的優先性、重要性
甚至是決定性來看，[79] 研讀中文經典在重要性的次序上，應該還在西書
之前。徐復觀重申：「『思想力』的培養，必須通過了解古人的、他人的
思想，而始能得到鍛鍊、拓展、提升的機會。所以思想力的培養，是
教學與治學上的基本要求。豈有不了解古人的、他人的思想而能培養
自己的思想力？豈有沒有思想力的人能做考據工作？」[80] 徐復觀還現身
說法，把「一切都要由基本材料下手，在基本材料上立根基」，作為培
養和訓練思維能力的「金針」，向求法的學子傳授：

> 推翻傳統的說法是考據。重新肯定傳統的說法，同樣是考
> 據。考據的第一步，是認清什麼是某一問題的基本材料，直接
> 從基本材料下手。基本材料把握到了，再看他人有關的正面反
> 面的說法，精密地與基本材料相對照，這樣才不致受欺騙，並
> 可養成批判的能力。在作對照時，一是，他人的解釋是否與原
> 意相符？二是，他對人對材料的把握，是片段的，還是全面的？
> 三是，順著他人的論點去追查他所援引的根據，是否確實。四
> 是，細心而客觀地衡量正反兩面材料的輕重。再順著基本材料
> 去追求約略同時的有關材料，再由基本材料追求在這以前的線
> 索，也追求在這以後的足印。在辭典、彙書上找有關材料的引
> 子，更憑聯想之力，在各方面動腦筋。我為了考證石濤的生平
> 問題，從頭到尾，翻閱了二十部以上的清初的詩文集，完全落

---

78 徐復觀，〈我的若干斷想〉，頁 11。
79 例如，徐復觀對離開基本材料的整體把握，只拮取其中的片言隻語作過度引申發揮的學
　　風，非常的反感，甚至為此對自己的老師熊十力也不惜公開指名予以批評。徐復觀，〈我
　　的若干斷想〉，頁 10。
80 徐復觀，〈答輔仁大學歷史學會問治古代思想史方法書〉，頁 6。

空，但決不後悔。我為了不相信董仲舒對《春秋》「元年春王正月」的解釋，此解釋由何休所接受而成一大勢力，便聯想到金文中有沒有這類的「書法」，因而推翻了兩千年來為今文家所篤信的「其（《公羊傳》）中多非常異義可怪之論」。[81]

(三) 批評胡、傅等人與史語所的「無思想地學術」

但是，徐復觀也必須相當清醒地面對，乾嘉學派發展到現代，「一直到今天還是一股有力的風氣」，[82] 其代表人物不僅佔據着中國學術主流的高位，壟斷着學術的話語權，主宰着權力與資源的再分配，而且還披上了科學方法的神聖外衣，公然排斥和摒棄學術研究中的義理和價值問題。有鑒於此，徐復觀多次指名或不指名批評中研院史語所。例如他在回答輔仁大學同學的提問便若有所指地說：

> 思想力的培養，是教學與治學上的基本要求。豈有不了解古人的、他人的思想而能培養自己的思想力？豈有沒有思想力的人能做考據工作？但有一批自命頗高的人，標榜他們只搞考據，不沾義理，不沾思想，以保持他們的科學立場。幾十年來，國家在學術上的名位與金錢都操縱在這批人手上，於是中國居然要以「無思想地學術」名於世。這豈僅限制他們始終停頓在極膚淺幼稚的階段，更糟的是，他們在考據之下，十有八九，都是大打其胡說。貽害一般年輕有志而尚無能力拆穿他們的把戲的人。[83]

81　徐復觀，〈答輔仁大學歷史學會問治古代思想史方法書〉，頁 8。徐復觀緊接着還對求法的學子說：「假定你們承認我在考據上有一點成就，較之一般考據專家，稍有一日之長，則我已把自己的『金針』度給你們了。『佛法無多子』，考據的方法，也『無多子』。」前揭書，頁 8–9。

82　徐復觀，〈中國思想史工作中的考據問題（代序）〉，頁 2。

83　徐復觀，〈答輔仁大學歷史學會問治古代思想史方法書〉，頁 6。

徐復觀也相當清醒地知道，任何帶有思想性的研究，都極有可能被這些「無思想地學術」的當權派，稱之為「游談無根」、「不科學」、甚至「反科學」而遭到打壓、抹煞和訕笑，不是被迫「失語」，就是慘遭「消音」。但震懾於「科學方法」加考證的赫赫聲威而自身又不諳考證，包括熊十力在內的新儒學家都從不敢與之正面爭鋒。徐復觀曾相當感慨地說：

> 我留心到，治中國哲學的人，因為不曾在考據上用過一番功夫，遇到考據上已經提出的問題，必然會順隨時風眾勢，作自己立說的緣飾。例如熊師十力，以推倒一時豪傑的氣概，在中國學問上自闢新境。但他瞧不起乾嘉學派，而在骨子裏又佩服乾嘉學派，所以他從來不從正面攖此派之鋒，而在歷史上文獻上常提出懸空地想像以作自己立論的根據，成為他著作中最顯著的病累。其他因乘風借勢，而顛倒中國思想發展之緒的，何可勝數。[84]

徐復觀年輕時曾在湖北國學院刻苦攻讀，且在黃侃等人門下受過嚴格的考據訓練，對舊考證學的強項和弱點均知之甚詳。為了掙脫新儒學「失語」兼被「消音」的困境，徐復觀投袂而起，利用自己一身兼通考據和義理的優勢，決心入室操戈，拔趙幟，插漢幟，建立起自己一套「更謹慎更精密的考據」，亦即義理加考據的新方法學或新考證學，以斥破當時佔據着學術主流地位但卻欠缺義理和思想的舊考證學——徐復觀又稱之為「膚淺粗疏甚至是虛偽的考據」。[85] 徐復觀所撰寫的與中國思想史相關的大量著作，幾乎都是始於考據再向義理升進，又從義理落實到有血有肉的思想者及其所處的時代，而徐復觀對自己獨步的新方法學或新考證學，也非常的自負。他說：

84　徐復觀，〈中國思想史工作中的考據問題（代序）〉，頁2。
85　徐復觀，〈中國思想史工作中的考據問題（代序）〉，頁2。

人固然不可以胡思亂想，但更不可以不思不想。不思不想
的結果，連考據也要被斷送掉，這才是今日學術界可悲的現象。
此其間有如王國維、陳寅恪、陳援庵、湯用彤諸氏，漸由考據
走上思想史的道路；雖深淺不同，但這已真是鳳毛麟角。所以
我曾經說，此一步工作的性質，與清人所謂訓詁考據，有本質
上的不同。……由局部積累到全體（不可由局部看全體），由全
體落實到局部，反復印證，這才是治思想史的可靠方法。但若
僅僅停頓在這裏，則所得的還只是由紙上得來的抽象的東西。
古人的思想活動，乃是有血有肉的具體地存在。此種抽象的東
西，與具體地存在，總有一種距離。因此，由古人之書，以發見
其抽象的思想後，更要由此抽象的思想以見到在此思想後面活
生生的人；看到此人精神成長的過程，看到此人性情所得的陶
養，看到此人在縱的方面所得的傳承，看到此人在橫的方面所
吸取的時代。一切思想，都是以問題為中心。沒有問題的思想
不是思想。古人是如何接觸到他的問題？如何解決它所接觸到
的問題？他為解決問題，在人格與思想上作了何種努力？以及
他通向所要達到的目標是經過何種過程？他對於解決問題的方
法有何實效性、可能性？他所遇着的問題及他所提供的方法，
在時間空間的發展上，對研究者的人與時代，有無現實意義？
我們都要真切的感受到。所以治思想史的人，先由文字實物的
具體，以走向思想的抽象，再由思想的抽象以走向人生、時代
的具體。經過此種層層研究，然後其人其書，將重新活躍於我
們的心目之上，活躍於我們時代之中。我們不僅是在讀古人的
書，而是在與古人對語。孟子所謂「以意逆志」，莊生所謂得魚
忘筌，得兔忘蹄，得意忘言，此乃真是九原可作，而治思想史之
能事畢矣。[86]

86　徐復觀，〈有關思想史的若干問題——讀錢賓四先生老子書晚出補證及莊老通辨自序書
　　後〉，頁 115-116。

（四）徐復觀新考證學的創獲

新儒家的學術批判，很少能說服非新儒學或反新儒學的中國學者，徐復觀的學術著作可以說是極少數的例外。徐復觀的著作能被非新儒家甚至反新儒家的學者接受甚至信服的原因，實得力於徐復觀古今獨步的新考據法。

由清代的乾嘉學派到民國的疑古學派，訓詁考據一直在中國學術界唯我獨尊。時下學者往往把通不通訓詁考據看作有沒有學問的同義語，是以精於此道者常氣焰熏天，自以為學問高人一等；不通此道者大都順眼低眉，自覺在學問上矮人一截。當代新儒學的大師們，除了徐復觀之外，均不通考據。故他們的學術著作，常被時人目為「無根遊談」而一筆加以抹殺。徐復觀並不反對訓詁考據，但他堅決反對以為捨訓詁考據外再無學問的夜郎自大，堅決反對乾嘉學派以訓詁考據來抹殺宋明理學的義理，堅決反對疑古派借訓詁考據把中國的多種最重要經典一一考證成「偽書」而予以消滅。為了使自己的著作不被目為「無根遊談」而輕易地遭人抹煞，徐復觀決心以更精嚴更縝密的新考據，擊敗乾嘉學派及疑古派的舊考據。[87]

徐復觀的新考據有以下五大優點：(1) 深厚的舊學根底，(2) 對原始材料的認真爬梳，(3) 西方學術思想的嚴格訓練，(4) 以材料支持義理，以義發明材料，以及 (5) 與歷史人物的內部對話和個人從政經驗對歷史的照明。徐復觀新考據的五大優點中，除了 (1) 和 (2) 兩項與舊考據共有之外，其餘 (3)、(4)、(5) 項，均為舊考據所無。舊考據是以漢學反宋學，以訓詁考據排斥義理，結果反掉了學術中的思想，因而失掉了考據中應有的指歸和憑藉，結果不免鹵莽滅裂、餖飣零碎；而

87　徐復觀，〈中國思想史工作中的考據問題〉，收入氏著，《兩漢思想史》，卷 III，頁 1–5；徐復觀，〈研究中國思想史的方法和態度問題〉，收入氏著，《中國思想史論集》，頁 1–9。

徐復觀的新考據，調和漢宋、冶考據與義理於一爐，兼二家之長，而無二家之短，更兼輔以西方政治學、社會學、以及文化哲學等新方法，真個如虎添翼。[88]

　　為了新舊考證學之爭，為了由學術邊緣重返學術中心，尤其是為了學術話語權的分享，徐復觀還曾經和毛子水、李濟、屈萬里、勞榦等當時學界的主流人物大打筆戰。[89] 由於徐復觀的學術批判，是以考據對考據的挑戰方式提出來的，當時的學術主流派便不能再像以往一樣視之為「無根遊談」，而必須認真應戰。徐復觀的新考據，在方法論上，無疑比舊考據更合理、更正確、更高明；而徐復觀的綜合分析推理能力，尤其是徐復觀的文筆，又高出他的對手。是以徐復觀在學術批判的戰場上縱橫馳突、所向披靡；憑着獨步一時新考據，徐復觀一舉攻陷了主流派的核心陣地。這一勝利在新儒學史上意義非常重大，因為直到徐復觀突擊成功之後，主流派才不敢把當代新儒學陣營所有的學術著作醜詆為「非學術」或「沒有學問」的「無根遊談」而加以訕笑和抹煞，而新儒學派和主流派也第一次有了真正的和平等的學術對話。以往兩派如兩條平行線、永不相交的絕緣狀態以及「此亦一是非、彼亦一是非」的自說自話，也因有了學術上的交鋒而有所改變。這一改變，對長久以來一心希望突破主流派的孤立和阻隔，從學術邊緣回到學術中心的新儒學派而言，不啻是「一元來復」的新開始。

88　徐復觀，〈中國思想史工作中的考據問題〉，頁 1-5；徐復觀，〈研究中國思想史的方法和態度問題〉，頁 1-9。

89　參看徐復觀，〈兩篇難懂的文章〉、〈答毛子水先生的「再論考據與義理」〉，收入氏著，《(新版) 學術與政治之間》，頁 469-490、505-524；徐復觀，〈由尚書甘誓、洪範諸篇的考證，看有關治學的方法和態度問題——敬答屈萬里先生〉、〈與陳夢家屈萬里兩先生商討周公旦曾否踐阼稱王的問題〉、〈有關周公踐阼稱王問題的申復〉，收入氏著，《中國思想史論集續篇》(臺北：時報文化出版事業公司，1982)，頁 113-150、151-184、185-205；以及徐復觀，〈考據與義理之爭〉，收入氏著，《學術與政治之間》，頁 381-398，411-429，445-467。

四、史德與人格的培養

(一) 誣陷先聖先賢「乃人世間最醜惡之事」

儘管徐復觀強調學人的抽象思維能力，強調治學方法，以及強調
向西方經典學習和借鑑等主張，使他的學術觀點顯得相當的現代化甚
至西化；但他強調史德的重要性，強調史家的品格和其治學成績的必
然連結，[90] 又使他的理念充滿了傳統中國的特色。徐復觀認為一個心理
正常的人，一個人格沒有被扭曲的人，自然會對自己生命的本源——
亦即自己民族的歷史文化和先哲先賢——懷有不容已的感恩和孺慕之
情。中國歷史文化和歷代先哲先賢有其不可諱言的缺點甚至錯誤，對
於這些缺點和錯誤，當然可以而且應該予以批評。徐復觀對中國傳統
政治文化的許多批評，甚至比反傳統主義者更為犀利、更為鞭辟入裏，
並為此不惜同同一營壘的多年老友大打筆墨官司。[91] 但批評必須實事求
是，必須在批評其缺失之時不抹煞其原有的優點和成績，尤其不可把
缺失任意誇張放大，甚至嫁禍栽贓，把批評變成誣陷和污衊。徐復觀
最不能忍受和原諒的事情，就是近現代中國學人對自己的歷史文化和
先哲先賢的誣陷和污衊。徐復觀說：

> 評騭古人，也和評騭今人一樣，既要不失之於阿私，又不
> 可使其受到冤屈。這須要有一股剛大之氣，和虛靈不昧之心，
> 以隨時了解自己知識的限制，和古人所處的時代，及其生活所

90　徐復觀強調：「一個人在學術上的價值，不僅應由他研究的成果來決定，同時也要由他對
　　學問的誠意及其品格之如何而加以決定。」徐復觀，《中國人性論史：先秦篇‧序》，頁6。
91　錢穆反對把秦始皇以後中國的政制，稱為「專制政治」，徐復觀因之痛加批判：「我和錢先
　　生有相同之處，都是要把歷史中好的一面發掘出來。但錢先生所發掘的是二千年的專制
　　並不是專制，因而我們應當安住於歷史傳統政制之中，不必妄想什麼民主。而我所發掘
　　的卻是以各種方式反抗專制，緩和專制，在專制中注入若干開明因素，在專制下如何多保
　　持一線民族生機的聖賢之心，隱逸之節，偉大史學家文學家面對人民的嗚咽呻吟，及志
　　士仁人忠臣義士，在專制中所流的血與淚。因而認為在專制下的血河淚海，不激發出民
　　主自由來，便永不會停止。『述往事，思來者』，史公作史之心，應當是一切史學家之心。
　　面對人陸人民，正進行專制與民主的生死之爭，『歷史地良知』該是如何的重要。」徐復
　　觀，〈良知的迷惘——錢穆先生的史學〉，收入氏著，《徐復觀雜文——記所思》，頁115。

歷的艱辛。目前風氣，是毫無分際地阿諛與自己利害有關的今人；卻又因無知而又急於想出風頭的關係，便以一股乖戾之氣去冤屈古人。現在許多人，似乎根本不知道對他人所作的阿諛與冤屈，乃人世間最醜惡之事。而這兩者，又必然地是一個人格的兩面。[92]

之所以為「世間最醜惡」，首先是因為那些厚誣歷史文化和先哲先賢的人，本身即充滿了「作為一個中國人的過分地自卑感」。徐復觀認為，自鴉片戰爭以來，許多中國知識分子帶有「半殖民地」心態，濃重的自卑感使他們在面對西人及西方文化時不免自慚形穢，開始時不敢承認中國有文化，繼而把中國文化罵得不值一文，最後把自己的種種軟弱、沒出息和不爭氣統統都推到中國文化身上。[93] 徐復觀指出：「在今日，既有人以滿身污穢的自卑心理來面對政治問題，也有人以『滿面羞慚』的自卑心理來面對文化問題。在此種人的心目中，覺得只有咒罵誣〔侮〕辱自己的歷史文化，才能減輕作為一個中國人的罪惡感。這恰和共產黨裏面許多人為了『丟掉歷史包袱』所作的坦白心情，一般無二。政治上反自由民主者口頭上的理由，是説中國不合於自由民主，亦即是承當不起自由民主；把個人承當不起的自卑心理，投射在整個的國家身上。文化上反歷史文化者的口頭理由，是説不打倒自己的歷史文化，西方的文化便走不進來；把這一代人的陰鄙墮退，一筆寫在自己的歷史文化身上。」[94]

其次是因為厚誣古人與歷史文化者的行為，乃緣於一種妒忌和仇恨正人君子的小人心理。徐復觀提醒大家：「在長久的中國歷史中，可以頂天立地站起來的知識份子，為數非常有限。兩百年來流行的無條件地排斥宋明理學的情形，經過我這幾年不斷地留心觀察，發現這並

92　徐復觀，《中國藝術精神‧自敘》，頁 9。
93　徐復觀，〈文化的中與西‧答友人書（二）〉，頁 93。
94　徐復觀，〈自序〉，收入氏著，《（新版）學術與政治之間》，頁 vi。

不是根據任何可以稱為學術上的研究的結論；而只是壞的習性，相習成風，便於有意或無意中，必以推倒在歷史中僅有的，可以站的起來的好知識份子為快。這和政治上，在社會上，壞人必定編出許多藉口以排斥正人君子，是出於同樣的心理狀態。而宋明兩代的歷史事實，正證明這兩代的理學家，雖各有其缺點，但皆不失為君子。而結羣存心去打倒他們的人，卻可以斷定，十九是一批小人。誰能推翻這種歷史上的公是公非呢？」[95]

最後，還因為厚誣古人與歷史文化者的行為，乃緣於一種欺軟怕硬推卸責任又欲嘩眾取寵的懦夫心理。徐復觀說：「古人的思想，有對有不對；有的我們贊成，有的我們反對；但反對是與仇恨、裁誣不同。反對是根據一種事實、理由，而不接受他，或進一步去批評他。仇恨，則完全是由現實利害所引起的感情上的東西。若由仇恨而變成裁誣，那更是不正當的手段。試想，古來許多艱苦奮鬥一生的思想家們，他的身體，早在墳墓中腐朽；他遺留的著作，也正是『煙墨無言』；他如何會得罪現代人而引起現代人的仇恨？因為在外賭錢賭輸了而回到家來打家具，丟祖宗牌位；因為對現實不滿而一箭射向墳墓中的人身上去。這都可以算作能避免直接抵抗的勇敢，但未必算得是有出息的勇敢。有不少的人，好像是曾經得過一部無字天書樣，對於他完全不知道的東西，大嚷大罵，有如街頭玩江湖的人，覺得只要聲音嚷得大，姿態出得怪，便不愁沒有人圍攏來看熱鬧。文化界中所以有這種現象，多半是由仇恨而來的發洩。其實，這不僅與古人無關，更與他所談的問題也無關，而只會令人懷疑到這種人有無談任何問題的資格，因為只有能保持清明平允之心的人才能談問題。」[96]

95　徐復觀，《中國人性論史・先秦篇・序》，頁 7–8。
96　徐復觀，〈孟子政治思想的基本結構及人治與法治的問題〉，頁 134。

(二) 面對知識的堂堂正正的人生態度

為了避免作「世間最醜惡之事」，徐復觀強調研究中國文化的學者，在面對西方文化之時，必須要有「面對知識的堂堂正正的人生態度」。徐復觀解釋道：

> 其實，人類文化，都是由堂堂正正的人所創造出來，都要由堂堂正正的人所傳承下去。只有由平實正常的心理所形成的堂堂正正地態度，才能把古今中外的文化，平鋪〔鋪〕在自己面前，一任自己理性良心的評判，選擇，吸收，消化。滿面羞慚的自卑心理，使一個人在精神上抬不起頭來；這固然不能正視自己的歷史文化，同樣也不能正視西方的歷史文化。在此種情形下，縱然有少數人能認真做一部分西方文化的研究工作，但其內心深處，好像舊社會裏不敢抬頭的男女戀愛，很不易為國家得到結婚生子的結果。何況抱着此種心理的人，多半是東張西望地混過一生，最後還是對文化交白卷。[97]

與此同時，徐復觀進一步強調，中國學人在面對西方文化之時，還必須要有「人格尊嚴的自覺」。因為，「人格尊嚴的自覺，是解決中國政治問題的起點，也是解決中國文化問題的起點。一個人，一旦能自覺到其本身所固有的尊嚴，則對於其同胞，對於其先民，對於由其先民所積累下來的文化，當然也會感到同是一種尊嚴的存在。站在人類共有的人格尊嚴的地平線上，中西文化才可以彼此互相正視，互相了解。在互相正視，互相了解中吸收西方文化，這有如一個像樣地民族資本家和外國工商業者作經濟來往一般，到真能做點有規模有計劃地以有易無的兩利生意。我不認為在買辦式地精神狀態下，甚至是在

97　徐復觀，〈自序〉，收入氏著，《(新版) 學術與政治之間》，頁 vi-vii。

乞丐式地精神狀態下，能有效的吸收世界文化以發展自己的文化。」[98]

(三)「無我」與「去私」

「在齊太史簡，在晉董狐筆。」為了「秉筆直書」，中國古代史家不惜付出充軍、殺頭、抄家、滅族的代價。以熱血和生命追求與捍衛歷史的真實，一直是中國傳統史學至可寶貴的優良傳統。徐復觀的史學精神，和董狐、齊太史等偉大史家是密切通感的。如果從求真的角度看，徐復觀對傳統文化的批判，是為了捍衛歷史的真實；徐復觀對傳統文化的維護，也是為了捍衛歷史的真實；而徐復觀對誣陷和污衊傳統文化者的揭露和反批判，同樣是為了捍衛歷史的真實。是否願意為追求與捍衛歷史的真實付出各種代價，便只有取決於史家個人的道德修養和品格。而史家德行與品格的陶養，順著徐復觀的思路，其最根本用力之處，端在於「忘掉了自身的利害」的「無我」，以及「脫出私人的好惡和利益計較」的「去私」。史家若蔽於個人好惡利害之私，便無法守護歷史之公是公非，追尋和保衛歷史的真實。徐復觀強調：

> 是非之所以不明，常常為當事者利害好惡之私所遮蔽。理學家常要求人當下能脫出私人的利害好惡，以把握是非之公；這是為了救當下的人，救當下的事，救當下的時代。歷史則在時間之流中，也能使人脫出過去的是非好惡，以看出過去的是非得失之公。在這種地方，理學家與史學家，常於不知不覺之中，有其會歸之點。[99]

徐復觀還慨乎言：「許多文章中談到關鍵性的問題時，必然是忘掉

98　徐復觀，〈自序〉，收入氏著，《(新版) 學術與政治之間》，頁 vii。

99　徐復觀，〈明代內閣制度與張江陵 (居正) 的權、奸問題〉，收入氏著，《中國思想史論集》，頁 280。

了自身的利害，否則不能下筆。」[100] 這真是徐復觀在治思想史之時的真情告白和經驗之談。唯有無我與去私，史家才有可能處身在極權政治的高壓下，即使面對着羣眾的批鬥，學生、同行和輿論的圍攻，學術單位的開除解聘，親戚朋友的劃清界限，抄家、坐牢甚至殺頭，也不肯削歷史事實之足，適官方意識形態教條之履，說出違反歷史真實和違背學術良知的話。徐復觀特別把大陸學界「當做永遠不刊的經典」的馬列著作，以及由此衍生的「模仿史學」，作為官方意識形態教條之舉證。徐復觀說：

> 　　所謂模仿史學，是模仿馬克思、恩格斯所說的西方歷史發展的階段，把中國歷史，生硬地套上去，以符合馬、恩心目中的歷史發展的法則。馬、恩提出『生產力』，及生產關係中的階級鬥爭，以作為人類歷史發展的「鐵則」，在對歷史的解釋上，不應完全否定他的意義。但是，馬、恩不是史學家；對東方的歷史，更是一無所知；他們所說的「亞細亞生產方式」，只能表明他以極概略的方法，把東方歷史的發展，與西方的歷史發展，檢別出來，這是他們治學態度的謹慎。他們對西方一百年來的史學，不是完全沒有影響；但只是局部的，而不是全面的。是間接的，而很少是直接的。除了制式著作之外，硬要把中國的歷史，套到他們的簡單架子上去，不僅在學術上是傅會，在政治上也看不出有何必要。[101]

　　然而，政治上的逼迫與打壓並不是最厲害的，更厲害的還是學術羣體與社會大眾的集體誤解和指斥。徐復觀曾對政治壓迫和社會風氣壓迫作出比較，認為後者給精神所造成的負擔，實極度地重於前者。徐復觀說：

100　徐復觀，《兩漢思想史：周秦漢政治社會結構之研究・三版改名自序》，頁 8。
101　徐復觀，〈與陳夢家屈萬里兩先生商討周公旦曾否踐阼稱王的問題〉，頁 423。

把政治上的感觸寫出來容易，但把文化上的感觸寫出來
卻相當地困難，因為這要冒着社會風氣的大不韙。現實政治
上的壓力，在形式上很重，而在精神上卻很輕。社會風氣的壓
力，在形式上似乎很輕，而在精神上卻很重。一個人的生命，
若非不幸而完全沉浸在這種時代感觸之中，無法自拔，誰又肯
冒雙重的壓力，以自甘孤立於寂天寞地之中，而可不懼，不悔，
不悶？[102]

在這種社會風氣壓迫之下，徐復觀明知真話說得愈多，便愈會使
自己陷入孤立。而徐復觀又是聰明絕頂之人，當然一點也不欠缺「為自
己打算的聰明」。而徐復觀之所以忘記了為自己打算，究其實緣於「學
術上為民族留一線生機的真誠願望」的至大至公。由此可見，唯有無我
與去私，史家才有可能甘冒天下和社會風氣之大不韙，不怕學術社羣
的刻意孤立，不怕同行的譏諷訕笑，堅持說出為自己學術良知不容已
的真話。

唯有無我與去私，史學才會成為天下之公器。徐復觀口中的那些
「不學有術的中年以上的老師們」，才不會再「為了維持自己的地位和飯
碗」，以「哄騙聰明學生以作自己積極與消極的工具」，糟蹋盡天下良材
美質；[103] 而那些「學術上完全交了白卷」的中研院和臺大的當權派，才
不會再「由門戶、意氣、現實利害之私，竟不惜用種種方法，誘迫下一
代的優秀青年，在許多特定勢力範圍之內，作『錯誤累積』的工作，以
維護若干人在學術上的地位」，致使那些「憑自己獨立地意志去追求真
是真非」的青年學子，再「難有插足學術研究機關的機會」──這種以
劣幣驅逐良幣的做法，實際上等於「率下一代的人去背棄學術」。[104]

唯有無我與去私，中國的許多史學工作者才敢於不再托庇於洋人

---

102 徐復觀，〈自序〉，收入氏著，《（新版）學術與政治之間》，頁 vii。
103 徐復觀，〈有關周初若干史實的問題〉，頁 407。
104 徐復觀，《中國人性論史：先秦篇・序》，頁 7。

和洋理論的屋簷之下，[105] 不再在「權威的圈子裏打觔斗」，徐復觀嘗慨乎言：

> 　　在學問上，能發現某些權威犯有錯誤的，僅有極少數人才可以做到；一般人，只能在權威圈子裏打觔斗。這些年來，國內外對王充、戴東原、章實齋等人的渲染、騰播，即是最顯著的例子。首先立說的權威，……不僅絕少自己發現自己錯誤之事，並且對他人所指出的錯誤，要便是「概不答辯」，以保持自己的身份。要便是運用以「游辭」為「遁辭」等方法，使問題更陷入魔瘴。甚至促使受到卵翼的幫派後生出來為他吶喊，或運用政治力量給對方以打擊。這是中國在傳統歷史文化的研究上，經常陷於泥淖之中的重大原因之一。[106]

　　唯有無我與去私，中國的許多史學工作者才敢於「服從材料」而不服從權威，才有可能在面對材料之時，放棄個人的成見，任由材料自己講話，並在「深入到材料去以後，對任何與材料不符，但被人視為權威的說法，都敢站起來替材料講話。對任何權威的說法，都敢查清他的底細，窮根究委，做到水落石出」，從而樹立起自己「面對知識的堂堂正正的人生態度」。[107]

　　唯有無我與去私，中國當代的許多史學工作者才不會再像以往那樣，為了一夜之間暴得大名，而千方百計追新獵奇、嘩眾取寵，故作非常可怪、語不驚人死不休之論。徐復觀斷言此一不正學風乃緣於「五四」流弊：

105　徐復觀指出：「現在的中國知識份〔分〕子，偶而着手到自己的文化時，常不敢堂堂正正地面對自己所處理的對象，深入到自己所處理的對象；而總是想先在西方文化的屋簷下，找一膝容身之地。但對西方文化的動態，又常限於過份地消息不靈。……」徐復觀，《中國藝術精神・自敘》，頁 4。
106　徐復觀，《兩漢思想史：周秦漢政治社會結構之研究・三版改名自序》，頁 5。
107　徐復觀，〈答輔仁大學歷史學會問治古代思想史方法書〉，頁 4。

　　五四學風是在求變動的大要求下,「新奇」高於一切的學
風。只要有人能提出新奇的説法,不論此説法有無根據,便會
在一夜之間得到大名。……以致聰明的人,為了獲取聲名,保
持聲名,便千方百計地去尋找新奇;尋找新奇之念,遠超過求
理解,求真實之念。於是許多新奇之説,皆建立在一知半解,
以偏概全,以想像代替邏輯推理的情況之上。換言之,走上了
以新奇代替真實,掩沒真實的一條道路。我們只要想到在當時
名滿天下的人,多是在具體學問上一無所有的人;最顯著的例
子,有如錢玄同,便無法否定我上面的觀察、論斷。……中國
學術的進步,是要超越五四的學風,走上在真實中求新,而不
必求奇,乃至寧願守住真實,放棄社會所要求的新奇之路。但
有些人依然想拾五四時代的便宜,不肯順着五四時代風氣中的
新奇,去進一步加以檢證。[108]

　　唯有無我與去私,中國當代的許多史學工作者才不會再像以往那
樣,對於「自己所不知道的知識,便要獨斷地加以打倒;自己所未達到
的人生境界,便要武斷地加以踏平;每個人覺得自己就是知識世界的
全體,自己就是人格世界的全體」,才不會形成如徐復觀所指的「精神
中的各個極權王國」,致使個人生命和史學統統都被窒息。[109]

(四) 永不埋沒「學術上的良心」

　　徐復觀經常強調:「政治上的錯誤或詐欺,因與社會大眾在利害上
的密切關連,常能並世即可發現。而學術上的錯誤或詐欺,因窮探冥
索之不易,常承訛踵謬,至千百年而莫之或覺。所以學術上的良心,

108　徐復觀,〈有關周初若干史實的問題〉,頁 407−408。
109　徐復觀,〈自序〉,收入氏著,《(新版) 學術與政治之間》,頁 v-vi。

較之政治上的良心，更為重要。」[110] 由於絕大部分學術上的錯誤，只能由作者自己覺察、自己改正和自己公諸於世，因而學術事業是名副其實的良心事業。覺察、改正、公佈自己的錯誤，離不開作者自己真誠而深刻的反省。作者反省能力的大小，決定了其學術成就的高下。而作者的反省能力，又全繫於作者在無我去私的道德修養中的努力程度。一個文過飾非，把「愛假面子」「當作維持自己地位的重要手段」的人，是不能也不會作任何真正反省的。[111] 徐復觀是個反省能力極強又勤於反省的人。服從材料和讓材料說話，是他治中國思想史的兩大原則。他每採一說、建一義，都是「看了許多有關的說法以後，經過自己的批判，順着材料的本身，選擇一條心之所安的道路」的結果。[112] 文章寫成之後，他便會以「完全處於一個負責地第三者的地位」的心理，[113] 對自己的文章作進一步的思考與檢證。他的反省內容，包括研究態度是否客觀，有沒有為了爭強鬥勝標高立異而懷有翻古人的案或翻今人的案的存心？有沒有為了替中國文化或中華民族爭面子而預設立場？在評騭古人之時，有沒有隨時了解自己知識的限制，以及古人所處的時代和所面對的種種艱難？有沒有借古人的名義來發揮自己的思想？有沒有阿諛或冤枉古人？有沒有對材料作出超過其原意所涵的過度發揮與引申？有沒有在材料不足時作出過為大膽的推斷？有沒有不斷地根據新材料的發現而修正自己原有的觀點？[114] 當徐復觀反省到自己確有錯誤時，便會勇敢地一一公開承認。例如他檢討自己在撰寫〈陸王異同〉和《孝經》成書年代〉等文章之時，便坦承自己因「多少含着有

110　徐復觀，〈釋「版本」的「本」及士禮居本國語辨名〉，收入氏著，《兩漢思想史：周秦漢政治社會結構之研究‧附錄二》，卷 1，頁 419。

111　徐復觀，《中國思想史論集‧再版序》，頁 2–3。

112　徐復觀，《中國人性論史：先秦篇‧序》，頁 6。

113　徐復觀，《中國人性論史：先秦篇‧序》，頁 5。

114　徐復觀說：「有反省能力與習性的人，可以不斷由新資料修正自己原有的觀念與解釋；此時是憑原有觀念來追求資料，解釋資料，同時也即憑新資料突破原有觀念，形成切合資料的新觀念；資料與觀念，是相緣而互相增進的。沒有這種反省能力與習性的人，便只能以資料增益他原有的觀念；凡與他原有觀念不合的，只有出於被刪除或歪曲之一途。」徐復觀，〈與陳夢家屈萬里兩先生商討周公旦曾否踐阼稱王的問題〉，頁 421。

點賣弄聰明、馳騁意氣的成分」，致使立說「容易流於武斷」。[115] 徐復觀還檢討說：「我有關本問題考證的最大缺點，在於太注重鑽材料的空隙，而忽視了廣大的背景；更忽視了古代對某些事情，不可能紀錄得完全；因紀錄得不完全而遽然斷定這些紀錄為偽，這是非常冒險的考證方法。」[116] 徐復觀特別在文章中把這些錯誤指出，作為自己和別人治學的殷鑑。徐復觀的自我檢討，正表現出一種視學術為天下公器的無私胸襟。他說：「我年來漸漸了解，一個人在學術上的價值，不僅應由他研究的成果來決定，同時也要由他對學問的誠意及其品格之如何而加以決定。學問是為人而存在，但就治學的個人來說，有時也應該感到人是為學問而存在。我們每一個人的努力，都希望對『知識的積累』，能有一點貢獻。自己的話說對了，這固然是一份貢獻；能證明自己的話說錯了，依舊是一份貢獻。」[117] 能說出這段這段話的人，又豈可無「一股剛大之氣，和虛靈不昧之心」！[118]

結語

　　大約在一九二〇年代中葉，胡適和傅斯年等人便悄悄地疏離了「五四」文化革命的喧囂戰場，改行一條「非政治的文化思想的救國路線」，此後便把「三十年來」的精力，主要用於「整理國故」。[119] 他們的無預警地突然改換跑道，難免會引起反傳統營壘戰友的強烈不滿和質疑；而胡適的「捉妖與打鬼」的自我申辯，又把「整理國故」與摧毀傳統文化劃上等號；[120] 如此一來，他們通過「整理國故」而建立中國現代

115　徐復觀，《中國思想史論集・再版序》，頁 3。
116　徐復觀，《中國思想史論集・再版序》，頁 2。
117　徐復觀，《中國人性論史：先秦篇・序》，頁 6。
118　徐復觀，《中國藝術精神・自敘》，頁 9。
119　胡頌平編著，《胡適之先生年譜長編初稿》（臺北：聯經出版事業公司，1984），冊 6，頁 2065。
120　胡適，〈整理國故與「打鬼」──給浩徐先生信〉，頁 117。並參看本書第一章，〈救亡思潮和胡適的《中國哲學史大綱（卷上）》〉。

學術制度及重塑中國學術傳統的努力，以及從中衍生的客觀意義，便不幸地被遮蔽了。同時，又由於他們在考證古籍之時，疑古太過，判斷真偽之標準又過為嚴苛，而又太執着於把典籍的「真」和「偽」等同於價值的「好」與「壞」，致使相當一部分傳統的重要經典，因之被誤判為「偽」而遭擯棄。[121] 胡、傅等人「整理國故」的主觀動機和客觀效果，看在徐復觀等新儒家的眼中，無非都是為了證明「中國文化全盤皆錯」，無非都是為了「證明『國故』之一錢不值，使國人不再想到『國故』。」[122]

胡適和傅斯年等人的以「科學方法」「整理國故」，繼承了乾嘉考據學的傳統，但由於有了西方現代學術資源的挹注，故在方法學上又要較乾嘉大師更為精密。然則，乾嘉學派的大師從事考據的初衷，其目的本為「通經明道」，而考據只不過是達至「通經明道」的手段。然而，任何手段行之既久，便有可能掩蓋了原初的目的，而使自己變成了目的的本身，乾嘉考據學也不能自外。如果說，考據在乾嘉學派由手段變成目的，乃係緣於不自覺的演變；而胡、傅等人的「整理國故」，便是相當自覺地把考據的本身等同於目的。「非政治的文化思想的救國路線」，使得他們為了避免各種政治思想的干擾，尤其是馬克思、列寧主義的干擾，因而採取了「價值中立」的立場。蘭克（Leopold von Ranke，1795–1886）學派的影響，又使得他們強調在治史之時，須秉持與研究自然科學相同的純客觀心態來，絕對棄除宗教、道德等思想因素可能產生的影響，並把史料的發現、蒐集、整理、審查和考定，誤作歷史學的本身。傅斯年在〈歷史語言研究所工作之旨趣〉中的基本宗旨，諸如「近代的歷史學只是史料學」、「要把歷史學語言學建設得和生物學地質學等同樣」、「把些傳統的或自造的『仁義禮智』和其他主觀，同歷史學和語言學混在一氣的人，絕對不是我們的同志！」等等，

121　陳寅恪通過比較胡適和馮友蘭的兩本中國哲學史，在審查報告中對胡適所倡導的學風及其流弊所提出的批評，可謂確當而公允。陳寅恪，〈審查報告一〉，收入馮友蘭，《中國哲學史》（重慶：商務印書館，1944 年重印），下冊，〈附錄一〉，頁 1–5。

122　徐復觀，〈三十年來中國的文化思想問題〉，頁 427。

便是混雜了對蘭克「科學的歷史觀」的正解和誤解的產物。[123]

　　港、臺新儒家相當一致地把乾嘉「無義理」的考據學，視為釀成中國近代社會浩天巨禍的遠源。[124]對於傳承自乾嘉的薪火，又被他們斷定為搗毀傳統文化物質基礎的胡、傅等人的「整理國故」，更是難掩其反感與憎惡。不通考據之學的牟宗三，只能以謾罵來發洩胸中的積憤。[125]而以考據起家的錢穆，從一九三〇年代末葉開始，在他的《國史大綱‧引論》，尤其是在他的《新亞學報‧發刊詞》中，對胡、傅等人「擯棄義理」的「整理國故」，及其所產生的各種流弊，予以嚴厲的批判。[126]徐復觀則以義理喻建屋的藍圖，考據譬建屋之磚瓦，相當清晰地解釋了義理和考據，在治學上實有併生共榮缺一不可的緊密關係。僅有藍圖而無磚瓦，建屋只成畫餅；僅有磚瓦而無藍圖，同樣也建不成房屋。這本是不證而自明之理。義理和考據，合之則雙美，離之則兩傷。徐復觀在摧破胡、傅等人「無義理之考據」的同時，建立起自己獨步當時學林的義理加考證的新方法學或新考證學。

　　傳統學術中義理、考據和詞章的堅實訓練，西方思想史經典的長期苦讀，使得徐復觀能自由出入於傳統與現代學術之間，並藉此在方法學上另闢蹊徑。他在強調思維能力的訓練和培養，強調方法學對治史的重要性之時，他的史學思想是相當的現代化甚至西化的。但他在強調個人的人格修養對治史的重要性之時，他的史學思想又是相當傳統的和中國的。傳統和現代、中國和西方的兩種張力，不僅沒有在徐復觀的史學思想中引起不可調和的對立和衝突，而且還以相輔相成的態勢，有機地融合在一起，使徐復觀在新儒家守故開新的文化事業中，尤其是傳統史學的重建事業中，發揮了強大的功能，產生了深遠的影

123　關於蘭克的「科學的歷史觀」，see James M Powell and Georg G Iggers, *Leopold von Ranke and the Shaping of the Historical Discipline* (New Yopk: Syracuse University Prsss, 1990).
124　詳見本書第六章，〈牟宗三眼中的胡適〉。
125　詳見本書第六章，〈牟宗三眼中的胡適〉。
126　詳見本書第三章，〈錢穆與胡適的交涉〉。

響，以及取得了驕人的成績。如果把思維能力和方法學看作「史識」和「史才」，把人格修養看成「史德」，在徐復觀的史學思想中，「史德」不僅應高於「史識」和「史才」，而且還應處於統御和主宰的地位。因為，徐復觀深深體悟到，「思想史的工作，是把古人的思想，向今人後人，作一種解釋的工作」，而「古人的思想，必然與古人的品格、個性、家世、遭遇等，有密切關係」，故史家只有以自己的生命和人格，和古人的生命和人格直接睹面，才會有內在對話的可能，而內在對話又是正確解釋的唯一通道，故「解釋和解釋者的人格，常密切相關」。[127] 因為，卑鄙者的人格與聖賢的人格，是難以產生內在對話的。按照徐復觀的切身體驗，「愈是迫近到研究的對象，愈感到要把握住一個偉大地人格，及把握由一個偉大人格所流露出來的思想，該是多麼困難的事情。我在研究過程中，雖然盡力要守在『不笑、不悲、不怒、只是理解』（Non ridere , non lugere, neque detestari, sed intelligere）的斯賓諾莎（Spinoza 1632−1677）的格言，但常常感到站在研究的對象面前，自己智能的渺小。」[128] 而徐復觀在讀《論語》時，常常為孔子生命的轉化中所自然流露出的「平凡中的偉大」而深受感動，甚至覺得「西方一套一套的形而上學，面對着孔子由生命轉化中所流露出的語默云為」，頓時變得沒有太大的意義。[129]

此外，再高強的思維能力，再精密的治學方法，也離不開人的運作。史家的人格修養在治史中之所以比思維與方法更為重要，這是由人文學科研究的特質所決定。徐復觀強調：「大家談科學方法，卻常忽視了在自然科學的實驗當中，人不能不以儀器的活動為活動，此時的方法是在客觀中進行。但在人文學科方面，方法的操作，『存乎一心』，很難脫離主觀的作用。所以在作自然科學研究的人，不必注重個人的主觀態度；但在作人文學科研究的人，首先要求有一個由『忠於知識』

127　徐復觀，〈中國思想史工作中的考據問題（代序）〉，頁 3。
128　徐復觀，《中國人性論史：先秦篇・序》，頁 5。
129　徐復觀，〈我的若干斷想〉，頁 11。

而來的勤勉、謙虛、自信，及『過則無憚改』的態度。適當的方法，只有在這種態度之下才可以發現和運用的」，[130]「方法的真正作用，乃發生於誠摯的治學精神與勤勉的治學工作之中。方法的效果，是與治學的工力成正比例」。[131] 既要求「德」「才」兼備，又強調「德」重於「才」。這既是新儒家的一貫主張，也是史學家徐復觀之所以成為新儒家的重要理由。

130 　徐復觀，〈答輔仁大學歷史學會問治古代思想史方法書〉，頁 3。

131 　徐復觀，〈我的若干斷想〉，頁 12。

第八章　港臺新儒家對民主政治的反思

> 為天地立心，
>
> 為生民立道，
>
> 為去聖繼絕學，
>
> 為萬世開太平。
>
> ——〔宋〕張載，〈拾遺〉[1]

引言

自鴉片戰爭以降，以拯救國家與民族免於淪亡為目標的「救亡」運動，已逐漸變成了中國知識人的宗教、上帝或終極關懷。[2] 救亡運動一直發展到五四和後五四時期，中國知識人又把建設現代國家和發展現代實業，視為救亡運動的唯一憑藉；而建設現代國家所必需的民主政制，以及發展現代實業所必需的現代科技，則被知識人尊稱為德先生（Mr. Democracy）和賽先生（Mr. Science），歡迎德先生和賽先生蒞臨中國並在此落戶生根，則成了當時壓倒一切的主流民意，以及國人難得一見的共識。

儘管共識已經達成，但德先生和賽先生卻依然姍姍來遲。於是，激進的知識人則把迎迓德、賽兩先生的諸般不順，歸咎並遷怒於中國的傳統文化；而德先生或賽先生在中國歷史上從來就不曾出現過的事

1　〔宋〕張載，《張載集・拾遺》(北京：中華書局，2006 年 12 月第三次印刷)，頁 376。

2　翟志成，《馮友蘭學思生命前傳（1895–1949）》(臺北：中央研究院近代史研究所，2007)，頁 15–56。

實，便被視為中國文化與德、賽兩先生水火不相容的鐵證，成了激進的知識人反中國文化的充足理由。既然中國文化已成了引進德、賽兩先生的最大障礙，邏輯上便只有把中國文化連根拔掉。[3]「五四」反傳統營壘的主帥陳獨秀，便曾如此直率坦白地談及其中的關連：「要擁護那德先生，便不得不反對孔教，禮法，貞節，舊倫理，舊政治。要擁護那賽先生，便不得不反對舊藝術，舊宗教。要擁護德先生又要擁護賽先生，便不得不反對國粹和舊文學。」[4]反傳統營壘的大將錢玄同甚至提出了若要根除中國文化，便必須把漢字也完全廢掉的「根本解決」之道。他說：「欲使中國不亡，欲使中國民族為二十世紀文明之民族，必以廢孔學，滅道教為根本之解決；而廢記載孔門學說及道教妖言之漢文，尤為根本解決之根本。」[5]錢氏的「根本解決」之道，就連素以溫和穩健自命的另一反傳統主帥胡適，也站出來表示「我極贊成」，[6]由此亦可見錢玄同的意見絕非個人一時的過激之言，而自有着極廣泛的社會心理基礎。本來，在「五四」反傳統主義者原初的設計中，摧毀中國文化是為了替中國將來的民主和科學的建設開拓地基，「摧毀」是「破」，「建設」是「立」，前者只不過是達成目的之手段，後者才是真正的目的。但是，「破」和「立」之間究其實並沒有必然的因果關係。能「破」不一定能「立」，先「破」更不一定會帶來後「立」。反傳統主義者津津樂道的「『破』字當頭，『立』在其中」，若以歷史事實檢之驗之，便經常被證明了只不過是一廂情願的幻想和空想。可惜反傳統的知識人在此一問題上甚少措意，他們愈是在「立」的方面，亦即在建設民主和發展科學方面沒有成績，便愈需要在「破」的方面，以更激烈的行動來摧毀中國文化，作為顏面上的遮羞和心理上的補償。作為手段的「破」行之

3　翟志成，詳見本書第一章，〈救亡思潮和胡適的《中國哲學史大綱（卷上）》〉。

4　陳獨秀，〈本誌罪案之答辯書〉，《新青年》，卷6號1（1919年1月15日），頁10。

5　錢玄同，〈中國今後之文字問題〉，《新青年》，卷4號4（1918年4月15日），頁354。

6　無獨有偶，陳獨秀也以「中國文字，既難傳載新事新理，且為腐毒思想之巢窟，廢之誠不足惜」，公開支持錢氏的主張。胡、陳二人的意見，均以書信的形式，附繫於錢文之後，見《新青年》，卷4號4，頁356–357。

既久，便愈來愈模糊甚至遮蓋了原來作為目的之「立」，並逐漸被反傳統的知識人自覺或不自覺地偷樑換柱，結果是「破」最終置換了「立」，搖身一變成了新的目的。在激烈反傳統的知識人強勢主導下，救亡、現代化、迎迓德先生和賽先生都愈來愈由顯而隱，最後竟淡薄得如影如煙；而謾罵和攻訐中國文化的戰鼓，卻愈擂愈起勁，愈擂愈驚天動地，成了主宰學界、思想界和文化界的話語霸權。

作為激烈反傳統思潮的對立面，當代新儒學從成軍的那一天起，便以為中國文化辯誣伸冤的針鋒相對，直接挑戰當時的霸權論述。無論是以梁漱溟、熊十力、馬一浮、馮友蘭、錢穆為代表的第一代新儒家，或是以唐君毅、牟宗三和徐復觀為首的第二代新儒家，以及以唐、牟、徐的學生輩為主體的第三、第四代新儒家，他們為中國文化辯護的千言萬語，總而言之，統而言之，可簡約為「守故開新」這四個大字。而「守故開新」的具體內容，又可歸納為以下五條：(1) 中國文化不僅有永恆的普世價值，而且還有非常重大的現代意義。(2) 中國文化絕不是建設中國民主和科學的最大障礙，而是不可或缺的精神資源。(3) 中國文化和西方文化各有所長，亦各有所短，允宜互通有無，取長補短。(4) 要實現中國的現代化，要建設比西方文化更高一級的世界文化，均離不開中西文化的會通與融合。(5) 正因如此，中國文化不僅不能被毀棄，而且還應該進一步繼往開來，發揚光大。

關於當代新儒家和反傳統主義者的思想交鋒，筆者曾在多本書中和多篇文章中作過較為深入的論述，[7] 毋庸於此贅述。不過，筆者在探討當代新儒家與反傳統主義者關於民主政治的往復論辯時，多偏重於徐復觀的言論和思路，而對唐君毅則難免有所忽略。其實，唐君毅雖多次強調中國必須走民主政治的道路，但他並不認為西方的民主政治已臻完美之境。他對西方民主政治各種弊端和缺失的許多深刻批評，驗

7　請參看翟志成，《當代新儒學史論》(臺北：允晨文化實業公司，1993)；翟志成，《馮友蘭學思生命前傳 (1895-1949)》，翟志成，《當代中國哲學第一人：五論馮友蘭》(臺北：臺灣商務印書館，2008)，以及本書第一至第七章)。

之於民粹主義壓倒一切的今日臺灣社會，尤其是特朗普（Donald John Trump）的新帝國主義或霸權主義在當今美國的方興未艾，仍具有重要的啟示意義。他對中國歷史上何以不能產生民主制度，對中國今後如何建設中國式的民主政制，對中國傳統文化將如何在建設中國式的民主政制中扮演積極的和重要的角色，以及中國傳統文化將如何與西方民主思想相輔相成地為世界創造更優質的政治制度等論題，都有相當獨特的卓見。本章在剖析牟宗三和徐復觀對民主政治反思的同時，特別從唐君毅的角度切入，剖析港臺新儒家的理論創獲及其限制。

一、「亡天下」的悲憤與反思

在大陸易幟前夕，中國的大知識分子在「去」與「留」的抉擇中，絕大部分都選擇留在中國大陸，其中包括了第一代新儒學的大師梁漱溟、馬一浮和馮友蘭；而熊十力則在廣州徘徊了一年半之後，最後還是決意回到北京。[8] 絕大部分大知識分子之所以選擇留在中國大陸，究其實並非緣於對中共的擁戴，而是緣於：(1) 對國民黨政權的徹底絕望；(2) 對民主政治缺乏真切和深入的體知；(3) 對斯大林式的政體所可能造成的禍害尚未有足夠的預見；(4) 認為臺灣不久亦將被中共「解放」，逃亡只不過是毫無用處的「多此一舉」。[9] 正因如此，只有極少數

8　關於熊十力在廣州期間為「去」與「留」計度思量、舉棋不定的心路歷程，參看翟志成，〈熊十力在廣州（1948-1950）〉，《中央研究院近代史研究所集刊》，期21（1992年6月），頁555-597。

9　當時幾乎所有國人都認定，國民黨的確是氣數已盡了，不僅劃江而治，退守大西南純是痴人說夢，就連臺灣也是絕對守不住的。從胡適允許其子胡思杜留在圍城北平，在「奉派」赴美前又曾一度打算把太太江冬秀送回故鄉績溪，以及傅斯年隨身帶著安眠藥，以便危急時自殺，赴臺灣後又大書「歸骨於田橫之島」自勵，隨時準備蹈海等顯例，即可確證。可看出即令是決心追隨國民政府的少數大知識分子，對國府的前途也是同樣地悲觀絕望。洪水滔天，神州陸沉，臺灣這孤島轉眼也行將被淹沒。馮友蘭曾問過北平的一位老先生為何還要南逃？老先生答道：「好像大水來了，一個人爬到樹上，明知道這棵樹最後還是要倒到水裏，但是，在還沒有倒的時候，他還是往樹梢上爬」。馮友蘭當時的反應是：「何必多此一舉呢！」關於馮友蘭等大知識分子在中共易幟前夕「去」與「留」的艱難抉擇及其心路歷程，詳參翟志成，〈馮友蘭的抉擇及其轉變〉，《中國文哲研究集刊》，期20（2002年3月），頁447-480。

對民主政治有較深入的認知，或者能預見到實不堪身受的大知識分子，才會逃到了臺灣、香港或外國。這些人當中，包括了胡適、姚從吾、毛子水、錢思亮、殷海光、張佛泉等自由派知識分子，以及錢穆、張君勱、唐君毅、牟宗三、徐復觀、謝幼偉、程兆熊等文化保守主義者或新儒家。由於第一代新儒家的領軍人物，除了錢穆之外，大都選擇了留在大陸，而唐君毅、牟宗三和徐復觀這三位逃亡到港、臺的熊十力的傳燈弟子，便繼承了第一代的薪火，形成了新儒學在海外的新的中心。

　　逃離大陸的大知識分子，對斯大林政體可能造成的各種禍害，本應有足夠的心理準備。但之後歷次思想改造運動對知識分子心智的扭曲和良知的摧殘，其嚴苛的程度，又大大出乎了他們所有人的意料之外；即令被毛澤東親自欽定為頭號「文賊」，[10] 並以「戰犯」的罪名加以「通緝」的胡適也不例外。胡適在共和國成立前夕便一再警告：在「鐵幕底下」不會有言論的自由。[11] 但在共和國成立之後，在他的兒子、他的老朋友，以及他的同事和學生們紛紛爭相辱罵和攻訐他的大批判聲中，胡適才意識到，原來在「鐵幕底下」，不僅沒有說話的自由，而且還沒有沉默和不說話的自由。[12] 無論胡適在事前竭盡其力把「鐵幕底下」的「自由」想像得如何欠缺，但之後的現實，卻證明了胡適的想像力還遠不夠豐富。

　　國民黨政權在中國大陸的覆滅，對於胡適、傅斯年、姚從吾、毛

10　參見毛澤東，〈再告臺灣同胞書〉，收入中共中央文獻研究室編，《建國以來毛澤東文稿》（北京：中央文獻出版社，1992），冊 7，頁 458。

11　例如，胡適曾在《《自由中國》的宗旨》一文中說：「在那鐵幕底下，報紙完全沒有新聞，言論完全失去自由……」此文刊登於一九四九年十一月二十日，寫成於該年四月十四日，胡適便曾回憶：「（那時）我們還有半個中國沒有被赤禍蹂躪，自由中國還有半個大陸。」胡頌平編著，《胡適之先生年譜長編初稿》（臺北：聯經出版事業公司，1984），冊 6，頁 2082－2083。

12　北平「解放」後，留在北平的陳垣接受中共教育，為表示「進步」，曾給胡適一「公開信」，信中對胡適多所指斥。一九五〇年一月九日，胡適在〈共產黨統治下決沒有自由——跋所謂「陳垣給胡適的一封公開信」〉中寫道：「我在海外看見報紙轉載的這封『公開信』，我忍不住歎口氣說：『可憐我的老朋友陳垣先生，現在已沒有不說話的自由了！』」胡頌平編著，《胡適之先生年譜長編初稿》，冊 6，頁 2122–2123。

子水等與國民黨政府關係較為密切的自由派知識分子而言，便等同於
「亡國」。對流亡到港、臺的第二代新儒家唐君毅、牟宗三和徐復觀諸
人而言，便等同於「大義不明」、「傷教敗義」、以及「仁義充塞，而至
於率獸食人，人將相食」的「亡天下」。[13] 共和國成立才剛過一年，在九
龍桂林街新亞書院的一間陋室中，唐君毅一邊奮筆為自己的新書《中國
文化之精神價值》撰寫〈自序〉，一邊流淚：

> 吾之此書，成於顛沛流離之際，……身居鬧市，長聞車馬
> 之聲，亦不得從容構思，唯瞻望故邦，吾祖先之不肖子孫，正視
> 吾數千年之文化留至今者，為封建之殘餘，不惜加以蹢棄。懷
> 昔賢之遺澤，將毀棄於一旦，時或蒼茫望天，臨風隕涕。乃勉
> 自發憤，時作時輟，八月乃成。[14]

差不多同一時候，在新亞書院的另一間陋室中，錢穆的新書《莊
子纂箋》也終於完稿。北京和天津六千多位大學教師被集中起來加以
思想改造，人人競相「坦白」的消息傳來，讓錢氏充滿了「天喪斯文」
的沉痛和「亡天下」的存在感悟。他在該書的〈序目〉中寫道：

> 報載平、津大學教授，方集中思想改造，競坦白者踰六千
> 人，不禁為之廢書擲筆而歎。念蒙叟復生，亦將何以自處？作
> 逍遙之遊乎，則何逃於隨犛蜅而處裡？齊物論之芒乎，則何逃
> 於必一馬之是期？將養其生主乎，則游刃而無地。將處於人間
> 乎，則散木而且翳。儵忽無情，混沌必鑿。德符雖充，桎梏難
> 解。計惟鼠肝蟲臂，唯命之從。曾是以為人之宗師乎！又烏得
> 求曳尾於塗中？又烏得觀魚樂於濠上？天地雖大，將不容此一

13　詳參本書第五章，〈胡適與港臺新儒家〉。
14　唐君毅，〈自序〉，《中國文化之精神價值》，收入氏著，《唐君毅全集》（臺北：臺灣學生書
　　局，1991），卷4，頁6–7。

人，而何有乎所謂與天地精神相往來？……此六千教授之坦白，一言蔽之，無亦曰墨翟是而楊朱非則已。……天不喪斯文，後有讀者，當知其用心之苦，實甚於考亭之釋〈離騷〉也。[15]

本來，對於大陸知識分子在思想改造的網罟中集體的自輕自賤、自誣自污，以及隨後的互相揭發、互相批判和互相攻訐，兔死狐悲物傷其類之感，早已讓港臺新儒家悲憤填膺；而各種鬥爭大會和公審大會中，兄弟、夫婦、父母和子女之間的互相批判和互相揭發的「人倫慘變」，更讓以「親親」之「仁」為最高價值的港臺新儒家忍無可忍。然則，「大義」為何會「不明」？「仁義」為何會「充塞」？「教」為何會「傷」？「義」又為何會「敗」？因而使得「天下」不得不「亡」？港臺新儒家一致認為：乃緣於「五四」新文化運動摧破了中國的歷史文化及其道德和思想制度，而胡適、陳獨秀、魯迅等「五四」新文化運動最重要的領袖，自然要負起「亡天下」的主要罪責。港臺新儒家中的有些人，甚至把中共看成是「五四」的直接繼承者，把中共政體在大陸的建立，視為「五四」的邏輯發展。[16]

既然「天下」已經「亡」了，而「保天下」又是每個中國人所應肩負的神聖責任，港臺新儒家都自覺地把自己視作中國文化的載體，把自己的流亡視作中國文化的薪火在海外的續絕存亡，把自己的講學和著述，視作「救亡」或「救天下」的重要工作。由於共和國成立後種種各種思想改造運動，大都是通過摧毀知識分子的獨立精神和人格尊嚴而推行的，這又使得港臺新儒家悚然而驚覺，原來一貫特重「生生之德」和人之所以為人的尊嚴、操守和價值，提倡「把人當人」的中國文化，與西方的民主精神是「暗合」且「相通」的。自「五四」以來，反傳

15　錢穆，〈莊子纂箋・序目〉，《墨子・惠施公孫龍・莊子纂箋》，收入氏著，《錢賓四先生全集》（臺北：聯經出版事業公司，1994），冊6，頁13-14。
16　徐復觀，〈由兩封書信所引起的一點感想〉，收入氏著，《徐復觀雜文─記所思》（臺北：時報文化出版事業有限公司，1980），頁389。

統主義者慣於把中國文化說成是中國實行民主政治的主要障礙，究其實是「非愚即誣」。我們知道，當代新儒家的開山人物對中國文化何以不反科學，曾有過一些粗淺的論述。例如，梁漱溟和馮友蘭都曾不約而同地以「能而未為」的言說，嘗試替中國歷史上為何不曾產生出科學，作出有力的疏解。[17] 但是，對於中國文化何以不反民主，第一代新儒家無論是馬一浮、熊十力、梁漱溟或馮友蘭都甚少措意。留在大陸的馬、熊、梁、馮等第一代新儒學大師，即使對此一問題有了最深切的感悟，也不免被逼失語或消音。而共和國成立以來許多反民主兼反中國文化的事件，又極大地刺激了牟宗三、徐復觀和唐君毅，使他們把中國文化和中國的民主建構，作出富有正面意義的連結，及其深入的理論反思。

自「五四」以來，陳獨秀、魯迅和胡適等人，即把中國歷史上未曾孕育出科學和民主的事實，視為中國文化與科學及民主的水火不相容，並以此作為其毀棄中國文化的邏輯依據。港臺新儒家對此當然不能同意。港臺新儒家絕不承認中國文化是「反科學的」和「反民主的」。他們絕不承認中國文化是「反科學的」的理由，在本書的第五章已有所討論。故本章只擬探究他們認為中國文化並不「反民主」的理據，以及中國是否應該建立，與如何建立西方式的民主政制。

港臺新儒家一致贊同中國應該從泰西引入和發展科學，也一致認為中國文化絕非與西方的民主體制不能共存。但關於中國應否引入西方的民主體制，他們的看法並不完全相同。錢穆始終強調政治制度必須與歷史文化密切「融合媾通」，必須與「活的人事」緊密配合，「必然得自根自生」，[18]「不能專向外國人學」，就「好像花盤裏的花，要從根生起，不像花瓶裏的花，可以隨便插得進。」[19] 由於堅信「無生命的政治，無配合的制度，決然無法長成」，錢穆對中國應否從西洋移入民主體

17　翟志成，《馮友蘭學思生命前傳（1895-1949）》，頁 94-98。

18　錢穆，《中國歷代政治得失・序》（香港：自印本，1952），頁 1。

19　錢穆，《國史新論》（香港：自印本，1956 年再版），頁 138。

制，秉持着高度懷疑和相當保留的態度：

> 辛亥前後，人人言變法，人人言革命，太重視了制度，好像只要建立制度，一切人事目〔自〕會隨制度而轉移。因此只想把外國現成制度，模倣鈔襲。甚至不惜摧殘人事來遷就制度。在新文化運動時期，一面高唱民主，一面痛斥舊傳統，舊文化。我們試問是否民主政治可以完全不與此一民族之文化傳統有關聯，而只經幾個人的提倡，便可安裝得上呢？而且制度是死的，人事是活的，死的制度絕不能完全配合上活的人事。就歷史經驗論，任何一制度，絕不能有利而無弊。任何一制度，亦絕不能歷久而不變。歷史上一切以往制度俱如是，當前的現實制度，也何嘗不如是。我們若不着重本身人事，專求模倣別人制度，結果別人制度，勢必追隨他們的人事而變，而我們也得追隨而變，那是何等的愚蠢。[20]

　　不過，唐君毅、牟宗三和徐復觀都一致認為，由西方移入民主政制，是中國救亡圖存的必由之路。三人之中，又以徐復觀擁戴民主政治的態度最為堅決和毫無保留，而唐君毅則看到民主政治在根源中存有一些「自相矛盾」和「不乾淨之處」，因而在移入和建構中國之民主政制之時，還需參照中國傳統政制中的一些合理的設施，作出相應的更改。牟宗三的態度，則在兩可之間。

二、牟宗三的「對列格局」和「自我坎陷」

　　唐君毅、牟宗三和徐復觀雖坦白承認「中國歷史文化中，缺乏西方近代之民主制度之建立」，坦白承認因之中國之政治歷史，「遂長顯為一

20　錢穆，《中國歷代政治得失・序》，頁1。

治一亂的循環之局」，坦白承認中國今後政治之光明前途，「只有繫於民主政治之建立」。但他們絕不承認胡適等反傳統主義者的指控，絕不承認「中國政治發展之內在要求，不傾向於民主制度之建立」，絕不承認「中國文化中無民主思想的種子」。為了證明這一點，牟宗三、徐復觀、張君勱、唐君毅於一九五八年元月在《民主評論》聯名發表了〈為中國文化敬告世界人士宣言——我們對中國學術研究及文化與世界文化前途之共同認識〉(以下簡稱〈文化宣言〉)，不厭其煩地列舉了中國政治史上的宰相制度、御史制度、徵辟制度、選舉制度和科舉制度，以及由這些制度表現出來的制衡和監督的力量，說明中國古代的專制君主的權力並非絕對的無所限制。〈文化宣言〉中也不厭其詳地以儒典中所推尊的堯舜禪讓、湯武革命、「民之所好好之、民之所惡惡之」和「民貴君輕」等理想為例，證明中國文化中存有「天下為公、人格平等之思想」，而此一思想「即為民主政治思想根源之所在，至少亦為民主政治思想之種子所在」。[21] 然則，中國文化中既存有民主政治思想之「根源」，至少亦存有民主政治思想之「種子」，為什麼不能建立類此西方近代之民主制度？牟、徐、張、唐在〈文化宣言〉中，把原因歸咎於國人之政治主體的未曾建立。不過，這樣的解釋，卻難以讓別人，甚至讓唐君毅、牟宗三和徐復觀滿意和心安。因為，和他們的前輩一樣，牟、徐、唐三人也是一羣「藉思想文化以解決問題」的思想文化決定論者。[22] 對他們來說，既有民主思想的「根源」或「種子」但長達數千年竟無民主「制度」的產生，在現實上是不可能的，而在邏輯上也是一個不通的悖論。

牟宗三後來在《政道與治道》中，試圖以中國文化之道德主體的充量發達，特別重視個人道德修養的向上發展，專從「天地萬物一體」、「天地與我並生，萬物與我為一」、「物我雙忘」、「首出庶物」等方面痛

21　牟宗三、徐復觀、張君勱、唐君毅，〈為中國文化敬告世界人士宣言——我們對中國學術研究及中國文化與世界文化前途之共同認識〉，《民主評論》，卷9期1(1958年1月)，頁1-21。

22　詳參林毓生，《政治秩序與多元社會》(臺北：聯經出版事業公司，1909)，頁3-48，337-349。

下功夫，以至使道德主體愈講愈高，而把政治主體和知識主體隸屬於道德主體之下，使得道德主體與政治主體之間，道德主體與知識主體之間，呈現出一種「隸屬格局」(sub-ordination)，而非一種「對列格局」(co-ordination)。牟宗三強調，「對列格局」是西方文化之所以能發展科學和建構民主政治的根本精神或宗旨之所在，中國要發展出民主政治，則必須學會把道德主體與政治主體之「隸屬格局」，改變為「對列格局」，而其發展科學的路向亦與此相同。[23]

牟氏在《政道與治道》中平鋪了道德、知識、政治和藝術這四種主體，安排了道德 vs. 政治，道德 vs. 知識，以及道德 vs. 藝術這三種「對列格局」。但是，這四種主體是否有高下輕重之別？除了道德主體之外，知識、政治和藝術這三種主體又是如何產生的？它們是否和道德主體一樣，同樣都是由德性所演化，同樣是由道德主體這個本尊「一氣化三清」之後的分身？這些問題，牟宗三都不易解答。站在新儒家的道德理想主義的立場，他勢必不能說道德主體與知識、政治和藝術的三個主體一樣、都是理性的產物，四者都一般的重要，並無大小先後輕重高下之區別。但是，如果他把其餘三者說成只不過是道德主體的分身，則道德主體與其餘三者的關係，依然是處於一種「隸屬格局」的關係，其「對列格局」便勢必無法立足，而科學與民主亦因之難產。由於這些問題難以解決，牟宗三晚年似乎不再提及四種主體和對列格局，而改以「良知的自我坎陷」的學說取而代之。「良知的自我坎陷」學說的細緻精微處，不是本篇討論的範疇。但其最淺白簡易的說法，就是為了成就科學和民主政治，良知 (或道德主體) 必須「坎陷」下去，暫時停止其道德判斷的功能，藉以讓知識的主體和政治的主體凸顯出來，以成就科學和民主。一俟科學和民主建立之後，良知 (或道德主體) 便從「坎陷」的位置再躍升出來，重新恢復其道德判斷的功能，並成為指揮知識的主體和政治的主體進退的主宰。顯而易見，牟宗三所提出的

23　牟宗三，《政道與治道・新版序》，《牟宗三先生全集》(臺北：聯經出版事業公司，2003)，頁 22–32。

「良知」的暫時「坎陷」，和〈文化宣言〉中「道德主體」的暫時「退隱」，所說的都是同一回事。唯一不同的是，〈文化宣言〉中的「道德主體」，只主宰知識主體的進退，所成就的只是科學；牟宗三「坎陷」說中的「良知」，卻能同時主宰知識主體和政治主體的進退，所成就的是科學兼民主。經過唐君毅在〈文化宣言〉中草創於前，牟宗三的「坎陷」說改良於後，對於胡適等「五四」反傳統主義者對中國文化所作的最主要的攻擊，港臺新儒家已有了標準的制式回應：中國文化過去雖未能成就科學與民主，但中國文化不僅不反科學反民主，而且還須藉着科學與民主的建立，「乃所以使中國人在自覺成為一道德主體之外，兼自覺為一政治的主體，認識的主體及實用技術活動的主體，而使中國人之人格有更高的完成，中國民族之客觀的精神生命有更高的發展。」[24] 中國文化理想的提高和內涵的充實，固然離不開科學與民主，而離開了中國文化，中國的科學與民主亦無法建成。因為，中國的知識主體和政治主體的出場和進退，離不開中國文化的良知的「坎陷」，或道德主體的「隱退」，離不開中國文化的良知或道德主體的指揮和主宰。

三、徐復觀在政治、文化和學術上的三重批判

(一) 由「反叛」到「回歸」

在第二代新儒家的代表人物當中，唐君毅和牟宗三對民主政治的興趣，只限於書齋中作純學理的分疏，而只有徐復觀一人，對民主政治的學理分疏和對民主運動的實際參與，一直保持着極大的興趣和熱忱。正由於「自由民主的問題」在他心目中是如此的重要，而中國的傳統文化對他來說又是至可寶貴，徐復觀最大的願望及其全部的努力，同他自

24　牟宗三、徐復觀、張君勱、唐君毅，〈為中國文化敬告世界人士宣言——我們對中國學術研究及中國文化與世界文化前途之共同認識〉，《民主評論》，卷 9 期 1（1958 年 1 月），頁 1–21。

己的話來説，就是「漸漸形成要以中國文化的『道德人文精神』，作為民主政治的內涵，改變中西文化衝突的關係成為相助相即的關係。」[25]

和當代許多文化保守主義者一樣，徐復觀對中國文化的態度，曾經歷過「正」──「反」──「合」三個階段。徐復觀出身於一農村塾師的家庭，二十四歲在三千考生中以第一名的成績考入武昌國學館，二十五歲以前，所讀多為線裝書，國學根底本極為深厚。但自國民革命軍在一九二六年打到武漢後，徐復觀深受當時革命大潮的刺激，開始閱讀社會主義方面的書籍及革命文學作品，成了一個「魯迅迷」，[26]赴日留學，又迷上了日本經濟學家河上肇，[27]並大量閱讀馬克思主義，包括辯證唯物論以及政治經濟學等理論書籍。[28]魯迅對中國文化黑暗面的無情鞭撻和入骨嘲諷，以及馬克思、恩格斯等人視中國文化為一次等、低級、落後，並行將滅絕的古老文明的偏見，使徐復觀把中國文化當作民主和科學的死敵，以及中國現代化的最大障礙。由一九二六年起一直到一九四二這長達十六年的時間裏，徐復觀對中國文化有一股不能自已的厭惡與反感，簡直「視線裝書如仇敵」。[29]

一九四三年，徐復觀到重慶北碚金剛碑勉仁書院拜謁熊十力。他對中國文化浮淺輕率的態度，引發了熊十力的雷霆之怒。熊十力金剛怒目的獅子吼，喝散了徐復觀一身浮囂之氣，使他第一次自省到自己「過去雖然讀了許多線裝書，但可以説，並不曾真正讀懂一句。」[30]換句話説，徐復觀反省到自己過去對中國文化鄙夷和仇恨的心理，極可能是緣於自己對中國文化的無知和誤解。這一省悟，雖一時尚不足以使徐復觀加入

25　徐復觀，〈「死而後已」的民主鬥士──敬悼雷儆寰（震）先生〉，頁214。

26　徐復觀，〈悲魯迅〉，收入氏著，《徐復觀雜文──憶往事》（臺北：時報出版有限公司，1970），頁180。

27　徐復觀自承當時對魯迅和河上肇氏作品的迷戀，已到了「片紙隻字必讀」的程度。見徐復觀，〈我的讀書生活〉，收入氏著，《徐復觀文錄選粹》（臺北：學生書局，1970），頁317。

28　徐復觀，〈我的讀書生活〉，頁314。

29　徐復觀，〈一個偉大地中國地臺灣人之死〉，《徐復觀雜文──憶往事》，頁145。

30　徐復觀，〈西方文化沒有陰影〉，收入氏著，《徐復觀雜文──記所思》（臺北：時報出版有限公司，1970），頁65。

當時以繼承和宏揚中國文化為職志的新儒學陣營，但它卻把徐復觀由徹底反中國文化的思想囚籠中超拔出來。有了這一精神上的超拔和解放，徐復觀才有可能日後向中國文化回歸。由於這一事件對徐復觀日後的學術生命和精神方向，產生了極其深刻的、甚至可以說是帶有根本性和決定性的影響，徐復觀多次在文章中，充滿感激之情談到這一事件，[31] 認為熊十力的當頭棒喝，對於他不啻是「起死回生的一罵」。[32]

(二) 中國文化與民主政制的「相助相即的關係」

謁熊之後，徐復觀開始對中國文化有了同情地了解的意願，再也不敢「隨便唾棄線裝書」。[33] 但他遇到問題時，還是以閱讀日譯的西方有關思想方面的典籍為主，而極少向線裝書尋求答案。[34] 一九四九避秦至臺，「亡天下」之大悲大痛，逼得徐復觀不能不對失敗的原因痛加反省。由國民黨政府政治上的失敗，不能不追究到制度問題；由制度問題，不能不追究到執行這制度的人的品格問題；由人的品格問題，又不能不最後追究到陶養人的品格的文化生態環境的問題。經過長期的和不斷的反思，徐復觀不能不對以儒家思想為主流的中國文化，作出實事求是的評價和考量。

徐復觀認為，中國二千多年的專制政治，是中華民族各種災禍的總根源。[35] 要拔除這一禍害的總根，除了建立民主政治之外，別無他法。[36] 中國文化不能自本自根，開出民主政治，並不緣於中國文化在本

---

31 分見徐復觀，《徐復觀文錄選粹》，頁 315，《徐復觀雜文——記所思》，頁 65，《徐復觀雜文——憶往事》，頁 145。

32 徐復觀，《徐復觀雜文——憶往事》，頁 145。

33 徐復觀，《徐復觀雜文——記所思》，頁 65。

34 徐復觀，《徐復觀雜文——憶往事》，頁 5。

35 徐復觀，〈中國歷史運命的挫折〉，收入氏著，《中國思想史論集》(臺北：學生，1974)，頁 257。

36 徐復觀說：「所以說到中國問題解決的關鍵，老實說只有走民主這一條路。千言萬語，中國就是缺少這個東西。」徐復觀，〈徐復觀談學術與政治的關係〉，《徐復觀最後雜文》(臺北：時報出版有限公司，1974)，頁 400。

質上具有反民主的性格。恰恰相反，以儒家為主線的中國文化，其本質
和西方的民主政治在精神上是相通的。首先，中國文化自周初以來，
即沒有隨身份、地位、階級的差異而認定人的理性稟賦亦應該因此而
有所不同的人性論。由孔子到孟子的性善說，從每一個人「生而即有」
的本性的完美和純粹至善，進一步確定了「堯舜與人同耳」，並由此推
出了「人皆可以為堯舜」的人性平等信念。這和西方民主政治的精神支
柱，即「上帝面前人人平等」、「人生而平等」的觀念是相通的。[37] 其次，
由儒家文化中「民貴君輕」的思想、「民之所好好之，民之所惡惡之」的
思想、以及「吉凶與民同患」的思想，早已凝聚成極深厚的民本主義精
神。這種「人民是國家根本」的民本思想，與西方「人民是國家主人」
的民主思想，二者之間，雖有層次高低之別，但並無不可逾越的壕溝。
故中國的民本主義思想，經改造之後，便可以和西方民主思想結合，為
中華民族建構民主政治的心理基礎和精神支柱。[38] 再次，儒家文化的理
想，是要使每個人都能「養其生而遂其性」。[39] 要實現這一理想，便不能
不把人當人，不能不反對一切不把人當人的暴政和暴行，不能不反對剝
奪每個人作為正常人在正常狀態中生存和發展所應享有的任何權利。
這和西方民主政治保障人權的精神也是相通的。[40] 最後，儒家提倡通過
「義利之辨」、「克己去私、復歸天理」的大公無私精神；「自作主宰」、
「中立而不倚」的獨立自主精神；「厚責於己而薄責於人」、「反求諸己」
的寬容精神；「己欲立而立人、己欲達而達人」、「己所不欲、勿施於人」
的忠恕精神；「毋意、毋必、毋固、毋我」的客觀精神；「知之為知之，
不知為不知」的實事求是精神；「富貴不能淫、貧賤不能移、威武不能

37　徐復觀，〈誰給毛澤束這樣大的權力〉，《徐復觀最後雜文》，頁 275。
38　分見徐復觀，〈天主教的集體智慧的表現〉，《徐復觀雜文續集》(臺北：時報出版有限公
　　司，1986)，頁 19；徐復觀，〈人民及大專學生的判斷能力問題〉，《徐復觀雜文——記所
　　思》，頁 345-346，以及徐復觀，〈誰給毛澤束這樣大的權力〉，頁 275。
39　徐復觀，〈強國與善國〉，《徐復觀雜文——看世局》(臺北：時報出版有限公司，1980)，
　　頁 3。
40　參看徐復觀，〈為什麼要反對自由主義〉，徐復觀，〈歷史文化與自由主義〉，收入氏著，《學
　　術與政治之間》，頁 371-379，頁 430-444；以及徐復觀，〈蘇聯與人性的搏鬥〉，收入
　　氏著，《徐復觀雜文——看世局》，頁 354-357。

屈」的大丈夫精神;「殺身成仁、捨生取義」的犧牲精神;「自反而縮、雖千萬人吾往矣」的大無畏精神;以及「人饑己饑、人溺己溺」的救贖精神……這些強調個人通過道德修養與實踐以自我超越,成己成物的道德人文主義,可濟西方之窮,而成為中國民主政治的內涵。[41]

　　基於上述理由,徐復觀進一步指出,以儒家為主線的中國文化,決不是「產生專制的社會基礎」。它在本質上不僅反對專制政治,而且還「潛伏有走向民主的強烈要求」。[42]中國文化在二千多年來只能緩和與沖淡了專制毒素,但卻無法制服專制,開出民主的原因,一方面固緣於中國文化自身有結構上的缺憾,另一方面,也是最重要的一面,還是緣於專制政治持續不斷的強力壓制和歪曲。[43]一直到了近代,孫中山先生為了把西方的民主政制移入中國,奮起領導人民鏟除專制,建立共和;徐復觀高度評價了孫中山先生領導的運動,認為它不僅給中華民族帶來了解放與重生的契機,也使二千多年來中國文化一直被壓抑的強烈要求,第一了有了實現的可能,故許之為「為中華民族開萬世太平之局的運動」。[44]不幸的是,中山先生領導的民主運動,從一開始便不斷遭受到干擾、阻滯與歪曲,最後整個中國大陸竟淪入「鐵幕」之中;這不僅是中國民主運動的最大失敗,也是中國歷史文化命運的最大挫折。[45]民主運動的失敗的原因是多方面的,但徐復觀認為失敗的最根本和最重要原因,是中國的民主力量和文化力量因彼此的對抗而互相抵消。「從外入者,無主於中,不止。」由西方移入的民主政制,必須在中國文化的接引安頓之下,二者結合成一種「相助相即的關係」,[46]才能在中國生根;而中國文化二千多年抑而未伸的潛伏要求,也只有待民主政制在中國紮

41　徐復觀,〈「死而後已」的民主鬥士〉,收於蕭欣義編,《儒家政治思想與民主自由人權》(臺北:八十年代出版社,1979),頁314。

42　徐復觀,《徐復觀最後雜文》,頁275。

43　徐復觀,〈儒家對中國歷史命運掙扎之一例〉,收入氏著,《學術與政治之間》,頁270-321。

44　徐復觀,〈中國歷史運命的挫折〉,頁257。

45　徐復觀,〈中國歷史運命的挫折〉,頁257。

46　徐復觀,〈「死而後已」的民主鬥士〉,頁314。

根之後，才能得以實現。[47] 是以民主政治與中國文化，合之則雙美，離之則兩傷。最最不幸的是，在「五四」反傳統思潮的籠罩之下，中國近代民主運動的進程，走的偏偏是一條「離」而非「合」的「兩傷」之路。

（三）學術、文化和政治上的三重批判

1. 消除國人對中國文化的誤解

在中國近代史中，絕大部分擁護民主的進步人士，往往把中國文化視為專制的護符而鳴鼓攻之；而許多反動分子，也常抬出中國文化，作為他們反民主的擋箭牌。這就造成了中國的民主力量與文化力量的長期對立和衝突。[48] 經過反思之後，徐復觀指出：民主人士對中國文化的攻擊與反民主人士對中國文化的擁戴，究其實同出於對中國文化的誤解。如果他們真正弄清楚中國文化的本質，是反專制的，並且和民主政治在精神上是相通的話，他們對中國文化的態度，便會有一百八十度的根本改變。

但是，問題的要害在於：為什麼中國文化會在民主與反民主的人士當中，造成如此嚴重的誤解？徐復觀把造成誤解的原因，首先歸咎於二千多年來專制政治對儒家的壓逼和歪曲，以及儒家為了繼續生存不得不作出的讓步與調整，使儒家思想不可避免地攙雜了不少專制毒素。[49] 其次，徐復觀歸咎於清代三百年的訓詁考據之學，使學者們把精力大都灌注在故紙堆中，而不知考據之後，尚有義理；故紙堆外，尚有人生；結果腰斬了儒門為人生而學術的偉大學統，使中國文化的真精神，更加晦而不明。[50]

47　徐復觀，〈徐復觀先生談中國文化〉，收入氏著，《徐復觀雜文——記所思》，頁 85–103。
48　徐復觀，〈三十年來中國的文化思想問題〉，收入氏著，《學術與政治之間》，頁 349。
49　徐復觀，〈儒家政治思想的構造及其轉進〉，收入氏著，《學術與政治之間》，頁 39–50。
50　徐復觀，〈「清代漢學」衡論〉，收入氏著，《中國思想史論集續編》(臺北：時報出版有限公司，1982)，頁 511–567。

作為一個自覺承擔國族命運的知識分子，救國救民是徐復觀奮鬥了一生的目標。要救國救民，必須要在中國建立真正的民主法制；要建立真正的民主法制，又必須先把中國的民主力量和文化力量結合在一起；要使兩種力量結合在一起，又必須先消除二者之問的對立和衝突；要消除二者之間的對立和衝突，又必須先消除國人對中國文化的誤解。要做到這一點，徐復觀認為必須做好以下三方面的工作：(1) 以大量的原始資料為基礎，以冷靜、審慎和客觀的態度，進行腳踏實地的鍥而不捨的學術研究與反思，實事求是地把代表中國文化主流的儒家思想的本質——亦即其中的民本主義及道德理想主義和人文主義——與攙雜在儒家思想中非本質的專制毒素嚴格區分開來。[51] 用徐復觀自己的話，就是要把「傳統文化中之醜惡者，抉而去之，惟恐不盡；傳統文化中之美善者，表而出之，亦懼有所誇飾。」[52] 這方面可視為學術上的清算與批判。(2) 對橫加在中國文化上的誣枉不實之辭，進行針鋒相對的論辯與反批評，以達到替中國文化平反冤獄的目的。[53] 這方面可視為文化上的清算與批判。(3) 對反民主的政策言行，鳴鼓而攻之。進而指出這種政策言行，不僅是反民主的，同時也是反人性的和反中國文化的，使反民主的人士、再也無法利用中國文化作反民主的擋箭牌。[54]

2.「把中國文化從歷史的專制政治的污泥中澄汰出來」

為了集中全力進行這三大批判，徐復觀自一九四九年即從政治圈子裏急流勇退。一九四九年六月十六日，徐復觀在香港創辦了《民主評論》半月刊。《民主評論》的歷史使命，就是要通過學術、文化、政治的三大批判，「把中國文化從歷史的專制政治的污泥中澄汰出來」，[55] 進

51　徐復觀，〈三十年來中國的文化思想問題〉，頁 349。
52　徐復觀，〈中國思想史論集續篇自序〉，收入氏著，《中國思想史論集續編》，頁 1。
53　徐復觀，〈一個中國人在文化上的反抗〉《徐復觀雜文——記所思》，頁 72–75。
54　徐復觀，〈二十年來中國的文化思想問題〉，頁 349。
55　徐復觀，〈民主評論結束的話〉，收入氏著，《徐復觀文錄選粹》，頁 196–197。

而使東西文化由對立衝突轉變為取長補短，相助相即，並在東西文化融通的基礎上建立中國真正的民主政制。[56] 自《民主評論》創刊後，徐復觀即拿起橫掃千軍的勁筆，加入了批判的行列，成了《民主評論》的最重要撰稿人之一。《民主評論》的另外兩個最重要的撰稿人為唐君毅和牟宗三。徐的批判，主要集中在政治與文化方面，而唐、牟的批判，主要集中在學術與文化方面。《民主評論》一直支撐到一九六六年八月十五日，才因經濟上的「油乾燈熄」而被逼停刊。[57] 儘管刊物停辦了，但徐、唐、牟三人，卻因參預該刊對學術、文化、政治的反思與批判，以及各人在不同學術崗位上的努力，終於成為海外新儒學運動的三大學術重鎮。由他們培養出來的學生，散佈於歐美、港臺、新馬，薪火相傳，已及四代，形成了一支旗鼓堂堂的學術隊伍，凝聚成一股不容輕忽的文化力量。由《民主評論》的創辦，使避秦海濱的儒生，第一次有了屬於自己的文化反抗的堡壘和復興中國文化的基地，而海外的新儒學運動，也第一次有了聚集同道的旗鼓以及發聲的喉舌。由熊十力和梁漱溟播下新儒學的星星之火，在海外漸成燎原之勢。而在中國大陸式微的中國文化命脈，也因之在海外得以再新發枝。

徐復觀常以《民主評論》有限的基金，以支付稿酬的方式，對流亡在港臺的知識分子時予周濟。錢穆、唐君毅、牟宗三等人，都曾受過《民主評論》的幫助。但徐復觀本人，除了盡心盡力之外，卻從未拿過《民主評論》一文錢。[58] 為了生活，徐復觀不能不替香港《華僑日報》寫專欄，每月按時交出兩篇政論文章，一直到一九八一年才因病逝而停止。是以徐復觀繼《民主評論》之後，又開闢了另一個進行學術、文化、政治三批判的陣地。此外，徐復觀還時時在港、臺各大報刊雜誌撰稿。以徐復觀天資之高，學殖之厚、憂患之深、思辨之強，兼以文筆之妙，

56　徐復觀，〈在非常變局下中國知識分子的悲劇命運〉，收入氏著，《中國思想史論集》。頁 276。

57　徐復觀，《徐復觀文錄選粹》，頁 198。

58　徐復觀，《徐復觀文錄選粹》，頁 198。

環顧當時寫政論文章者，實無人能出其右。撰稿為徐復觀贏得「中華民國第一枝筆」的令譽，而徐復觀留下的數百萬字的文化與政治批判的文章，無論在量方面或在質方面，在新儒學陣營之內可謂無人能及。

徐復觀並不以當一名政論家而滿足。為了取得學術批判的發言權，徐復觀以知命之年，才始到大學教書。他以不世出的聰明、深厚的國學根底、嚴格的西方學術思想訓練，再輔以人一己百，人百己千的勤勉功夫，使他在極短時間中脫穎而出，成為中國藝術史和中國思想史的重鎮。他留下數百萬言的學術論著，不僅是研習中國思想史或藝術史必讀的經典，也是新儒學派學術批判的典範。

（四）批評兩岸政權及「全盤西化」派

徐復觀無論在政治批判、文化批判以及學術批判三個方面，都取得了傲人的成就。我們也無法證明，到底徐復觀在哪一方面的成就，對當代新儒學或中國文化的貢獻要比其它兩方面更大。徐復觀的政治批判，主要是針對峽海兩岸的兩個政權。徐復觀自一九四九年一直到逝世這長達三十三年的期間內，在無數的文章中，猛烈抨擊一切「封建加法西斯」的暴政暴行。徐復觀從未忘記指出，這些暴政暴行不僅是反民主的，同時也是反人性的和反中國文化的。正因如此，徐復觀也常在文章中，對國民黨以共產黨的心態和處事方式所推行的反共政策及言行，提出嚴正的批判和悲憤的抗議。徐復觀指出：國民黨若要反共，便必須回到民主、人性和中國文化的立場，而不是反其道而行之，作其反民主、反人性和反中國文化的競賽。徐復觀更進一步指出，國民黨的「以共反共」的政策言行，正把社會上所有真正反共的政治力量和文化力量，都壓逼和驅趕到與政府敵對的立場去了。

徐復觀的文化批判，則從社會的、經濟的、政治的，以及歷史的各種多元互動因素，批判了中國文化在現代的脫序現象以及中國近代知識分子在精神和道德方面的墮落。但徐復觀文化批判的矛頭，更

多的時候是指向反中國文化的全盤西化派。徐復觀在向中國文化回歸之前，曾當過二十多年的全盤西化派。對全盤西化派的理論和內心真正的想法，徐復觀是瞭如指掌的。徐復觀對全盤西化派的批判，絕大部分都是徐復觀從自我批判自我反省的痛定思痛中總結出來的經驗教訓，故可視為徐復觀的以「今日之我」攻「昨日之我」。和全盤西化派一樣，徐復觀也認定建構西方式的民主政制是中國唯一的生路，徐復觀也承認中國文化中含有不少反民主的專制毒素，徐復觀也堅持消除這些毒素是民主建設的關鍵。就此而言，徐復觀也可以算是一個西化派。徐復觀和全盤西化派的無數次論爭，千言萬語，所爭只在「全盤」兩個字。徐復觀堅持，無論是「全盤」西化或是「全盤」清除中國文化，都是「勢所不能」和「理所不應」。一個中國人，無論西化如何徹底，到了西方國家，還是被視作中國人，這就說明了西化無論如何不可能是全盤的，這就是全盤西化的勢所不能。同理，這也說明了清除中國文化無論如何也不可能是全盤的，這也是全盤消除中國文化的勢所不能。退一萬步，即使全盤西化有朝一日成功，中華民族也就在它成功的那一天被消滅了。因為，民族文化是民族的生命，消滅了該民族的文化，也就消滅了民族。全盤西化本來的目的是要救中華民族，結果卻消滅了中華民族，這就是全盤西化的理所不應。中國文化中雖攙雜了不少反民主的專制毒素，但它卻決不是全盤都是壞的。恰恰相反，它的本質不僅和民主精神相通，而且還是西方民主政制能成功移植到中國的必要條件。全盤清除了中國文化，也就永遠消除了民主政制在中國建構成功的可能性，這就是全盤清除中國文化的理所不應。

（五）把精華和毒素嚴格分開

徐復觀的中國思想史研究，上起周初、下迄清代，其範圍雖廣，但畢竟在先秦、兩漢用功最深。徐復觀的著述內容，包括先秦儒學、兩漢經學、宋明理學、乾嘉學術、以及先秦、兩漢的政治制度史等方

面，雖極為豐富廣博，但畢竟貫之以一條統一的思想線索。徐復觀數
百萬字的著述、千言萬語，主要是為了要證明一條真理：中國的民本
主義和人文主義思想，胎動於周初，完成於孔孟，構成了中國文化的主
線，這是中國文化的本質精神。它和西方現代民主精神相通，但卻與
自秦、漢以來中國二千多年的專制政體根本不相容。中國文化只強調
通過教育和內在的道德修養，把統治者轉化為「聖君」，但卻沒有強調，
甚至不知道通過外在的法律和制度，對統治者加以限制。中國文化只
強調「為民請命」，但卻沒有強調，甚至不知道讓人民由政治上被動的
「自在」狀態，轉變為主動的「自為」狀態，讓人民起來自己掌握自己的
命運。正因中國文化在結構上帶有這兩種根本缺憾，當統治者不肯當
「聖君」而一意以昏君或暴君自處時，中國文化便因缺乏對統治者帶有
強制性的約束力而束手無策。在統治者一手拿屠刀，一手會利祿的威
逼利誘之下，尤其唐、宋以來又加上科舉考試的精神桎梏，負擔中國
文化慧命的絕大部分知識分子的精神和品格也隨之墮落與變質。他們
已由專制政治的抗議者和批判者，轉變為專制政治的幫閒或幫兇。中
國文化也在專制政治的不斷壓逼、篡改、歪曲之下，攪入了不少專制
的毒素。但中國文化不絕如縷的真精神，卻常透過少數未曾變節的偉
大的知識分子及其艱苦卓絕的抗爭，緩和並沖淡了專制政治的流毒。
在兩千多年的專制政治的漫漫長夜中，中國文化的真精神，就如黑暗
中一盞永不熄滅的明燈，永遠貞定着正常人生的方向。中國歷史能免
於淪入黑暗的大虛無中，中華民族能免於失其本性，墮落為無可救藥
的劣等民族，其故端在於此。[59]

　　把中國文化的真精神和攪雜在其中的專制毒素嚴格分開，是徐復
觀學術批判的用心所在。徐復觀在深入剖析了《韓詩外傳》、《呂氏春

59　參看徐復觀，〈中國孝道思想的形成，演變，及其在歷史中諸問題〉，收入氏著，《中國思想
　　史論集》，頁 155-200；徐復觀，《中國人性論史——先秦篇》(臺北：商務印書館，1975)，
　　頁 15-25，63-198，156-163；徐復觀，《周秦漢政治的社會結構之研究》(香港：新亞研
　　究所，1972)，頁 63-202，281-295；徐復觀，〈儒家在修己與治人上的區別及其意義〉，〈向
　　孔子的性格回歸〉，收入氏著，《中國思想史論集續編》，頁 413-430，431-442。

秋》、《淮南子》、《鹽鐵論》等重要學術典籍，以及陸賈、賈誼、董仲舒、
揚雄、劉向、司馬遷、陸贄、程頤、朱熹、陸象山、張居正、王陽明
等偉大知識分子的學術和政治思想後，寫出了一系列極有分量的學術
論文。這些論文，都以堅實的證據，無可爭議的事實，證明了中國文
化的真精神與專制政治的不相容性，也證明了凡是負擔這一精神的知
識分子，都無不耗盡心血、千方百計地企圖用天命、禪讓、諍諫、教
育、講學、修養等各種不同的理論或行動，以限制統治者的權力意志，
進而制服專制政治。他們的努力，大都失敗了，他們本人也受到不同
程度的迫害，但由他們身上顯透出來的中國文化的真精神、不僅照亮
了中國過去的歷史，而且也照亮了中國的現在和將來。因為，它是中
華民族建設民主政治必要條件和最重要的精神及道德資源。[60]

四、唐君毅對民主政治的反思

(一) 民主政治為何沒有在中國出現

　　民主政治從未在中國出現過，這是歷史的事實，「五四」反傳統主
義者如此說，維護傳統文化的港臺新儒家也是如此說，彼此的看法相
當一致。不過，如果再進一步追問：民主政治之所以從未在中國出現，
是否緣於中國文化在本質上和民主政治勢成水火？彼此的看法便立刻
南轅北轍。自「五四」以來，反傳統人士即把中國歷史上未曾孕育出民

60　參看徐復觀，〈韓詩外傳研究〉、〈淮南子與劉安的時代〉、〈漢初的啟蒙思想家──陸賈〉、
　　〈賈誼思想的再發現〉、〈先秦儒家思想發展中的轉折及天的哲學大系統的建立〉、〈揚雄
　　論究〉，收入氏著，《兩漢思想史》(臺北：學生，1976)，卷 II，頁 1−47，175−294，
　　251−308，109−294，295−438，439−562；徐復觀，〈呂氏春秋及其對漢代學術與
　　政治的影響〉、〈鹽鐵論中的政治社會文化問題〉、〈劉向新序說苑的研究〉、〈論史記〉，收
　　入氏著，《兩漢思想史》(臺北：學生，1979)，卷 III，頁 1−84，117−216；89−116，
　　305−343；徐復觀，〈中國的治道〉，頁 83−104；徐復觀，〈王陽明思想補論〉、〈程朱異
　　同〉，收入氏著，《中國思想史論集續編》，頁 495−509，569−612；徐復觀，〈象山學
　　述〉、〈王陽明思想補論〉，收入氏著，《中國思想史論集》，頁 12−71；徐復觀，〈明代內
　　閣制度與張江陵 (居正) 的權奸問題〉，收於蕭欣義編，《儒家政治思想與民主自由人權》，
　　頁 243−262。

主的事實，視為中國文化在整體上與民主的水火不相容，並以此作為其全面毀棄中國文化及主張全盤西化的邏輯依據。唐君毅、牟宗三、徐復觀等新儒家對此當然萬萬不能表示同意。在唐君毅負責起草的〈為中國文化敬告世界人士宣言——我們對中國學術研究及中國文化與世界文化前途之共同認識〉（以下簡稱〈文化宣言〉）中，唐君毅等人雖坦承「中國歷史文化中，缺乏西方近代之民主制度之建立」，坦承因之中國之政治歷史，「遂長顯為一治一亂的循環之局」，坦承中國今後政治之光明前途，「只有係〔繫〕於民主政治制度之建立」；但他們絕不承認「五四」反傳統主義者的指控——中國文化在本質上是「反民主的」，絕不承認「中國政治發展之內在要求，不傾向於民主制度之建立」。[61] 但若再追問到中國傳統思想是否也有民主的根苗，即使在當代新儒家營壘內部也眾說紛紜。梁漱溟會說「沒有」，而熊十力則會說「有」，牟宗三很可能會說「有」，但也有可能會說「沒有」，[62] 而唐君毅和徐復觀則一定會說「有」。不過，唐君毅和徐復觀的「有」，又大不同於熊十力的「有」。熊十力不僅強調中國早在先秦時便孕育了民主的思想，他甚至斷言西方民主思想乃淵源自中國，緣秦火之故，滅跡於中土而興盛於西方。諸如熊十力這種承襲自晚清的「西學中源論」，由於毫無事實上和學理上之根據，不僅早就被學界批駁得體無完膚，而且還被魯迅指斥為「我們的祖宗比你們的闊多了」的阿Q，被胡適訕笑為「東方民族的誇大狂」。[63] 唐君毅和徐復觀同樣也不相信「西學中源論」，他們所論證的「有」，其依據是傳統儒家的「人性本善」和「心同理同」的哲學理路。唐君毅說：

61　牟宗三、徐復觀、張君勱、唐君毅，〈為中國文化敬告世界人士宣言—我們對中國學術研究及中國文化與世界文化前途之共同認識〉，頁13。

62　因為，牟宗三早年曾認為中國傳統文化因欠缺「理性的外延表現」，無法產生出民主政治。牟宗三，《政道與治道》，收入氏著，《牟宗三先生全集》（臺北：聯經出版事業公司，2003），冊10，第八章〈理性之內容的表現與外延的表現〉，頁143-178。

63　胡適，〈我們對於西洋近代文明的態度〉，原載《現代評論》，卷4期83（1926年7月10日），收入歐陽哲生編，《胡適文集》（北京：北京大學出版社，1998），冊4，頁3。

　　所謂中國人文精神中之民主精神之根是什麼？即尊重整全之人格，視人格為宇宙間之至尊至貴而與天合德之儒家精神。……儒家孔孟，即以承古代文化精神之整體為己任。由此而儒家所理想之聖人，即為一以仁義為本，而兼肯定一切人生文化之可能的現實的價值之人。儒家所識之人性，即一能欣賞創發一切人生文化之可能的現實的價值的人性。此即儒家歷代相傳之性善論。此性即一人人皆可為聖人之性，亦即一涵蓋人文世界之全體之性。而此性又分別內在於任何個人之心，此即儒家精神中之大平等精神。踐形盡性以顯此心之仁，即為仁由己之自由精神。現在西方言民主精神之最後根據，不外人格尊嚴，人格之平等。則儒家之此精神，不是民主精神又是什麼？[64]

　　民主政治的最終目的，是為了保障每個人的人格尊嚴與平等，而儒家的人性論，也是在每個人均有成聖成賢之可能的理論預設中蘊涵了人格尊嚴和平等。儒家的人性論與西方的民主思想在此確有會通之處。不過，唐君毅等新儒家企圖藉此論證儒家的人性論即西方的民主精神，卻存在着難以克服的理論困難。因為，西人之所以能成就民主政治的最重要之理論依據之一，與其說是出於「性善論」，還不如說是出於「性惡論」。正是出於對人性中的「原罪」的戒慎恐懼和克治省察，出於對人性中的陰暗面或「幽暗意識」的高度不信任，[65]西方文化才會思及從政府體制之外，建構出一整套制衡和監察之法律機制和政治設施，以防止政府和當權者濫用權力。西方的民主政治正是在這種思想氛圍中建立起來的。換句話說，儒家的性善論把每個人都視為潛在的聖賢，西方文化的原罪論則把每個人都視作可能的壞蛋。聖賢當然無立法加

64　唐君毅，〈中西社會人文與民主精神〉，原載《民主評論》，卷 4 期 4（1953 年 2 月），收入氏著，《人文精神之重建》，《唐君毅全集》，卷 5，頁 416。

65　張灝，〈傳統與現代——以傳統批判現代化，以現代化批判傳統〉，收入氏著，《幽暗意識與民主傳統》（臺北：聯經出版事業公司，1989），頁 126。

以限制的任何必要，而壞蛋則非立法加以限制不可。後者因之成就了民主政治，而前者則否。即使從「正」──「反」──「合」的辯證觀點，把性善論視為「正」，把原罪論視為「反」，把民主政治視為「合」；儘管性善論和原罪論可以通過「否定之否定」的辯證過程會通於「合」，但無論如何，「反」並不是「正」，「正」也不是「反」。西方的原罪論無論如何也不能等同於儒家的性善論，反之亦然。民主政治能在客觀上保障個人的人格尊嚴和人格平等，只不過是原罪論「無心插柳」所衍生出來的結果。因為，不管三七二十一地把每個人都視作可能的壞蛋，這無論如何也不能被説成是「出於對個人的人格尊嚴與平等的尊重」。

如此明顯如此簡單的道理，唐君毅當然懂得，所以他才會説儒家的性善論暗合於民主精神的「最後根據」。「最後根據」就是「合」。根據辯證法，「正」必須通過「反」後才得到「合」，而儒家的性善論，也必須先走向自己的反面成為性惡論，才能成就民主政治。然而，中國的先哲並不明白此一必須的「轉折」，而只把政治視為德行的「直接延長」。[66] 如此一着棋差，按照唐君毅的説法，便使得空有「最高的民主精神」的儒家文化，[67] 無法在中國發展出民主的政治制度。唐君毅的「轉折」説，和牟宗三早年在《政道與治道》中的「隸屬」説，都是港、臺新儒家企圖解釋「民主政治為何未能在中國出現」的力作，兩者在文字上似相異而在精神上實相通。[68]

正由於不知有此一必須的「轉折」，唐君毅強調：中國的先哲習慣於以文化與道德意識解決政治和社會的問題，一心以為只要把人改造好，大同世界就會降臨。既然性善論已預設了每個人都有成賢成聖的

---

66 唐君毅説：「儒家本只以政治為道德的直接延長，政治即人之道德意識直接實現之一場合。純將政治視為道德的延長，他所能説的，只須是王者必須聖，而聖者不必王。因視政治為道德的延長，則人所望於政治者，只是政治好，人民養生送死無憾，皆得實現其禮樂等人生文化價值。只要社會教化流行，德澤大治，人人有士君子之行，完成其人格，儒家之理想即達到。儒家只望政治好，能助人之人格之完成，原不以政治上之地位，定人格之品位。故人不能為王，無礙於人人之得盡人之性而平等」。引自唐君毅，〈中西社會人文與民主精神〉，頁419。

67 唐君毅，〈中西社會人文與民主精神〉，頁419。

68 牟宗三，《政道與治道・新版序》，頁22-32。

可能，中國的先哲便只需把注意力，儘量集中在勸人為善的禮樂教化等方面，助人成賢成聖，而不必在防範人可為惡和防範權力濫用的外在機制上多所措意。我們知道，「內聖外王」一直是傳統儒家在政治運作中所追求的理想形態，人必先有聖人之德，然後才可居帝王之位，這種由道德決定權力的思維模式，正是百分之百的「政治為道德的直接延長」。傳統儒家一心以為，只要通過社會上的道德教化和個人自覺的道德修養，把統治者栽培為聖君，把輔弼者改造為賢相，中國的政治就可以走上正軌，人民也就可以安居樂業。對於政府的權力運作，他們充其量也只能思及在政府的內部，通過建立御史監察、言官諫議等制度，作為對政府濫權的限制，而不知「以政府以外之力量制裁政府」。[69]相形之下，西方文化正是出於對當權者、尤其是被當權者運用在手中的權力的高度不信任，[70]才會伸民權以抗君權，設計出行政權、立法權和司法權的三權分立，以人民選舉出來的民意代表及獨立之司法機制，從政府外部制裁政府的權力。正由於建構了一整套政治設施，從政府外部制裁政府的權力，西方文化雖「不重君主個人之正心誠意工夫，不重直接感格君心之諫諍與奏議，不重政府內部之自己監察，初亦無中國之察舉科舉制度，以為政府與社會人才升降之媒」，卻產生了中國所無的「制裁政府權力之民主制度」。[71]

　　猶有進者，禮樂教化的結果，雖可使人民有士君子之行，自覺成為道德的主體，但卻不能使人民有公民意識，自覺成為政治的主體。因為，傳統的禮樂教化，從來就未曾從正面「肯定人皆有對最高執政者之選舉權，與被選舉權，對國家法律之立法權，及對政府行政之監督權」，[72]也從未能讓人民自覺國家是屬於自己的，自己才是國家真正的主

69　唐君毅，〈中西社會人文與民主精神〉，頁 420–423。

70　"Power tends to corrupt, absolute power corrupts absolutely." 阿克頓男爵（Lord Acton）的話之所以能在西方家喻戶曉，深入人心，正是西方社會對當權者和權力普遍不信任的最佳寫照。

71　唐君毅，〈中西社會人文與民主精神〉，頁 420–421、423。

72　唐君毅，〈中西社會人文與民主精神〉，頁 420。

人。由於人民的政治主體性未能建立，人民並不知運用自己的力量，通過立法的方式，根據自己的意願來決定執政者的進退去留。因而在歷史現實中，最常見的並不是由道德決定權力，反而是由權力來決定道德。由於手中無權，孔子空有聖人之德而無王者之位，這是最典型的「聖者不必王」；由於手中有權，歷代昏君庸主斗量車載，卻無不高據帝王之位，這是最常見的「王者不必聖」；猶有甚者，即使是最昏庸最暴虐的帝王，由於大權在握，在位之時都無不享有神、聖、英、明的各種美名，這更是「王者必然聖」。在政治權力面前，道德竟變得如此的蒼白無力，內聖外王說到底只是空話一句。在實際的政治運作中，從來只有權力在奴役和操控道德，而道德又何曾有一天在政治之中「直接延長」過？由於缺乏客觀法制的保障和社會力量的支撐，儒家以道德來規範和馴化權力的設計，到頭來便只成了「竹籃打水一場空」。有鑒於此，唐君毅指出：

> 政治不能只是人直接的道德意識的延展。人之直接的道德意識，可以實現政治上之善，而不能根絕政治上之惡。可以逐漸根絕政治上之惡的政治，不能只是聖王之治與哲學家之治，而祇能是民主政治。因民主政治可以立各種人權保障之法律，來限制政權之使用。同時以普遍的選舉權，來決定政治上人物之進退。而此種立法與選舉之所以可能，除依於人各欲實現其人生文化價值之動機外，亦兼依於用人民的權力意志，來限制政治上人物的權力意志。人與人之權力意志，互相限制互相否定的結果，亦可使人之放縱其權力意志之事，漸成不可能。由此而使欲憑其生殺予奪之權，以毀滅他人之人生文化價值之事，漸成客觀地不可能。……[73]

73 　唐君毅，〈人文與民主之基本認識〉，原載《民主評論》，卷 3 期 24（1952 年 12 月），收入氏著，《人文精神之重建》，頁 396–397。

中國的先哲把「政治」視為「道德意識的直接延展」，而不知由「道德意識」到「政治」必須經過一個「正」──「反」──「合」的辯證的「轉折」，這是民主政治在中國歷史上從未出現的主因。不過，唐君毅雖坦然承認這是中國的先哲在運思上確有「不容諱言」的「失察」或「缺憾」，但他同時也不忘強調，這些「失察」或「缺憾」，和「反民主」毫不相干。唐君毅等人不厭其煩地列舉了中國政治史上的各種制度，以及由這些制度表現出來的制衡和監督的力量，說明中國先哲也曾在限制專制君主的權力上多所措意；更不厭其詳地以儒典中所推尊的堯舜禪讓、「民之所好好之，民之所惡惡之」和「民貴君輕」等理想為例，證明中國先哲在運思中，確實存有「天下為公」、「人格平等之思想」，此一思想「即為民主政治思想根源之所在，至少亦為民主政治思想之種子所在」。[74] 依照邏輯推理，中國先哲不僅不反對民主政治，而且還是民主政治的「潛存的」支持者和擁護者。為了匡救中國先哲的「失察」或「缺憾」，唐君毅在〈文化宣言〉中，特別設計了道德主體暫時退隱的「暫退」機制。[75]

眾所周知，唐君毅等港、臺新儒家和他們的老師熊十力一樣，都把宋、明儒學所楬櫫的「心性之學」，視為中國文化的「心印」或正宗。而心性之學中的「道體」（道德主體），熊十力又稱之為「性智」或「玄學之真理」，[76] 既純粹至善又內具於每一個人的心中，是「非客觀的，非外在的」，[77] 個人只有憑藉着道德修養，破除形骸之私和小我的限制，泯除內外、主客、物我、同異、一多、能所和因果等種種差別相，真正體認到個人與天地萬物確係渾然一體而不可再分，也只有真正修到了「天

74　牟宗三、徐復觀、張君勱、唐君毅，〈為中國文化敬告世界人士宣言──我們對中國學術研究及中國文化與世界文化前途之共同認識〉，頁 13。

75　牟宗三、徐復觀、張君勱、唐君毅，〈為中國文化敬告世界人士宣言──我們對中國學術研究及中國文化與世界文化前途之共同認識〉，頁 12。

76　熊十力說：「科學尚析觀（析觀亦云解析），得宇宙之分殊，而一切如量，即名其所得為科學之真理。（於一切法，稱實而知，是名如量。）玄學尚證會，得宇宙之渾全，而一切如理，即名其所得為玄學之真理。（自注：於一切法，不取其相，冥證理體，而無虛妄分別，是名如理。）」引自熊十力，《十力語要》（臺北：廣文書局，1962），卷 2，頁 12a。

77　熊十力，《十力語要》，卷 2，頁 23b。

人合一」的境界，他才有可能脫然離繫而「證會」到「性智」或「道德主體」。[78] 明顯地，這種通過道德修養的進路達成「天人合一」的境界，是以泯除理智 (亦即熊氏口中的「量智」) 為其成功的先決條件的。[79] 因為，強調內外、主客、物我、同異、一多、能所和因果等種種差別相，正是理智之所以為理智的特質及其功能。而無論是要建構民主法制，還是要從事科學研究，都必須憑藉理智，亦即必須運用時空觀念，必須服從內外、主客、物我、同異、一多、能所和因果等思維規律的制約。

通過道德修養而「證會」道德主體 (性智)，是宋明的和當代的一切新儒家所必須，否則便不配稱之為新儒家；而建構民主法制和發展科學，又是當代新儒學所必涵，否則便不能在新儒學或新儒家之前冠以「當代」二字，以與他們的宋明前輩有所區分。為了解決道德主體 (性智) 和理智 (量智) 不能同時成立的矛盾，熊十力首先提出了「證會」道德主體在先，成就民主和科學在後的二階段說。[80] 但熊十力的二階段說，仍然存在着無法克服的理論困難。因為，「證會」道德主體是以有限的個體生命向道德主體無窮探索和無限逼近的內省過程。個體生命一刻不停息，探索和逼近便一刻不休止。在此一至死方休的過程之中，根本就沒有給熊十力的二階段說留下任何的運作時間和空間。有鑑於此，唐君毅在〈文化宣言〉中顛倒了乃師二階段說的順序，亦即把熊十力「證會」道德主體在前，成就民主和科學在後的論說，變為成就民主科學在前，「證會」道德主體在後的論說。在第一階段，亦即在建立民主和科學的階段，所憑藉的主要是認識主體 (理智)，道德主體在此階段不僅於事無補，而且還可能生心害事，故必須從主宰的位置「暫退」或讓位；用唐君毅的原話：「此道德主體須暫忘其為道德的主體，

78　熊十力，《十力語要》，卷 2，頁 21b-22a。

79　理智在德性主體的證會中，根據熊十力的説法，不僅毫無裨益，而且還極端有害，因而被視為必須首先予以「遮遣」(驅逐)、「超出」(超越) 或「伏除」(清除) 的對象。參見熊十力，《新唯識論》(臺北：廣文書局，1962)，卷下之二附錄，頁 43a-43b。

80　參見熊十力，《新唯識論》，卷下之二附錄，頁 43b；以及本書第四章〈胡適與熊十力的分歧〉。

即此道德之主體須暫退歸於此認識之主體之後，成為認識主體的支持者」。[81] 在民主和科學業已建立，亦即在第一階段已經完成之後，認識主體便須把主宰的位置交還給道德主體，繼續用唐君毅的原話：「直俟此認識的主體完成其認識之任務後，然後再施其價值判斷，從事道德之實踐，並引發其實用之活動。此時人之道德的主體遂升進為能主宰其自身之進退，並主宰認識的主體自身之進退，因而更能完成其為自作主宰之道德的主體者」。[82] 經過了在第一階段的「暫退」，道德主體遂達成了由「正」到「反」的辯證法所必須的「轉折」，或《中庸》所謂的「致曲」，[83] 而進入了「合」的階段。

在「合」的階段 (亦即唐君毅所設計的「第二階段」) 的道德主體，因一身「兼涵仁與智」，遂得以進升為「最高的道德的主體」或「最大之仁」；[84] 還是繼續用唐君毅的原話：「當其角〔用〕智時，可只任此智之客觀的冷靜的瞭解對象，而放此智以彌六合，仁乃似退隱於其後。當其不用智時，則一切智皆卷之以退藏於密，而滿腔子是惻隱之心，處處是價值判斷，而唯以如何用其智，以成己成物為念」。[85] 唐君毅的「成己成物」，出於《中庸》，[86] 「成己」是內省的，屬於「仁」的事，「成物」是外拓的，屬於「智」的事。道德主體之「兼涵仁與智」，「合外內之道」，在「成己」的同時還必須「成物」，《中庸》早已再三致意，故唐君毅強

81　牟宗三、徐復觀、張君勱、唐君毅，〈為中國文化敬告世界人士宣言─我們對中國學術研究及中國文化與世界文化前途之共同認識〉，頁 12。

82　牟宗三、徐復觀、張君勱、唐君毅，〈為中國文化敬告世界人士宣言─我們對中國學術研究及中國文化與世界文化前途之共同認識〉，頁 12。

83　《中庸》云：「其次致曲，曲能有誠，誠則形，形則著，著則明，明則動，動則變，變則化，唯天下至誠為能化」。引自〔宋〕朱熹，《四書章句集注・中庸章句》(北京：中華書局，1983)，頁 33。

84　唐君毅說：「人之道德的主體，必須成為能主宰其自身之進退與認識的主體之進退者，乃為最高的道德的主體，此即所謂人之最大之仁，乃兼涵仁與智者」。引自牟宗三、徐復觀、張君勱、唐君毅，〈為中國文化敬告世界人士宣言─我們對中國學術研究及中國文化與世界文化前途之共同認識〉，頁 12。

85　牟宗三、徐復觀、張君勱、唐君毅，〈為中國文化敬告世界人士宣言─我們對中國學術研究及中國文化與世界文化前途之共同認識〉，頁 12-13。

86　《中庸》云：「誠者非自成己而已也，所以成物也。成己，仁也；成物，知也。性之德也，合外內之道也，故時措之宜也」。引自〔宋〕朱熹，《四書章句集注・中庸章句》，頁 34。

調「此事」絕非其個人的私見或偏好，而是「中國文化中之道德精神，求其自身之完成與升進所應有之事。亦即中國文化中道統之繼續所理當要求者」。[87] 而建設民主政制和發展科學事業，「則本與中國數千年文化中重利用厚生之精神一貫者，其為中國人所理當要求，自更無庸論」。[88]

　　唐君毅的匠心獨運之處，在於大膽地顛倒了儒家傳統中先「內聖」後「外王」的法定次序，安排了道德主體在第一階段的「暫退」，把主宰的位置讓渡出來，放手讓認識主體建構民主和發展科學。中國先哲向來因「道體」（道德主體）的「仁」有餘而「智」不足，「內省」有餘而「外拓」不足，「成己」有餘而「成物」不足所造成的永久焦慮，以及中國文化因「內聖」強而「外王」弱所形成的根本缺憾，通過唐君毅所設計的辯證「轉折」或「致曲」，似乎在學理上都得到了疏解和救正。只不過，唐君毅在〈文化宣言〉中所設計的辯證「轉折」，談發展科學偏多而談建構民主較少，唐君毅的同門牟宗三在晚年放棄了其早期的「四重主體」的「對列格局」論述，而代之以「良知」（道德主體）為了成就民主科學必須先暫時潛伏的「自我坎陷」說。[89] 牟宗三的「坎陷」與唐君毅的「暫退」在遣辭用字上雖稍有差異，但其實質卻完全相同。[90] 牟說之所以異於唐說之處，端在於牟宗三在「良知」的「自我坎陷」說中，以同樣的篇幅來談發展科學和談建構民主，因而顯得更為全面和更為周延。職是之故，晚出的牟說便得以取代早出的唐說，變成了港、臺新儒家在解釋中國文化以往何以不能孕育出民主科學，以及今後如何可能成就

87　牟宗三、徐復觀、張君勱、唐君毅，〈為中國文化敬告世界人士宣言—我們對中國學術研究及中國文化與世界文化前途之共同認識〉，頁 13。

88　牟宗三、徐復觀、張君勱、唐君毅，〈為中國文化敬告世界人士宣言—我們對中國學術研究及中國文化與世界文化前途之共同認識〉，頁 13。

89　牟宗三，〈中國文化的特質〉，收入周陽山編，《中國文化的危機與展望：文化傳統的重建》（臺北：時報文化出版事業有限公司，1982），頁 30–34。

90　牟宗三的「良知的自我坎陷」學說的細緻精微處，不是本文討論的範疇。但其最淺白簡易的說法，就是為了成就科學和民主政治，良知（道德主體）必須「坎陷」下去，暫時停止其道德判斷的功能，俾便讓知識的主體和政治的主體藉以凸顯出來，以成就科學和民主。一俟科學和民主建立之後，良知（道德主體）便從「坎陷」的位置再躍升出來，重新恢復其道德判斷的功能，並成為指揮知識的主體和政治的主體進退的主宰。

民主科學的標準答案。不過，我們若再想深一層：良知或道德主體既然被唐、牟等當代新儒學家視為心靈的主宰和人之所以異於禽獸的本質或本性，良知或道德主體又如何能暫時放棄其對國人心靈應盡的指導責任？在良知或道德主體的「自我否定」或「自我坎陷」之際，又如何能保證國人在失其本性之後，其理智仍只用來成就民主科學，而不用來肆行禽獸之行或暴虐之政？這些問題，唐、牟等港、臺新儒家似乎還未能提供更令人滿意的闡釋和疏解。

　　除了先哲思想的限制之外，唐君毅認為中國過去之所以不能發展出民主政制的另一重要原因，乃是受到社會條件的限制。首先，是由於「中國之廣土眾民，非如希臘之城市國家，與近代之工業國家，易行選舉」。[91] 其次，也由於「中國社會，又不似西方社會之有各種社會文化組織，使個人得通過之，憑藉之，以便爭取政權，或監督政治」。[92] 唐君毅指出：正因為中國文化是一元，西方文化是多元，而中國文化中的主流思想，對一切不同的文化價值，「由宗教以至經濟、藝術、政治、倫理、禮教、科學等價值」，「皆加以肯定」，對「天之所覆、地之所載、日月所降、霜露所墜之一切人」，均予以「尊重與愛」，[93] 故中國境內民族不斷融合，中國的階級不斷自由流動，中國社會的團體組織又「大皆為倫理的，地方的，或友誼的組織。如宗族之組織，同鄉會之組織，同年會，詩酒會，臨時學術講會，及金蘭結義與幫會之組織，此可總名之為人與人直接相遇之組織。而素缺西方式依於人之類別之分的階級對峙，依於抽象的共同超越信仰之宗教組織，謀共同利益之近代產業組織」，[94] 而中國社會內部的不同民族、不同階級、不同宗教和職業團體組織的對立和衝突，亦遠不如西方之恆常而激烈。我們知道，正是不同民族、不同階級、不同宗教和職業團體組織之間的對立和衝

91　唐君毅，〈中西社會人文與民主精神〉，頁 420。
92　唐君毅，〈中西社會人文與民主精神〉，頁 420。
93　唐君毅，〈中西社會人文與民主精神〉，頁 418。
94　唐君毅，〈理性心靈與個人、社會組織及國家〉，原載《祖國周刊》，卷 12 期 10–12（1955年 12 月），收入氏著，《中國人文精神之發展》，《唐君毅全集》，卷 6，頁 193。

388

突，社會與國家之間的對立和衝突，各種政治、經濟、文化、宗教勢
力的競爭與抗衡，以及把後來為調解紛爭彼此作出的各種讓步和妥協，
以法律的形式明確規定下來，讓大家共同遵循，才成就了西方民主政
治的骨架。並且，唐君毅能從思想文化之外，看出社會條件的不具備，
是中國過去不能成就民主政治的重要原因，這在一貫被批評為只知以
思想文化解決社會問題的新儒家營壘中，委實是難得的卓識。儘管唐
君毅所思及中西社會條件不同的「最後根據」，仍淵源自思想文化。

(二) 對西方民主政治的批評

在唐君毅、牟宗三和徐復觀當中，唐君毅和牟宗三對民主政治的
興趣，只限於書齋中作純學理的分疏。唐君毅鄙薄民主人士的人品，[95]
而牟宗三則與大多數反中國文化的民主人士「道不同不相為謀」，兩人
來港後都不曾也不願參與現實中的民主運動。只有徐復觀一人，對民
主政治的學理分疏和對民主運動的實際參與，一直保持着極大的興趣
和熱忱。在維護傳統文化和爭取民主自由之間，有時他甚至還會認為
後者比前者更為重要，更為根本。[96]

和徐復觀一樣，唐君毅也説過：「民主之原則，是人人在日常生活
早已肯定，不能不肯定的原則。依此，我們可以對於民主有一絕對的
信仰。專就今日之世界與中國之政治社會問題來說，我們亦除依民主
的原則，加以解決之外，亦別無道路」。[97] 和徐復觀一樣，唐君毅也認
為中國的知識分子不能也不應對民主政治在中國的落實不聞不問。和
徐復觀一樣，唐君毅也努力要把「中國古典式之文化傳統」中之「超越

95　1956 年 12 月 4 日唐君毅致徐復觀函，唐君毅，〈致徐復觀〉之第三十一，收入唐君毅，
　　《書簡》，《唐君毅全集》，卷 26，頁 108–109。

96　參見徐復觀，〈一個偉大書生的悲劇──哀悼胡適之先生〉，收入氏著，《徐復觀雜文──憶往
　　事》(臺北：時報文化出版事業有限公司，1980)，頁 141。

97　唐君毅，〈民主理想之實踐與客觀價值意識〉，原載《祖國周刊》，卷 22 期 3–5 (1958 年
　　4 月)，收入氏著，《中華人文與當今世界 (下)》，《唐君毅全集》，卷 8，頁 103。

向上之精神」，重新加以提出，並灌注和運用於今日人類求民主之「平
等自由之觀念中，而成就中國之民主政治的實踐」。[98] 但和徐復觀不一
樣的是，唐君毅只把民主政治視為人文世界中諸多價值中的一種，並
把民主定義為「引申的第二義以下的」、「間接的」和「消極的」的思想
概念，究其實並沒有凌駕於一切的最高價值之上。唐君毅說：

> 我認為一切政治中的思想概念，都應放在人文的思想概念
> 之下。民主的思想概念，在我心目中，亦是一引申的第二義以
> 下的思想概念。我認為中國之人文世界，如不能開展，中國政
> 治民主之前途亦復無望。同時我認為中國真要有政治上的民主，
> 必須大家在意識中，對於政治本身在人類文化中的地位，先加
> 以規定限制，對民主的概念，亦透過人文之概念去理解。人們
> 須自覺的以促成中國人文世界之全幅展開為目標，並使在政治
> 之外之人文領域中之人物，其社會地位，可與政治上之人物並
> 駕齊驅。然後中國政治民主之實現，才有其實效的條件。而共
> 產黨之最大的錯誤，亦不只在其一黨專政，不容異黨，而更在
> 其把政治在人類文化中之地位，放在一至高無上的地位，以之
> 宰制全面的人文世界。這樣即決不能有民主。[99]

解釋了為什麼民主思想是「引申的第二義以下的」，必須置放在人
文的思想概念之下，唐君毅進一步強調，工人鋪路、農人種田、哲學
家思考、詩人作詩，都能直接創發實現人生文化價值，唯有政治家，
包括民主政治家在內，不能直接創造任何人生文化價值。任何良好的
政治，包括民主政治在內，其唯一的價值，就是保障工人、農民、哲
學家和詩人等等都能有一個創造人生文化價值的環境，故不能直接創

98　唐君毅，〈民主理想之實踐與客觀價值意識〉，頁 136。
99　唐君毅，〈人文與民主之基本認識〉，頁 388。

生文化價值的民主政治，其價值「仍只在間接的創發實現人生文化價值，而不在其他」。[100]

唐君毅同時指出，民主政治的精髓就是權力的制衡。所謂權力的制衡，就是讓人與人的權力意志，通過互相限制和互相否定，從而使任何單方面的權力意志的濫用和放縱，「漸成客觀地不可能」。正因如此，民主政治雖不能在積極意義上豐富和創新社會人文世界，但卻能「消極的保證社會人文世界之存在」。[101]

唐君毅也絕不認為民主政治已經是完美無缺的制度。對於民主政治的許多「缺失」，唐君毅也毫不假借地予以批判。唐君毅的批判，又可歸納為以下四個方面。

1. 對民主人士「不能發見其可敬之處」

中國的民主人士，已習慣於把中國的歷史文化視為專制政治的護符，而維護中國文化的唐君毅，也因之成了他們批判和謾罵的鵠的。唐君毅究其實也非常瞧不起民主人士。他認為這些人既不知反求諸己，[102] 不作正心誠意的功夫，又不曾在人文人格之觀念上立根，[103] 而只知把從事民主運動作為個人爭權奪利的手段。[104] 他們對內拉幫結派，

---

100 唐君毅，〈人文與民主之基本認識〉，頁 391。

101 唐君毅，〈人文與民主之基本認識〉，頁 396-397。

102 唐君毅特別談到「反求諸己」對成就民主政治的重要性：「我們當略說現代人所崇尚之民主政治，與反求諸己之精神之未嘗不可相輔為用。現代之民主政治，從其施行的方面說，是重個人的。此中需要人民之自覺其自然權利與政治權利。而人在自覺其自然權利與政治權利時，此中即有人之心靈精神之回頭縮進，而回顧自看其自己之所有。怠就此際而言，亦有一心靈精神之自外面世界退卻，反到其自己。人們如都能各自自覺其權利，而不侵犯他人之權利，則各人亦即各安於其本位，而把個人與個人間之空間開拓出來。此亦可在一義上幫助達到莊子所謂人與人之相忘之境界」。唐君毅，〈精神上的合內外之道〉，收入氏著，《中國人文精神之發展》，頁 303。

103 唐君毅批評民主人士「只講自由民主，而不在人文人格之觀念上立根，又不能形之於一政治制度，則自由民主之口號，亦將只有破壞打倒已成之社會政治力量之用」。唐君毅，〈中國人文精神之發展〉，原載《祖國周刊》，卷 10 期 9（1954 年 5 月），收入氏著，《中國人文精神之發展》，頁 30。

104 唐君毅，〈致徐復觀〉之第三十一，頁 108-109。

不能團結抗敵；[105] 對外則把理性的批判能力，「作為批判傳統文化或恫嚇中國舊式知識份子之用」，[106] 作為「互相攻擊，總是說別人如何壞」之用。[107] 唐君毅特別指出：「實際上，中國人的道德批評的能力，原是很高的。這是由傳統的中國文化中重自我之道德反省，訓練出來的能力。現在不將此能力對自己使用，而專來對他人使用，結果即成為最厲害的批評家。」[108] 由於批評家們學無根柢，又「不認識中西文化之精神之異而相通；只重消極的懷疑批判，不重積極的創造的綜合，乃使中國失去固有之社會人文精神，亦未接上西方之社會人文精神。因而大家雖企慕民主，而終未在如何去求民主之實效的條件上，用心用力」。[109] 他們的外在批判，從最好的方面說，「唯在消極的反抗由民國十四五年迄今之國共二黨之黨治上，顯一對政治之客觀價值」，[110] 但從壞的方面說，他們離開了個人的「精神上之自作主宰」和「道德意識」而高談「自由」、「人權」和「平等」，則「自由」恆只為「消極的擺脫外在的束縛」，「人權」亦無助於「人之學術文化上之創造與人格之形成」，而「平等」則轉化為「分權力」或「分贓」之政治。[111] 唐君毅認為民主人士在「積極的建立民主政制上」，「迄今尚未能顯一客觀價值」，他們的言論，「尚不足為中國今後之積極的民主建國精神之觀念基礎」，[112] 而他們的行動，「亦將只有破壞打倒已成之社會政治力量」，「為反人文的馬列主義，征服中國之擁篲先驅者」掃清障礙。[113]

　　徐復觀一心希望新儒家能與集結於《自由中國》的民主人士結盟，

105　唐君毅以目睹之事實為例，證明民主人士之派別林立：「我住在香港，我可先由我所見所聞之八九年來在香港作民主政治運動的人之情形來說。大家之一公認的事實，即大家很難形成真正的團結，以謀共建國家。總是分為許多小的派別，以至一人為一派。」唐君毅，〈民主理想之實踐與客觀價值意識〉，頁 104。
106　唐君毅，〈中國人文精神之發展〉，頁 30。
107　唐君毅，〈我們的精神病痛〉，原載《民主評論》，卷 7 期 2（1956 年 1 月），收入氏著，《中國人文精神之發展》，頁 242。
108　唐君毅，〈我們的精神病痛〉，頁 242。
109　唐君毅，〈中西社會人文與民主精神〉，頁 423–424。
110　唐君毅，〈理性心靈與個人、社會組織及國家〉，頁 192。
111　唐君毅，〈中國人文精神之發展〉，頁 36。
112　唐君毅，〈理性心靈與個人、社會組織及國家〉，頁 192。
113　唐君毅，〈中國人文精神之發展〉，頁 30。

共同在臺灣向國民黨爭民主，所以他經常勸説唐君毅要正視民主人士的貢獻和長處，但唐君毅卻始終無法苟同。一九五六年十二月四日唐君毅致徐復觀函云：「《自由中國》刊上兄之文亦見到，……此刊中兄文自有極真切之見，其他文字亦不壞。但弟自臺歸來後，平心反省在臺所見之着重向政府爭民主自由之人及此間此類人，仍不能發見其可敬之處。這些人亦只是口頭講講，仍無真性情，底子上仍是要政權，故只能批評破壞，並不能真建立民主。在人品上説與國民黨差不多。在臺時，兄曾説可與《自由中國》多取相近之態度之話，弟記不清楚，但此中仍須有一界限，在接觸時仍當勸他們多有些正心誠意之工夫，並不要亂反對中國文化。此類型之人在此間者皆對兄常提到，對弟亦並不壞，但弟總覺其不可敬。本與人為善之意，連殷海光弟亦略盡忠告，對其他此類人亦如此。但弟內心界限仍分明。對只有理智與功利心之人，弟總是不喜歡，亦無可奈何也。」[114]

2. 民主政治在根源處的「內在矛盾」和「不乾淨」

　　由於唐君毅在臺灣的民主人士當中，「不能發見其可敬之處」，而他在香港又目睹民主人士「總是分為許多小的派別，以至一人為一派」，[115] 臺、港民主人士這種既不可敬又不團結的普遍弊病，使他認識到致病的原因，既「不能以大家不真信民主之理想來説明」，也「不能只以個人之意氣或自私心來説明」。因為，凡從事民主運動的人，總會或多或少對民主理想有一真信，而人亦可以此真信，自行制裁其意氣或自私心。有鑑於此，唐君毅把致病的原因，追蹤到民主政治思想的根源處，認為西方民主精神之本源，確有其「內在矛盾」和「不乾淨」之處。[116] 關於「內在矛盾」，唐君毅指出，兼顧「平等與差別，普遍與特

114　唐君毅，〈致徐復觀〉之第三十一，頁 108。
115　唐君毅，〈民主理想之實踐與客觀價值意識〉，頁 104。
116　唐君毅，〈中西社會人文與民主精神〉，頁 418。

殊」，本是民主政治的原則；此一原則，在理想上似無問題，但在付之實踐時，由於人人都習慣於強調代表自己的觀點和利益的優先性，故往往變成了片面強調差別與特殊，而犧牲了平等與普遍。民主人士之派系林立內鬥不絕即由此起。這證明了「民主之理想在付諸實踐時，民主的理想本身，即有其某一義之內在的矛盾。此種內在的矛盾，乃一切民主理想的實踐中，皆要隨處遇着的」。[117] 要克服此一「內在的矛盾」，便不能不向強調謙讓、強調和諧、強調反求諸己的中國文化求救。[118]

自希臘、希伯來以來，西方即宗奉原始罪惡之說，而與堅信人性本善的中國孔孟之道完全相反。據唐君毅的說法，造成西方民主精神之本源的「不乾淨處」，正緣於其所宗奉的原罪論。因為，原罪論讓人在接觸上帝之時，「雖可使人精神超升於世間，而人對神終不能無渺小之感。由人之過於謙卑，而自視其自身全是罪，人即不能真頂天立地而立起；而間接使人處處若需要一外在的制裁，才能為善。因而人亦可由此以肯定政治上專制之必須。如馬克維利、霍布士，便都是由人性之卑賤與自私，而主君主之運用權術與專制者」。[119] 如此一來，作為西方民主政治的理論依據的原罪論，在一轉手之間，也可以成為「由馬克維利至慕沙里尼、希特勒、斯大林」等古代的和現代的獨夫民賊實行其獨裁統治的理論依據，從而走向民主政治的反面。[120]

淵源於原罪論的西方民主政治，其最大的功績，就是把人當人，讓每個人都可以追求和實現自己的人生文化價值。但原罪論同樣也有可能產生不把人當人，不允許別人追求和實現其人生文化價值的最大罪惡。唐君毅揭露：

117　唐君毅，〈民主理想之實踐與客觀價值意識〉，頁 104。
118　唐君毅，〈精神上的合內外之道〉，頁 303。
119　唐君毅，〈中西社會人文與民主精神〉，頁 416。
120　唐君毅說：「馬克維利深知人性之卑賤，故要統治者學獅之猛與狐狸之狡，要為人民所恐懼。由馬克維利至慕沙里尼、希特勒、斯大林正是一貫相承。」唐君毅，〈中西社會人文與民主精神〉，頁 417。

　　而在西方，因其文化之多端發展，於是在一時，人恆可只求一方面的人生文化價值。人既不深信人性善而信原始罪惡，則在只追求一人生文化價值的人，便免不了視另去追求其他人生文化價值者根本不是人。所以在中世紀之基督教徒，視異教徒根本不是人，是惡魔。惡魔當然該死。不殺惡魔，反成了罪。我們只要看比芮 Bury 思想自由史，勒克 Lecky 西洋道德史所載基督教對所謂異端之裁判與殘害，真處處使人驚心動魄。[121]

唐君毅繼續揭露：

　　在西方歷史上一切革命中，對外戰爭中，對殖民地的征服虐待殘暴的事件中，都除西方人之權力意志之禍根外，還夾雜有「對方不能實現某一人生文化價值，即不是人，故該死」之意識。此意識是西方民主精神的反面，然而正是西方人文精神對於整個的人性之善，在開始點並不信仰而生的。西方民主精神，根源於其人文精神，故西方民主精神之本源，即有此不乾淨處。[122]

　　要洗滌西方民主精神之本源的「不乾淨處」，使民主政治不再走向自己的反面，除了引入「中國文化之無盡寬濶、偉大、莊嚴」的性善論與之相濟外，亦再無他法。因為，中國文化的性善論，據唐君毅的説法，「正是一切民主精神之最後唯一根據。你如不能信及此，你最後一定不會真相信民主的，而會有一天，不把他人當成與你平等的。你在有政權時，亦決不會讓與你人格不平等的人，與你平分政權的」。[123]

121　唐君毅，〈中西社會人文與民主精神〉，頁 417。
122　唐君毅，〈中西社會人文與民主精神〉，頁 418。
123　唐君毅，〈中西社會人文與民主精神〉，頁 418–419。

3. 對民主選舉的運作方式有所保留

唐君毅對民主選舉的看法相當複雜。一方面，他認識到選舉是民主政治所必須，沒有選舉便沒有民主政治。另一方面，他又對重數量而輕質量，甚至是以數量決定質量的一人一票的選舉原則疑慮重重，對競選的各種宣傳手法非常反感，對通過民主選舉能否選出最適任的執政者則存高度懷疑的態度。筆者在一九七三至一九七五年負笈香港新亞研究所時，唐君毅曾不止一次對筆者說過，如果孔子活在今日的民主社會，他和引車販漿者一樣，手中能投的也只有一票，但孔子投出的一票，其所代表的意義、價值和重要性，又怎可與引車販漿者的一票等值？他在給徐復觀的一封信中，話雖說得委婉，但所表達的意思卻是相同的：

> 純就民主政治形式說，一切人皆各一張票。流俗之見與非流俗之見之表現於政治，其政治價值亦無分別。但人仍要求人人之一張票所代表之整個人文價值有質的昇進。則上提之意，亦須注入民主之思想與民主之制度中。此亦一當用心之問題。不知兄以為如何？[124]

面對如此明顯的不公不義，為了維護「一切人皆各一張票」的大原則，民主選舉也只有視而不見。唐君毅對此顯然是不能完全同意的。由他與筆者的談話，以及他給徐復觀的信均可見出，他似乎是希望能依據各人的賢與不肖的價值等差，各自領數量不同的選票。他認為只有把這種尊重價值等差的觀念，「注入民主之思想與民主之制度中」，民主政治才能有「質的昇進」。不過，他在生前並沒有把此一看法公開發表，而只與親近的學生和友人私下提及。這可能是不同意民主選舉一人一票的看法，太過驚世駭俗，而唐君毅不能不有所顧忌的緣故吧！

124　引自一九五三年十月十六日唐君毅致徐復觀函，唐君毅，〈致徐復觀〉之第十一，收入氏著，《書簡》，頁81。

如何把中國文化尊重價值等差的觀念，與西方民主政治強調平等的觀念融會貫通，在建設中國民主政治的同時，也為世界創造出更優於目前流行的民主政制的新制度，一直是唐君毅用心之所在。在唐君毅看來，既然民主選舉並不能使人人都當選，那麼，決定誰該當選、誰不該當選的標準或依據，依然還是離不開價值等差。唐君毅指出：

> 民主政治之實踐，所以必須根於肯定價值差等的意識，是民主政治之實踐，不能離開選舉。選舉之活動，即是一衡量諸候選者之價值高下，而選我所認為有較高價值之人之一活動。如果我們不能同時選舉一切人，則我們不能莫有價值差等之肯定。價值差等之肯定，是民主的選舉中，必然已經包含了的。由此即可說，一國的人民之辨別諸候選者之價值高下之能力如何，即決定一國家之負責政治者為誰，而決定一國家之命運者。則我們不特不能反對價值差等之肯定，而且我們正當求我們之能正確的、精細的，辨別諸候選者之價值差等才是。[125]

易言之，民主政治所提倡的人人平等的原則，究其實只能在理想上說，而一旦落到現實的運作層面，便不能不由價值等差所左右。既然人人平等的原則在現實上無法落實，勉強施行只會引起無窮無盡的爭執和糾紛，那麼，還不如在企慕平等原則的理想的同時，誠實面對並肯定現實運作層面中存在的價值等差。面對和肯定價值等差的目的，並不是為了擴大價值等差，而是為了逐步化解和縮小價值等差。有關這一方面，唐君毅強調，中國傳統式社會肯定價值等差之組織原理，便堪足效法和借鑒。[126] 因為，中國傳統式社會雖一方面肯定價值等差，

125　唐君毅，〈民主理想之實踐與客觀價值意識〉，頁 132。
126　唐君毅說：「中國之民主之理想的實踐，必須重肯定傳統之價值差等之觀念，而以中國傳統式社會組織之原理，為一根據。因唯此方可真實成就中國之民主政治之實踐，而亦可將現代式之社會組織與民主政治，再向前推進一步，以開拓人類社會政治之更高遠的前途」。唐君毅，〈民主理想之實踐與客觀價值意識〉，頁 137。

但在另一方面又通過後進者對先進者的尊敬和效法，先進者對後進者的愛護與提攜，逐漸縮減後進者與先進者在價值和能力上的差距。只有這種以「敬」與「愛」化解價值等差的做法，[127] 才能達至「普遍者與特殊者之真正的結合，與特殊的具體個人與特殊的具體個人之真正的結合，亦即平等與差別之真正的結合，價值意識與存在意識之真正的結合」；[128] 由此達至之平等，才不僅僅是理想上的平等，而且還是價值和能力的等差逐漸縮減的平等。有鑒於此，唐君毅說：「我們要在中國講自由平等，而不能如美人之同時又尊重其所承之歐洲古典式文化宗教傳統，以保一超越向上之精神價值差等之意識，我們即只有由尊重中國古典式之文化傳統，以保我們之超越向上之精神，我們之價值差等之意識，以運之於我們之平等自由之觀念中，而成就中國之民主政治的實踐。否則我們決無路可走」。[129]

　　民主選舉當然離不開候選人的競選活動，而最常見的競選活動，無非是候選人宣傳自己如何優秀、如何能幹和如何適任，以及攻擊其他候選人如何低劣、如何平庸和如何的不適任。若以儒家的正統觀點，前者適足表現了該候選人的「驕」，後者則正正暴露了該候選人的「吝」。正因如此，在目前和常態之下，幾乎所有的民主競選活動，都只能是既驕且吝的活動，也只能產生出既驕且吝的候選人。《論語・泰伯》記錄了孔子這樣的話：「如有周公之才之美，使驕且吝，其餘不足觀也已。」[130] 作為孔子的忠實信徒，唐君毅當然不能欣賞這樣的競選活動和這樣的候選人。並且，對於選舉之易於被利益交換所引導，被金錢所收買，被勢力所劫持，被宣傳噱頭和花招所愚弄，唐君毅更是

127　唐君毅說：「真正適切人道的社會理想，則當是透過價值的差等之肯定，而以愛敬，化此差等為平等之平等。此中之自由，則不只是分道而馳，各有其權利意志的自由，而當兼包含人與人之嚮往同一之理想的人生文化活動之形式，而各自由其自己，加以實現的自由。此為我們對於現代社會中之平等自由之觀念之再造」。唐君毅，〈民主理想之實踐與客觀價值意識〉，頁 131。

128　唐君毅，〈民主理想之實踐與客觀價值意識〉，頁 130。

129　唐君毅，〈民主理想之實踐與客觀價值意識〉，頁 136。

130　〔宋〕朱熹，《四書章句集注・論語集注・泰伯》，卷 4，頁 105。

憂心忡忡。他說:

> 現代之競選者,對選民說,你選我,我將滿足你們之某一
> 些需要。這只是一商業上的交換條件之說。我們之選一人,如
> 只是為滿足我們之需要,此只是視其人為工具。競選者之只視
> 選民為投選票者,以使其被選之事成可能者,此亦是只以選民
> 之投選票,為其達到被選之目標或慾望之工具。現代式之競選
> 的宣傳之注重刺激,引動選民之某一種心理,以便對其生好感
> 而選他;選民於此,並不是直接由對其政治才幹、政治道德的
> 崇敬,而選他。則其選舉之事,亦並非是以一真實存在之政治
> 人物,為對象;而是以一能引動其好感之人,為對象。此即使
> 其所選出之政治人物,本非政治人物,而使在此選舉中,並無
> 「真實存在之選舉者,與真實存在之候選者之關係」之存在。至
> 於宣傳之賴金錢作背景,而使金錢愈多者,愈善宣傳者,愈易
> 被選;更使人之被選,非以其人而被選,乃以其後面之金錢力
> 量而被選。則選舉者名為選人,而實則乃選錢。[131]

由於對競選的宣傳方式充滿了厭惡,唐君毅甚至希望能以中國傳
統政治的「推選」,來取代西方民主政治的競選,把「爭而非讓」的短兵
相接,一變為「讓而非爭」尊賢舉能。[132] 唐君毅說:「依我們之理想,則
要貫徹民主政治中之讓的精神,終有一日,在政治世界,無一切出於
爭心的競選,而只有『推選』。一切所謂宣傳爭辯,皆是為客觀的政治
理想而宣傳爭辯。一切政黨與個人之競選,皆只是提供人民以選擇的

---

131 唐君毅,〈民主理想之實踐與客觀價值意識〉,頁 137-138。
132 唐君毅說:「照現在一般之說法,競選便是爭而非讓。但是我們要知道在民主政治之實踐
中,重要的是人民之選舉,而非候選者之競選。人民之所以選候選者之一,而不各選他自
己,此即依於一讓。如大多數人不讓,則人人皆競選,即無人能被選。唯因大多數人皆
讓,然後有少數競選者之爭。是民主政治之實踐,所賴於人民之根本精神,仍是讓而非
爭」。唐君毅,〈民主理想之實踐與客觀價值意識〉,頁 139。

各種可能，而人實無爭心。因而現代式之一切出自爭心之宣傳爭辯，皆將只以說明理想、報導事實之形態表現」。[133] 然則，以「推選」取代競選，其過程與結果是否仍是民主的，而非極權的與專制的？有關這一問題，唐君毅的答案是肯定的。他說：「由此讓之精神之貫徹，在只有推選而無競選之情形中，則政治上高位，乃皆由在下的人民，各本其推賢舉能之心，層層推舉而上，以建立。此亦可謂為金字塔式。然此非自上而下，而是自下而上所成之金字塔。此其所以為民主的，而非專制與極權的」。[134]

4. 庸人政治的危險

　　西方民主政治是現代化的產物。和所有的現代社會一樣，民主國家的社會的公共生活同樣不免過度之組織化，而過度之組織化，恆不免使人失去個性。唐君毅指出：「人類社會生活當然需要組織，然而過度組織化，卻是壓迫摧殘人之創造活動與精神活動的。現代的一切宗教的、政治的、經濟的社團，都要想對外發生最大的效果與力量。要求對外有最大的效果與力量，則內部組織愈嚴密愈好。猶如一個機器，內部之構造愈是鈎連得緊，則對外愈能運轉自如。然而機器不是生命。人類社會太重組織而近於機器，則人類社會即無精神生命。因在太組織化的社會中，個人愈失其個性，而愈失其內心生活的豐富，則整個社會之精神生命，亦即愈趨於乾枯而日近於虛無了。」[135]

　　和所有的現代社會一樣，民主國家對其公民的各種訓練、教育和宣傳，恆不免使人失去精神上的獨立和自由。唐君毅說：「十九世紀至二十世紀，則個人自幼即先受社會之各色各樣的訓練。社會流行的意見，恆使個人不敢違悖〔背〕。於是個人日失其精神的獨立。個人成了

133　唐君毅，〈民主理想之實踐與客觀價值意識〉，頁 139–140。

134　唐君毅，〈民主理想之實踐與客觀價值意識〉，頁 140。

135　唐君毅，〈薛維徹論現代文明生活之弊端〉，原載《人生雜誌》，卷 3 期 9（1952 年 8 月），收入氏著，《青年與學問》，《唐君毅全集》，卷 2，頁 106。

一好比莫有彈性的皮球,只有不斷的去接受社會組織塗於其上的印象。個人只有在羣眾的姆指之下,求得其關於政治、國家、及一切生活上之見解。同時誰獲得了羣眾意見的擁護,便獲得了真理。於是對羣眾之宣傳,便代替了真理之討論。而現代文化中之無線電、廣播、新聞紙,又是最便於宣傳的武器。誰有了此武器,亦即獲得了羣眾。獲得了羣眾,則獲得了一切,因為特立獨行的個人已不可能存在了。」[136]

民主政治的目的,原是要把人從各種社會枷鎖和精神桎梏中解放出來,從而獲得身體和精神上的充分自由。然而民主政治的施行結果,在唐君毅看來,卻有可能使「人之精神先已失去自由而趨於分散,人格已趨於支離破碎,而對人日益失去人道感情或人性」。[137]這樣的結果,不僅違反了民主政治的初衷,同時也和新儒家教人成聖成賢的教化目標,相去更為遙遠。

5. 徐復觀的不同意見

唐君毅雖肯定了民主思想和民主政治,但在某些方面仍不免有所保留和有所疑慮。相較而言,徐復觀對於西方的民主政治和民主思想,除了認為須引入儒家的「德與禮的思想」,方能「真正有其根基」之外,[138] 其餘則幾乎全盤地予以肯定。在維護傳統文化和爭取民主自由之間,有時他甚至還會認為後者比前者更為重要,更為根本。

對於民主社會的公共生活有可能造成個人的「物化」或「異化」,徐復觀也並未如唐君毅般憂心忡忡。他反而認為,在多元、開放、法

---

136 唐君毅,〈薛維徹論現代文明生活之弊端〉,頁 107。
137 唐君毅,〈薛維徹論現代文明生活之弊端〉,頁 107。
138 徐復觀認為:「我認為民主政治,今後只有進一步接受儒家的思想,民主政治才能生穩根,才能發揮其最高的價值。因為民主之可貴,在於以爭而成其不爭;以個體之私而成其共體之公,但這裏所成就的不爭,所成就的公,以現實情形而論,是由互相限制之勢所逼成的,並非來自道德的自覺,所以時時感到安放不牢。儒家德與禮的思想,正可把由勢逼成的公與不爭,推上到道德的自覺。民主主義至此才真正有其根基。」徐復觀,〈儒家政治思想的構造及其轉進〉,收入氏著,《學術與政治之間》,頁 44-45。徐復觀此一觀點,與唐君毅認為西方民主思想在根源上「有不乾淨處」,有異曲同工之妙。

治的民主社會裏，個人的思想、言論、自由以及生存權利，都受到了明確的保障，再也無懼於專制政治勢力的人身迫害，以及專制政治文化對思想和人格的扭曲。只有這樣的社會，才是正常的社會。也只有在這種正常的社會中，才能為儒者作成賢希聖的道德實踐，提供了史無前例的最優環境。[139]

對於民主政治「齊頭平等」的一人一票的選舉方式，徐復觀更認為如日月經天江河行地般理所當然。因為，在政治運作的領域，其根本原則是「量決定質」，而只有在學術研究的領域，才可言「質決定量」。徐復觀進一步說明：

> 政治與學術的最大區別，是質與量的區別。一萬個普通人對於哲學的意見，很難趕得上一個哲學家的意見。一萬個普通人對於科學的知識，沒有方法可以趕上一個科學家的知識。這裏是質決定量，這是學術思想的本性。但在政治上，任何偉大的哲學家或科學家，他們所投的票依然和普通人一樣，只能當作一張票看待。假定它要發揮更大的政治作用，惟有把它的意見，訴之大眾的同情，即是質要通過量而始能有政治上的作用。因此，政治是以量決定質的。移學術上重質的觀點到政治上來，那即是尼采。尼采的「超人」政治，無疑的是獨裁政治。[140]

徐復觀的說明，刊登在他的〈學術與政治之間〉之中，顯然是針對唐君毅的疑慮而發。徐復觀還在這篇萬口爭傳的名文中，對唐先生「民主自由之概念何以應為第二意」的申述，作出了有力的回應。

139　徐復觀強調：「……中國聖賢千辛萬苦所要求的聖君，千辛萬苦所要求的治道，在今日民主政治之下，一切都經常化，平凡化了。……所以中國歷史中的政治矛盾，及由此矛盾所形成的歷史悲劇，只有落在民主政治上才能得到自然而然的解決。……所以我常說凡是真正了解中國文化，尊重中國文化的人，必可相信今日為民主政治所努力，正是把中國『聖人有時而窮』的一條路接通，這是中國文化自身所必須的發展。」徐復觀，〈中國的治道——讀陸宣公傳集後〉，氏著，《學術與政治之間》，頁104。

140　徐復觀，〈學術與政治之間〉，頁137-138。

儘管徐復觀承認，唐君毅把人文精神擺在第一位，民主概念擺在第二位的「一貫的觀點」，「其本意並無毛病」；但是，他立刻筆鋒一轉，「就社會上看，此一說法，若不稍加分疏，可能發生誤解，發生流弊。」[141] 然則，徐復觀先生此一「稍加分疏」，竟以近八千字的篇幅，把「學術」與「政治」，劃分為兩個相對獨立的領域，並在兩個領域之間，設置了一個防止暴衝的民主選舉機制。這兩個獨立領域彼此之間，各有其「自足性」，而又有着「關連性」。[142] 在學術領域，各學派或各人「總是以探求普遍而妥當的絕對真理為目標，並且各人對自己所認定的真理總是要負絕對的責任」，而越是確信掌握了絕對真理或「唯一真理」的學派或個人，也越會在學術上有所成就，而「真有成就的人必是某種形式的『唯』。」故「唯」必含蘊着把自己之所信，高置在其他學派或個人之上，[143] 任何學派或個人都自視其所崇尚者為「第一義」，其他最多不過是「第二義」。徐復觀應該是從「唯」的視角，才會對唐君毅的「一貫的觀點」予以承認。

不過，徐復觀更加強調，任何的主義、理論和思想，那怕是最實真兼最完善者在內，若一旦進入了社會的民主實踐領域，都必須立即調降為「第二義」，而只有民主思想最所強調的「民意」，才可以永遠居於「第一義」地位。[144] 因為學術和政治須有「關連性」，主義、理論和思想當然應該，而且不可避免地對政治發生作用和影響；又因為學術和政治又須各有「自足性」，在民主社會中，主義、理論和思想對政治所發生的作用和影響，必須是間接的而非直接的，亦即必須經過《中庸》所謂的「致曲」。[145] 用徐復觀的原話：

141　徐復觀，〈學術與政治之間〉，頁 134。

142　徐復觀，〈學術與政治之間〉，頁 140–141。

143　徐復觀，〈學術與政治之間〉，頁 136–137。

144　徐復觀，〈學術與政治之間〉，頁 134。

145　《中庸章句》第二十三章有云：「其次致曲，曲能有誠；誠則形，形則著，著則明，明則動，動則變，變則化；唯天下至誠為能化。」〔宋〕朱熹，《四書章句集注‧中庸章句》，頁 33。

……任何學術思想，若要變成政治的設施，用中國舊的術語說，必須通過人民的「好惡」；用新的術語說，必須通過民意的選擇。任何好的學術思想，根據任何好的學術思想所產生的政策，若為人民所不好，為人民選擇所不及，則只好停止在學術思想的範圍，萬不可以絕對是真，是善等為理由，要逕直強制在政治上實現。所以一切學術思想，一落在政治的領域中，便都在「民意」之前是第二義的，「民意」才是第一義。民意才直接決定政治，而學術思想只有通過民意的這一「轉折」才能成為政治的。……否則極權主義可以假借任何學術思想為名，以實行殘暴的極權統治；亦即是任何學術思想，在此稱〔種〕情況之下，皆可能變為殺人的工具。[146]

上述引文的「任何」或「一切」的學術思想，當然也包括了唐君毅的道德人文主義，這是不容置疑的。而在民主社會中，高居於「第一義」的民意，直接決定政治的民意，決定一切主義、理論或思想的進場或退場的民意，其求取的機制，不是別的，而正是唐先生因其「以數量決定質量」而有所保留的一人一票的民主選舉。正因為民主政治的根本法則，除了「少數服從多數」之外，還有「多數保護少數」這一條，而民主選舉又是定期舉行的，故由主義、理論或思想所提出的各種社會方案，倘若在這一次選舉中不能得到多數民意的支持，還可以在下一次的選舉中捲土重來。易言之，只要其社會方案最終能為多數的選民所接受，暫時「沉潛」的主義、理論或思想，在民主政治的運作中，總會有「翻盤」和施展的機會。從較長遠的觀點看，質正可通過對量的「反復爭取」，最終達至質量和數量的重合。[147] 唐君毅對一人一票的選舉機

---

146 徐復觀，〈學術與政治之間〉，頁 134-135。

147 徐先生強調：「民主政治中的自由，表現在多數保障少數的時候，便是給與多數與小數之間，有一確實可變的機會，以讓任何『質』可以反復爭取『量』的機會；這樣，政治上的量的後面，依然是由學術上的質在發生作用。」徐復觀，〈學術與政治之間〉，頁 138。

制的疑慮，也就可以冰釋了。

　　僅從表面上看，唐君毅和徐復觀對民主的看法頗為不同，有些觀點甚至針鋒相對；但經過更深入的考察之後，便會發現兩人都同時強調建構民主體制對救亡圖存的必要性和重要性，強調傳統道德人文精神與西方民主思想結合的必要性和重要性，兩人在論述上的大方向上，始終是相通的。對民主政治的肯定也好，對民主政治的批評也罷，其實都是創建和維護民主政制的必要條件。任何的政治制度都不會是完美的，都不免存在着這樣或那樣的缺失或弊病，民主政制也不例外。或者，吾人可以更周延地說，民主政制的缺失或弊病，若和其他的政制相比較，其對人類社會可能造成的危害，算是最為輕微的罷了。唐君毅對民主政治有所保留和批評，其發心端在未來的防弊補偏；而徐復觀對民主政治多所肯定和禮讚，其用心全為當前的創始經營。唐、徐兩人的不同，只不過是側重的不同、強調的不同、論述策略的不同，究其實都是些可以相通的「和而不同」。

結語

　　正由於中西文化各有所長，亦各有所短，港、臺新儒家相信，中西文化的接觸，不應再是西洋向中國的單向輸入，而應是中國和西洋的雙向交流。也只有通過東西文化的取長補短、互相學習、共同提高，更圓善和更美好的世界新文明才有可能熔鑄，而更高級、更合乎人性，更能兼顧到法律、天理和人情的新民主制度才有可能建成。

　　唐君毅是當代新儒學的一代宗師，他所宗奉的當然是人皆可為堯舜的性善論。站在性善論的立場，他對西方原罪論的不能贊同是必然的和不可避免的。由於原罪論被認為是成就西方民主政治的理論基石，唐君毅對民主政治的許多批評，從某種意義上，又可視為儒家性善論對基督教原罪論的批評。這些批評雖大都能言之成理，擊中要害，但仍有某些地方，不免失諸過嚴或求之過苛，對民主政治的值價和功

績，有時亦不免評價過低。例如他斷言民主政治「不能直接的創發實現人生文化價值」，以及對民主人士「不能發見其可敬之處」，都值得再商榷。

由於性善論和原罪論針鋒相對，離之則雙美，合之則兩傷。唐君毅強力引入儒家的性善論，以救西方民主政治之失，但在與原罪論相遇時，卻總難以化解彼此間無法調和的矛盾和衝突。一直到了牟宗三晚年系統性地重建了「良知的自我坎陷」的理論，先把二者區隔開來，在成就民主政治之後，再施行道德判斷，才消解了性善論和原罪論在成就中國式的民主政治所引起的矛盾和衝突，使得中西文化，有可能從互相衝突的關係，改變成為「相助相即的關係」。我們可以說，由唐君毅發端於前的「道德心的暫時懸隔」，到牟宗三總其成的「良知的自我坎陷」，已成了第二代新儒家對民主政治反思的最後定論。本文所論及唐君毅對民主政治的反思，雖然大都是發生在〈文化宣言〉發表之前，但倘若沒有這一階段的困學和苦思，唐君毅也就不可能有此一新觀念的發明，故追蹤這一段思考的陳跡，不僅有學術史上的意義，而且還兼具現實上的意義。

唐君毅和徐復觀都墓木已拱，筆者把兩人在關注、運思和論述上的某些不同觀點呈現出來，並說明了這些不同，究其實是相通的；但筆者的初心，端在於拋磚引玉，藉以引起學者對當代新儒學內部相通的不同，或和而不同的重視和關注。善於尋找不同、比較不同、會通不同，最後達致和而不同，本來就是唐君毅治學的重要特色之一。[148] 孔子曾把「和而不同」或「同而不和」，作為區分君子或小人的重要標準。[149] 而春秋時期齊國的賢相晏嬰，也曾以調羹必須加入不同的食材、奏樂必須運用不同的音符、治國必須採納不同的意見，從「濟其不及，

148　唐君毅說：「中西文化之不同，是我一向所著重。我們須知不同不礙相通。亦正以有不同，而後有會通之工作當作，會通以後亦未嘗不可和而不同。」唐君毅，《人文精神之重建·自序》，頁 5。

149　子曰：「君子和而不同，小人同而不和。」〔宋〕朱熹，《四書章句集注·論語集注·子路第十三》，卷 7，頁 147。

以洩其過」這兩個方面，反複論證了和而不同的重要性、互補性、創造性，及其不可或缺性：

> 齊侯至自田，晏子侍于遄臺，子猶馳而造焉。公曰：「唯據與我和夫！」晏子對曰：「據亦同也，焉得為和？」公曰：「和與同異乎？」，對曰：「異。和如羹焉，水、火、醯、醢、鹽、梅，以烹魚肉，燀之以薪，宰夫和之，齊之以味，濟其不及，以洩其過。君子食之，以平其心。君臣亦然。君所謂可而有否焉，臣獻其否以成其可；君所謂否而有可焉，臣獻其可以去其否，是以政平而不干，民無爭心。故詩曰：『亦有和羹，既戒既平。鬷嘏無言，時靡有爭。』先王之濟五味、和五聲也，以平其心，成其政也。聲亦如味，一氣、二體、三類、四物、五聲、六律、七音、八風、九歌、以相成也；清濁、大小、長短、疾徐、哀樂、剛柔、遲速、高下、出入、周疏，以相濟也。君子聽之，以平其心。心平、德和，故詩曰：『德音不瑕。』今據不然。君所謂可，據亦曰可；君所謂否，據亦曰否。若以水濟水，誰能食之？若琴瑟之專壹，誰能聽之？同之不可也如是。」[150]

既然「以水濟水」（在鍋裏只注入同樣的清水），烹煮不出可口的羹湯；「琴瑟之專壹」（彈琴鼓瑟時只反複運用同一個音符），演奏不成悅耳的音樂；君可臣可，君否臣否的一言堂，產生不出堯、舜的治世；可見開物成務、成己成物、經世濟民，畢竟離不開和而不同，而整齊、單一、自我封閉的尚同，是難以奏功的。朱熹〈春日〉詩云：「勝日尋芳泗水濱，無邊光景一時新，等閑識得東風面，萬紫千紅總是春。」[151]

---

150 〔晉〕杜預注、〔唐〕孔穎達等正義、沈秋雄標點，《春秋左傳正義·昭公二十年》，收入十三經整理工作小組編，《十三經注疏》（臺北：國立編譯館，2001），冊16，頁2217-2218。

151 〔宋〕朱熹，〈春日〉，收入陳俊民校定，《朱熹文集》（臺北：財團法人富德文教基金會，2000），冊1，頁72。

紅梅、雪李、碧桃、幽蘭、玫瑰、牡丹的顏色雖各自不同，但若無各種不同顏色的百花在東風中盛開怒放、輝映相通，便不會有朱熹眼前萬紫千紅的無邊春光。如果當代新儒學的園林中，只能獨放或牟宗三、或唐君毅、或徐復觀的一花，又將會是何等的乏味和單調！吾人今日徘徊於當代新儒學的園圃，之所以一唱三歎手舞足蹈流連忘返者，豈不正為園中的千紅萬紫百花齊放！由「濟其不及，以洩其過」所達成的當代新儒學內部的和而不同，正是其多樣性、豐富性、互補性、曲成性和創造性的具體表徵，正是其向前發展的原動力，正是當前學術、文化、教育和思想界取之不盡、用不竭的精神和思想資源。以唐君毅和徐復觀的和而不同為例，唐君毅建構的道德形上學系統，對臺灣的民主轉型，似未產生任何影響；[152] 反而是徐復觀的「國族胞澤」的首出關懷，以及他這些批判極權專制、抨擊民賊獨夫、捍衛自由、民主和人權，以及張揚大丈夫氣節的數百萬言的雜文，在臺灣第一代民主鬥士如雷震、傅正、康寧祥、陳映真等人的思想上，留下了鮮明的印記；而唐君毅針對民主政制的弊端所發出的許多警示和批評，也在臺灣的後民主時期的亂象，尤其在當今美國特朗普政府的所作所為，一一得到了驗證。

152　牟宗三在唐君毅逝世六年之後，為世人對唐君毅的教誨「不轉瞬則淡忘之矣」，曾感慨以繫之：「……但是人之心思是最易於下沉而不知反者。今之時代之癥結仍自若也，中國之悲劇亦仍自若也，但人們熟視無睹，仍不曉其所以。當年唐先生以悱惻之情痛切以陳者，雖在當時有震動，然而不轉瞬則淡忘之矣。發許多無謂之讕言者，甚或曾習於唐先生之門；而何況無聲聞之福、乏獨覺之明之淺妄之輩，更不能明其思理之切要。」牟宗三，〈牟序〉，頁6。

結束語

　　誠如唐君毅所言，中國文化發展到了近代，已到了歷史上最衰弱的時期。[1] 最衰弱時期的中國文化，在西潮的全面沖刷之下，不免瓦解土崩節節敗退。「瓜分豆剖、斯文道熄」，亡國滅種的危機迫在眉睫，一代又一代的中國知識人從「中國中心主義」的千秋大夢中驚醒之後，大都奮起為救國和保種奔走號呼，而「救亡圖存」，由是變成了當時中國知識人的「終極關懷」。

　　最大的危機，往往也是最好的轉機。中國知識人因無法在傳統文化中，找到救亡圖存足夠的精神和思想資源，便紛紛把求索的目光，轉向西方。而衰弱的中國文化，如果適時得到西方文化的挹注，當可「舊邦新命」，再現輝煌。然而，文化中固有的保守性和惰性，使得西方的政體和思想資源的輸入，並不一帆風順。「五四」反傳統主義領袖陳獨秀、魯迅、錢玄同因之把中國傳統文化，視為與西方的民主和科學不能共存，進而把鬥爭的矛頭直指中國傳統文化，企圖通過根除中國文化而達至全盤西化。胡適因受文化惰性論的影響，內心雖不相信中國文化有可能被根除，不相信全盤西化有可能實現，但出於治沉痾需用猛藥、矯枉必須過正的考量，也常在批判中國文化時說了許多過火和過頭的話，為「全盤性反傳統主義」推波助瀾。職是之故，胡適與其他反傳統主義領袖的微妙區別，並沒有被時人包括新儒學營壘中人所覺察，並且，在其他反傳統主義領袖都先後逝世多年之後，胡適仍在海外穩執着學術文化思想領域的牛耳；正因如此，作為「五四」

1　　唐君毅，《人文精神之重建·自序》（香港：新亞研究所，1974），頁 8。

領袖僅存的「碩果」，胡適便理所當然地變成了當代新儒學家集矢的鵠的。

　　站在胡適和「五四」反傳統主義的對立面，當代新儒學成軍之日，便把批判的鋒芒指向了反傳統主義，尤其是指向了胡適。他們和反傳統主義者一樣，其終極關懷都是中國的救亡圖存；他們和反傳統主義者一樣，都堅信由泰西迎入賽先生和德先生，是實現救亡圖存的必由之路；他們和反傳統主義者一樣，又都認為中國文化中確實存在着一些阻撓賽先生和德先生移居中國的攔路虎，因而必須率先予以清除。如果從「同」的角度來看，他們可被視為反傳統主義者的同路人，甚至是同志。而他們所不能贊同和堅決反對的，只不過是為了迎迓賽先生和德先生，則必須以根除中國文化為其先決條件，以及中國的全盤西化。正由於他們對反傳統主義論述的直接或間接的批駁，都是因此而發，因而都可視為對「全盤性反傳統主義」救亡策略的重大修正和救弊補偏。從辯證法觀點看，事物總是通過「正──反──合」的辯證過程，由低階向高階昇進。中國文化在近代的發展亦復如是。如果傳統文化是「正」，「五四」反傳統主義是「反」，當代新儒學便是「合」。當代新儒學既批判了胡適和「五四」，但也繼承了胡適和「五四」，因而也超越了胡適和「五四」。「五四」反傳統主義和當代新儒學，同是中國文化在近代的辯證發展中不可或缺的兩個重要環節。

　　宋人楊萬里詩云，「萬山不許一溪奔，攔得溪聲日夜喧。到得前頭山腳盡，堂堂溪水出前村。」[2] 由五四運動的引爆，到今日盛大的紀念，剛好是一個世紀。中國歷史的河流，在最近的一百年之中，已穿越了萬千崇山峻嶺、沖開了無數艱難險阻，浩浩蕩蕩地東流入海。臺灣經過數次政黨輪替，已在「寧靜的革命」中建立了相當穩固的民主體制，德先生早已在臺灣落戶安居。而大陸經過四十年「改革開放」，在賽

2　〔宋〕楊萬里，〈桂源鋪〉，收入氏著，《楊萬里集箋校》(北京：中華書局，2007)，冊2，頁756。

先生的「發功」相助之下，已一躍成為全球第二大的經濟體。新儒學諸位大師對中西文化必可相融、相即、相助的預言，已經一一兌現。歷史也為當代新儒學和反傳統主義的長期論爭，作出了再恰當不過的結論。

徵引書目

一、傳世文獻與專書

〔西漢〕司馬遷，《史記・留侯世家》，冊 6，香港：中華書局，1969。

〔宋〕朱熹，《四書章句集注》，北京：中華書局，1983。

〔宋〕張載，《張載集》，北京：中華書局，1978。

〔宋〕陸九淵，《陸九淵集》，北京：中華書局，1980。

〔宋〕楊萬里，《楊萬里集箋校》，北京：中華書局，2007。

〔明〕王艮，《王心齋全集》，臺北：廣文書局，1987。

〔明〕王陽明，《王陽明全集》，上海：上海古籍出版社，1992。

〔明〕羅貫中，《三國演義》，北京：人民文學出版社，2005。

〔清〕李鴻章著，〔清〕吳汝綸編，《李鴻章全集》，海口：海南出版社據光緒乙巳金陵刻本《李文忠公全集》影印，1997。

〔清〕張之洞，《勸學篇》，臺北：文海出版社，1967。

〔清〕趙翼，《甌北集》，上海：上海古籍出版社，1997。

〔清〕魏源，《魏源集》，北京：中華書局，1976。

〔清〕譚嗣同著，蔡尚思、方行編，《譚嗣同全集 (增訂本)》，北京：中華書局，1981。

〔清〕嚴復著，王栻主編，《嚴復集》，北京：中華書局，1986。

〔清〕顧炎武著，〔清〕黃汝成集釋，秦克誠點校，《日知錄集釋》，長沙：嶽麓書社，1994。

〔清〕龔自珍著，劉逸生、周錫䪖箋注，《龔自珍編年詩注》，杭州；浙江古籍出版社，1995。

〔漢〕劉安撰，〔漢〕許慎註，《淮南鴻烈解》，卷之二，〈原道訓下〉，收入《四部叢刊初編》，冊 73，上海：上海書店，1989 年據上海涵芬樓景印劉泖生影寫北宋本重印。

中央研究院編，《中央研究院概況》，臺北：中央研究院，1982。

中共中央文獻研究室編，《建國以來毛澤東文稿》，冊 7，北京：中央文獻出版社，1992。

中共中央毛澤東選集出版委員會編，《毛澤東選集 (一卷本)》，北京：人民出版社，1964。

中共中央毛澤東選集出版委員會編，《毛澤東選集》，卷 5，北京：人民出版社，1977。

中國社會科學院近代史研究所中華民國史研究室編，《胡適來往書信選》，香港：中華書局，1983。

生活・讀書・新知三聯書店編輯，《胡適思想批判》，輯 1-8，北京：生活・讀書・新知三聯書店，1955-1956。

白吉庵，《胡適傳》，北京：人民出版社，1993。

牟宗三，《五十自述》，臺北：鵝湖出版社，2000 年 3 版。

牟宗三，《周易的自然哲學與道德函義收入氏著》，《牟宗三先生全集》，冊 1，臺北：聯合報系文化基金會，2003。

牟宗三，《政道與治道》，收入氏著，《牟宗三先生全集》，冊 10，臺北：聯合報系文化基金會，2003。

何炳棣，《讀史閱世六十年》，香港：商務印書館（香港）有限公司，2004。

余英時，《中國近代思想史上的胡適》，臺北：聯經出版事業公司，1984。

余英時，《余英時回憶錄》，臺北：允晨文化實業股份有限公司，2018。

余英時，《重尋胡適歷程：胡適生平與思想再認識》，臺北：聯經出版事業公司，2004。

余英時，《現代儒學論》，River Edge: Global Publishing Co., 1996。

李澤厚，《中國近代思想史論》，北京：人民出版社，1979。

周作人，《周作人回憶錄》，長沙：湖南人民出版社，1982。

周作人，《知堂回想錄》，香港：三育圖書有限公司，1980。

岳玉璽、李泉、馬亮寬，《傅斯年：大氣磅礴的一代學人》，天津：天津人民出版社，1994。

林毓生，《政治秩序與多元社會》，臺北：聯經出版事業公司，1989。

胡明，《胡適傳論》，北京：人民文學出版社，1996。

胡頌平編，《胡適之先生晚年談話錄》，臺北：聯經出版事業公司，1984。

胡頌平編著，《胡適之先生年譜長編初稿》，臺北：聯經出版事業公司，1984。

胡適，《中國哲學史大綱（卷上）》，上海：上海書店據商務印書館 1926 年版影印，1989。

胡適，《白話文學史》，臺北：胡適紀念館，1974。

胡適，《胡適手稿》，臺北：胡適紀念館，1970。

胡適，《胡適文存》，冊 4，臺北：遠東圖書公司，1953。

胡適，《胡適文集》，北京：北京大學出版社，1998。

胡適，《胡適日記全集》，冊 6，臺北：聯經出版事業公司，2004。

胡適，《藏暉室札記》，上海：亞東圖書館，1939。

胡適紀念館編，《論學談詩二十年：胡適楊聯陞往來書札》，臺北：聯經出版事業公司，1998。

胡適著，曹伯言整理，《胡適日記全編》，冊 1–8，合肥：安徽教育出版社，2001.

胡適著，歐陽哲生編，《胡適文集》，冊 1–10，北京：北京大學出版社，1998。

唐君毅，《日記（上）》，收入氏著，《唐君毅全集》，卷 27，臺北：臺灣學生書局，1988。

唐君毅，《書簡》，收入氏著，《唐君毅全集》，卷 26。臺北：臺灣學生書局，1990。

唐端正編撰，《唐君毅先生年譜》，收入氏著，《唐君毅全集》，卷 29，臺北：臺灣學生書局，1991。

唐德剛譯注，《胡適口述自傳》，臺北：傳記文學出版社，1981。

徐復觀，《（新版）學術與政治之間》，臺北：臺灣學生書局，1985。

徐復觀，《中國人性論史：先秦篇》，臺北：臺灣商務印書館，1978。

徐復觀，《中國藝術精神》，臺北：臺灣學生書局，1966。

徐復觀，《兩漢思想史：周秦漢政治社會結構之研究》，卷 1。臺北：臺灣學生書局，1975。

徐復觀，《兩漢思想史》，卷 2，臺北：臺灣學生書局，1976。

徐復觀，《兩漢思想史》，卷 3，臺北：臺灣學生書局，1979。

徐復觀，《徐復觀雜文——記所思》，臺北：時報文化出版事業有限公司，1980。

徐復觀，《徐復觀雜文——憶往事》，臺北：時報文化出版事業有限公司，1980。

徐復觀著，蕭欣義編，《徐復觀文錄選粹》，臺北：臺灣學生書局，1980。

徐復觀著，蕭欣義編，《儒家政治思想與民主自由人權》，臺北：八十年代出版社，1979。

耿雲志，《胡適年譜》，香港：中華書局，1986。

耿雲志、歐陽哲生編，《胡適書信集》，北京：北京大學出版社，1996。

馬一浮，《泰和宜山會語》，收入氏著，《馬一浮集》，冊 1，杭州：浙江古籍出版社、浙江教育出版社，1996。

康有為，《大同書》，北京：古籍出版社，1956。

康有為，《孔子改制考》。北京：中華書局，1958。

康有為著，蔣貴麟主編，《康南海先生遺著彙刊》，臺北：宏業書局，1976。

張中行，《流年碎影》，北京：中國社會科學出版社，1997。

張申府，《所思》，北京：生活‧讀書‧新知三聯書店，1986。

張灝，《幽暗意識與民主傳統》，臺北：聯經出版事業公司，1989。

梁啟超，《清代學術概論》，收入朱維錚校注，《梁啟超論清學史二種》，上海：復旦大學出版社，1985。

梁啟超，《飲冰室文集》，上海：中華書局，1936。

梁漱溟，《東西文化及其哲學》，上海：商務印書館，1922。

梁漱溟，《東西文化及其哲學》，收入中國文化書院學術委員會編，《梁漱溟全集》，卷 1，濟南：山東人民出版社，1989。

清華大學校史研究室編，《清華大學史料選編》，冊 3（下），北京：清華大學，1991。

陳永發、沈懷玉、潘光哲訪問，周維朋記錄，《許倬雲八十回顧：國事、家事、天下事》，香港：中文大學出版社，2011。

馮友蘭，《人生哲學》，收入氏著，《三松堂全集》，卷 2，鄭州：河南人民出版社，1988。

馮友蘭，《三松堂自序》，收入氏著，《三松堂全集》，卷 1，鄭州：河南人民出版社，1985。

馮友蘭，《中國哲學史》，重慶：商務的書館，1944 年重印。

馮友蘭，《四十年的回顧》，收入氏著，《三松堂全集》，卷 14。鄭州：河南人民出版社，1994。

馮友蘭，《新理學》，收入氏著，《三松堂全集》，卷 4，鄭州：河南人民出版社，1986。

黃克武，《一個被放棄的選擇：梁啟超調適思想之研究》，臺北：中央研究院近代史研究所，1994。

楊伯峻編著，《春秋左傳注（修訂本）》，北京：中華書局，1990。

熊十力，《十力語要》，臺北：廣文書局，1962。

熊十力，《新唯識論》，臺北：廣文書局，1962。

熊十力，《讀經示要》，臺北：文明書局，1984 年重印。

熊十力，《讀經示要》，臺北：廣文書局，1967。

翟志成，《馮友蘭學思生命前傳（1895-1949）》，臺北：中央研究院近代史研究所，2007。

翟志成，《當代中國哲學第一人：五論馮友蘭》，臺北：臺灣商務印書館，2008。

翟志成，《當代新儒學史論》，臺北：允晨文化實業股份有限公司，1993。

聞黎明、侯菊坤編，《聞一多年譜長編》，武漢：湖北人民出版社，1994。

蔡仲德，《馮友蘭先生年譜初編》，鄭州：河南人民出版社，1994。

魯迅，《魯迅全集》，北京：人民文學出版社，2005。

黎漢基，《殷海光思想研究：由五四到戰後臺灣，一九一九─一九六九》，臺北：正中書局，2000。

錢穆，《八十憶雙親‧師友雜憶合刊》，臺北：東大圖書公司，1983。

錢穆，《八十憶雙親‧師友雜憶合刊》，臺北：東大圖書公司，1986。

錢穆，《中國近三百年學術史》，臺北：臺灣商務印書館，1996。

錢穆，《中國歷代政治得失》，香港：自印本，1952。

錢穆，《中國歷史精神》，臺北：東大圖書有限公司，1976年修訂初版。

錢穆，《素書樓餘瀋》，收入錢賓四先生全集編輯委員會編，《錢賓四先生全集・丙編》，冊 53，臺北：聯經出版事業公司，1998。

錢穆，《國史大綱》，長沙：商務印書館，1940年7月初版，香港中文大學總圖書館特藏室，館藏號 DS735.C48.1940。

錢穆，《國史大綱》，臺北：國立編譯館，1955年重印。

錢穆，《國史新論》，香港：自印本，1952。

羅榮渠，《北大歲月》，北京：商務印書館，2006。

顧潮，《歷劫終教志不灰：我的父親顧頡剛》，上海：華東師範大學出版社，1997。

Armstrong, John. *Nation before Nationalism.* Chapel Hill: University of Carolina Press, 1982.

Ben-Amos, Dan, and Liliane Weissberg, eds. *Cultural Memory and the Construction of Identity.* Detroit: Wayne State University Press, 1999.

Berlin, Isaiah, and Henry Hardy, eds. *Three Critics of the Enlightenment: Vico, Hamann, Herder.* New Jersey: Princeton University Press, 2000.

Chang, Hao. Chinese Intellectuals in Crisis: Search for Order and Meaning (1890–1911). Berkeley: University of California Press, 1987.

Climo, Jacob J., and Maria G. Cattell, eds. *Social Memory and History: Anthropological Perspectives* California: AltaMira Press, 2003.

Halbwachs, Maurice. *On Collective Memory.* Translated by Lewis A. Coser. Chicago, The University of Chicago Press, 1992.

Hasting, Adrian. *The Construction of Nationhood: Ethnicity, Religion, and Nationalism.* Cambridge: Cambridge University Press, 1997.

Hooson, David, ed. *Geography and National Identity.* Cambridge: Cambridge University Press, 1994.

Hu, Shih. The Development of the Logical Method In Ancient China. Shanghai: The Oriental Book Company, 1922.

James, William. *Pragmatism: And Four Essays from the Meaning of Truth.* Cleveland and New York: The World Publishing Company, 1969.

Kuhn, Thomas S. The Essential Tension: Selected Studies in Scientific Tradition and Change. Chicago: The University of Chicago Press, 1977.

Kuhn, Thomas S. *The Structure of Scientific Revolutions.* Chicago: The University of Chicago Press, 1970.

Levenson, Joseph R. Confucian China and Its Modern Fate: The Problem of Intellectual Continuity. Berkeley: University of California Press, 1958.

Lin, Yu-Sheng. The Crisis of Chinese Consciousness: Radical Antitraditionalism in the May Fourth Era. Madison: University of Wisconsin Press, 1979.

Metzger, Thomas A. Escape from Predicament: Neo-Confucianism and China's Evolving Political Culture. New York: Columbia University Press, 1977.

Pye, Lucian W. Politics, Personality, and Nation Building: Burma¡¦s Search for Identity. New Haven: Yale University Press, 1962.

Schwartz, Benjamin. *In Search of Wealth and Power: Yen Fu and the West*. Cambridge: Harvard University Press, 1964.

Smith, Anthony D. *Nationalism and Modernism*. London and New York: Routledge, 1998.

Smith, Anthony D. *Nations and Nationalism in a Global Era*. Cambridge: Polity Press, 1995.

Smith, Anthony D. *The Nation in History: Historiographical Debates about Ethnicity and Nationalism*. Hanover: Brandeis University press, 2000.

Strath, Bo, ed. *Myth and Memory in the Construction of Community: Historical Patterns in Europe and Beyond*. Brussels: PIE Lang, 2000.

Swedberg, Richard, and Ola Agevall. *The Max Weber Dictionary: Key Words and Central Concepts*. Palo Alto: Stanford University Press, 2005.

Terdiman, Richard. *Present Past: Modernity and the Memory Crisis*. Ithaca and London: Cornell University, 1993.

Weber, Max. *Weber's Rationalism and Modern Society*. Edited and translated by Tony Waters and Dagmar Waters. New York: Palgrave MacMillan, 2015.

White, Morton G. *The Origin of Dewey¡¦s Instrumentalism*. New York: Columbia University Press, 1943.

Woodward, Kathryn, ed. *Identity and Difference*. Milton Keynes: Open University Press, 1997.

二、期刊論文與專文

〈胡適自認是逃兵〉,《申報》,1948 年 12 月 18 日。

〈發刊辭〉,《新亞校刊》(創刊號),期 1,1952 年 6 月,頁 1。

〔張丕〕介,〈新亞與雅禮合作紀實——中西文化的新紀元〉,《新亞校刊》,期 5,1954 年 7 月,頁 26−30。

〔清〕魏源,〈《定盦文錄》敘〉,收入馮友蘭編,《中國哲學史史科學初稿》,上海:上海人民出版社,1962,頁 27。

毛澤東,〈丟掉幻想,準備鬥爭〉,收入中共中央毛澤東選集出版委員會編,《毛澤東選集(一卷本)》,北京:人民出版社,1966,頁 1372−1379。

王雲,〈傅斯年與北京大學〉,收入山東聊城師範歷史系編,《傅斯年》,濟南:山東人民出版社,1991,頁 91−101。

牟宗三,〈中國文化的特質〉,收入周揚山編,《中國文化的危機與展望——文化傳統的重建》,臺北:時報文化出版事業有限公司,1982,頁 3−34。

牟宗三,〈熊十力先生追念會講話〉,《時代與感受》,收入氏著,《牟宗三先生全集》,冊 23,臺北:聯合報系文化基金會,2003,頁 273−294。

牟宗三、徐復觀、張君勱、唐君毅,〈為中國文化敬告世界人士宣言—我們對中國學術研究及中國文化與世界文化前途之共同認識〉,《民主評論》,卷 9 期 1,1958 年 1 月,頁 2−21。

牟潤孫,〈記所見之二十五年來史學著作〉,收入杜維運、黃進興主編,《中國史學史論文選集》,冊 2,臺北:華世出版社,1980 年二版,頁 1121−1151。

余英時,〈一生為故國招魂——敬悼錢賓四師〉,收入氏著,《猶記風吹水上鱗——錢穆與現代

416

中國學術》，臺北：三民書局，1991，頁 17-29。

余英時，〈錢穆與新儒家〉，收入氏著，《猶記風吹水上鱗——錢穆與現代中國學術》。臺北：三民書局，1991，頁 31-98。

余英時、張德民，〈臨別的話〉，《新亞校刊》（創刊號），期 1，1952 年 6 月，頁 30。

吳其玉，〈讀信心與反省〉，《獨立評論》，號 106，1934 年 6 月 24 日，頁 17-21。

吳景超，〈建設問題與東西文化〉，《獨立評論》，號 139，1935 年 2 月 24 日，頁 2-6。

李貴生，〈論胡適中國文藝復興論述的來源及其作用〉，《漢學研究》，卷 31 期 1，2013 年 3 月，頁 219-254。

李澤厚，〈梁啟超王國維簡論〉，收入氏著，《中國近代思想史論》（北京：人民出版社，1979），頁 421-438。

周質平，〈胡適英文筆下的中國文化（上）、（下）〉，《中華讀書報》，2012 年 6 月 20 日、7 月 4 日。

宗璞，〈三松堂歲暮二三事〉，收入氏著，《宗璞文集》，卷 1，北京：華藝出版社，1996，頁 64。

宗璞，〈向歷史訴說〉，收入馮鍾璞、蔡仲德編，《馮友蘭先生百年誕辰紀念文集》。北京：清華大學出版社，1995，頁 9-16。

宗璞，〈星期三的晚餐〉，收入氏著，《宗璞文集》，卷 1，北京：華藝出版社，1996，頁 57-58。

林紓，〈致蔡鶴卿書〉、〈請看北京學界思潮變遷之近狀〉，原載《公言報》（1919 年 3 月 18 日），收入蔡尚思主編，《中國現代思想史資料簡編》，卷 1，杭州：浙江人民出版社，1982，頁 490-495。

林毓生，〈二十世紀中國激進化反傳統思潮、中式馬列主義與毛澤東的烏托邦主義〉，收入林毓生主編，《公民社會基本觀念》，臺北：中央研究院人文社會科學研究中心，2014，卷下，頁 790。

林毓生，〈中國近代歷史上的三個基本問題〉，中央研究院近代史研究所學術報告（2003 年 4 月 3 日），未刊稿。

邵玉銘，〈二十世紀中國知識分子對國家功勞的檢討〉，《聯合報》，1981 年 7 月 22 日。

金岳霖，〈回憶錄‧胡適，我不大懂他〉，收入金岳霖學術基金會學術委員會編，《金岳霖文集》，卷 4，蘭州：甘肅人民出版社，1995，頁 740。

俞大綵，〈憶孟真〉，收入傅孟真先生遺著編輯委員會，陳槃等校訂增補，《傅斯年全集》，冊 7，臺北：聯經出版事業有限公司，1980），頁 233-247。

胡適，〈《中國哲學史大綱》臺北版自記〉，收入章清、吳根樑編，《胡適學術文集‧中國哲學史》，冊上，北京：中華書局，1991，頁 6-7。

胡適，〈介紹我自己的思想〉，收入氏著，《胡適文選》，臺北：遠流出版事業股份有限公司，1986，頁 2-17。

胡適，〈我的意見也不過如此〉，《獨立評論》，號 46（1933 年 4 月 16 日），頁 2-5。

胡適，〈科學發展所需要的社會改革〉，《徵信新聞報》，1961 年 11 月 7 日。

胡適，〈傅孟真先生的思想〉，收入氏著，《胡適演講集》，冊中，臺北：胡適紀念館，1978 年修訂版，頁 336-350。

胡適，〈評論近人考據《老子》年代的方法〉，收入章清、吳根樑編，《胡適學術文集‧中國哲學史》，冊下，北京：中華書局，1991，頁 746-765。

胡適，〈與馮友蘭先生論《老子》問題書〉，收入章清、吳根樑編，《胡適學術文集・中國哲學史》，冊下，北京：中華書局，1991，頁740–742。

胡適，〈與錢穆先生論《老子》問題書〉，收入章清、吳根樑編，《胡適學術文集・中國哲學史》，冊下，北京：中華書局，1991，頁743–745。胡適，〈編輯附記〉，《獨立評論》，號51（1933年5月21日），頁30–31。

胡適，〈編輯後記〉，《獨立評論》，號142（1935年3月17日），頁24。

唐君毅，〈我所了解之新亞精神〉，《新亞校刊》（創刊號），期1，1952年6月，頁2。

唐君毅，〈致徐復觀〉之第四十二，收入唐君毅，《書簡》，《唐君毅全集》，卷26，臺北：學生書局，1991，頁123。

徐復觀，〈中國人的恥辱 東方人的恥辱〉，收入氏著，《徐復觀雜文續集》，臺北：時報文化出版事業有限公司，1981，頁376–382。

徐復觀，〈中庸的地位問題——謹就正於錢賓四先生〉，收入氏著，《中國思想史論集》。臺北：臺灣學生書局，1975，頁72–88。

徐復觀，〈五十年來的中國學術文化〉，收入氏著，《中國思想史論集》。臺北：臺灣學生書局，1974，頁251–256。

徐復觀，〈由尚書甘誓、洪範諸篇的考證，看有關治學的方法和態度問題——敬答屈萬里先生〉，收入氏著，《中國思想史論集續篇》。臺北：時報文化出版事業有限公司，1982，頁113–150。

徐復觀，〈有關周公踐阼稱王問題的申復〉，收入氏著，《中國思想史論集續篇》。臺北：時報文化出版事業有限公司，1982，頁185–205。

徐復觀，〈有關思想史的若干問題——讀錢賓四先生老子書晚出補證及莊老通辨自序書後〉，收入氏著，《中國思想史論集》。臺北：臺灣學生書局，1975，頁89–117。

徐復觀，〈我的讀書生活〉，收入氏著，《徐復觀文錄選粹》，臺北：學生書局，1980，頁311–319。

徐復觀，〈孟子政治思想的基本結構及人治與法治問題〉，收入氏著，《中國思想史論集》。臺北：臺灣學生書局，1975，頁133–141。

徐復觀，〈明代內閣制度與張江陵（居正）的權、奸問題〉，收入氏著，《中國思想史論集》。臺北：臺灣學生書局，1975，頁279–293。

徐復觀，〈研究中國思想史的方法與態度問題（代序）〉，收入氏著，《中國思想史論集》。臺北：臺灣學生書局，1974，頁1–9。

徐復觀，〈評訓詁學上的演繹法——答日本加藤常賢博士書〉，收入氏著，《中國思想史論集》。臺北：臺灣學生書局，1975，頁201–208。

徐復觀，〈儒家在修己與治人上的區別及其意義〉，《民主評論》，卷6期12，1955年6月，頁315–320。

梁啟超，《新史學・論正統》，收入《飲冰室合集・文集》，冊4，上海：中華書局，1936，頁20–26。

陳獨秀，《《新青年》罪案之答辯書〉，原載《新青年》卷6號1（1919年1月15日），收入蔡尚思主編，《中國現代思想史資料簡編》，杭州：浙江人民出版社，1982，卷1，頁34–35。

陳獨秀，〈文學革命論〉，《新青年》，卷2期6，1917年2月1日，頁1–4。

陳獨秀，〈本誌罪案之答辯書〉，《新青年》，卷6號1，1919年1月15日，頁10–11。

陳獨秀，〈答適之〉，收入張君勱、丁文江等著，《科學與人生觀》，濟南：山東人民出版社，1997，頁 28-32。

傅斯年，《《新潮》之回顧與前瞻〉，收入王世儒、聞笛編，《我與北大——「老北大」話北大》，北京：北京大學出版社，1998，頁 293-300。

傅斯年，〈歷史語言研究所工作之旨趣〉，《中央研究院歷史語言研究所集刊》，第一本第一分，1928 年 6 月，頁 3-10。

賀麟，〈兩點批判，一點反省〉，收入生活・讀書・新知三聯書店編，《胡適思想批判》，輯 2，北京：生活・讀書・新知三聯書店，1955，頁 89-104。

馮友蘭，《《心聲》第二次復活〉，收入氏著，《三松堂全集》，卷 13，鄭州：河南人民出版社，1994，頁 862-863。

馮友蘭，《《心聲》發刊辭〉，收入氏著，《三松堂全集》，卷 13，鄭州：河南人民出版社，1994，頁 817-821。

馮友蘭，〈回憶《心聲》雜誌〉，收入氏著，《三松堂全集》，卷 13，鄭州：河南人民出版社，1994，頁 971。

馮友蘭，〈為什麼中國沒有科學〉，收入氏著，《馮友蘭學術文集》，北京：北京大學出版社，1984，頁 23-42。

馮友蘭，〈為什麼中國沒有科學——對中國哲學的歷史及其後果的一種解釋〉，收入氏著，《三松堂學術文集》，北京：北京大學出版社，1984，頁 23-42。

馮友蘭，〈馮友蘭信六通〉，收入耿雲志編，《胡適遺稿及秘藏書信》，冊 36，合肥：黃山書社，1994，頁 591-603。

馮沅君，〈馮沅君信八通〉，收入耿雲志編，《胡適遺稿及秘藏書信》，冊 36，合肥：黃山書社，1994，頁 591-603。

楊亮功，〈北京大學與五四運動〉，收入王世儒、聞笛編，《我與北大——「老北大」話北大》，北京：北京大學出版社，1998，頁 269-275。

壽生，〈讀「信心與反省」後〉，《獨立評論》，號 107，1934 年 7 月 1 日，頁 12-14。

熊十力，〈陳白沙先生紀念〉，收入氏著，《十力語要初續》，香港：東昇印務局，1949，頁 202。

熊十力，〈無吃無教〉，《獨立評論》，號 95，1934 年 4 月 8 日，頁 12-17。

熊十力，〈熊十力信七通〉，收入耿雲志主編，《胡適遺稿及秘藏書信》，合肥：黃山書社，1994，冊 38，頁 549-636。

熊十力，〈要在根本處注意〉，《獨立評論》，號 51，1933 年 5 月 21 日，頁 25-31。

熊十力，〈英雄造時勢〉，《獨立評論》，號 104，1934 年 6 月 10 日，頁 11-13。

熊十力，〈與徐復觀、牟宗三〉(一九四九年八月二十六日)，收入翟志成，《當代新儒學史論》，臺北：允晨文化實業公司，1993，頁 162-163。

熊十力，〈與徐復觀〉(一九四九年八月二十八日)，收入翟志成，《當代新儒學史論》，臺北：允晨文化實業公司，1993，頁 164-165。

熊十力，〈與徐復觀〉(一九四九年四月十日)，收入翟志成，《當代新儒學史論》，臺北：允晨文化實業公司，1993，頁 151-152。

翟志成，〈熊十力在廣州 (一九八四——一九五〇)〉，收入氏著，《當代新儒學史論》，臺北：允晨文化實業公司，1993，頁 13-64。

翟志成，〈中國現代學術典範的建立：救亡思潮和胡適的《中國哲學史大綱》〉，《新亞學報》，

卷 22，2003 年 10 月，頁 135–200。

翟志成，〈百花齊放聽新鶯——「抽象繼承法」提出的時機及其失與得〉，《大陸雜誌》。卷 95 期 2、3、4，1997 年 8 月 15 日、9 月 15 日、10 月 15 日，頁 39–48、46–48、26–37。

翟志成，〈宋明理學的公私之辨及其現代意涵〉，收入黃克武、張哲嘉主編，《公與私：近代中國個體與整體的重建》，臺北：中央研究院近代史研究所，2000，頁 1–57。

翟志成，〈胡適和馮友蘭的兩本中國哲學史〉，收入氏著，《當代中國哲學第一人：五論馮友蘭》，臺北：臺灣商務印書館，2008，頁 1–38。

翟志成，〈馮友蘭的抉擇及其轉變〉，收入氏著，《當代中國哲學第一人：五論馮友蘭》，臺北：臺灣商務印書館，2008，頁 59–112。翟志成，〈師不必賢於弟子——論胡適和馮友蘭的兩本中國哲學史〉，《新史學》，卷 15 期 3，2004 年 9 月，頁 101–145。

翟志成，〈馮友蘭的抉擇及其轉變〉，《中國文哲研究集刊》，期 20，2002 年 3 月，頁 479–505。

翟志成，〈馮友蘭徹底的民族主義思想的形成和發展（1895–1945）〉，《大陸雜誌》，卷 97 期 5–6，1998 月 11 月至 12 月，頁 201–223、252–264；卷 98 期 1–5，1999 年 1 月至 5 月，頁 29–36、61–69、114–127、175–185、193–215。

翟志成，〈馮友蘭徹底的民族主義思想的形成和發展：一八九五——一九四五〉，《大陸雜誌》，卷 98，期 1–3，1999 年 1–3 月，頁 29–36、61–69、114–127。

翟志成，〈熊十力在廣州，1948–1950〉，《中央研究院近代史研究所集刊》，期 21，1992 年 6 月，頁 555–597。

翟志成，〈儒門批判與抗議精神之重建——徐復觀先生對當代新儒學之貢獻〉，收入《徐復觀學術思想國際研討會論文集》，臺中：東海大學，1992，頁 437–458。

劉文典，〈致胡適〉，《書信輯存》，收入氏著，《劉文典全集》，冊 3，合肥：安徽大學出版社，1999），頁 783–841。

劉述先，〈對於當代新儒學的超越內省〉，《中國文哲研究通訊》，卷 5 期 3，1995 年 9 月，頁 1–46。

歐陽哲生，〈中國的文藝 興——胡適以中國文化為題材的英文作品解析〉，《近代史研究》，卷 4 期 30，2009，頁 22–40。

編者，〈歡送余英時張德民兩同學〉，《新亞校刊》（創刊號），期 1，1952 年 6 月，頁 30。

蔡元培，〈致《公言報》函並附答林南琴君函〉，原載《公言報》（1919 年 4 月 11 日），收入蔡尚思主編，《中國現代思想史資料簡編》，杭州：浙江人民出版社，1982，卷 1，頁 431–435。

黎漢基校注，〈徐復觀致屈萬里佚書十九封〉，《中國文哲研究通訊》，卷 6 期 2，1996 年 6 月，頁 103–115。

錢玄同，〈中國今後之文字問題〉，《新青年》，卷 4 號 4，1918 年 4 月 15 日，頁 350–357。

錢穆，《《新亞學報》發刊辭》，《新亞學報》，卷 1 期 1，1955 年 8 月，頁 1–8。

錢穆，〈心與性情與好惡〉，《民主評論》，卷 6 期 12，1955 年 6 月，頁 310–314。

鍾肇鵬，〈片斷回憶和一點想法〉，收入馮鍾璞、蔡仲德編，《馮友蘭先生百年誕辰紀念文集》，北京：清華大學出版社，1995，頁 349。

羅家倫，〈元氣淋漓的傅孟真〉，收入氏著，《羅家倫先生文存》，冊 10，臺北：國史館，1989，頁 74–79。

羅家倫，〈北京大學與五四運動〉，收入王世儒、聞笛編，《我與北大——「老北大」話北大》，北京：北京大學出版社，1998，頁 301−321。

顧頡剛，〈古史辨第一冊自序〉，收入氏著，《我與古史辨》，上海：文藝出版社，2001，頁 1−115。

Berlin, Isaiah. "The Counter-Enlightenment." In *The Proper Study of Mankind: An Anthology of Essays*. New York: Farrar, Straus and Giroux, 1998, pp. 243−268.

Berlin, Isaiah. "The Pursuit of the Ideal." In *The Proper Study of Mankind: An Anthology of Essays*. New York: Farrar, Straus and Giroux, 1998, pp. 1−16.

Chak, Chi-shing. "The Contemporary Neo-Confucian Rehabilitation: Xiong Shili and His Moral Metaphysics." Ph. D. Dissertation. University of California, Berkeley, 1990.

Lee, Su-san (李淑珍). "Xu Fuguan and New Confucianism in Taiwan (1949−1969): A Cultural History of the Exile Generation." Ph. D. Dissertation, Brown University, 1998.

Montague, William P. "The Story of American Realism." In Dagobert D. Runes, ed., *Twentieth Century Philosophy: Living Schools of Thoughts*. New York: Philosophical Library Inc., 1947, pp. 418−448.

Yang, Chen-te. "Hu Shih, Pragmatism, and the Chinese Tradition." Ph.D. Dissertation. University of Wisconsin-Madison, 1993.

三、檔案（中央研究院近代史研究所胡適紀念館藏）

〈人文組院士候選人審查委員會〉，館藏編號 HS-NK05-222-012。

〈上屆人文組候選名單〉，館藏編號 HS-NK05-223-008。

〈中央研究院四十七/ 四十八年度院士候選人初步名單〉（極機密〔四八〕台功字第二一九二號），館藏編號 HS-NK05-222-010。

〈胡適致朱家驊函〉（一九五八年十二月二十九日），館藏編號 HS-NK05-014-049。

〈唐錫如致胡適函〉，中央研究院近代史研究所胡適紀念館收藏，館藏號 HS-USO1-O16-O2O。

〈嚴耕望致胡適函〉（一九五八年十二月十四日），館藏編號 HS-NK05-138-014。

四、訪談

〈翟志成訪問馮友蘭〉，時間：一九八二年七月十二日；地點：美國檀香山夏威夷大學咖啡廳。

〈翟志成訪問馮友蘭〉，時間：一九八二年七月十九日；地點：美國三藩市馮鍾睿寓所。

〈翟志成訪問錢穆〉，時間：一九八四年八月二十一日；地點：臺北內雙溪素書樓錢寓。

〈翟志成訪問嚴耕望〉，時間：一九九六年九月五、九、十八日；地點：臺北中央研究院活動中心。

〈翟志成訪問馮鍾璞及蔡仲德〉，時間：二〇〇三年九月二十日；地點：北京大學燕南園五十七號。

〈翟志成訪問全漢昇與全夫人〉，時間：一九九七年八月四、八、十二、十九日；地點：臺北中央研究院活動中心。

〈翟志成訪問何炳棣〉，時間：二〇〇八年六月二十六日；地點：臺北中央研究院人文社會科學研究中心。

五、未刊書信

臺灣東海大學圖書館徐復觀特藏室收藏，黎漢基整理，《錢穆致徐復觀佚書一百零四封》（1948年10月2日至1957年9月17日），打字稿，未刊。

臺灣東海大學圖書館徐復觀特藏室收藏，黎漢基整理，〈牟宗三致唐君毅佚書六十七封〉（1949年9月29日至1960年7月9日），打字稿，未刊。

臺灣東海大學圖書館徐復觀特藏室收藏，黎漢基整理，〈徐復觀致唐君毅佚書六十六封〉（1951年3月31日至1977年7月3日），打字稿，未刊。

六、網路資料

〈中央研究院〉，維基百科，https://zh.wikipedia.org/wiki/ 中央研究院（2017年1月12日檢索）。

〈中央研究院院士選舉辦法〉，中央研究院網站：http://academicians.sinica.edu.tw/view（2017年1月14日檢索）。

〈書院介紹・歷史〉，香港中文大學新亞書院網頁，http://www.na.cuhk.edu.hk/zh-hk/aboutnewasia-zhhk/history-zhhk.aspx（2017年1月14日、4月17日檢索）。

新亞書院「學規」、新亞書院校歌，新亞書院校史館網頁，http://history.na.cuhk.edu.hk/zh-hk/Home.aspx（2017年1月14日、4月17日檢索）。

索引

五劃

426

十劃

十一劃

十三劃

十四劃

十五劃

434

二十二劃

二十三劃

二十四劃